大学教育

●越境の説明をはぐくむ心理学

富田英司・田島充士 編著
Eiji Tomida & Atsushi Tajima

University Education
Psychological Theories and Practices for
Developing Cross-Boundary Explanations

ナカニシヤ出版

まえがき

　大学教育におけるコミュニケーション能力の育成はここ近年，大学内外の関心を集め続けている。本書もその関心に呼応し，大学教育に関する研究のなかでも，とくに学生の説明活動に関連する能力の教育法開発に貢献しうる本邦第一線の理論的／実証的研究を一堂に集め，その知見を教育改善に生かせるよう集約したものである。

　人と人とのコミュニケーションは，誰もが一度ならずその困難さを経験することからも明らかなように，高度に複雑なプロセスである。したがって，大学においてその教育を試みる際にも，さまざまなアプローチをとる必要がある。無数の選択肢があるなかで，本書は，収録されたすべての章を貫く柱として「越境の説明」というテーマを設定した。

　越境という概念の詳細については本書の各章で検討することになるが，越境を語るということはコミュニケーションの過程に境界が存在していることが前提になっている。大学生ならずとも，私たちはコミュニケーション場面において，自分の理解の領域内では自明であることを，時にその境界を超えた相手に伝達することがある。第1章で論じられるように，域内のコミュニケーションにも，域外のコミュニケーションにもそれぞれ独自の役割があり，いずれも重要なものである。域内で交わされる阿吽の呼吸のコミュニケーションは，経験や知識を共有する成員間の速やかなコミュニケーションに欠かせないし，成員間の親密さを確認する機会にもなる。しかし，域内で流通しているメッセージが域外でも通じるものになるためには，特別な工夫や手間が求められる。この域内と域外を結ぶための能力が「越境の説明力」である。

　域外の他者へと越境していく説明の能力はこれからの社会で今後さらに重要になっていくだろう。私たちが国内で感じている以上に，世界のグローバル化は高度に進展しており，本邦の数多くの大学においてこの数年の間に国際的な教育研究プログラムが立ち上がった。一般的にはグローバル化に対して保守的であると考えられてきた日本の雇用においても，小売や生産，観光，教育などの分野で国際人材が大規模に登用されるようになってきている。「越境の説明」はまさに今のグローバル化社会を想定した大学教育を考える上で重要な概念である。

　本書の成り立ちを支えるもう1つの柱は，大学がその本来的資質を保ちながら教育を改善するためには，教育改善自体が科学的研究として成立すべきであるという信念である。日本の大学における学習環境は，これまでにないほどのスピード感をもって変化しつつある。その背景としては次のようなことが挙げられる。まず大学設置基準が2007年に改訂され，授業の内容および方法の改善を図るための組織的な研修および研究が義務化された。また受験産業は成熟し，大学教育のコンサルティングや教育測定の分野に進出した。他方，大学においても，いわゆる全入時代を迎え，生存競争に勝ち残るために教育の質の高さを受験生へのアピールポイントとして打ち出し始めている。さらに，文部科学省は「特色ある大学教育支援プログラム」をはじめとした競争的資金を活用して教育開発の大学間競争を誘導した。そのうえ，世界の教育の国際化を受けて多くの日本の大学も本格的な国際化へと歩みを進めている。これらの動きは，大学が本来もつべき社会的使命をこれまで以上に十分に果たし，また，大学生の学ぶ内容をより高度にしたり，より理解しやすくしたり，基礎知識の応用力を促進することにつながるのであれば，誠に歓迎すべきことである。

しかし，今の教育改善は科学的活動を基盤として展開しているのだろうか。行政による要請，受験生の消費者的ニーズ，大学の経営判断などを受け入れる一方，科学的手法を用いた知の生産からはほど遠い営みとして教育改善が行われていないだろうか。大学は知の生産と再生産を同時に担うことを特徴とする組織である。すなわち，社会に共有された知の集積へのアクセスを学習者に提供することに加えて，コミュニティのメンバーが自ら知を集積するための科学的活動に身を投じる場である。このコミュニティには教員だけではなく，学生も地域社会の人々も加わっている。もしこのような大学の本質が損なわれるとすれば，「改善」は，知の生産と伝達を同時に担うという大学が本来的に備えておくべき資質を削ぎ落とし，教育のための基礎体力さえも弱めることにつながるだろう。

　そこで本書では，実証データや理論に基づいて教育実践とその改善に取り組む研究者の手によってその理想を追求することとした。教育心理学や認知科学，教育工学といった研究領域では，それぞれ科学研究として教育の基礎としての人間理解の深化や学習メカニズムのモデル化，効果的な教授法の開発，教育実践に埋め込まれた学習過程の解明などが行われている。しかしながら，それらの知見は多島海のように散らばって存在している。これらばらばらの島々を俯瞰し，大学教育という知的営みの地下深くに細々としかし力強く流れる知の脈流に関連づけ，まとまった専門的知識として活用できるようにかたちづくることが，本書を通して編者らが試みたことである。

　本書の企画に当たっては，大学等で教員として教育にたずさわる先生方，大学教育を支援するスタッフの方々，将来大学で教員になる方々，管理運営にたずさわる方々が，「越境の説明」というキーコンセプトを軸として，本書にちりばめられた具体的な教育の手だてを取り入れ，また理論的な観点から実践経験を省察するといったことに少しでも役立ちたいという願いをこめている。

　なお本書の企画は，「説明心理学研究会」での長年にわたる議論の積み重ねのうえに成り立っている。この研究会は2008年に第1回が開催されて以来，比留間太白先生，中野美香先生，清河幸子先生，および両編者を中心的な参加メンバーとして，本書の執筆陣の先生方にも時に加わっていただきながら，年に数回開催される研究会の開催大学で膝を突き合わせてきた。また，年に一度，日本教育心理学会総会でも自主シンポジウムという形で開かれた議論の場が設けられた。本企画はこれらの議論を通して着想され，執筆陣の先生方によって世に形を授けられたものである。この議論に加わってくださった皆様に，改めて深く感謝申し上げたい。そして最後に，野心的な本書の企画を，寛容なまなざしで，時に現実的なご助言とともに，辛抱強く育て上げていただいたナカニシヤ出版の宍倉由高様と山本あかね様に心より御礼申し上げる次第である。

2013年11月吉日
編者　富田英司・田島充士

目　次

まえがき　i

第1部　プロローグ

1　大学における説明の教育とは：「越境の説明」の提案 …………………… 3
　　1．はじめに　3
　　2．説明を構成することばの構造への着目　4
　　3．ヴィゴツキーの発達論における「説明」の展開　9
　　4．現代の説明教育の課題　12
　　5．「説明」の教育の射程とは　14

2　「越境の説明力」育成の社会的背景と理論的展開 ………………………… 17
　　1．はじめに　17
　　2．高等教育政策に位置づける「越境の説明力」　17
　　3．議論学における「越境の説明力」概念の系譜　20
　　4．認知心理学における「越境の説明力」概念の系譜　22
　　5．史的唯物論的心理学の確立と展開　24
　　6．史的唯物論的心理学の発展と関連理論　25
　　7．越境の説明をはぐくむ教育の理論的基盤の構築に向けて　28

第2部　「越境の説明力」を築く実践と理論

3　リーディング：読みにおける2つの越境 ……………………………………… 33
　　1．はじめに　33
　　2．読みの指導に関する先行研究の概観　34
　　3．他者と読むことを通じた読解の指導　38
　　4．読みにおける越境を促すには？：大学における読みの指導への提言　41

4　リスニング：「きく」力を涵養するプログラムの探求 …………………… 45
　　1．「きくこと」とは　45
　　2．教育理論における「聴く」ことの史的展開：アメリカの場合を中心に　46
　　3．聴いて「分かる」ということ　47
　　4．聴き手にとっての「越境の説明」と「域内の説明」　49
　　5．「きく力」を涵養するためのプログラム　52
　　6．今後の課題　60

5　ノートテイキング：越境の手段 ………………………………………………… 63
　　1．ノートテイキング活動と越境の説明　63
　　2．ノートテイキング活動に関する先行研究　65

3．ノートテイキング活動を組み込んだサービス・ラーニングの実践　71
　　　4．知識の再生産を超えて　74

6　ライティング：問題設定と論述のメカニズムとその支援 77
　　　1．はじめに　77
　　　2．研究レビュー　81
　　　3．実践例　86
　　　4．越境の説明力を築く方法　88
　　　5．おわりに　89

7　プレゼンテーション：多声的プレゼンテーションの概念と訓練手法 93
　　　1．プレゼンテーションの定義　93
　　　2．プレゼンテーション教育の現状　94
　　　3．越境的説明と社会的ネットワーキング　95
　　　4．事例の分析　99
　　　5．社会的ネットワーキングのための訓練手法　104
　　　6．おわりに　107

8　ディスカッション：学問する主体として学び合う社会を担う 111
　　　1．はじめに　111
　　　2．先行研究　112
　　　3．ディスカッションを通して越境的説明力をはぐくむ　115
　　　4．質を保証する教育のデザイン　120
　　　5．今後の課題　124

9　プロジェクト：日常への関心から出発する越境の説明力の構築 127
　　　1．はじめに　127
　　　2．プロジェクトを取り巻く状況　129
　　　3．「モード2」のプロジェクトにおける越境の説明力の特徴　133
　　　4．越境の説明力を構築するためのプロジェクト　135
　　　5．日常の表現への関心の生産から始まるプロジェクト　137
　　　6．プロジェクトにおいて越境の説明力を構築するためのデザイン　141

10　インターンシップ：フレイレの教師論からみた越境の説明 145
　　　1．先行研究　145
　　　2．実践研究　147
　　　3．「越境の説明」概念の拡張：学校インターンシップを通して養われる力とは　153
　　　4．今後に向けて　159

11　異文化間コミュニケーション：日本語教師教育からみた「越境の説明」
　　育成の可能性 165
　　　1．生活者のための日本語教育とその人材育成　166
　　　2．生活者のための日本語教育に求められる能力　167
　　　3．実践研究　171

4．異文化間コミュニケーションのための日本語教師教育の提案　177
　　5．おわりに　179

12　オンライン・コミュニケーション：インタフェース改善とリテラシー育成 … 181
　　1．オンラインにおける越境の説明とは　181
　　2．技術的ツールによるオンラインの越境支援　182
　　3．心理的ツールによるオンラインの越境支援　188
　　4．オンライン・コミュニティ構築のための越境支援　194
　　5．まとめ　198

13　セルフ・リフレクション：振り返りを共同の環のなかで捉える …………… 203
　　1．学習過程におけるセルフ・リフレクション研究　204
　　2．授業におけるセルフ・リフレクションを活かした取り組み　209
　　3．越境の説明力とセルフ・リフレクション　212
　　4．今後の課題　216

第3部　エピローグ

14　自己－他者の構図からみた越境の説明：アクティブラーニングの潮流に位置づけて ……………………………………………………………… 221
　　1．アクティブラーニングの潮流に位置づけて　221
　　2．学習におけるコミュニケーションの特異性　222
　　3．越境の説明が問題とするもの　223
　　4．親密圏・公共圏コミュニケーション　224
　　5．自己－他者の構図から「境界」を理解する　226
　　6．他者は実在他者であるとは限らない：他者性の統合　227
　　7．まとめ　229

15　越境の説明をはぐくむ教授学習の原理を求めて ……………………………… 231
　　1．はじめに　231
　　2．学習者中心の教育アプローチと越境　231
　　3．越境の説明をはぐくむ「学習者中心の教育」の方法　236
　　4．越境の説明を促進する学習環境のさらなる研究に向けた提案　241
　　5．大学教育の本質へ向けて　242

16　「越境の説明」再検証：大学教育の未来へ …………………………………… 245
　　1．越境・社会集団・内言　245
　　2．絶え間ない相互交渉としての越境の説明　248
　　3．まとめ：大学教育の未来へ　251

索　引　255

第1部
プロローグ

1 大学における説明の教育とは
「越境の説明」の提案

田島充士

　「説明」とは，どのような行為を意味するのだろうか。説明を「聞き手が知らない情報を伝えようとすること」と広く捉えるならば，あらゆる情報交換行為は説明ということになる。一方，同じ社会的文脈を背景とする人物同士では通じる説明が，他文脈を背景とする人物に対しては通じない場合があることも知られている。すなわち説明という行為を分析するためには，説明に関わる人物が背景とする社会的文脈の視点が欠かせないことになる。本書では，前者の説明形態を「域内の説明」，後者の説明形態を「越境の説明」と呼び，それぞれの特徴について，主にヴィゴツキー（Vygotsky, L. S.），およびヴィゴツキーに強い影響を与えたとされるヤクビンスキー（Jakubinskij, L. P.）の言語論の視点からモデル化を行う。そして大学教育においては，これら「域内の説明」および「越境の説明」の両方を柔軟に使い分けることができる学生を育てる必要があるということを提案する。

1．はじめに

　NHKスペシャル「シリーズ灼熱アジア：タイ"脱日入亜"日本企業の試練（2010年8月放送）」では，興味深い場面が紹介されている。世界トップレベルの技術を誇る日本の金型メーカーがタイの自動車部品メーカーに買収され，そこで働く日本の技術者はタイの工場で技術指導を行うことになった。しかしきわめて高い技術力と専門知識を誇るこの技術者たちはタイ人の労働者に対し，自らの技術について説明することに大きな困難を覚えていた。その結果，タイ人労働者から「日本人技術者は教え方が下手だ」「きちんとことばや書類等で説明してほしい」などの不満の声が上がるようになった。この技術者たちが直面した問題の原因は，彼ら自身が番組内でもらしていたように，これまで自らの技術を，他者に対して意識的に解釈し説明する機会がほとんどなかったことにあると考えられる。

　現代の大学生が卒業後に参与することになる日本社会では，上記の事例が示すような「国際化」がますます進むことが予想される。このような社会においては，ことばや文化・習慣，さらには雇用体系や背景とする専門性が大きく異なる相手とともに仕事をすることになる。つまり，かつてのような，親方が働く工場に弟子入りするスタイルの技術伝達能力だけではなく，ともに働く者同士が，それぞれの専門技術や知識について，適切に伝え合うことができるコミュニケーション能力も一層重要なスキルになるということである（Engeström, Engeström, & Kärkkäinen, 1995）。これはすなわち，自分たちが慣れ親しんだ生活圏外に住む他者に対し，自らの意志を明確なことばで的確に「説明」する力が重視される時代になったということを意味する。

　本書ではこの「説明」に着目し，その能力を大学において「育てる」という視点から，実証的に考察を深めていくことを目指している。そのためには，本書のスタンスとして

「説明」がどのような特徴をもつ行為であるのかを，編者の立場から分析・提案する必要があると考えている。本章では以上の目的意識に基づき，主にヴィゴツキー理論の立場から，この「説明」の特徴について論じてみたい[1]。

2．説明を構成することばの構造への着目

2.1. ヤクビンスキーの言語論への着目

『広辞苑（第6版）』では「説明」を，「事柄の内容や意味を，よく分かるようにときあかすこと」と定義している。すなわち説明とは，聞き手が知らない情報を聞き手に分かるよう伝えようとする行為と考えられる。また聞き手が，自分が理解できなかった情報を話し手に対して指摘する質問も，この定義に含まれるだろう。広く捉えれば，人間にとってのあらゆる情報交換行為は，説明になるのだともいえる。

しかし一方で，これらの説明を支えることばの構造に関しては，話し手と聞き手が背景とする社会的文脈の違いによって，具体的な機能の違いが生じると指摘できる。たとえば同じ社会集団に属し，伝達対象となる具体物や過去経験を共有する話者同士であれば，相当程度に情報が省略されたシンプルな構造のことばによっても説明は達成されることが多い。一方，このような文脈を共有しない話者同士であれば，丁寧に構築された複雑な構造をもつことばによって情報を表現して伝えることがなされない限り，説明は達成されないことが多い。

以上のような，説明の当事者らが背景とする社会的文脈の違いと，そこで交わされる情報の言語構造との関係について体系的に取り組み，ヴィゴツキーの言語論にも大きな影響を与えた人物として，ロシア・フォルマリズム運動の旗手の一人でもあった言語学者・ヤクビンスキーが挙げられる（桑野，1977；Wertsch, 1985；田島，2010b）。本節では，とくにヴィゴツキー理論との関連が深いと指摘されるヤクビンスキーの論文「対話のことばについて」（Jakubinskij／ドイツ語訳，2004，以下同引用は同ドイツ語訳）における議論を紹介する。

なお，以降の論で引用するヴィゴツキーやヤクビンスキーなどの議論において，直接，「説明」という用語が使用されていない場合であっても，彼らの検討対象が，先に示した情報交換行為に当たると筆者が判断した場合，「説明」について論じたものとして捉えている。

2.2. ヤクビンスキーによる説明を構成する言語形式の分類

ヤクビンスキーは，話し手と聞き手が実際に対面する説明場面（「直接的形式」）と，対面しない場面（「間接的形式」）の違いによって生じる，話者の意思を構成する言語構造の変化について分析を行っている。

まず話し手が聞き手と対面で説明を行う直接的形式では，ことばに加え，ことばが示す具体的な対象物の使用が可能である点に特徴があるとされる（Jakubinskij, 2004, pp.395-398）。たとえば「家」という概念を対面する聞き手に説明する場合，具体的にそのことばを発しなくても，対象物をその相手と共同で見ることによって意思の交換が成立することもある。さらに聞き手は話し手が発することばとともに，彼の表情や声のトーンなどの視

---

[1] 本章の議論は，ヴィゴツキーとヤクビンスキーの言語論の関係について，詳細に検討を行った田島（2010b）の成果をもとに，発展的に展開させたものである。

聴覚情報を得ることができ，これらを組み合わせたジェスチャーなども交え，話し手は説明を行うことになる。

　このような説明では，言語への情報依存度が低くなり，その構造もシンプルになる傾向がある。またこの種の場面では，話し手のことばに即応して，聞き手からの応答発話が比較的速いテンポでなされ，相互に情報を補い合うことが多い。その結果，話し手と聞き手の共同活動によって双方向的に意味交渉がなされ，説明行為において一人一人が実際に口にすることばそのものはさらに短くなる。ヤクビンスキーはこのような言語の形式を「対話（ダイアローグ）形式」と呼んだ（Jakubinskij, 2004, pp.393-394）。

　一方，話し手と聞き手が直接的に対面しない，間接的形式における説明では，対話形式とは異なり，ことばが指し示す具体的な事物や話し手が発する表情，声のトーンなどの視聴覚情報を聞き手と共有することができない。そのため，たとえば「家」の概念を聞き手に伝える場合，話し手は「家とは，屋根が付いて雨がしのげる人が住むための場所」など，他のことばによって対象となることばを意味づけるような，より複雑で体系性をともなう構造のことばを使用して説明を行わなければならない。またこのような場面の説明では，聞き手は直接的・即応的に話し手に質問をすることができない。そのため話し手は，聞き手との双方向的なやりとりによって構成される対話形式のことばとは異なり，話し手単独で複雑な構造のことばを駆使して，説明を行わなければならない。ヤクビンスキーは，このような言語の形式を「独語（モノローグ）形式」と呼んだ（Jakubinskij, 2004, pp.393-394）。

　さらにヤクビンスキーは，これら「直接的形式」「間接的形式」のほか，「統覚」と呼ぶ情報処理作用の共通性の有無によっても，説明を支える言語の構造に影響を与えると指摘する（Jakubinskij, 2004, pp.408-409）。ヤクビンスキーのいう統覚とは，個々人の過去経験が現在の情報処理の方向性に影響を与える認知作用を示した概念と捉えられる。話し手と聞き手が生活の履歴を共有する場合，話題に関連した過去の共有経験によってこの統覚の共通性が期待できるため，話者らはそれらを参照した同方向の情報処理を行う傾向にある。そしてこの統覚の共通性が期待できる話者間においては，これらの共有経験に関する情報は両者が当然知っている前提知識として言語化されないため，結果として簡略化したことばによる説明が交わされるようになるとされる[2]。

　このような統覚の共通性が期待できる話者の間で交わされる説明では，極端な場合，わずか一言だけでも情報が交換可能となる。ヤクビンスキーは，この種のやりとりの事例としてドストエフスキーの『作家の日記』から，6人の酔っぱらいが，同じことばを異なるトーンで発話することで，それぞれ異なった意味を互いに伝え合う場面を引用している（Jakubinskij, 2004, pp.398-399）。

> 　一人の若者は，きっぱりと勢いのいい調子でこの名詞を発音して，前に一同が話していたなにものかに対する，思いきり侮辱のこもった否定を表明した。すると，もう一人はその答えに，まったく同じ言葉をくり返したが，今度はもうまるで別な調子で，別な意味を持たせていた，──つまり，最初の若者の否定の真実性に対する深い疑惑の

2）当然のことながら，話者間の統覚の共通性とは，物理的な実体があるものではないことを指摘しておかなければならない。相手の情報処理過程としての統覚作用そのものを，話者が直接確認することはできないからである。以降の論においても，話者同士がお互いに「期待する（相手が話題に関連する共有の過去経験に基づいて情報処理を行っていると予測する）」という意味として，「統覚の共通性」の用語を使用している。詳細については，16章も参照。

念なのである。…（中略）…こういう次第で，ほかの言葉は一つも口に出さないで，彼らは後から後からと，前後六回続けざまに，このお気に入りの言葉ばかりくり返したのだが，それでもお互いに遺憾なく理解し合った（ドストエフスキー／邦訳，1970, pp.132-133）。

　この事例のなかで最初に口火を切った若者は，彼らの仲間の間で共有された過去の経験に関連させ，ある単語のみによって説明を行ったと考えられる。これらの話者にとって，このことばは，彼らの情報処理を方向づけるのに十分であった。そしてこれらの酔っ払いは，お互いの表情，ことばのトーンも合わせて利用することで，まったく同じことばを使用してさまざまな情報の説明を相互に次々に行うことができたのである。
　一方，このような過去経験を共有しない話者間においては，説明のテーマに関して，統覚の共通性によって生じる情報の補完がないため，詳細で複雑な構造をもつことばによって情報を伝えなければならないとされる[3]。

2.3. 言語形式の分析からみた説明モデル

　ヤクビンスキーは，「対話」と「独話」は，互いに独立・対立して存在するような形式ではなく，むしろ，あらゆる説明はこれらの言語形式の要因を一定の割合で含んだものになると捉えていた（Jakubinskij, 2004, pp.393-395）。
　ここまでのヤクビンスキーによる議論をまとめると，次の4つの説明形態モデルに集約することができると考えられる。

---

①「直接的形式」における「共有の過去経験」をともなう説明
②「間接的形式」における「共有の過去経験」をともなう説明
③「直接的形式」における「共有の過去経験」をともなわない説明
④「間接的形式」における「共有の過去経験」をともなわない説明

---

　①の事例としては，先述のドストエフスキーが紹介した酔っぱらいたちの説明が想定できる。すなわち，過去経験を共有する友人同士が直接対面する場面において，彼らの生活世界のなかで馴染みのある話題に関して情報交換を行う，という説明である。このような説明においては，言語だけではなく，話者間でともに利用できる視聴覚情報および，話題に関連した先行経験によっても，情報が補完されうる。さらに話し手のことばに対し，聞き手が即応し，相互に情報を補完し合いながら交流が進みうる。その結果，①で想定される説明の言語構造は，対話形式の典型といえるようなものになると想定できる。
　一方，②の説明は①と比較し，話者らは直接対面しないため，①において利用可能な視聴覚情報が欠けるという点に違いが生じる。この種の言語交流の例としてヤクビンスキーは，仲間同士が暗闇のなかやドア越し，またテレックスや電話を通して行う説明を挙げている（Jakubinskij, 2004, p.394）。さらに現代においては，仲間同士の間で，両者にとって親しみのある話題を交わすパソコン・ケータイによるメールや電子掲示板を通したCMC（Computer Mediated Communication）なども，この例に該当するだろう。これらの説明に使用されることばは，①のものと比較すれば，話者同士が共有できない視聴覚情報を補

---

[3] 本論でいう「ことば」とはまた，広い意味での「記号」を意味するものとしても，発展的に解釈可能であろう。たとえば，直接的には存在しない説明対象を説明するための，表象モデルとしての図表や絵なども，説明を構成する記号として活用可能と思われる。

うために，話者はより詳細で複雑な言語を操作する必要に迫られる。しかし交わされる話題は，話者相互に馴染みのあるものになるため，統覚の共通性の期待により，相当程度の言語情報を省略できる可能性がある。また今日では，情報技術の発展により，地理的に離れた環境にいる話者間においても，話し手のことばに対して聞き手が即応的に対応できるようになってきている。その意味で，①と比較すれば，②の説明における言語構造は独語形式の特徴を帯びるが，その程度はより限定的なものになると考えられる。

　③の説明は，①と同様，話し手と聞き手は対面した場面において情報交換を行うことになる。しかし話し手が伝えようとする話題は，聞き手との共有経験を欠いたものであり，話者間の統覚の共通性はあまり期待できない。この種の説明事例としてヤクビンスキーは会議などで，多数の聞き手を相手にする弁士のことばを挙げている（Jakubinskij, 2004, pp.403-404）。またこの定義からいえば，教室において多くの生徒たちと交わす教師の，教授を目的とした説明も該当するだろう（Hoadley & Enyedy, 1999）。さらにこのような説明場面では，聞き手は話し手の説明に対して即応をすることも，社会的に不適当とみなされる傾向にある。その結果，この③の説明の言語構造は，①や②と比較して，より独語形式の特徴を帯びる程度が高くなると考えられる。

　最後の④の説明は，話し手と聞き手が対面せず，また話題に関わる過去経験の共有もない状況において行われることが想定されるものである。このような説明においては，話題に関する情報は，すべてことばによって伝えられなければならなくなる。しかも，聞き手とは空間を共有していないため，話し手は単独で，複雑な構造をもつことばを操作して，説明を遂行していかなければならない。結果として，この④の説明の言語構造は他のカテゴリーのものと比較して，もっとも独語形式の程度が高いものになると考えられる。このような説明の典型例としては，不特定多数の読み手を相手に発信される小説・随筆や新聞・論文などの書きことばが挙げられるだろう。さらに②で挙げたCMCであっても，送信相手が過去経験を共有する仲間以外の人物であれば，より独語形式の性質が強くなると考えられる。

　また本モデルの①から④への移行は必然的に，話者らが背景とする生活圏の異文脈度が高くなることをも意味する。話し手と聞き手が同じ空間を共有するという意味での「対面場面の文脈」と，両者が生活経験の履歴を共有するという意味での「過去経験の文脈」の共通性の程度が低下していくからである[4]。

　そして冒頭で紹介した，技術者たちが直面した問題とは，本モデルでいえば，①の説明レベルで習得した自らの知識や技術を，③の説明レベルで相手に伝えなければならないことの困難さを示すものであったと解釈することもできるだろう。同じ職場で対面する親方が示す，具体的な技術を目にする経験を共有しながら，体でそれらを覚えるという形式での説明を受けてきた彼らが，異なる社会集団に属し，統覚の共通性が期待できない相手に対し，自らの技術・知識を言語化して伝えることが困難であったということは，当然の帰結なのかもしれない。

　なお，本モデルの説明形態の分類は，あくまでも典型事例に基づくものであり，絶対的なものではない。実際に人々の間で交わされる説明においては，話し手と聞き手間の視聴覚情報の有無，共有の過去経験の有無ともども，質的な程度差が生じてくると考えられ

---

[4] アメリカの文化人類学者であるホール（Hall, 1976）の議論も，このモデルを構築する際のヒントになっている。ホールは，伝達対象となる具体物や過去経験を共有する，いわゆる「高コンテクスト」の状況にある話者同士であれば，多くの情報が省略された言語を通して説明は達成されるが，一方，このような文脈を共有しない，いわゆる「低コンテクスト」の状況にある話者同士であれば，丁寧な言語化によって情報伝達がなされない限り，説明は達成されないと指摘している。

る。したがって，実際の説明形態を本モデルによって分類する場合は，多くの中間的な事例が生じることを指摘しておかなければならないだろう。

2.4.「域内の説明」および「越境の説明」の提案

ヤクビンスキーは，異文脈度の高い者同士をつなぐ説明を可能とするものとして，モデル③ないし④に示したような，独語形式の性質をともなうことばによる説明を行う話者の認知・思考能力を評価していたと思われる（田島，2010b）。

まずヤクビンスキーは，モデル①ないし②のような，話し手と聞き手の異文脈度が低い場合の説明においては，必然的に，話者が発話を構成することばの選択について注意を払わなくなると指摘する。その結果，ことばそのものに対する話者の意識は低下し，その意味も日常生活の慣れたパターンのなかで，自動的に認識されるようになるという（Jakubinskij, 2004, pp.406-407）。そして，このような場面での説明で使用される言語は，必然的に，多くの言語構造が省略された，対話形式の性質を帯びたものになる。このように運用される言語を，ヤクビンスキーは「社会的方言」（Jakubinskij, 2004, p.417），またことばの意味が慣用句的に固定化することを「化石化」とも呼んだ（Jakubinskij, 2004, p.423）。

その一方でヤクビンスキーは，このような化石化された言語運用に慣れるだけでは，異文脈度の高い相手への説明機会が生じた際，必ずしも情報交換が可能になるわけではないことも指摘している。このことは彼が紹介した，対話形式的な言語交流しかみられなかった農民の説明事例に関する分析からもうかがわれる。

> 私は彼らが常に断片的な対話ばかりを話し，独語を全く話さないという現実を知って驚いた。私が滞在している間に，ライプチヒの定期市に出かけたり，また仕事で周辺の都市へ出向く人々もいたが，それらの旅行の印象を物語る者は一人としていなかった。彼らの談話は，多かれ少なかれ，生き生きとした対話に限定されていた（Jakubinskij, 2004, p.401）。

この事例の農民たちは，生活圏外に出かける機会が実際にあったにもかかわらず，そのことに言及することはなかった。その結果として，彼らの説明にともなう言語は対話形式によるものばかりとなり，独語形式のものはみられなかったというのである。ヤクビンスキーは，本事例の紹介を通し，日常生活文脈の慣習的活動に化石化された言語認識の修得だけではなく，聞き手と文脈を共有しない話し手の経験を，独語形式にのっとって表現しうる思考能力の重要性を示唆したものと考えられる。

ここまでも論じてきたように，異文脈度の高い相手への説明では，聞き手は言語外の情報を利用することが困難になる。このことは，ことばの構成について熟考を重ね，より複雑で文法的に完成度の高いことばによって明快な説明を行うための，話し手の言語に対する高い意識を促進することになる（Jakubinskij, 2004, p.407）。このような視点で読み解くと，独語形式のことばによる説明とは，異なる社会的文脈を背景とする人物との交流を通し，化石化されたことば（社会的方言）の意味を，話者の言語意識において，再創造させる過程として意義づけることができるかもしれない。このようにヤクビンスキーは，当時の言語学者としては例外的に，説明にたずさわる話者の意識・思考の問題にまで踏み込んだ論を展開していたのである。

冒頭でも論じたように，説明とは，広く捉えれば，あらゆる人間の情報交換行為を示す概念といえる。しかしここまで論じてきたように，それぞれの話者が背景とする文脈の共

有の程度により，説明にともなう言語の構造および，説明を行う話者の言語認識は大きく異なるともいえる。そこで本論では，モデル①・②に代表される説明形態を，文脈を共有する（同じ社会集団を構成する）話し手と聞き手間の情報交換になるという意味で「域内の説明」，モデル③・④に代表される説明形態を，異なる文脈を背景とする話し手と聞き手間の情報交換になるという意味で「越境の説明」と呼び，今後の議論においても区別して論じることにする[5]。

3．ヴィゴツキーの発達論における「説明」の展開

3.1．ヴィゴツキーとヤクビンスキーの言語論の関係

ヤクビンスキーの言語論から影響を受けたとされるヴィゴツキーは，ヤクビンスキーが言語分析にもちこんだ話者の意識・思考の問題を「内言」の議論へと発展させ，ヤクビンスキー自身の論においては十分に明確化されなかった，話者の言語的思考（内言）の成長・発達過程を具体的に検討したとされる（Bertau, 2005；Friedrich, 2005；田島，2010b）。そこで本節以降，ここまで紹介したヤクビンスキーの論と関連性が強いと考えられるヴィゴツキーの議論について分析し，両者の比較検討を行うことで，説明に関わる話者の思考に対する考察をさらに深めていく。

3.2．内言の自覚性・随意性と越境の説明

ヴィゴツキーは，自らの行動を制御するためにことばを介して行う意識操作を人間に特徴的な機能と捉え，これを「高次精神機能」と呼んだ（柴田，2006）。この機能は，親が子どもに対して説明を行う際に使用する言語を子どもが模倣的に使用することで（「外言」），しだいに自らの自律的な思考活動に使用できる言語にしていく（「内言」）ことによって成立するとされる。すなわち精神機能とは，社会関係における外的交流を話者の言語的思考に内化することによって獲得されるものと意味づけられる。そしてヴィゴツキーは，この外言から内言へと至る成長過程を，高次精神機能の精神間機能から精神内機能への移行と呼んだ（ヴィゴツキー／邦訳，2003, pp.21-22）。そのうえでヴィゴツキーはまた，子どもたちの周囲の社会関係（学習環境）の変化が，彼らの内言に及ぼす影響について論じた。

まずヴィゴツキー（邦訳，2001, pp.398-405）は，ヤクビンスキーによる「対話形式」「独語形式」および「統覚」に関する議論も引用しながら，会話場面をともにした者同士の説明においては，相手がすでに知っていることが想定される共有経験（これを「主語」と呼んだ）に関する言語が省略されると指摘した。そしてこれを「述語主義」と呼び，その事例として，以下の逸話を紹介した[6]。

---

[5]「域内の説明」および「越境の説明」は，エンゲストロームら（Engeström, 2001；Engeström, Engeström, & Kärkkäinen, 1995）が提唱した，発達を捉える軸としての「垂直的熟達」および「水平的越境」を意識した概念でもある。垂直的熟達は，単一の社会集団に属する学習者の，当該の集団内における成熟・同化（水準の低い段階から高い段階への移行）を意味する。一方の水平的越境は，異なる社会集団に属する者同士の交流を通し，相互のメンバー（および所属する社会集団）が変化していくことを意味する。そしてエンゲストロームは後者の水平的越境により，学習者がいずれの社会集団にも同化することなく，相互に変化し続けることが可能になると論じ，文化的多様性を保証する原理として価値づけている（山住，2004）。「域内の説明」および「越境の説明」は，説明行為を支える言語構造に着目した概念であるが，前者が特定の集団内の交流において化石化，パターン化された言語活動への適応を意味する行為を示し，一方で後者が化石化した言語の意味を異なる社会集団の視点から新たに捉え直す行為を示す点で，これらの概念と響き合うものといえる。

数人の人が電車停留所で，ある方面へいくために電車「B」を待っていると仮定しよう。電車がやってくるのにきづいたこれらの人のうちの誰もが，決して「私たちが待っているどこそこ行きの電車"B"が来ましたよ」というふうにはいわないで，ただ一つの述語にまで省略された「きた」とか「B」と言うだろう（ヴィゴツキー／邦訳，2001，p.399）。

そしてヴィゴツキーは，話者の内言においてもなお，この述語主義が生じるとした。聞き手の視聴覚情報や主語の共有を期待できない一般的な読み手を想定しなければならない実際の説明とは異なり，同じ人生を歩んできた自分自身を対象に説明を行う内言の場合，逆にこれらは完全となる。したがって内言は，高い統覚の共通性への期待をともなう述語化により，言語の簡略化が徹底的に進むものになるとされたのである。

学齢期以前の子どもたちの言語交流は，多くの場合，両親や身近な友人などの過去経験を共有した相手との，具体的な対象物を介したものとなる。すなわち子どもたちは，「域内の説明」にたずさわっているのだといえるが，述語化された内言は，このような説明行為を媒介することになる。そしてヴィゴツキーはこのような場面において交わされることばを，「自然発生的概念」ないし「生活的概念」と総称した（中村，1998）。

しかし学齢期に至ると，この状況に変化が訪れる。学校教育により，直接的には対面せず，また過去経験の共有も期待できない一般的な他者を相手にした，書きことばによる説明を志向した「科学的概念」の教育が行われるからである。ヴィゴツキーは，この書きことば能力の学習を通した子どもたちの意識の変化を，内言の「自覚性」と「随意性」の獲得と捉えた（Wardekker, 1998；中村，2004）。

自覚とは「勉強不足を自覚する」など，自分の能力や価値について自分自身が理解することを意味し，また随意とは，制限を受けず自由な状態であることを意味する（『広辞苑（第6版）』）。またヴィゴツキーの議論において自覚とは，学んだことばの意味を別のことばによって定義をしたり，他のことばとの体系的な関係を論理的に構築したりすることなどを通し交流を行うことができることを（柴田，2006），また随意とは，自らの内言を自由に支配し制御できるようになること（中村，1998）を意味する。これは，その定義内容から，ヤクビンスキーのいう独語形式をともなう言語操作能力を可能とする思考能力ともいえる。そしてこの内言の自覚性と随意性は，書きことばに限らず，話しことばも含め，自分の考えている内容を的確に聞き手に伝え，また聞き手の疑問に対応するために，自分の思考を柔軟かつ論理的に制御していくという，話し手にとっての重要な精神機能になると位置づけられていた（ヴィゴツキー／邦訳，2003，pp.201-206）。

この種の能力が必要とされ，また養成される具体的な交流として，ヴィゴツキーは自分の意見と他者の意見が衝突する場面を挙げた。このような場合，幼い子どもたちは自分の意見を相手に一方的に押しつけ，ケンカ別れに終わることが多い。しかし成長するにしたがい，しだいに自分の思考と相手の思考を調整しながら，共同関係を築こうとする動きが出てくる（Selman, 2003）。ヴィゴツキーは，このような双方の意見が食い違う場合の共同活動において自覚性と随意性が発揮され，またその発達が促進されると捉えていた（Berk & Winsler, 1995；柴田，2006；田島，2009a）。

子どもの考えが他者の考えと衝突せず，他人の異なる考えに順応しようとすることが

6）ヴィゴツキーはまた，ヤクビンスキーが紹介したドストエフスキーの酔っぱらいのエピソードと同じ箇所を，この述語主義の事例として引用している。

ない限り，子どもは自分自身を自覚することがないのです（ヴィゴツキー／邦訳, 2004, p.126）。

子どもたちだけでなく，私たち大人も自分の主張を言葉どおりに信じてしまおうとする。すなわち証明を求めようとは，めったにしないのである。証拠について論理的に熟考をする必要性は，口論の機能のような集団的機能の発達に依存する（ヴィゴツキー／邦訳, 2006, p.147）。

この内言の自覚性と随意性を活用した，容易に自分の意見に同意しない相手との言語交渉は，本章でいう「越境の説明」としての性質を帯びたものになると考えられる。このような相手と，お互いの意見を的確に伝え合うためには必然的に，他の社会的文脈を背景とする（すなわち統覚の共通性が期待できない）人物への説明において使用される，ヤクビンスキーのいう独語形式による説明を重ねていくことが必要になると思われるからである。

3.3.「発達の最近接領域」と説明力の成長

また当初は科学的概念の学習を通して修得した自覚性と随意性は，次第に，子どもたちの生活的概念にも影響を及ぼすことになる。ヴィゴツキーはこのように，子どもたちがしだいに自らの内言において自覚性と随意性を自律的に獲得していく成長過程を，「発達の最近接領域」に沿った「発達」として捉えた。

概念の自覚性と随意性という，生徒の自然発生的概念にはまだ未発達な特性は，完全にかれらの発達の最近接領域にあるということ，つまり，大人の思想との共同の中で顕現し，活動をはじめるということである。このことは，われわれに科学的概念の発達の前提は自然発生的概念の一定の高さの水準—そこでは発達の最近接領域に自覚性と随意性があらわれる—を前提とするということ，科学的概念は自然発生的概念を改造し，高い水準に引き上げ，それらの発達の最近接領域を実現させること，つまり子どもが今日共同のなかでなし得ることは，明日には自分一人でなし得るようになるということを説明する（ヴィゴツキー／邦訳, 2001, p.318）。

たとえば，「水」「太陽」「兄弟」のようなことばは子どもたちにとって，彼らの日常経験のなかで学習され，親や友達との間のやりとり（いわば「域内の説明」）で使用される生活的概念になる。しかし同時に，異文脈度の高い相手とのやりとり（いわば「越境の説明」）で使用される，話者の自覚性・随意性をともなう内言によって構成される科学的概念にもなりうる。そしてヴィゴツキーは，このような生活的概念をしだいに自覚的に随意に使用していくようになる過程を通し，また一方で，科学的概念を日常経験によって裏打ちしていく過程を通し，子どもたち自身による自律的な思考操作が可能になっていくことを，発達とみていたと考えられるのである。

その意味では，ヴィゴツキーのいう概念学習を通した発達の最近接領域とは，「域内の説明」と「越境の説明」との豊かな往還を可能とする話者の，思考能力の獲得過程を示すものとしても捉えることができるのかもしれない。

4．現代の説明教育の課題

4.1.「越境の説明」の具体的な姿

ヴィゴツキーが示した，内言の自覚性と随意性をともなう説明の具体例は，マーサーら（Mercer, Dawes, Wegerif, & Sams, 2004）が「探求的談話」と名づけたやりとりにおいてもみられる。以下の事例は，「光を遮るもの」に関する理科実験を行った際に記録されたやりとりであるが，この探求的談話の特徴が示されている。

> アラナ：なぜそう考えたの？
> ロス　：だって，それは以前にテストしたことがあるから！
> アラナ：いいえ，ロス。あなたは何を考えたの？……どれくらいのティッシュが，ライトを遮るだろうと考えたの？
> ロス　：最初は5枚だろうと考えたけど，次には……
> アラナ：なぜそのように考えたの？
> ロス　：それがプロジェクターのなかにあったとき，少しみえたけど，全部みえたわけじゃなかった。だから，5枚のティッシュがライトを遮るだろうと考えたんだ。
> アラナ：それはいい理由ね。私は5枚から7枚の間じゃないかと思う。家の照明に一枚のティッシュをかざすと光が透けてみえるけれど，5枚から6枚の場合は，透けてみえない。だから私は5枚か6枚じゃないかと思うの。
>
> (Mercer et al., 2004, pp.368-369)

この事例においてアラナは，「なぜ（why）」を多用し，実験道具がもたらす「遮光性」に関する推論の根拠について，ロスの意見の自覚的な言語化を求め，また自らも，それに準じた意見陳述を行っていた。また当初はアラナの問いに対して拒否的な応答をしていたロスも，しだいに「だから（because）」などを使用し，自分の意見に対する自覚性を高めていった。そしてこのようなやりとりを通し，話者らは，たとえ意見が対立した場合でも，単に自分の意見を一方的に述べて対立するのではなく，それぞれの見解を客観的に評価し，ことばによって相互の意見を調整するようになるのだと思われる。

この事例の話者らは，実際には教室という同じ社会集団に属するクラスメートである。しかし彼らは，やりとりを行うテーマについて，容易に相手の意見に同意しない（すなわち統覚の共通性が期待できない）話者となり，「なぜ」「だから」などを活用し，自らの意見・推論の根拠について詳細に言語化して説明していた。すなわち，異なる文脈を背景とする人物への説明においても必要となる，論理的な言語によって自らの意見を的確に表現していたのだといえる。その意味で，この探求的談話のような交流は「再文脈化」された交流とも呼ばれる（茂呂, 1988；Mercer, 1992；van Oers, 1998）。そして本章で提唱した「越境の説明」とは，この再文脈化をともなう交流のなかでみられる説明形態を示すものになると考えられるのである。

4.2.「分かったつもり」という課題

一方，マーサーは，このような探求的談話の生じにくさについても言及している。特定のテーマについて相互に意見を交換し，考察を深めるべき場面においてもなお，多くの子どもたちが，単に自分の意見を一方的に述べ立て，相互の意見の調整を行うことなく対立

する「口論的談話」と呼ばれるやりとりや，仲の良い仲間同士の意見交換にとどまり，議論の深まりがみられない「累積的談話」と呼ばれるやりとりを多用していると指摘しているのである（Mercer, 2000）。

さらに，学級内の活動においては問題なく課題となる知識を習得しているようにみえた生徒たちの多くが，とくに日常経験との関係について問われると，説明を放棄してしまうという問題も知られている（Michaels & Sohmer, 2000；Kolstø, 2001；西川，1999；田島，2010a）。

たとえば，以下のやりとりは，学校で学んだ知識と日常経験の中で得た知識を関連づけて説明することを求めた者との論争の一部であるが，このような学習者の特徴をよく表していると考えられる。

A：君は地球の方が動いているというけど，電車に乗っているとき，動いているって感じるけど，地面の上だとそんなに感じないよ。
B：とにかく，地球が回っているんだ。
A：地球はこんなに大きいのに，太陽はあれぐらいなんだから，太陽の方が動いている方が自然だと思うんだけど，なんでそう思うの。
B：そんなこといっても，地球が回っているんだ。教科書にもそう書いてある。

（西川，1999, p.118より一部改変）

この事例でA君は，学校で学んだ「地球は自転している（地動説）」という知識について，日常経験からみて疑問に感じる点を述べ，B君に説明を求めている。しかしB君は，「教科書に書いてあるから」という理由で，A君の疑問を，具体的な根拠に基づく説明を行うことなく却下しようとしている。これはマーサーが指摘した，口論的談話の特徴を備えたやりとりにもなっている。

ベンチュら（Bencze & Hodson, 1998）は，教科書や教師の提示する知識を確実な情報として捉え，それを覚えればよいとする学習者の信念が多くの授業において存在すると述べ，これを「確実性の幻想」と呼んだ。このような環境のもとで学習した多くの生徒たちは，学校において，教師や教科書が提示する概念の意味に追従できるようになるという点では成功する。しかし，学習者なりの個人的な解釈枠組みの視点から概念の意味を整理し，教室外の世界に住む他者に的確に説明できるという点では失敗してしまうことが多いと考えられる（田島，2009c，2010a；田島・茂呂，2003）。田島らは，学習者らにみられるこのような傾向を「分かったつもり」と呼び，この傾向は，大学教育を受ける学生においてもなお，みられるものであると指摘した。

以上の指摘から明らかなのは，大学を含む学校教育を受ける多くの学習者らにとって，自らの学習内容に関する「越境の説明」は達成困難な課題になっているという現状である。マーサーらや田島らの指摘からは，学校において学んだ内容を，日常経験など他文脈の知見と関連づけ，論理的言語化をともなう説明が困難な学習者が多いという問題が浮かび上がる。つまり，本章の説明モデルでいう①ないし②の「域内の説明」は教室文脈内において比較的容易に達成可能であるが，③ないし④の「越境の説明」を行うことに困難を覚えるため，たとえ仲間との教室内におけるやりとりが可能であっても，統覚の共通性が期待できない教室外の他者を想定した越境的な意味交渉はできない学習者が多いと考えられるのである[7]。

5.「説明」の教育の射程とは

　ヤクビンスキーおよびヴィゴツキー論の視点からは,「域内の説明」において獲得したことばを「越境の説明」においても活用できるようになることを通し,交流場面や過去経験の共有の有無にかかわらず,自由な言語的交通を可能とするという学習者の成長モデルが示唆される。冒頭でも述べたように,学習者のこのような発達を,大学教育において促進させることは,異なる文化・習慣・専門性等を背景とする,異文脈度の高い者同士が交流を重ね,仕事を行う機会が加速度的に増加している現代において,よりいっそう重要な意味をもつだろう。

　しかし冒頭の技術者の事例が示すように,たとえきわめて高い技術力を誇り,また深い専門知識をもつ職業人であっても,このような説明に困難を覚える人は少なくないと考えられる。また前節において紹介した「分かったつもり」現象からは,現在の学校現場には,まだこのような説明力を十分に養成するだけの教育方法が普及していないという課題も示唆される[8]。

　本書では,異なる社会的文脈を背景とした人々と交流を行うことが重視される現代社会を生き抜く学生たちを支援するため,大学教育におけるさまざまな教育実践が提唱・分析されることになる。これらの検証を通し,いかに「域内の説明」と「越境の説明」との豊かな往還を行う学習者を育成することが可能であるのか,その方向性について具体的な提案が示されることが期待される。またさらに,大学教育のあり方に関する議論を通し,その枠組みにとどまらない,より豊かな「説明」の育成モデルが生成されることも期待される。

<付記>

　本章の執筆に際し,独立行政法人日本学術振興会・科学研究費助成事業(学術研究助成基金助成金(若手研究(B)))「大学生の「分かったつもり」を解消する支援：学校インターンシップを中心に(代表者：田島充士・平成23年採択　課題番号：23730621)」の助成を受けた。

---

7) ただし越境するという場合の「境界」もまた,統覚の共通性と同様に,物理的な実体があるものを示す概念とは考えていない。異なる社会集団を行き来する学習者の学習転移の問題についてまとめた香川(2008)は,集団と集団の間の「境界」を,当事者間のやりとりのなかで相互に規定される,交流の葛藤や困難さを示す言説であるとしている。本章における「越境」および「域内」もまた,説明において利用可能な空間的文脈および過去経験的文脈のリソースを話者相互が交渉するなかで立ち現れてくる心理表象として想定している。詳細については,16章も参照。

8) このことは教科教育の問題に限らず,近年,急激な発達を遂げ,子どもたちにとって身近なものとなった,ケータイを介したCMCに関わる諸問題にもいえることである。これらのCMCの多くは,本章のモデルでいう②の「域内の説明」にあたるといえる。しかしつねにここで行われる説明が,スムーズになされるとは限らない。説明内容に関する異議申し立てや意見の対立などにより,話者間の統覚の共通性が失われ,モデル④の「越境の説明」に移行する事態はつねに存在する。しかし現在のところ,ケータイの青年期ヘビーユーザーには,自分とは異質な相手の思考や立場を尊重し,相手に分かることばで自分の意思を伝える,いわば「越境の説明」による調整を行うよりむしろ,そのような相手との交流を回避・排除する傾向があるとされる(小林・池田,2007；田島,2009b)。これは,ケータイユーザーの多くを占める青年にとって,「越境の説明」と「域内の説明」の柔軟な往還は困難という問題を指摘するものと考えられる。

■ 引用文献

Bencze, L., & Hodson, D. (1998). Coping with uncertainty in elementary school science: A case study in collaborative action research. *Teachers and Teaching: Theory and Practice*, 4, 77-94.

Berk, L. E., & Winsler, A. (1995). *Scaffolding children's learning: Vygotsky and early childhood education.* Washington, DC: National Association for the Education of Young Children. (バーク, L. E., & ウィンスラー, A. (著) 田島信元・田島啓子・玉置哲淳 (訳) (2001). ヴィゴツキーの新・幼児教育法：幼児の足場づくり 北大路書房)

Bertau, M. C. (2005). Eine dialogische Sichtweise für die Psycholinguistik. *Die Abhandlung für Interdisziplinäre Tagung im Sommer 2005*. München: Ludwig-Maximilians-Universität. S. 18-28.

ドストエフスキー, F. M. 米川正夫 (訳) (1970). 作家の日記 河出書房新社

Engeström, Y. (2001). Expansive learning at work: Toward an activity theoretical reconceptualization. *Journal of Education and Work*, 14, 133-156.

Engeström, Y., Engeström, R., & Kärkkäinen, M. (1995). Polycontextuality and boundary crossing in expert cognition: Learning and problem solving in complex work activities. *Learning and Instruction*, 5, 319-336.

Friedrich, J. (2005). Verwendung und Funktion des Dialogbegriffs im sowjetrussischen Diskurs der 1920er Jahre, insbesondere bei Jakubinskij und Vygotskij. *Die Abhandlung für Interdisziplinäre Tagung im Sommer 2005*. München: Ludwig-Maximilians-Universität. S. 5-17.

Hall, E. T. (1976). *Beyond culture*. New York: Anchor Press. (ホール, E. T. (著) 岩田慶治・谷 泰 (訳) (1993). 文化を超えて TBSブリタニカ)

Hoadley, C. M., & Enyedy, N. (1999). Between information and communication: Middle spaces in computer media for learning. In C. M. Hoadley, & J. Roschelle (Eds.), *Proceedings of computer support for collaborative learning*. Mahwah, NJ: Lawrence Erlbaum Associates. pp.242-251.

Jakubinskij, L. P. (2004). Über die dialogische Rede (übersetzt von Hommel, K., & Meng, K.) In K. Konrad & K. Meng (Hrsg.), *Die Aktualität des Verdrängten: Studien zur Geschichte der Sprachwissenschaft im 20. Jahrhundert*. Heiderberg: Synchron. S. 383-433.

香川秀太 (2008).「複数の文脈を横断する学習」への活動理論的アプローチ：学習転移論から文脈横断論への変移と差異 心理学評論, 51, 463-484.

小林哲朗・池田謙一 (2007). 若年層の社会化過程における携帯メール利用の効果：パーソナル・ネットワークの同質性・異質性と寛容性に注目して 社会心理学研究, 23, 82-94.

Kolstø, S. D. (2001). 'To trust or not to trust,…'-Pupils' ways of judging information encountered in a socio-scientific issue. *International Journal of Science Education*, 23, 877-901.

桑野 隆 (1977). ヴィゴツキイとバフチーン 窓, 23, 10-13.

Mercer, N. (1992). Culture, context, and the construction of knowledge in the classroom. In P. Light, & G. Butterworth (Eds.), *Context and cognition: Ways of learning and knowing*. Hillsdale, NJ: Lawrence Erlbaum Associates. pp.28-47.

Mercer, N. (2000). *Words and minds: How we use language to think together*. London: Routledge.

Mercer, N., Dawes, L., Wegerif, R., & Sams, C. (2004). Reasoning as a scientist: Ways of helping children to use language to learn science. *British Educational Research Journal*, 30, 359-377.

Michaels, S., & Sohmer, R. (2000). Narratives and inscriptions: Cultural tools, power and powerful sense-making. In B. Cope, & M. Kalantzis (Eds.), *Multiliteracies: Literacy learning and the design of social futures*. New York: Routledge. pp.267-288.

茂呂雄二 (1988). なぜ人は書くのか 東京大学出版会

中村和夫 (1998). ヴィゴツキーの発達論：文化-歴史的理論の形成と展開 東京大学出版会

中村和夫 (2004). ヴィゴツキーの内言理論における「意味」の存在形態について：想像の発達論を手がかりに— 心理科学, 24, 55-69.

西川 純 (1999). なぜ、理科は難しいと言われるのか？：教師が教えていると思っているものと学習者が本当に学んでいるものの認知的研究 東洋館出版社

Selman, R. L. (2003). *The promotion of social awareness: Powerful lessons from the partnership of developmental theory and classroom practice*. New York: Russell Sage Foundation.

柴田義松 (2006). ヴィゴツキー入門 子どもの未来社

田島充士 (2009a). ヴィゴツキー理論と子育て支援 繁多 進 (編) 子育て支援に活きる心理学：実践のための基礎知識 新曜社 pp.97-108.

田島充士 (2009b). 青年と文化：携帯電話を中心に 宮下一博 (監修) 松島公望・橋本広信 (編) ようこそ！青年心理学 ナカニシヤ出版 pp.81-90.

田島充士 (2009c). 教職課程教育における学校インターンシップの可能性：ヴィゴツキーの「自覚性」概念を軸に 高知工科大学紀要, 6, 215-224.

田島充士 (2010a).「分かったつもり」のしくみを探る：バフチンおよびヴィゴツキー理論の観点から ナカニシヤ出版

田島充士　(2010b).「分かったつもり」をどのように捉えるか：ヴィゴツキーおよびヤクビンスキーのモノローグ論から　ヴィゴツキー学, 別巻1, 1-16.

田島充士・茂呂雄二　(2003). 素朴概念の理論的再検討と概念学習モデルの提案：なぜ我々は「分かったつもり」になるのか？　筑波大学心理学研究, 26, 83-93.

van Oers, B. (1998). The fallacy of decontextualization. *Mind, Culture, and Activity*, 5, 135-142.

ヴィゴツキー, L. S.　柴田義松（訳）（2001）. 思考と言語　新読書社

ヴィゴツキー, L. S.　土井捷三・神谷栄司（訳）（2003）.「発達の最近接領域」の理論：教授・学習過程における子どもの発達　三学出版

ヴィゴツキー, L. S.　柴田義松・森岡修一・中村和夫（訳）（2004）. 思春期の心理学　新読書社

ヴィゴツキー, L. S.　柴田義松・宮坂琇子（訳）（2006）. 障害児発達・教育論集　新読書社

Wardekker, W. L. (1998). Scientific concepts and reflection. *Mind, Culture and Activity*, 5, 143-153.

Wertsch, J. V. (1985). *Vygostky and the social formation of mind*. Cambridge, MA: Harvard University Press.

山住勝広　(2004). 活動理論と教育実践の創造：拡張的学習へ　関西大学出版部

2 「越境の説明力」育成の社会的背景と理論的展開

富田英司

1. はじめに

　本章は，まず日本の大学教育における越境の説明力育成の必要性を現代社会の経済・社会的文脈に位置づけて概観し，「越境の説明力」の育成がいまどのような意味で重要か明らかにする。これに関連して，現在さかんに議論されている大学の教育目標について，その動向を明らかにすると同時に，教育測定のあるべき姿についても言及しておく。その後，「越境の説明力」の基盤となる主要な理論的系譜として，議論学，認知心理学，史的唯物論的心理学の3つを紹介する。これらの理論的系譜は本書に含まれる各章が何らかの意味で依拠しているものであるため，各章の主張するところをより深い水準で理解するために役立つだろう。最後に，これら諸理論の間の関係を述べた後，本章の理論的課題について議論する。

2. 高等教育政策に位置づける「越境の説明力」

2.1. 世界経済の動向と日本社会

　「越境の説明」とは，互いに文脈を共有しない人間の間で行われる言語を中心とした相互理解のプロセスであり，「越境の説明力」とは，この「越境の説明」を可能にするための説明者もしくは被説明者の能力を指す。越境の説明力が現代日本の大学卒業者に求められる背景にはさまざまな社会的動向が関係している。本章では，これらのうちとくに重要であると思われる次の3つのニーズ，①シンボリック・アナリストの育成，②共同体の継承と再創造の担い手育成，③コミュニケーション育成を担う教育者の育成，について論じる。

　現代社会の特徴の1つはグローバル化である。グローバル社会とは，ヒト・モノ・カネと情報が国境を越えて高速に移動する社会である。日本のように生産や消費の大部分を輸出入に依存する国においては世界経済の動向にこれまでも大きく影響を受けてきた。しかし，現在の日本社会が迎えつつあるグローバルな展開は，それまでのものとは大きく異なっている。日本企業が生産する製品の付加価値は，もはや日本企業だけではなく，世界の他の企業と協同して生み出されるものである。日本で生み出される製品も世界で販売されることを念頭において開発される。そこでは1つの独立した国として他国と競争して勝ち抜くというよりも，国境の分け隔てなく協同して新しい付加価値を生み出すことを通して富を拡大することが日本の生活水準を保つことにつながる（Reich／邦訳，1991）。

　このような現在のグローバル社会の経済活動を支えるのが，シンボリック・アナリストと呼ばれる労働者である（Reich／邦訳，1991）。彼らは，問題の発見・分析・解決を主な

仕事としている。たとえば，新製品の開発者やデザイナー，収益を拡大するようなビジネス・モデルを提案する企業人，組織の再編を提案・実施するコンサルタント，効果的な広告を創造するコピーライターといった人々がこれにあたる。これらの仕事を行うにあたっては，組織内外の人々とつねに交流し，新しい情報を効果的に吸収しながら，それぞれの領域における問題発見と解決方法を提案し，提案内容の同意を得て実施し，その後に評価を行うという活動に従事している。その結果，彼らは国内外を頻繁に移動し，情報の収集・分析・再構成等をこなし，会議やプレゼンを繰り返している。このような活動では，これまで当然と思われていたことを新しい角度で捉え直したり，いくつかのアイデアを合わせて新しい提案につなげたり，現在実践されていることを廃止することを求めたりするために，「越境の説明力」が必要となる。

　シンボリック・アナリストのような知的労働者だけが，「越境の説明力」の獲得を必要としている訳ではない。現在の日本では，既存の地域社会や企業組織等の共同体がこれまで積み重ねてきた社会関係資本や文化的遺産の継承もしくは再創造が，これまでとは違ったかたちで求められており，そのような諸活動を支える力として越境の説明力が重要な役割を果たすと考えられる。その範囲は家庭生活，親戚関係，企業，労働組合，商店会，地方自治体，NPOやNGOなど多岐に及ぶ。今の日本社会は，経済的利益を追求するあまり，人間としての幸せな生活や子どもの学びのための基盤となる社会関係資本（Putnam／邦訳，2001）がやせ細っている。そのうえ，世界最速で進む少子高齢化により，問題解決がさらに難しくなっている。地域社会の商業，教育，医療，近所づきあい，マンションの管理方法といったあらゆる既存のシステムは再設計を余儀なくされている。このような問題に対して，従来の中央集権的なアプローチは有効ではない。問題の現れ方や解決の優先順位は地域ごとに違っており，中央政府で対応する範囲を超えている。また同時に，中央政府による支援自体が地域社会の依存的傾向を引き出し，地域社会が本来もっている問題解決能力までをも抑制しかねない。そこで，主要大都市で仕事をすることの多い専門的なシンボリック・アナリストに頼らず，地方自身が問題解決能力を高めることが重要になってくる。地域社会の問題においても，当事者たちは信念や立場を共有していないことが多いため，「越境の説明力」が求められる。しかも，地域社会の問題は理性的なものだけではなく，伝統的信念や感情のもつれなど，問題解決者に深い共感的理解を求めるものも多い。

　加えて，将来教育者になる者にとっても，「越境の説明力」やそれに関連した価値や特性，実践の積み重ねは欠かせない。教員自らが越境の説明者でなければ，実感をもってそれを教えることができない。そのため，教員養成課程においては，「越境の説明力」がとくに求められている。もちろん児童生徒や保護者，地域の連携機関，教員同士のコミュニケーションにおいても越境が求められるが，それ以上に教員自身が児童生徒にとって目指すべき大人の1つのモデルであることが重要である。

2.2.「越境の説明」時代の大学における教育目標

　近年盛り上がりをみせている大学教育のあり方に関する議論では，「越境の説明力」はどのように扱われているのだろうか。高等教育のあり方に関する近年の議論では，もちろん越境の説明という特定の能力自体が取り立てて大きく扱われることはほとんどない。むしろ，大学の教育目標体系のどの部分に「越境の説明」が位置づけられるかが実質的な問題である。現在の高等教育界では，世界的に教育の質保証が共通のテーマとなっているが，この質保証を具体化するために欠かせないのが，教育目標とそれに沿った教育測定・評価である。ここでは前者の教育目標について概略を示したい。

大学卒業後に必要なスキルや能力，態度，知識などを総称したものはジェネリック・スキルと呼ばれている（濱名，2010）。このジェネリック・スキルは，日本の教育行政の中心を担う文部科学省のみならず，厚生労働省や経済産業省などでもそれぞれ独自に概念化されてきている。つまり，個別の労働者や経営者にとっても，経済界全体にとっても，大学がどのような力を備えた卒業生を輩出するかが生産力を左右する大きな要因であると認識されるようになったことを意味している。ジェネリック・スキルとして概念化された諸概念のなかで，越境の説明力に関連しているのは，①中央教育審議会が2011年1月にまとめたキャリア教育に関する答申「今後の学校におけるキャリア教育・職業教育のあり方について」で規定された基礎的・汎用的能力のなかの人間関係形成・社会形成能力，②同審議会が2008年12月にまとめた「学士課程教育の構築に向けて」において提案した学士力のなかの汎用的技能の1つであるコミュニケーションスキル，③OECDの提案するキー・コンピテンシーのなかの「多様な社会グループにおける人間関係形成能力」，厚生労働省が2004年1月に提案した就職基礎力のなかの「コミュニケーション能力」等である。これらの動向から，大学でも世界の動きと連動して，「越境の説明」に関連した教育目標を取り入れつつあることが見てとれる。

2.3.「越境の説明力」の教育測定・評価のあり方

これまで述べてきたように，現在，大学では越境の説明力に関連した能力の育成が重要視されており，本書が扱う内容は現在の社会的ニーズに合致したものであろうと考えられる。教育目標については，本書の主張する方向と大枠では同じであり，ここで議論するべきことは少ない。しかし，教育目標を達成したかどうかを測定するための教育測定・評価に関する現状は憂慮すべきものがある。

教育測定・評価に関するあらゆる教科書で述べられているように，教育効果を測定する際に重要な点は信頼性と妥当性である。もし信頼性の高い物差しが存在すれば，その物差しを使って複数の大学間で教育効果を比較することが可能になる。このこと自体は問題ではないが，単一の物差しで一元的に教育効果が測れるようになり，その測定結果がやがて大学やカリキュラムの相対評価に利用されるとすればそれは問題である。相対評価は，科学的に教育効果を検討するうえで大変魅力的な手法であるが，田中（2008）の指摘するように，相対評価は教育効果を高めるという評価の本来的な目的を損ないやすい。結論からいえば，相対評価で高く評価されたとしても，評価対象となった集団内の相対的位置づけしか示しておらず，教育目標を達成したかどうかを測定していないのである。そのため，大学教育の質を比較するための一元的物差しの導入は，内集団のなかでの競争を促す一方，大学教育の改善が社会的ニーズとは関係ない方向に展開していくことすらありうる。

この問題に対しては，あらかじめ多くの大学間で共通した教育効果測定の枠組みを開発し，それを一様にどの大学にも当てはめるというアプローチを採るのではなく，各大学やカリキュラムの実施主体がそれぞれもっている教育目標に妥当な教育測定手法を独自に開発し，信頼性を高めるための努力を払うことが必要であろう。なぜなら，大半の大学人が現代社会の動向に関するマクロな理解を共通してもっていたとしても，個々の大学や課程はそれぞれ独自の具体的な社会的要請とそれら要請に対するアプローチをもっているからである。さらには，マイクロな水準の社会的要請は数年単位の速さで変化しており，その速さが今後鈍化する見込みはほとんどない。このような時代において，学習者の力量を真に伸ばすには，また，実質的な教育測定を行うためには，学習者が真正な文脈における学びの足跡として残った活動記録や生産物，作品から，評価の視点を探索するという逆向き設計（西岡，2008）の発想も欠かせない。説明は，学習者の真正な学習活動の結果として

2.4.「越境の説明力」に関する教育実践理論の構築

「越境の説明力」という概念は，現代社会を生きる人間にとってとくに関連が深いものであるが，実際にはずっと以前より，市民社会というものが生まれて以来，市民にとって自分たちの生活を左右する重要な能力であった。以下の節では，議論学，認知心理学，史的唯物論的心理学という3つの学問を中心に，これらが互いに注ぎ込み合う流れとして，「越境の説明力」育成アプローチの史的展開を明らかにしたい。具体的には，まず第3節で議論学，第4節で認知心理学，第5および6節で史的唯物論的心理学とその発展について各論を述べる。

3. 議論学における「越境の説明力」概念の系譜

他者に効果的にメッセージを伝えるための実践的かつ理論的な基盤を初めて高度に体系化しようとした試みは紀元前のギリシャにさかのぼることができる。当時，ポリスではスピーチの技術を身につけることが市民にとって重要なことであった。野心をもった若者が自らの政治的指導力の高さをアピールするためだけでなく，濡れ衣で意図せず法廷に立つことになった市民が自分自身の身を守るためにも，説得力のあるスピーチを行う必要があった。つまり，この時点で，すでに自分とは立場を異にする者，文脈を共有しない者に向けて，効果的に伝えるという「越境の説明」は重要であった。しかしながら，嘘を真実であるかのごとく説得する見せかけの大衆迎合的な弁論の技術は，法廷における判定を誤らせ，不適切な人物を為政者にしてしまう危険性をはらんでいた。そこで，アリストテレス（紀元前384-322年）は，見せかけの論証を避け，適切な弁論を構成するための方法を体系化しようと試みた。つまり，説得の成功を目的とするのではなく，説得のプロセスに注目して弁論の適切さを提案しようとしたのである。

アリストテレスは論証の手法として以前から存在していた論理的推論に加えて，説得力のあるスピーチに共通してみられる技法を弁論術として体系に位置づけた。図2-1は，このアリストテレスの提案する推論の体系を図示したものである（McBurney, 1936, p.60）。この体系化の仕方からも分かるように，この時点で異なる立場の他者へ向けた越境的説明の過程は，推論という思考過程に密接に関連したものとして概念化されている。

図2-1の左側にあるツリー構造は，科学的実演とも呼ばれるが，これが論理的推論を示している。この論理的推論は現代の形式論理学に相当するものであり，真なる命題を出発点として真なる結論へと至るための手法である。それに対して，右側のツリー構造は，アーギュメントによる探究と証明であり，蓋然的な前提に基づいて蓋然的な信念を確立するための手法である。これはさらに弁証法的なものと修辞法的なものとに区分され，前者は弁証術，後者は弁論術と呼ばれる。弁証術はあらゆる問題を一般的・普遍的なかたちで扱い，問答を通して議論を進めるのに対して，弁論術は個別具体の政治的テーマを主な対象としてまとまったスピーチとして行われる（アリストテレス／邦訳，1992）。

アリストテレスのトポスという概念は，まさに説明内容を弁論者がいる域内から域外へと越境させるための心理的ツールであった。このトポスには主に2つの解釈がある（Walton, Reed, & Macagno, 2008）。1つは，前提群から結論を引き出す合理的推論を可能にする保証的機能（論理機能）としてのトポスである。これは認識論的な意味での知識構築の技術に関連しており，すでに確立された真理から結論を導く演繹と，今まで分かっ

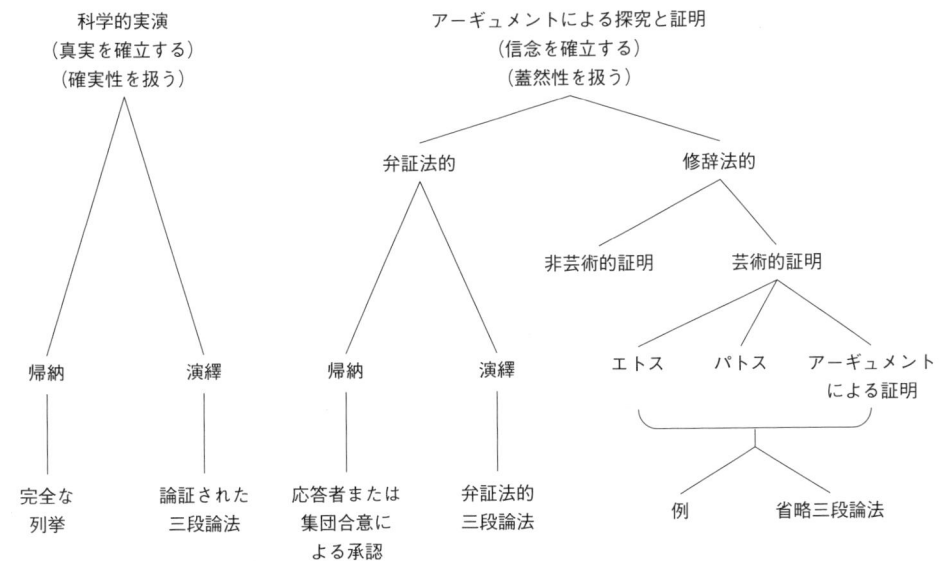

図2-1 アリストテレスによる推論の体系的分類（McBurney, 1936, p.60より筆者改変）

ている多くの事例から真理を確立しようとする帰納に分けることができる。もう1つは，論者が自分の主張を効果的に伝達する方法の探索に役立つ道具（修辞機能）としてのトポスである。言うなれば，主張すべきことを思考によってかたちづくり，その適切な伝達方法を探索するために，アリストテレスはトポスという心理学的道具を提案した。これらトポスの機能は相互独立ではない。たとえば，しばしば論文やレポートの執筆過程において多くの執筆者が体験するように，人は伝えようとする内容を書いてみることによって初めて自らの無知や矛盾に気づくことが珍しくないし，自ら書いた内容が当初想定した以上に重要で意味があったことに後から気づくこともある。論理機能と修辞機能は人間の認識の両輪であり，それぞれが互いにとって重要な役割を果たしている。誰かに何かを説明しようとする行為が自らの説明内容を洗練させたり，新たに発見したりといった相互的な役割をもつことは，説明の心理学的メカニズムの解明に非常に重要な点である。この点については，説明能力の発達に関する現代の心理学的研究において，いまなお，新しいテーマであり，説明という活動の本質的特性が他者との相互作用を通じた説明内容や説明手段の変化にあることが示されている（富田, 2007）。

　しかし，アリストテレスの論理学に関する仕事のなかでも，その後，つい最近まで注目されていたのは，さまざまな現実的要素のバランスをとって初めて効果的になる弁論術という複雑な技ではなく，図2-1の科学的実演としての論理技術であった。20世紀の後半までの永きにわたって，論理機能のみが突出して注目され，形式論理学へと発展する。さらにはこれを基盤として計算機科学が発展し，コンピュータによる論理演算システムの発明へとつながることになる。他方，修辞機能は論理機能から独立したかたちで，表現を修飾するための技法としてもっぱら発展することとなった。つまり，論理的思考と論理的表現は別個のものとして捉えられてきたのである。

　この両者はつい最近になって再度統合を果たすこととなった。そのメルクマールが1958年にトゥールミンによって出版された『議論の技法』（Toulmin, 1958）である。このなかで，彼は日常場面において利用可能な，より確かな推論の目安となる要素を，法廷の推論過程を参考に，三段論法として発展させて，アーギュメント・スキーマを提案した。アーギュメントとは理由づけされた主張のことを指す用語である。適切なアーギュメント

を構成する要素を図式化したものがトゥールミンのアーギュメント・スキーマであり，トゥールミンモデルとも呼ばれている。このスキーマでは，適切な主張は，①データに基づいており，②そのデータがなぜその主張を支えるのか説明する保証と呼ばれる要素が含まれており，③その保証が適切であるとみなしうる根拠を示したうえで，④主張の適用される範囲を示し，さらに⑤その主張の確実性の高さを表現する留保を加えることによって構成される。これを1つの規範として捉えることによって，特定の主張の適切さを評価したり，主張を構成するために必要な情報を検索したりすることができる。レズニツカヤ（Reznitskaya, Anderson, McNurlen, Nguyen-Jahiel, Archodidou, & Kim, 2001, p.158）は次のように述べている。「アーギュメント・スキーマは，アーギュメントに関連した情報の検索および体制化を可能にし，アーギュメントの構成と修復を促進する。そして，反対意見を予見し，自分自身や相手のアーギュメントの弱点を見つけ出すための基盤を提供する」。

　この日常の論理としての議論学復興の影響を受け，その後1980年代以降になってからは，教育心理学やその関連領域において，ヴォス（Voss, J. F.）やクーン（Kuhn, D.），アンダーソン（Anderson, R. C.）といった研究者を中心に，アーギュメンテーション理論の枠組みが採用されており，多くの理論的・実践的研究が展開している（富田・丸野, 2004）。

4. 認知心理学における「越境の説明力」概念の系譜

　20世紀の初頭，科学技術は目まぐるしく発展し，人文社会系の学問においても科学としての発展を一様に目指す気運が高まった。ジェームズ・ワトソンは，行動主義という研究パラダイムを1910年代から20年代にかけて強力に広めた心理学者であり，心理学的過程を物理化学的な用語（Watson, 1913）で説明しようと試みた。行動主義とは，人間のすべての行動は刺激と反応の結びつきによって説明でき，意識や無意識といった形而上学的な概念による説明や人の認識過程に関する説明を一切排斥すべきであるという思想である。この行動主義のもとで，心理学はもっぱら自然科学の仲間入りを果たすことが目指され，人の心に関する過程は研究対象から一切外されてしまうこととなった。しかしながら，心理学はやはりその名称から運命づけられているように，心的過程を探究する学問である。特定の刺激が特定の反応を引き起こすという行動主義の基本的前提は，同じ刺激が与えられても，それを解釈する方法は多様であるという事実を説明することができない。また，刺激のあり方によって人のあらゆる側面が形成されるとすれば，人が主体的に意思をもって何かを成し遂げるという過程は重要ではないと人々に認識されやすくなり，学習者が自己成就的に受動的な学習態度を形成してしまうというネガティブな社会的影響をもたらしうる。そして，何よりも心という内的過程を探究したいと思って心理学の学徒となった者にとって，直接観察可能な行動のみを研究対象とするという理論的前提は，そもそもの研究動機を失わせるものであった。

　これらの問題点が明確になってきた20世紀半ば，心理学にブレイクスルーをもたらしたのが認知心理学と呼ばれる研究パラダイムである。認知心理学は行動主義同様に，実証主義的方法を採用しているが，目に見えない心理学的コンポーネントを積極的に想定し，仮説検証アプローチによって人の心理学的モデルを構築しようとする点で大きく異なっている。1950年代，軍事技術の高度化のためにコンピュータ開発に巨額の投資がなされていたこともあって，コンピュータの内的構造を人間理解のメタファーとして捉え，人間の心についてインプットとアウトプットの関係から，内的な認知システムの構造や情報処理過程に迫る大きな流れが形成された。その結果，それまで半世紀にわたって主流だった行動主義を短期間で少数派へと追いやることとなった。この認知心理学が「越境の説明力」の概

念化に貢献するもう1つのパラダイムである。

　初期の認知心理学はほとんど高次の言語的思考を扱うことがなかったため，認知心理学が「越境の説明力」に関連をもち始めたといえるのは，より一段階複雑な認知的機構を扱うようになった1970年頃以降のことである。その代表的な概念の1つがメタ認知である。メタとは「高い次元の」とか「超越した」という意味をもち，認知とは，何かを見たり，聞いたり，考えたり，知ったりする知的働き全般を指す。したがって，メタ認知とは，認知の主体である自己を一段高いところから見下ろして，自己の思考や言動を認知の対象とする認知のことである。

　このメタ認知研究の推進を強烈に動機づけたものの1つは教育支援法の開発であった（Brown, 1978）。学校等の教育課程を通して期待されることの多くは，学習の際に用いた教材の内容や範囲を越えて，学習されたことが活用されることであり，古くから学習心理学においては学習転移という名称で呼ばれてきた。ブラウンは，学習転移が効果的に起こるためには，問題に取り組む学習者が自分自身の理解度をモニターすることができ，問題解決に必要な一連の手続きや知識を特定・想起し，問題解決のプランを立て，プランに基づいて問題解決に取り組み，解が適切であるか検討するというメタ認知的スキルの習得が重要であると考え，メタ認知研究の教育場面への展開に精力的に取り組んだ。1970年代のブラウンらの取り組みは，スキルの使い方や意味を実験者が対象児童に教えるというスタイルのものであった。しかし，このアプローチは，児童が身につけた学習手続きが他の課題にも転移するのかという点では芳しい結果をもたらさなかった。その後，80年代になってブラウンらが取り組んだのは，相互教授法（reciprocal teaching）と呼ばれる学習方法である。相互教授法では，子どもは，教師とのやりとりや他の子どもとのやりとりを通して，「予想」「質問生成」「要約」「明確化」という4つの方略をどのように使用するかについてじっくり習得する。これらは読解に長けた学習者が，読書時に個人内で使用している方略であり，このような方略を内化していないことが読解能力の低さにつながっていると考えられた。したがって，話し合いのなかでこれらの方略を身につけることによって，最終的には方略が内化され，読解能力の向上へとつながると考えられた。このパリンサーらによる一連の実践研究（たとえば，Palincsar & Brown, 1984; Palincsar, Brown, & Campione, 1993）によって，話し合いを通じての読書方略の教授が，その後，初めて取り組むテーマの読解課題においても促進的効果をもたらすことが繰り返し証明された。このようにメタ認知の訓練は，学習者が自分の考えの範疇を超えて，他者の表現に含まれるメッセージへと越境的に理解を到達させるための思考力獲得に貢献するものであった。

　相互教授法において重要な意味をもっていた説明活動であるが，そこでは読解という最終的には個人で取り組む活動における個人の能力を高めるための道筋として導入されていた。しかし，メタ認知能力は，自分と立場を一にしない他者を説得したり，新しいアイデアを協同で作り上げたりするうえでも大きな役割を果たしている。たとえば，議論において自分の考えを他の参加者に説得するためには，これまでの議論の流れや過去経験から相手の信念や性格，その他のメンバーとの関係，自分のもっている知識，議論の目的，議論が終わった後への影響等，さまざまな要素を検討することが求められる。このような社会的相互作用場面における活動もメタ認知研究の対象である。他にもたとえば，丸野・加藤（1996）は，議論の進行段階を導入期，展開期，終末期に分類し，それぞれの段階において参加者のどのような能力や傾向性が重要な役割をもつか考察している。今後，社会的メタ認知研究（Brinõl & DeMarree, 2012）という新しいテーマのもとでの発展が待たれる。

　以上のような研究の積み重ねによって，メタ認知という一見すると個人が他者から独立して遂行するものであると思われるようなプロセスにおいても，他者との協同が本質的な

役割を果たしていることが分かった。初めて遭遇する課題において，学習者が既習のメタ認知的方略を使って問題解決を図れるようになるためには，他者とのやりとりを通じたメタ認知的方略の習得が重要であるが，このことは「越境の説明力」の概念においても重要な意味をもっている。すなわち，思考力と説明力は表裏一体の関係をもっており，思考力をつけるためには他者への説明力をつけることが重要であるという点である。このことから，「越境の説明力」の形成は，自己に閉じた思考からの脱却や創造的な思考力，批判的思考力などの形成にも貢献することが分かる。

ブラウンら米国の認知心理学者に対して，協同的な学びのプロセスへ注目を促したのは，ロシア心理学の知見である。第二次世界大戦とその後の冷戦を背景として米国で誕生・発展した認知心理学は，奇しくも初期のソビエト連邦で発展した史的唯物論的心理学の再評価の影響を受けて，学習者の支援に本格的に貢献することのできる研究展開へと結びついた。この史的唯物論的心理学が，「越境の説明力」研究における3本目の理論的柱である。この流れは先述のパリンサーらによる相互教授法の開発にも影響を与えていたものでもある。

5．史的唯物論的心理学の確立と展開

史的唯物論とは，マルクスによって提案された人間社会の成り立ちに関する理論である。史的唯物論という用語の一部を成している唯物論とは，心的現象や社会現象，生命現象が物質的メカニズムで説明できるという考え方である。上述の行動主義も唯物論を基盤にしている。それと相対する観念論では，逆に観念や精神が物質的世界を規定していると考えられている。史的唯物論は，当時の人文および社会科学の広い範囲に影響を与えたが，本章にとって重要なのは，ソビエト連邦において発展した発達心理学および教育心理学の研究である。その初期の試みの中心にいた研究者の1人がヴィゴツキーである。一般にはヴィゴツキーとその理論的後継者による研究は，社会構成主義という用語で一括りにされることが多い。これはヴィゴツキーが発達のメカニズムとして他者との相互作用を通した知識の構成を検討してきたからである。しかし，ヴィゴツキーがマルクスの史的唯物論に基づいた心理学を立ち上げようとしたとその著書に記していることを踏まえると，史的唯物論的心理学という名で括ることも可能である。この見方はヴィゴツキーの取り組みに関する1つの歴史観であり，事実であるかどうかについては諸説あるが，理論の史的背景を意識するために，本章ではこのように呼ぶこととした。

ヴィゴツキーは上述の行動主義が世界を席巻しつつあった時代に活躍し，認知革命よりもかなり以前の段階において，行動主義心理学に対する創造的な批判を行っていた。その批判の中心に据えることができるのが媒介という概念である。ヴィゴツキーのいう媒介とは，主体と対象とを間接的に結びつける第3項の存在である。媒介によって，人間は刺激として知覚されたさまざまな信号から意味を読み取ることが可能になるだけではなく，自らの行動を制御するための手続きを導入することができるようになる。これによって，ヴィゴツキーは人の意思が行為を制御する基本メカニズムを示すことができた。

媒介としてのツールは，技術的ツールと心理的ツールの2種類に分類できる。技術的ツールは，主に身体的・認知的機能の延長を提供する物質であり，たとえば，杖やハンマー，定規，計算機，車などが挙げられる。心理的ツールは，言語，計数システム，記憶術，数シンボルシステム，芸術作品，文字，略図・図解・地図，製図，様式的記号など（Vygotsky, 1981），思考や知覚の道具となる記号体系である。

ツールを利用した時のみ主体と対象の間を媒介し，一時的に身体的・認知的機能を延長

する技術的ツールと異なり，心理的ツールは個人が内的に獲得することが可能であり，使用者自身の認識に不可逆的な影響を与える。先述のアーギュメント・スキーマも，他者に説得的に伝えるための心理的ツールの1つである。このスキーマのもっとも単純な形態は，主張とその主張を支えるデータ，そしてなぜそのデータが主張を支えるか説明する保証という3項である。このスキーマを用いて説明できるようになることによって，今度は他者から主張を含むメッセージを受け取ったときに，その主張の正当性を判断する過程で，データがあるかどうか，データと主張の関係は適切かどうか，ということなどへ主体は注意を向けることができる。このように心理的ツールの利用は，人間の認識システムの他の要素にまで影響を与え，より多くの他者とのコミュニケーションの輪への参与を可能にし，ひいては知的水準を引き上げる道筋を開くのである。

　これらツールは文化歴史的な積み重ねを経て現在の形態となっている。したがって，とくに心理的ツールの使用を個人が習得するということは，その個人がツールの歴史性を取り込むということでもある。私たちは発達の過程を通して限りなく多くの心理的ツールを習得しているものと思われるので，意識していなくても私たちが属する複数のコミュニティの歴史性に規定された存在としていまを生きていることになる。

　では私たちは，どのようにして心理的ツールを獲得するのだろうか。この獲得過程は大学の教育目標とも直結しているため，非常に重要な問題である。ヴィゴツキーは高次の認識機能の獲得が2度，2つの異なる領域での出現を通して起こると考えている。学習される認識機能は，最初は，学習者と教育者のように個人間において，2回目は個人内においてである。これを文化的発達の一般発生的法則と呼ぶ（Vygotsky, 1981）。この法則の蓋然的正しさは上述のブラウンらの研究によっても支持されている。ブラウンらはメタ認知的方略を直接教示によって獲得させようとしたが，習得した課題を離れても方略が利用されるほどの定着を図ることができなかった。その後，他者とのやりとりのなかに埋め込まれた手順として，社会的に共有されたかたちで学ばせることで，方略は異なる教材においても利用されるようになった。他者との相互作用のなかで方略を学ぶことが重要であるという文化的発達の一般発生法則は，本書のテーマである「越境の説明力」の習得においても重要である。

6. 史的唯物論的心理学の発展と関連理論

6.1. レオンチェフによる活動理論の提案

　ヴィゴツキーを祖とする史的唯物論的心理学は個人の行動に社会文化的な史的蓄積が影響する道筋を示した。しかし，社会集団と個人の結びつきに関する史的唯物論の考え方を十分に心理学理論に取り込めていなかった。その点においてヴィゴツキーの理論を発展させたのが，レオンチェフの活動理論である（Leontiév, 1981）。レオンチェフの理論的貢献の1つは，心理学的分析の最小の単位を活動と呼ばれる，特定の一貫した目的をもった集団の過程としたことである。これによって，人間の目的的行為を適切に説明することが可能になった。レオンチェフが活動の概念を説明する際に用いた例として狩猟がある。狩りという活動は集団で行われる。このとき，狩りという活動は食物の獲得という共通の目標をもっているが，この目標のことを活動理論では動機と呼ぶ。他方，この集団を構成する個人に注目してみると，それぞれが行うべきことには一定のバラエティがある。ある者は狩りそのものには同行せずに効果的な狩りの道具を作る。ある者は獲物を一定の方向に追い立てる。またある者は追い立てられた獲物を待ちかまえて攻撃する。このように集団の

成員が個人として取り組む意図的な過程を行為と呼ぶ。行為には必ず目的がある。ここでは，道具を作る，獲物を追い立てる，獲物を攻撃するということが行為の目的である。さらにより微細な水準では，行為を構成している投げる，走る，削るといったような過程を操作と呼んでいる。この操作がどのような過程になるかは，その時々の条件，たとえば，猟場の天候や地面の状態，草木の繁茂の程度，獲物の数，手に入る材料などによって規定される。

この枠組みを用いることによって，特定の動機や目的がさまざまな行為や操作によって実現する過程を分析することができるようになった。しかし，レオンチェフは活動理論の新しい理論的展開や適用範囲の拡張をもたらしたというよりも，ヴィゴツキー理論を史的唯物論的方向にしたがって精緻化したという範囲にとどまっている。しかも，レオンチェフの時代やそれ以降数十年の間，活動の枠組みで説明されたのは子どもの発達であり，大人の社会における発達はそれほど説明の対象となってこなかった。そこでその後の研究者は次節で述べるように，さらなる理論的拡張を試みている。

6.2. 活動理論の拡張

大人社会の活動を対象に，もっとも包括的に活動理論を拡張してきた研究者の1人はエンゲストロームである。エンゲストロームは史的唯物論における分業等の概念を取り入れ，活動理論をさらに史的唯物論の枠組みに沿った心理学の理論へと発展させている。図2-2はエンゲストロームの提案する活動システムを図示したものであり（Engeström, 1987），主体が対象に働きかけて成果を出すとき，その生産活動がさまざまな要素によって媒介されていることを示している。この図が含む要素は図2-3に示すように，主体や集団は，それぞれがなかなか両立しない複数のニーズに悩まされる。この図2-3は活動システムの構造モデルを学校教員の仕事に対して筆者が独自に当てはめたものである。ここに示されているように，6つの要素それぞれに複数のニーズが想定される。しかし，この葛藤状況こそがニーズに応える新しい活動のあり方を生み出す必然性を生み出す。エンゲストロームは個人レベルでの学びよりも，集団の活動システムそのものの発展プロセスを明らかにしようとしている点が，個人個人の説明過程に注目しようとする本書のねらい

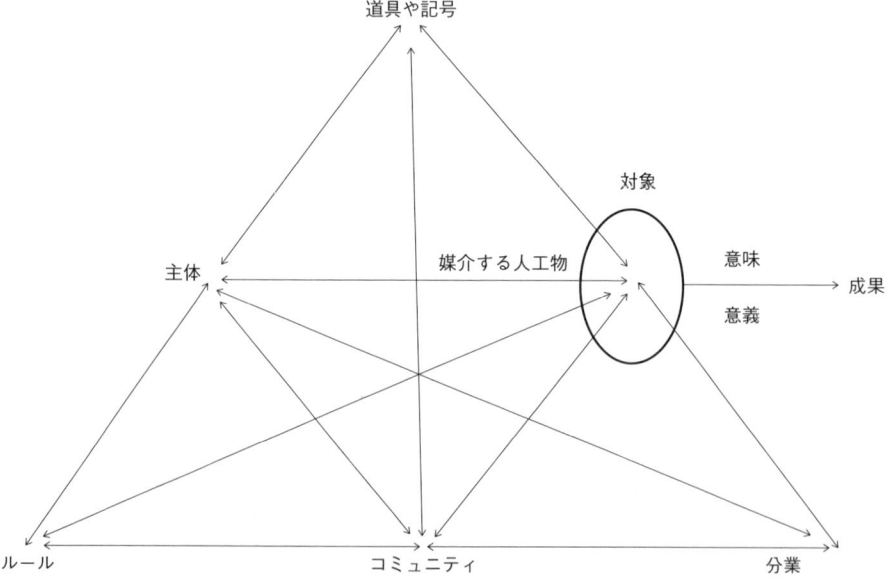

図2-2　活動システムの構造モデル（Engeström, 1987, p.78）

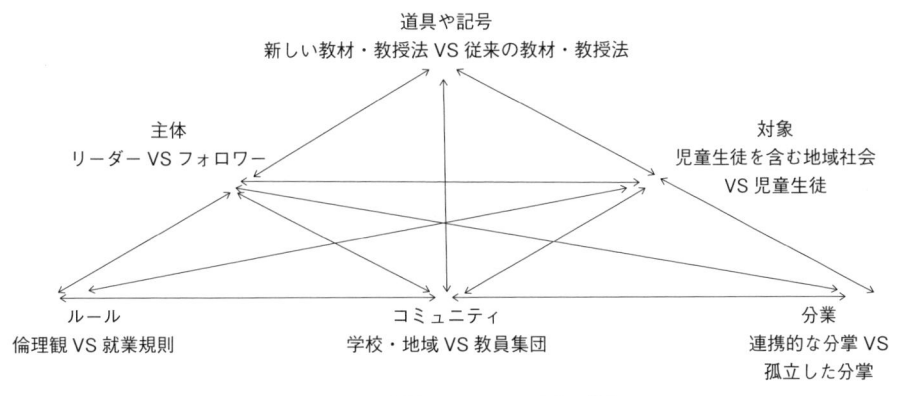

```
              道具や記号
        新しい教材・教授法 VS 従来の教材・教授法
                  ↑
   主体                          対象
リーダー VS フォロワー              児童生徒を含む地域社会
                              VS 児童生徒

   ルール          コミュニティ           分業
倫理観 VS 就業規則  学校・地域 VS 教員集団   連携的な分掌 VS
                                    孤立した分掌
```

図2-3　現代教師にとっての活動の構造

から離れる点である。しかし，個人を取り巻く活動内の要素を特定し，個人や集団がどのような点で葛藤状態に置かれるか探索するためには，この構造モデルは使用価値が高い。組織レベルの発達過程を検討するために作られたモデルであるが，これを再度個人の説明活動を鳥瞰的に捉えるために活用するという試みは有益であろう。

　エンゲストローム以外の活動理論としては，レイヴとその同僚が取り組んできた社会実践理論が「越境の説明力」と密接に関連している（Holland & Lave, 2001）。彼女らは自己が確立していくプロセスには，自分自身やその家族だけでなく，地域社会ももっと広い広域社会の利益との調整作業が含まれていることを指摘している。個人が力を十分に発揮するには，個人の水準における要求や意図を他の要因から独立させて考えるのではなく，個人の要求や意図を実現させることが地域社会や広域社会の利益にもつながるように布置し直す必要がある。このとき人は説明を行うことが必然の文脈に参加することとなる。より広い文脈で通用する自己認識の語りの構成という観点からすると社会実践理論はまさに「越境の説明」を扱っている理論の1つであるといえる。

6.3. デューイの学習原理と活動理論との密接な関係

　ヴィゴツキーやレオンチェフは，共産主義社会の成立を理論の面から支援したマルクスに依拠したのに対し，デューイは民主主義をもっとも優れた政治システムと考え，民主主義社会にふさわしい教育のあり方を提案した。相反する2つのイデオロギーが両者を別っているようにみえるが，民主主義も共産主義も人間が自由を最大限に発揮できる社会の実現を目指す啓蒙主義の系譜に位置づけられる（Shapiro, 2004）。このことはデューイの教授学習理論と活動理論が，結果的には同様の枠組みを構成するに至っていることによって例証されている。

　デューイ（Dewey／邦訳，1975）は『民主主義と教育』のなかで，直接に人が人に教えることは不可能であり，直接教授に代わる方法として，活動を通した学びを提案している。デューイのいう活動という概念は，活動理論ほど厳密に定義されていない。また，ヴィゴツキーは記号論的観点をきわめて重視し，高次精神機能における記号的媒介という認知メカニズムの解明に力を注いだ点についてはデューイと異なっている。しかし，活動が他者と目標を共有し，協力してそれを達成するための社会的環境として捉えられている点，そして他者との協同を通して学びが実現すると考えられている点については，デューイの理論と活動理論は共通している。

　他方，教授学習についてはデューイはヴィゴツキーや彼の後継者たちよりも具体的な原理を提案している。『経験と教育』のなかで，デューイ（邦訳，2004）は，連続性の原理

と相互作用の原理を提案した。連続性の原理とは，人は過去経験からの連続性や類似性をもった状況に置かれれば，その経験を活かすことができるというものである。このことから敷衍して，教師は現実の問題状況と連続性のある状況を学校等で入念に設計する必要があることが指摘されている。教師の存在自体も学習環境の一部であるため，教師は社会の積極的なメンバーであると同時に，教師の言動は個人の利益誘導や尊厳を高めるためのものではなく，社会を構成するメンバーの声を代表するものであるという意味での連続性が求められる。もう1つの相互作用の原理は，学習者が学ぶ生活体験を構成する状況が，学習者の内的条件と客観的条件の相互作用によって構成されるということを示している。学習者の内的条件は変化させることが難しいため，教育者は先人の知恵や専門的知識の助けを得ながら，学習者の内的条件に合わせて，学習者にとって生きた学びの状況が生まれるように客観的条件の方を調整する役割を担っている。

このようにデューイの教授学習原理は，活動理論の諸派が信じる学びの生起プロセスをある程度共通に想定しつつ，より積極的に学習環境のデザイン方針にまで踏み込んでいる。

7．越境の説明をはぐくむ教育の理論的基盤の構築に向けて

本章では，主に議論学，認知心理学，史的唯物論的心理学を3つの柱として，「越境の説明力」概念を支える理論的枠組みを概観してきた。本章の提案は，ここに含まれるもの以外を非正統的なものとして退けるものではない。むしろ本章はこのテーマに関する理論的基盤を構成しようとする試みの1つであり，今後も続くその理論的探索過程に1つの貢献を行おうとするものである。

すでにみてきたように，これら3つの研究の流れはそれぞれ始まった時代や直接の背景は異なるが，それぞれ共通部分をもっていたり，影響を与え合っていたりしている。議論学は上述のように論理機能と修辞機能という2つの系統から成り立っているが，前者の論理機能は計算機科学の成立につながり，ひいてはコンピュータの構造をメタファーとする認知心理学の成立へと深いところでつながっている。後者の修辞機能については，史的唯物論的心理学と関連の深い社会構成主義の教育心理学と結びついて，高次精神機能の育成手段としてアーギュメンテーションを捉えるように発展してきた。すなわち，社会的相互作用場面における学習者自身の表現を含む，他者との説明の協同構成を通して，高次の思考力が培われるということが実証され，教室における学びのスタイルを話し合い中心のものへとシフトさせるべきだという世界的なムーブメントを引き起こしたのである。本書が「越境の説明」という概念に重心を置いて論を展開しているのも，いうまでもなくこのような世界的展開と深い関係にある。このようなムーブメントが必要となった社会的背景は第2節で論じたとおりである。また，第4節で論じたように，学習方略の直接教授という方法では学習の転移を期待しにくいという限界の認識からも，社会構成主義的な教授学習理論の必要性が生じている。

本章で進めてきた議論の限界の1つは，説明のモダリティが書記言語や音声言語に限定されて論じられている点である。将来的には視覚を中心に他のモダリティを用いたマルチモーダルな「越境の説明」についても検討の範囲を広げていくことが望ましい。また，情動や人格の側面に関しても，弁論術について論じる際に触れただけで，深く検討できていない。この点についても今後その重要性が増していくものと考えられる。本論は「越境の説明力」に関する教授学習理論として原案の段階にあるが，理論や実証研究に基づいた教育実践の発展に少しでも寄与できれば幸いである。

■ 引用文献

アリストテレス　戸塚七郎（訳）（1992）．弁論術　岩波書店
Brinõl, P., & DeMarree, K. G. (2012). *Social metacognition*. New York: Psychology Press.
Brown, A. L. (1978). Knowing when, where, and how to remember: A problem of metacognition. In R. Glaser (Ed.), *Advances in instructional psychology*. Vol. 1. Hillsdale, NJ: Lawrence Erlbaum Associates. pp.77-165.
Dewey, J. (1938). *Experience and education*. New York: Macmillan.（デューイ, J.（著）市村尚久（訳）（2004）．経験と教育　講談社）
Dewey, J. (1916). *Democracy and education: An introduction to the philosophy of education*. New York: Macmillan.（デューイ, J.（著）松野安男（訳）（1975）．民主主義と教育　岩波書店）
Engeström, Y. (1987). *Learning by expanding: An activity-theoretical approach to developmental research*. Helsinki: Orienta-Konsultit.（エンゲストローム, Y.（著）山住勝広・百合草禎二・庄井良信・松下佳代・保坂裕子・手取義宏・高橋　登（訳）（1999）．拡張による学習：活動理論からのアプローチ　新曜社）
濱名　篤（2010）．学士課程教育のアウトカム評価とジェネリックスキルの育成に関する国際比較研究　平成19-21年度科学研究費補助金基盤研究（B）課題番号19330190 成果報告書（研究代表者　濱名篤）
Holland, D., & Lave, J. (Eds.) (2001). *History in person: Enduring struggles, contentious practices, intimate identities*. Santa Fe: School of American Research Press/ Oxford: James Currey.
Leontiev, A. N. (1981). The problem of activity in psychology. In J. V. Wertsch (Ed.), *The concept of activity in Soviet psychology*. Armonk, NY: M. E. Sharpe. pp.37-71.
McBurney, J. (1936). Some recent interpretations of the Aristotelian enthymeme. *Papers of the Michigan Academy of Sciences, Arts, and Letters*, **21**, 489-500.
丸野俊一・加藤和生（1996）．議論過程での自己モニタリング訓練による議論スキルの変容　教育学部紀要　教育心理学部門, **41**（1-2），113-148.
西岡加名恵（2008）．「逆向き設計」で確かな学力を保障する　明治図書出版
Palincsar, A. S., & Brown, A. L. (1984). Reciprocal teaching of comprehension monitoring. *Cognition and Instruction*, **12**, 117-175.
Palincsar, A. S., Brown, A. L., & Campione, J. C. (1993). First-grade dialogues for knowledge acquisition and use. In E. A. Forman, N. Minick, & C. A. Stone (Eds.), *Contexts for learning*. New York: Oxford University Press. pp.43-57.
Putnam, R. D. (1993). *Making democracy work: Civic traditions in modern Italy*. Princeton, NJ: Princeton University Press.（パットナム, R. D.（著）河田潤一（訳）（2001）．哲学する民主主義：伝統と改革の市民的構造　NTT出版）
Reich, R. B. (1991). *The work of nations: Preparing ourselves for 21st century capitalism*. New York: Random House.（ライシュ, R. B.（著）中谷　巌（訳）（1991）．ザ・ワーク・オブ・ネーションズ：21世紀資本主義のイメージ　ダイヤモンド社）
Reznitskaya, A., Anderson, R. C., McNurlen, B., Nguyen-Jahiel, K., Archodidou, A., & Kim, S. (2001). Influence of oral discussion on written argument. *Discourse Processes*, **32**, 155-175.
Shapiro, I. (2004). *The moral foundations of politics*. New Haven, CT: Yale University Press.
田中耕治（2008）．教育評価　岩波書店
富田英司（2007）．共同のプロセス　比留間太白・山本博樹（編）　説明の心理学：説明社会への理論・実践的アプローチ　ナカニシヤ出版　pp.38-50.
富田英司・丸野俊一（2004）．思考としてのアーギュメント研究の現在　心理学評論, **47**（2），187-209.
Toulmin, S. (1958). *The use of argument*. New York: Cambridge University Press.
Vygotsky, L. S. (1981). The instrumental method in psychology. In J. V. Wertsch (Ed.), *The concept of activity in Soviet psychology*. Armonk, NY: M. E. Sharpe. pp.134-143.
Watson, J. B. (1913). Psychology as the behaviorist views it. *Psychological Review*, **20**, 158-177.
Walton, D., Reed, C., & Macagno, F. (2008). *Argumentation schemes*. New York: Cambridge University Press.

第2部

「越境の説明力」を築く実践と理論

3 リーディング
読みにおける2つの越境

清河幸子・犬塚美輪

大学教育においては，学習者がそれぞれの興味・関心に応じて，専門的な知識を獲得することが重要な活動となる。この専門的な知識を獲得していくうえで，読みの活動は大きな位置を占める。これまでの研究では，大学生よりも年齢の低い学習者において，読解方略を指導するという試みがなされ，その有効性が示されてきている。しかし，明示的な指導が有効であるにもかかわらず，実際の学校教育においては，そのような指導は十分になされてきていないことから，大学生においても適切な読解方略を身につけていない者が存在する可能性がある。よって，大学においても，読みの指導を行っていくことが重要と考えられる。この読みの指導において，越境の説明という視点は有効である。本章では，はじめに，読解方略の指導に関する先行研究を概観するとともに，わが国における学校教育における読解方略の指導の現状を報告する。次に，他者との協同的な読みの文脈の重要性を指摘し，筆者らが開発した相互説明という指導枠組みを紹介する。以上を通じて，本章では，大学教育における読みの指導には，読解方略の有効性を示し，方略知識を教授することに加えて，それを適用する文脈の設定が重要であり，越境の説明という視点を取ることが有効であることを主張する。

1．はじめに

私たちは，日々，さまざまな場面において読むという活動を行っている。専門的な知識を得るために専門書や論文を読むこともあれば，気晴らしを目的として，趣味に関する情報誌に目を通すこともある。また，大学の演習授業などの場で，専門領域の論文を読んで発表することにより，得られた知識を誰かと共有する場合もあれば，自分ひとりで完結させる場合もある。このように，一口に「読み（reading）」といっても，さまざまな目的が考えられる。また，その目的に応じて，適切な方略・処理は異なると考えられる。そこで，まず，本章で想定する読みの目的について述べておきたい。また，本書を通じて鍵概念となっている「越境の説明」と読みがどのような関係にあるのか，あるいは，読みにおいて，「越境の説明」という観点を考慮する必要がなぜあるのかという点を明らかにしておきたい。

まず，本章では，知識を得ることを目的として行われる説明文の読解に焦点を当てる。というのも，大学教育においてもっとも頻繁に行われ，かつ重要とみなされる活動と考えられるからである。もちろん，文学作品の鑑賞が主な読みの活動となる領域もあるだろう。しかし，専門領域を問わず，知識を得る手段として読みを行うことは誰しも求められることであり，そこで読む対象となるのは，さまざまな事象について説明した文章ということになろう。

次に，読みと越境の説明がいかに関わりうるかについて述べておきたい。一見すると，

図3-1 読みにおける越境

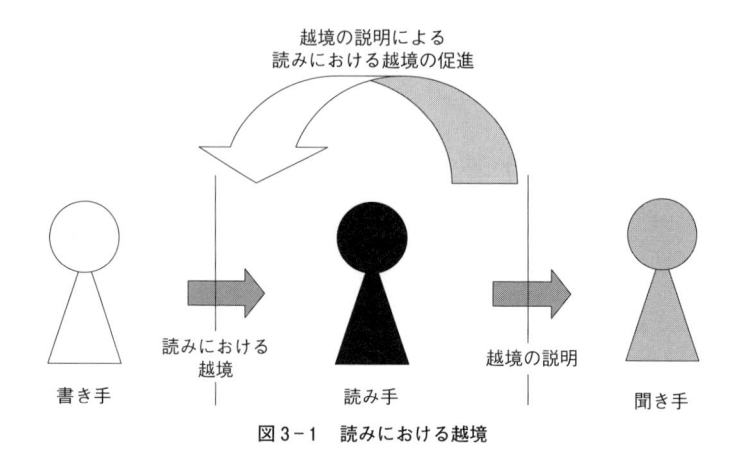

両者は無関係のように感じられるかもしれない。その背景には，「読みとは情報の受動的な取り入れである」との暗黙の仮定があるように思われる。すなわち，「読みという活動は，文章に示された内容を，ありのままに取り入れる活動なのだから，何ら越境的性質は関与しない」という捉え方である。しかし，読み手は文章中からただボトムアップ的に情報を得るだけでなく，自らがもっている知識を用いて，積極的に情報を取り入れていく存在であるため，書き手が示す情報は読み手の知識に統合されるべく越境する必要がある（読みにおける越境）。とくに，文章中に示された情報が読み手のもつ知識と相容れない場合には，その越境的性質が強くなるといえる。

この書き手と読み手の間での越境に加えて，大学教育における読みという活動を促進していくためには，読み手と別の他者（以下，聞き手とする）の間でなされる越境の説明が重要な手がかりとなると考える。すなわち，文字媒体を通じて他者から得た情報を，自らが発信者として別の他者に伝える活動を通じて，読みが促進されるということである。この読み手と聞き手の間でなされる越境の説明は，分かったつもりやおぼろげな理解では困難であることから，他者に伝える，あるいは，伝えようとする試みによって，自分の理解状態を確認することが可能になる。そのことが契機となって，書き手と読み手の間の越境に向き合う必要性が再度生じると考えられる（図3-1に読みにおける越境を示した）。

以上より，本章では，大学教育における読み，とくに，知識を得るために行われる説明文の読解において，越境の説明を手がかりとすることが重要な役割を果たすことを提案する。以下では，まず，読みの指導に関する先行研究を概観し，書き手から読み手へといった越境を可能にするためには，読解方略に着目することが重要であることを指摘するとともに，日本における読解方略の指導の実状を紹介する。次に，他者とのやりとりを活用した相互説明という指導枠組みを提案する。

2．読みの指導に関する先行研究の概観

2.1. 読解方略教授の有効性

認知心理学および教育心理学領域では，1980年代以降，読みのための工夫，すなわち読解方略を教授することの効果が数多くの研究により検討され，その有効性が示されてきた（表3-1に研究例を示す）。この読解方略の教授は，上述の読みにおける2つの越境のうち，書き手から読み手に対する越境，すなわち，読み手の既有知識の枠組みに書き手の提供した情報を統合する活動を支援するための介入と考えられる。これらの研究によれば，

表3-1　読解方略教授の有効性に関する研究例

方　略	研　究　例
要約作成	Berkowitz (1986), 石田ら (1982), 桐木ら (1981), Taylor & Beach (1984)
マップ作成	Chemielewski & Dansereau (1998), 島村 (1991)
図化方略	Gambrell & Jawitz (1993), Pressley (1976), 井上 (1995)
既有知識活性化方略	Levin & Pressley (1981), Spires & Donley (1998), Pressley et al. (1992)
自己質問生成方略	秋田 (1988), 笠原 (1991)
自己説明と精緻化方略	Gaultney (1998), Martin & Pressley (1991), McNamara (2004)

　表3-1にあるように，研究者が着目している特定の読解方略を学習者に教授することによって，読みの成績が高められることが明らかとなっている。なお，その効果は，介入前の読みの成績が低い読み手において顕著であることも分かっている（秋田，1988；Gaultney, 1998）。また，個別の方略ではなく，複数の方略を組み合わせて指導方法を開発し，その効果を検討した研究も多くなされている（レビューとして Graesser, 2007; Pressley, 2000）。たとえば，ロビンソン（Robinson, 1970）は，全体の概観（Survey），問い（Question），問いに沿った読み（Read），理解の確認（Recite），復習（Review）の流れに沿って読解を行うという方略的読解のパッケージを提案し，SQ3R法と名づけている。SQ3R法は，教科書などを読んで内容を理解し，記憶するための効果的方法として，現在では広く普及している。より近年の研究では，ドールら（Dole, Brown, & Trathen, 1996）が方略指導プログラムを開発し，内容教授を行う従来の指導との比較を通して，方略指導の有効性を示している。また，わが国においても，国語教育のなかで，方略的な読解やその指導プログラムが提案されてきた（例として，河野，1991；大西，1991；島村，1991）。他にも，自己調整学習の文脈からは，説明文読解の促進を目的としたTWA (Think before reading, think While reading, think After reading; Mason, 2004) では，読解前・読解中・読解後の各段階に行うべき方略を3つずつ指導する指導法が開発されている。なお，単一の方略を指導するより，複数の方略を組み合わせて指導するほうが，読解の促進効果が高いことが示されている（Pressley, 2000; Swanson, Hoskyn, & Lee, 1999; Tracey & Morrow, 2002）。

　これらの研究では，さまざまな読解方略指導の有効性が示されてきているものの，読解方略間の関係が明らかではなかった。そこで，犬塚（2002；2009）は先行研究（秋田，1988; Palincsar & Brown, 1984; Pereira-Laird & Deane, 1997）を概観し，読解方略間の関係を整理している。具体的には，はじめに，先行研究で用いられた読解方略に関する36項目と高校生・大学生を対象に実施したインタビューをもとに作成された7項目の計43項目から読解方略尺度を作成した。その後，国立大学の2～4年生200名，および私立大学の1～4年生184名，計384名に対して，普段説明文を読むときの様子を想像し，「1：全く当てはまらない」から「5：大変よく当てはまる」の5段階評定での回答を求めた。因子分析の結果，読解方略は図3-2に示す「意味明確化」「コントロール」「要点把握」「記憶」「質問生成」[1]「構造注目」「既有知識活用」の7カテゴリに分類できた。また，それらは「理解補償方略」[2]「内容学習方略」「理解深化方略」の3つの上位カテゴリとしてまとめることができた。このうち「理解補償方略」とは単語や文といった部分的な理解のつまずきを解決するために用いられる方略である。それに対して，「内容学習方略」とは，

---

[1] 犬塚（2002）では「モニタリング」。
[2] 犬塚（2002）では「部分理解方略」。

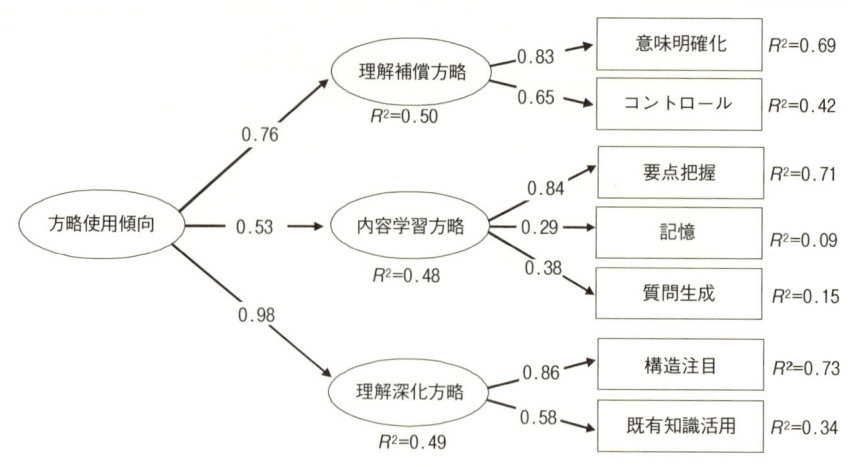

図3-2 読解方略の構造（犬塚，2002，2009より）

テキスト全体の内容を理解し習得するための方略を指す。最後の「理解深化方略」とは，テキストを越えて内容についてより深い理解を構築するための方略にあたる。

2.2. 学校教育における読解方略の指導の現状

前節で述べたように，多くの研究によって，読解方略を指導することが有効であることが示されている。また，ブラウンら（Brown et al., 1983）によると，方略の指導には，その使用状況や有効性を学習者に対して明示的に示すことが重要である。しかし，メイヤー（Mayer, 1996）が指摘するように，方略が明示的に示され，使い方が意識的に指導されていることは少なく，また，それにもかかわらず，学習者が身につけていることを期待されているヒドゥンカリキュラムとなっていることがしばしばある。実際，プレスリーら（Pressley et al., 1998）は，小学校での授業を調査し，多くの学校では方略の指導が行われていないことを示している。

それでは，わが国の学校教育において，説明文読解方略の指導がどのように位置づけられているのであろうか。表3-2に，大学教育以前の小学校から高校までの指導要領の記述を示した。これによると，国語科では，読解方略を指導することは，小学校1，2年生の低学年時から考慮されているようである。内容学習方略に関わるものとしては，小学校3，4年時に「目的に応じ，内容の中心をとらえたり段落相互の関係を考えたりしながら読む」という教育内容が記されており，5，6年時には「内容や要旨を把握しながら読む」という教育目標の記述がある（文部科学省，1998a）。このことから，国語の授業において，文章の構造や要点の把握に関わる方略を用いた読解を指導することが求められていることがうかがえる。また，小学校5，6年，および中学校1年の目標および内容において，「必要な情報を集めるための読み方を身につける」ということが記述されており，方略的な読解の重要性が示されているといえる。その一方で，要点把握や構造注目以外の方略については記述が少ない。

読解方略の指導の実態を理解するには，指導する側が依拠する指導要領だけではなく，指導を受ける側からの検討も必要である。というのも，指導をしたとしても，受け手の側に十分な効果があったか，あるいは少なくとも指導を受けたという認識があるかという点が問題となるからである。わが国の国語教育における説明文読解方略の指導の実態については，残念ながら十分なデータが得られていない。説明文の読解についての実践報告などにおいて，実際の指導が示されることもある（河野，1991；大西，1991；島村，1991；山

表3-2 指導要領における方略的な側面の記述（文部科学省，1998a，1998b，1999をもとに作成）

学　　年	読解方略や読み方に関する記述 （各学年の目標および内容における記述箇所）
小学校 第1・2学年	・書かれている事柄の順序（中略）に気づきながら読む（1目標（3）） ・語や文としてのまとまりや内容（中略）について考えながら声に出して読む（2内容C（3）エ）
小学校 第3・4学年	・内容の中心をとらえたり段落相互の関係を考えたりしながら読む（1目標（3）） ・中心となる語や文をとらえて段落相互の関係を考え，文章を正しく読む（2内容C（3）イ） ・文章全体における段落の役割を理解する（〔言語事項〕（1）オ文及び文章の構成に関する事項）
小学校 第5・6学年	・内容や要旨を把握しながら読む（1目標（3）） ・文章の内容を的確に押さえながら要旨をとらえる（2内容C読むことイ） ・書かれている内容について事象と感想，意見の関係を押さえる（2内容C読むことエ） ・必要な情報を得るために，効果的な読み方を工夫する（2内容C読むことオ）
中学校 第1学年	・文脈の中における語句の意味を正確にとらえ，理解する（2内容C読むこと（1）ア） ・目的や必要に応じて要約すること（2内容C読むこと（1）イ） ・文章の構成や展開を正確にとらえ，内容の理解に役立てる（2内容C読むこと（1）ウ） ・文章の展開を確かめながら主題を考えたり要旨をとらえたりする（2内容C読むこと（1）エ） ・必要な情報を集めるための読み方を身につける（2内容C読むこと（1）カ）
中学校 第2・3学年	・書き手の論理の展開の仕方を的確にとらえる（2内容C読むこと（1）イ）
高校	・文章の内容を叙述に即して的確に読み取ったり，必要に応じて要約したりする（第3　国語総合2内容　C読むことア） ・文章を読んで構成を確かめる（第3　国語総合2内容　C読むことイ） ・論理的な文章について論理の展開や要旨を的確にとらえる（第4　現代文2内容ア）

注）現行の指導要領は改訂されたものであるが，本章で紹介した研究が実施された時点での指導要領をここでは掲載した。

表3-3　方略指導を受けた時期，場所，指導された方略（人）

指導時期		場所		指導された方略	
小学校	6	学校	31[1)]	要点把握	22
中学校	9	塾	28[1)]	構造注目	41
高校	13	その他	2	意味明確化	7
大学受験	22			コントロール	6
大学以降	2			質問生成	1

1) 学校と塾（予備校）の両方を回答した6名を含む

崎，2004）一方で，そもそも説明文読解指導に関する検討自体が少ないことが指摘されてもいる（齋藤，2006）。そのなかで，説明文読解方略指導の実態把握を目的とした研究として，犬塚（2007）がある。犬塚（2007）は，大学生120名を対象として，普段の読解方略の使用状況とともに，これまでの教育課程を振り返っての指導経験について回答を求めた。方略指導を受けた経験がある場合は，いつ，どこで（だれに）教えられたか，を選択肢から選び，指導された内容を自由に記述するよう求めた。その結果，「指導を受けた経験がある」と回答した対象者（有指導群）は56名，「指導を受けた経験がない」と回答した無指導群は64名であり，半数以上は「指導を受けていない」という認識であることが明らかとなった。また，有指導群が指導を受けた時期・指導者を表3-3に示した。また，自由記述された内容を内容ごとに分割し，方略の分類を実施した。その結果，指導時期に関しては，大学受験期まで，読解方略の指導を意識しない対象者が多かったことから，この時期まで方略指導が明示的に実施されることが少なく，受験期や受験勉強の場において，方略の「コツ」としての側面が大きく焦点化されていることが示唆された。また，指導内容に関しては，「接続語に注目する」「3回以上出てきた単語に○をつける」といった，具体的な行動として示される指導が多く挙げられていた。このことからも「受験テク

ニック」として指導されることが多いことが示唆される。

　以上より，読解方略の種類による違いはみられるものの，小学校から高校の時代を通じて，全体的に学校教育において方略を指導されたという対象者は多くなかった。日々の経験のなかから，自発的に有効な読解方略を獲得している可能性も否定はできないが，明示的に指導された場合に比較して，読解方略を獲得できている学習者は少ないものと考えられる。実際，大学生においても読解スキルが身についていないという問題が指摘されてきており，明示的な指導が必要と考えられる。

3. 他者と読むことを通じた読解の指導

　前節では，書き手から読み手への越境を促すには方略指導が有効であるにもかかわらず，十分でないことを示し，その支援が大学教育においても重要であることを指摘した。本節では，読み手が別の他者に説明を行う状況を設定して，説明を求めることで，書き手から読み手への越境を促す指導枠組みを提案する。すなわち，読み手が読んだ内容を他者に伝えることで生じる現実の他者とのやりとりによって，読みを深めるアプローチを提案する。

3.1. 相互説明による読みの指導

　他者とのやりとりを読みの指導に活用した先駆的な実践として，パリンサーとブラウン（Palincsar & Brown, 1984）が開発した相互教授法（Reciprocal Teaching）が挙げられる。この指導法では，教師に援助されながら，学習者が交替で要約・質問・明確化・予測を行うことを通じて読解方略を獲得することが目指された。20日間にわたる指導の結果，直後テストだけでなく，3週間後のフォローアップの段階でも読解成績の向上が維持された。このように持続的な効果が得られた相互教授法は，繰り返し検討が加えられてきているが，ローゼンシャインとマイスター（Rosenshine & Meister, 1994）は，相互教授法を用いた介入研究をレビューし，この指導法が一貫して読解を促進することを確認している。また，他者とのやりとりを取り入れた介入として，マンゾ（Manzo, 1969）によって提案された相互質問（RQ: Reciprocal Questioning）やプレスリーら（Pressley et al., 1992）が提案した相互方略指導（transactional strategies instruction）がある。

　これらの先行研究を踏まえて，清河・犬塚（2003）は，中学2年生1名に対する説明文読解の指導の際に，読んだ内容を他者に説明するというステップを含めた相互説明という指導枠組みを開発している（図3-3に枠組みの概要を示す）。2名の指導者による8回の指導により，説明文の読みを苦手としていた学習者において，文章中から重要な情報を抽出したり，文章の構造に目を向けるという活動を高める効果があったことを報告している。

　この相互説明では，「説明役」「質問役」「評価役」という3つの役割が設定された。説明役は，自らが読んだ文章の内容を，その内容を知らない質問役に説明することが求められた。一方の質問役は，説明役から示された内容に関して，おかしなところや不明な点がないかをチェックし，あれば説明役に対して質問をすることが求められた。評価役は，説明役と質問役の間で生じる相互作用全体をモニターし，フィードバックを与えた。なお，説明役と質問役は二者の間で交互に担当され，両者は互いに相手に対して説明をすることが求められていたことから，「相互説明」と命名されている。清河・犬塚（2003）においては，2名の指導者が1名の学習者に対して指導を行うことが可能であったことから，指導者のうちの1名が学習者とペアとなり，交替で説明役と質問役を担い，もう1名が評価

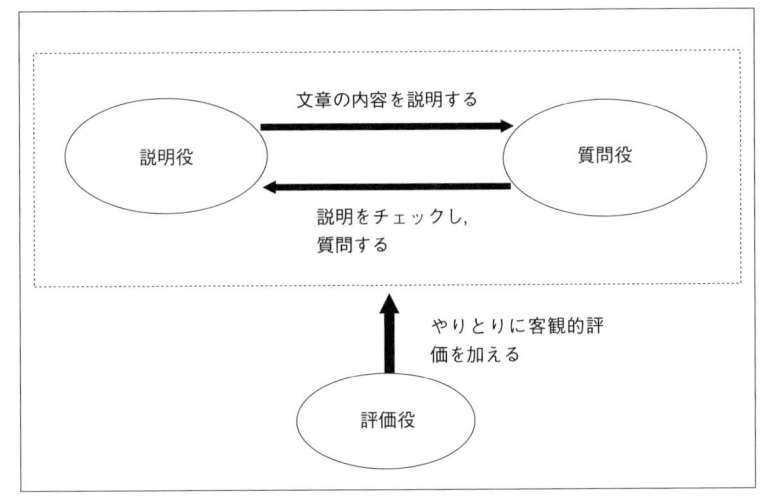

図3-3　「相互説明」の枠組み（清河・犬塚（2003）を一部改変）

役となった。

　この相互説明の指導原理は以下の通りである。まず，説明役は，文章中に表された内容の表象を形成することを担当し，その内容に関して評価を受けるために，質問役にその内容を伝達・説明をすることが求められる。質問役に対して説明を行うためには，まず，文章中から適切な情報を抽出する必要があるため，指導者が方略の使用を明示的に促すわけではないが，方略の使用が求められる状況にあったといえる。また，説明後にも，質問役からなされた質問に答えるため，再度，読解方略を適用することが必要となる。たとえば，語彙に関する質問は，理解補償方略の使用を，また，内容の要点を問う質問は，内容学習方略の使用につながっていたと考えられる。また，その内容にかかわらず質問が投げかけられること自体によって，説明役の理解が不十分な点が指摘されていると考えられる。

　この指導原理を読みの活動における越境性の観点から整理すると以下のようになる。先述のとおり，読みの活動を行う際には，書き手と読み手との間に1つ目の越境が生じる必要がある。もし，ここで越境が十分に生じていない場合には，読み手が別の他者に対して自らのことばで文章から得た内容を説明するという2つ目の越境が求められた場合に，困難に直面すると考えられる。つまり，読み手からの説明が不十分であった場合には，聞き手から質問がなされることから，説明役は理解が不十分なところや不正確な点について気づくことになる。そして，それを契機として，再び書き手から読み手という1つ目の越境を目指す活動に従事することとなるのである。

3.2. 大学における取り組み

　清河・犬塚（2003）は，中学2年生を対象にした実践例であったが，犬塚（2010）は，大学生を対象に相互説明を用いた実践を行っている。ここでは，複数の学習者が存在しており，清河・犬塚（2003）と同じ形態をとることが難しかったことから，複数の説明役－質問役のペアと，1人の評価者という構成で指導を実施した。具体的には，私立大学心理学科の2年生10名を対象とし，1回約70分の授業を週に1回実施し，授業期間中に全9回の指導を実施した。初回授業では論文読解を課し，事前状態の把握をするとともに，授業の目標を示した。複数の説明役－質問役ペアと1人の評価者という構成でも相互説明による指導の効果は発揮され，相互説明のやりとりのなかではとくに「不明点を明示する」と

いう質問役の活動のあり方に変化がみられた。活動後の変化としては，論文読解課題における成績に向上がみられるとともに，自由記述からは，対象者がより全体像や構造に目を向けるようになったことや読解に対するより積極的な姿勢が読み取れた。

　相互説明を用いた実践例ではないものの，他者と読むことで読み手から聞き手への越境を積極的に取り入れた実践例がいくつか存在している。三宅と白水（Miyake & Shirouzu, 2006）は，認知科学について学ぶことを目的とした大学2年次の授業のなかで，ダイナミックジグソーによる実践を行っている。この実践では，3つの領域の重要な知見をまとめた24の文献を題材として，学習者はまずそのうちの1つの文献に関する「エキスパート」となることが要請された。学生は，上級生などの支援を受けたり，ツールを活用したりしながら，1つの文献の理解を深めた。次に，互いに類似した文献を読んだ学生とペアになり，お互いの読んだ文献内容について説明し合うことが求められた。その後，ペアで議論しながら，読んだ内容を統合するよう促された。このペアでの活動の後，それぞれが隣の番号のペアと相手を交換し，初めのペアと構築した理解表象について説明を行うことが求められた。したがって，ここでは4つのテキストの内容について理解し，統合していくことが目指された。この後，さらに隣のペアと相手を交換し，これまでに統合してきた4つのテキストに関する理解を説明し合った。上述のように，テキストは全部で24あり，3つの領域に分かれているため，この段階で，各学習者は1つの領域に関する統合的知識を構築することが目指される。その後，領域の異なるテキストを読んだ学習者を新たなペアとして，領域間の内容の説明が交換される。隣り合う文献から1つの領域へ，そして他の領域との情報の共有と統合へと学習内容が拡大されていくのである。このように，ダイナミックジグソーの基本的な活動は，「自分の理解した内容を他者に説明し，互いの内容を吟味し，統合すること」から成り立っている。すなわち，読み手から聞き手への越境の説明が積極的に活動に取り入れられており，このことが書き手から読み手への越境を吟味する契機となっていることがうかがえる。

　犬塚（Inuzuka, 2011）は，教育心理学を受講している大学1年生48名を対象に，ジグソーを用いた指導を行った。材料には，教育心理学領域の主要テーマについて書かれた6つのテキストを用いた。活動は以下の3つのステップから構成されていた。①学習者は6つのテキストのうちの1つを割り当てられた。また，指導者が下線を引くといった読解方略を例示し，それを使用するよう促した。②異なるテキストを読んだ学習者同士でペアになり，2つのテキストの内容を統合することを目的として，テキストから学習した内容を相手に説明した。③6つのテキストすべてをカバーするように，6人グループを構成した。ここでも，互いにテキストから学習した内容を説明することが求められた。その後，最終的な目標として，6つのテキストすべての内容を統合し，そこから得られる示唆を述べることが求められた。以上の実践により，読解成績にも影響がみられ，8グループ中6グループにおいてテキスト内で示されていない内容を正しく推論できていた。また，最終試験において通常の心理学のクラスを受講した学生よりも成績がよく，読解方略にも変化がみられた。具体的には，①の時点ではテキストの半分以上に下線を引いていた学習者がより限定された箇所に下線を引くように変化した。また，説明にも変化がみられ，②のはじめには，単にテキストを読み上げるだけだったのが，徐々に自らのノートや概念地図を用いて，テキストの要約をするようになった。犬塚の実践は，三宅と白水に比べて小規模な題材，グループを用いた実践である。しかし，足場かけとなるサポートが少ない状況においても，読み手から聞き手への越境を強調したことが，読みに促進的に働いたと考えられる。

4．読みにおける越境を促すには？：大学における読みの指導への提言

　大学教育において，専門的な知識を獲得するうえで，説明文を読みこなすは必要不可欠である。本章の冒頭で示したように，説明文を理解するためには，書き手から読み手への越境が必要となる。すなわち，文章に著された内容を読み手は自らの知識構造のなかに位置づける必要があり，その作業はけっして容易なものではない。このときに必要となるのが，読むための工夫，すなわち，読解方略である。どのような読解方略を用いることが，書き手から読み手への越境を促進するのかという点については，2.1.節で示したように，多くの先行研究により明らかとなっている。しかし，2.2.節で述べたように，小学校から高等学校までの学校教育において，読解方略が明示的に指導されることは少なく，大学生のなかにも，適切な方略を身につけていない者が存在すると考えられる。よって，大学教育において読みを指導する際には，まず明示的に適切な読解方略を指導することが必要といえるだろう。具体的には，大学教育の準備・導入段階である初年次教育において，特定の専門領域に限定されず，広く必要とされる説明文を読み解くための方略を明示的に指導する機会を設定することを求めたい。

　また，書き手から読み手への越境がうまく生じているかどうかを読み手自身が評価することは実は難しい作業である。そのため，実際には，うまく生じていないにもかかわらず，すなわち，理解が十分に及んでいないにもかかわらず，分かったつもりとなることも少なくない。このような問題を解決するための手立てとして，第3節で提案したように，書き手から読み手への越境とは別に，もう1つの越境，すなわち，読み手から聞き手への越境を取り入れることが有効である。異なる知識体系をもつ聞き手に対して，文章から読み取った内容の説明を試みる際に，読み手はまず自分のことばで情報を整理する必要に迫られる。この試みがうまくいかないという事態は，書き手から読み手への越境がうまくいっていないことを示唆している。また，たとえ，うまく表現できたと読み手が認識している場合でも，聞き手から，彼らの知識に根ざした質問が投げかけられることで，読み手は再び書き手との「対話」に向かうことが求められる。

　以上をまとめると，大学教育における読みの指導を行う際のポイントとしては，①書き手から読み手への越境を支える読解方略を明示的に指導すること，そして，②書き手から読み手への越境の十分性，適切性を評価し，繰り返し促すための文脈として，読み手から聞き手への越境を設定することが挙げられる。なお，大学の演習などでは，これまでにも担当論文を一人で読み込むだけでなく，それを簡潔にまとめて，他者と共有するという活動がなされてきたはずである。したがって，②については，これまでも意識せずに，自然なかたちで実施されてきたものとも捉えることができる。しかし，このような活動は，読みの活動というよりも，プレゼンテーションスキルを磨く機会として捉えられてきたことが多いと考えられる。もちろん，他者に伝えることが重要な活動要素となっていることから，たしかに，聞き手に伝える技術，すなわち，プレゼンテーションスキルに着目することも重要である。しかし，他者に分かりやすく伝えるという活動が，書き手から読み手への越境に大いに関与していることも上述のとおりである。この点を意識することが重要であろう。

　また，他者へ伝える活動は，口頭での伝達に限られた話ではないかもしれない。目の前に存在しない他者に向けて文章を構成するというライティングによっても可能である。したがって，ライティングを通じて，リーディングを深めるということも可能であると考えられる。文章を理解するために「書く」という行為については，筆記思考（伊東，2000）

や外化（レビューとしてCox, 1999）として取り上げられ，その教示によって読み手の理解が促進されることが示されてきた。たとえば，要約作成が統合的理解を促進すること（石田ら，1982；桐木ら，1981）や，説明の作成が詳細な理解を促すこと（伊東，1995）が知られている（レビューとして，伊東，2000）。こうした研究からは，読んでいる内容に関する文章を作成することが文章全体の理解を促進する方略として機能していることがわかる。いずれにしろ，読みを個に閉じた，あるいは，書き手から読み手という二者間での活動として限定的に捉えるのではなく，目の前にいる，あるいは，仮想の他者に説明を行うという活動をも含めた，他者に開かれ，常に越境的性質を帯びた活動として捉えることが効果的かつ重要といえる。

■ 引用文献

秋田喜代美（1988）．質問作りが説明文の理解に及ぼす効果　教育心理学研究，36, 307-315.

Berkowitz, S. J. (1986). Effects of instruction in text organization on sixth-grade students' memory for expository reading. *Reading Research Quarterly*, 21, 161-178.

Brown, A. L., Day, J. D., & Jones, R. S. (1983). The development of plans for summarizing texts. *Child Development*, 54, 968-979.

Chemielewski, T. L., & Dansereau, D. F. (1998). Enhancing the recall of text: Knowledge mapping training promotes implicit. *Journal of Educational Psychology*, 90, 407-413.

Cox, R. (1999). Representation construction, externalised cognition and individual differences. *Learning and Instruction*, 9, 343-363.

Dole, J. A., Brown, K. J., & Trathen, W. (1996). The effects of strategy instruction on the comprehension performance of at-risk students. *Reading Research Quarterly*, 31, 62-88.

Gambrell, L. B., & Jawitz, P. B. (1993). Mental imagery, text illustrations, and children's comprehension and recall. *Reading Research Quartely*, 28, 264-273.

Gaultney, J. F. (1998). Differences in benefit from strategy use: What's good for me may not be so good for thee. *Journal for the Education of Gifted*, 21, 160-178.

Graesser, A. C. (2007). An introduction to strategic reading comprehension. In D. S. McNamara (Ed.), *Reading comprehension strategy: Theories, interventions and technologies*. Mahwah, NJ: Lawrence Erlbaum Associates. pp.3-26.

Guthrie, J. T., Van Meter, P., Hancock, G., Alao, S., Anderson, E., & McCann, A. (1998). Does concept-oriented reading instruction increase strategy use and conceptual learning from text? *Journal of Educational Psychology*, 90, 261-278.

井上和加子（1995）．説明的文章の理解におけるイメージの役割　読書科学，39, 91-98.

犬塚美輪（2002）．説明文における読解方略の構造　教育心理学研究，50, 152-162.

犬塚美輪（2007）．生徒たちはどのように説明文読解方略を学ぶか　日本教育心理学会発表論文集，49, 264.

犬塚美輪（2009）．メタ記憶と教育　清水寛之（編）メタ記憶：記憶のモニタリングとコントロール　北大路書房 pp.153-172.

犬塚美輪（2010）．相互説明を用いた学術論文読解の指導　読書科学，50, 83-93.

Inuzuka, M. (2011). Facilitating reading with mutual explanations and a jigsaw reading framework. APRIL Conference 2011, 136.

石田　潤・桐木建始・岡　直樹・森　敏昭（1982）．文章理解における要約作業の機能　教育心理学研究，30, 322-329.

伊東昌子（1995）．確率の学習における筆記課題の効果：説明に基づく学習の観点から　日本認知科学会テクニカルレポート，24.

伊東昌子（2000）．筆記思考と認知　森　敏昭（編著）おもしろ言語のラボラトリー　北大路書房　pp.99-114.

笠原正洋（1991）．読解過程での自己質問生成が説明文の理解・記憶に及ぼす影響　認知・体験過程研究，1, 77-108.

桐木建始・石田　潤・岡　直樹・森　敏昭（1981）．文章の読解に及ぼす要約作業の効果　教育心理学研究，29, 161-165.

清河幸子・犬塚美輪（2003）．相互説明による読解の個別指導：対象レベル―メタレベルの分業による協同の指導場面への適用　教育心理学研究，51, 218-229.

河野庸介（1991）．書くこと：ワークシートの活用を中心に　月間国語教育，26（224），14-19.

Levin, J. R., & Pressley, M. (1981). Improving childrens' prose comprehension: Selected strategies that seem to succeed. In C. M. Santa & B. L. Hayes (Eds.), *Children's prose comprehension: Research and practice*. Newark, DE: International Reading Association. pp.44-71.

Manzo, A. V. (1969). The request procedure. *Journal of Reading*, 13, 123-126.

Martin, V. L., & Pressley, M. (1991). Elaborative-interrogation effects depend on the nature of the question. *Journal of Educational Psychology*, 83, 113-119.

Mason, L. H. (2004). Explicit self-regulated strategy development versus reciprocal questioning: Effects on expository reading comprehension among struggling readers. *Journal of Educational Psychology*, 96, 283-296.

Mayer, R. E. (1996). Learning strategies for making sense out of expository text: The SOI Model for guiding three cognitive processes in knowledge construction. *Educational Psychology Review*, 8, 357-371.

McNamara, D. S. (2004). SERT: Self-explanation reading training. *Discourse Processes*, 38, 1-30.

Miyake, N., & Shirouzu, H. (2006). A collaborative approach to teaching cognitive science to undergraduates: The learning sciences as a means to study and enhance college student learning. *Psychologia*, 49, 101-113.

文部科学省 (1998a). 新学習指導要領　小学校学習指導要領　第2章各教科，第1節国語
〈http://www.mext.go.jp/b_menu/shuppan/sonota/990301b/990301d.htm〉

文部科学省 (1998b). 新学習指導要領　中学校学習指導要領　第2章各教科，第1節国語
〈http://www.mext.go.jp/b_menu/shuppan/sonota/990301c/990301b.htm〉

文部科学省 (1999). 新学習指導要領　高等学校学習指導要領　第2章普通教育に関する各教科，第1節国語
〈http://www.mext.go.jp/b_menu/shuppan/sonota/990301d/990301b.htm〉

大西道夫 (1991). 読みのための書く　月間国語教育, 26 (224), 4-13.

Palincsar, A. S., & Brown, A. L. (1984). Reciprocal teaching of comprehension -monitoring activities. *Cognition and Instruction*, 1, 117-175.

Pereira-Laird, J. A., & Deane, F. P. (1997). Development and validation of a self report measure of reading strategy use. *Reading Psychology*, 18, 185-235.

Pressley, G. M. (1976). Mental imagery helps eight-years-olds remember what they read. *Journal of Educational Psychology*, 68, 355-359.

Pressley, M. (2000). What should comprehension instruction be the instruction of? In M. L. Kamil, P. B. Mosenthal, P. D. Pearson, & R. Barr (Eds.) *Handbook of reading research*. Vol. 3. Mahwah, NJ: Lawrence Erlbaum Associates. pp.545-561.

Pressley, M., El-Dinary, P. B., Gaskins, I., Scuder, T., Bergman, J., Almasi, L., & Brown, R. (1992). Beyond direct explanation: Transactional instruction of reading comprehension strategies. *Elementary School Journal*, 92, 511-554.

Pressley, M., Wharton-McDonald, R., Mistretta-Hampston, J. M., & Echevarria, M. (1998). The nature of literacy instruction in ten Grade 4/5 classrooms in upstate New York. *Scientific Studies of Reading*, 2, 159-194.

Robinson, F. P. (1970). *Effective study*. 4th ed. New York: Harper & Row. (original work published 1961)

Robinson, D. H., & Kiewra, K. A. (1995) Visual argument: Graphic organizers are superior to outline in improving learning from text. *Journal of Educational Psychology*, 87, 455-467.

Rosenshine, B., & Meister, C. (1994). Reciprocal teaching: A review of nineteen experimental studies. *Review of Educational Research*, 64, 479-530.

齋藤正利 (2006). 説明文の指導過程を考える　教育国語, 4・9, 36-43.

島村文男 (1991). 意味マップで内容と形式を読む　月間国語教育, 26 (232), 16-20.

Spires, H. A., & Donley, J. (1998). Prior knowledge activation: Including engagement with informational texts. *Journal of Educational Psychology*, 90, 249-260.

Swanson, H. L., Hoskyn, M., & Lee, C. (1999). *Interventions for students with learning disabilities: A meta-analysis of treatment outcomes*. New York: Guildford Press.

Taylor, B. M., & Beach, R. W. (1984). The effects of text structure instruction on middle-grade students' comprehension and production of expository text. *Reading Research Quarterly*, 19, 134-146.

Tracey, D. H., & Morrow, L. M. (2002). Preparing young learners for successful reading comprehension. In C. C. Block, & M. Pressley (Eds.), *Comprehension instruction: Research-based best practices*. New York: Guilford Press. pp.219-233.

山崎俊一 (2004). 文章理解のための要約：筆者の主張を自分なりの具体例を使ってまとめる　月間国語教育研究, 382, 54-59.

4 リスニング
「きく」力を涵養するプログラムの探求

稗田照子

　本章では、「きくこと」に焦点を当て、聴いた内容を理解するための手がかりとなる共通基盤が話し手と聴き手の間に豊富に存在する「域内の説明」と、共通基盤が希薄な場合の「越境の説明」について考える。

　通常説明者は、自分の説明を相手が「分かってくれる」ものとして話をしているが、実際には説明者が期待するほど、聴き手は分かっていない場合が多い。こういった問題は、「越境の説明」でも「域内の説明」でも起こる。この「分かる」「分からない」という現象はなぜ起こるのか、「分かる」ためにはどうすればよいのか。これらの問題を考えるには、説明者の話す内容や行為を分析するだけでは不十分である。聴き手の行為にも注目し、とくにきくことの重要性やその特徴、メカニズムなどを理解し、必要な技能を習得する必要がある。「きく力」は、話す力や書く力と同様、自然に育つのではなく、意識的、計画的な学習の継続が必要である（斎藤，1972）。こうした見識をもとに、「きく力」を涵養するためのコミュニケーション専攻科目を担当してきた。授業にあたっては，CLP (Certified Listening Professional)[1]資格取得の際の経験が拠り所となった。本章では、きくことの「プロセス」と「目的」を中心に、その行為と「（越境・域内の）説明」が「分かる」という認識の生成との間にどのような関係があるのか、これまでの指導経験も踏まえて明らかにしていきたい。

1．「きくこと」とは

　一口に「きく」と言っても、日本語の「きく」は、「聞く」「聴く」「訊く」の3つの異なる漢字での概念表示が可能である。通常、単に音の刺激を受けること、たとえば、鳥の鳴き声やサイレンの音など入ってくる音をそのまま耳で感じ取る場合には「聞く」を、耳だけではなく、目や心など五感を総動員して集中してきく場合には「聴く」を使う。「訊く」は、質問をする、分からないことを「きく」という意味で使う。本章では、これら3種の「きく」をそれぞれの概念に従って漢字を書き分け、3つすべての「きく」を意味する場合には平仮名表記とする。

　「聴く」に関しては、これまで広範な分野で異なる定義が打ち出されてきたが、1966年International Listening Association (ILA) が50余りの定義を分析し、きくプロセスにおいて重要な要素と認められる概念（認知，注意／注意力，理解／解釈，記憶，反応）を特定することにより、下記のような新しい定義を公式に発表した。

　　聴くこと (listening) とは、言語、及び非言語情報を受信し、それに意味づけをし、

---
1) ILA より取得。

反応するプロセスである（原文：英語）。

本章ではこれを「聴く」の定義として使用する。

2．教育理論における「聴く」ことの史的展開：アメリカの場合を中心に

　　日本では，「聴くこと」は誰にでもできる当たり前の受け身行為と思われ，ほとんど学びの対象となっていない。そこで，コミュニケーション学の先進国，アメリカでは，ヒューマン・コミュニケーションという広範な文脈のなかで，「聴くこと」に関する理論が，どのように発展してきたかをみてみたい。

　　アメリカでは，「聴き手」をコミュニケーション・プロセスの中心に据えた研究が，1925年にすでにウェルチンズ（Wilchens, H.）によって行われている（Dearin, 1980）。その後，ランキン（Rankin, 1930）らによって，人が1日に費やす「話す」「きく」「書く」「読む」時間についての調査が行われたが，当時はまだ「きくこと」に関する明確な理論は形成されていなかった（Janusik, 2002）。

　　1960年代に入ると，さまざまな新しい形の社会運動が展開された。ベトナム反戦運動や，広汎なアフリカ系アメリカ人が参加した公民権獲得運動，それに既存の大学や学問の体制の変革を求めた学生運動などである。これらの運動の影響を受けた大学では，大学改革やカリキュラムの見直しなどが行われ，1970年代にはアメリカの高等教育全般に転換期が訪れた。それまで，教師は自分のもっている知識を学生に伝え，学生はその知識を「貯金」し，試験など必要なときにそれを「引き出す」，いわゆる「銀行式」教育モデルが主流だった。ところが，それが覆され，教師は単なる知識の伝達者ではなく，考える存在，対話を通して他の教師と知識を深め合う存在であり，実践に根ざした理論を作り上げる存在，とみなされるようになった（Janusik, 2002）。

　　この変革は，コミュニケーション理論にも大きな影響を及ぼした。それまでコミュニケーションは，話し手からきき手へ情報が一方向に流れる直線的モデルとして捉えられ，アロー・アプローチとも呼ばれた（Brownell, 2010）。しかし，大学や学問体制の転換期以降，コミュニケーションは話し手と聴き手が共通の意味を作り上げる相互行為とみなされるようになった。学生は単なる情報を受け取るだけの存在ではなく，クラスで共通の「意味づけ」を行う存在に変化していった。

　　以上のように，アメリカでは教育哲学の転換によって，それまでの「きくこと」の概念にもパラダイム・シフトが起こり，コミュニケーション活動における「きくこと」の重要性が強調されるようになった。それを裏づけるように，1980年代に入ると「きくこと」に関する高等教育用の教科書の発行数が倍増し，ビジネス向けのものも出版されるようになった。1990年以降は，「きくこと」の重要性が一般にも認知されるようになり，大学で使用されるほとんどのコミュニケーション学の入門書には「きくこと」についての単元が設けられるようになった。

　　一方，「阿吽の呼吸」や「以心伝心」など「察しのコミュニケーション」傾向が強い日本では，長い間，音声言語表現そのものが軽んじられてきた（稙田・畑山・為田・荒木・尾関・山本・早川，2004）。話す力を養成するプログラムは，日本の急速な国際化や情報化にともない，1990年代後半から大学の初年次教育の一環として普及し始めたものの，「きく力」を涵養するプログラムはまだほとんどの大学で行われていない。

3．聴いて「分かる」ということ

3.1．心像とは

　人の説明を聴いて，私たちはどんなときに「分かった」と思うのだろうか。脳の高次機能障害の臨床医である山鳥（2007）は，「分かる」という認識の生成に関わっているのは，過去の経験や記憶から具体的に心の中に思い浮かべることのできる「心像」と呼ばれる心理的イメージだと述べている。心像は，同じ刺激の繰り返しによって記憶心像になり，今聞いた音声と他のものを区別し，その音声と記憶に残っている聴覚心像を照合し，同定できたときに初めて「分かった」という認識が生まれる，という。

3.2．意味の記憶：記憶心像と音声記号

　次に，記憶心像と，音声記号の関係について考えてみよう。記憶心像は，頭に浮かんだと思っても消えてしまうものなので，頭に多数存在する記憶心像を特定するために，何らかの記号を使う必要がある。記号が意味をもつためには「この記号はｘｘを表す」という社会的合意のようなものが必要である。その社会的合意をもつ記号が，この場合音声言語である。たとえば，／ミカン／という音声言語を聞くと，「黄橙色でｘｘの果実」という社会的合意にしたがい，「ミカン」という音声言語と蓄積された記憶心像のなかの「みかん」の心像が頭のなかで結びつく。そこで「分かった」という認識が生まれる。つまり，「分かる」という感覚を得るためには，「ミカン」という音声言語とそれと同定可能な聴覚記憶心像が存在しなければならない。

　ちなみに，／パラマッタ／という音声刺激はどうか。パラマッタはオーストラリアのシドニー近郊にあり，内陸部開発の前線基地になった町の名前だが，オーストラリアに馴染みのない人には，その言葉と結びつく心像を引き出すことはできないだろう。その結果，その言葉を聞いても何であるか分からないということになる。こうした頭のなかで起こっている認知作業を考えると，記号である音声言語自体に意味があるのではなく，それを受信した聴き手がその音声に意味を付けているということが納得できよう。したがって，体験・経験を重ねれば重ねるほど言葉と結びつく記憶心像が増え，「分かる」という認識が生まれる「域内の説明」になる。

3.3．社会的な知識：スキーマ理論

　話し手の情報に対し，より正しい意味づけを行うためには，語彙の他に社会に関する知識も必要である。私たちは，それらをどのようにして入手し，記憶し，使用するのだろうか。このことに関してよく使われるのが，「スキーマ理論」である。スキーマとは，習慣化された社会的・文化的知識が主体的に組織化され記憶されたもので，適応力のある生物が示す反応には，必ずこのスキーマが働いていると考える理論である（大堀，2004）。言うなれば，電車に乗る，学校へ通う，病院に行くなど，個々の日常経験で培われた一般的な出来事の記録や知識が，一連の記憶として頭のなかに保存されている「ファイル」のようなもので，どの聴き手にも豊富に存在している。

　スキーマ理論によれば，人は話を聴いているとき，その情報に正しく意味づけをするために，必要かつ適切なスキーマを呼び出していることになる。たとえば，話し手が週末に行った「お花見」の話をする。すると，聴き手は下記のようなスキーマを頭のなかに引き出してくる。

場　　所：　公園や，池や川のほとり，土手などの花見の可能な場所。
登場人物：　話し手，他の花見客，通行人，露天商など。
情　　景：　・桜が満開，あるいはそれに近い状態。
　　　　　　・歩きながら，あるいは，地面の上に敷いた敷物に座りながら，桜を楽しんでいる。おしゃべりを楽しんでいる人もいる。
　　　　　　・飲んだり食べたり，歌ったり踊ったりしている人がいる。
　　　　　　・何やら酔ったのか，大声で騒いでいる人もいる。

　こういったスキーマがあれば，聴き手は，花見とは桜を楽しむだけではなく，食べ物を食べたりお酒を飲んだり，歌ったりどんちゃん騒ぎをする機会，などということが認識できているので，話し手はすべてを話す必要がない。つまり，ここでも聴き手に豊富な経験がありスキーマがあればあるほど，説明に対する理解は進むことになり，聴き手にとっては「域内の説明」になる。

　反対に，聴き手の頭のなかに情報に関連するスキーマがまったくなかったらどうなるか。スキーマ理論にしたがえば，聴き手の頭のなかにすでに存在しているスキーマを修正するか，新しいスキーマを作ることになる。だが，経験に基づかない新しいスキーマを作ることは大変難しい（Coakley, 1997）。なぜなら，聴き手には，話し手と共有できる情報処理作用（統覚）が存在しないからである。このような場合の説明は，当然「越境」となる。

　このことを，先の花見の例で考えてみよう。前述した花見のスキーマは，日本の花見を知っている人だけがもちうるスキーマである。実際，アメリカ人に，桜の花の下で履物を脱ぎゴザの上に座って食べ物を頬張ったり，一升瓶を持ち上げたり，歌ったり踊ったりしている花見の写真を見せても，flower viewing（花見）だとは思わない。しかしながら，ハナミの意味が flower viewing だと知っていてそのスキーマが引き出せれば，その後の修正は難しくない。ハナミのハナはここでは「桜」のことで，桜の花の美しさや短命さに日本人は一際魅かれ，桜の季節にはこぞって花見をする習慣があり，ときには花見酒を飲み過ぎてピクニックでは考えられないような乱痴気騒ぎが繰り広げられたりすることもある，といった情報が加えられれば，アメリカ人にも十分理解できるだろう。

3.4. 言語と思考の間

　それでは「説明」の基本的概念となる言語と思考との間には，どのような関係があるのだろうか。ここでは，近代言語学理論の基礎を作った一人であり，人類学者でもあったサピア（Edward Sapir）とその弟子，ウォーフ（Benjamin Lee Whorf）が提唱した言語理論をもとに考えてみよう。この理論は，サピア＝ウォーフ（Sapir-Whorf）の仮説と呼ばれ，どのような言語であってもそれぞれに特徴があり，その言語を話す人たちの思考を強く規定する，というものである（平林，1993）。つまり，言語は，人が何をどう考えるかに途方もなく大きな影響を及ぼすというのだが，このことは，「聴くこと」に関しても，意味深いものを示唆している。

　いくつかの例をみてみよう。インド・ヨーロッパ語族の一・二人称と日本語のそれらを比較してみると，前者は数千年間同じ言葉を使っているのに対し，日本語は「目まぐるしい程次々と交替している」（鈴木，1995）。「僕」などの一人称代名詞は，最初は相手に対して卑下する言葉として使われたが，そのうち相手を見下すときに使うような言葉になり，遂には卑下したり見下したりの意味の言葉としては使用されなくなってしまった。反対に，「きさま」「てまえ」などの二人称は，元来相手を敬う言葉であったが，しだいに相

手を低く見る言葉となり，遂には相手を罵ったりするときに使われるようになった（鈴木，1995）。これらの日本語の底に共通して存在するのは，人を目上（上位者）と目下（下位者）という上下の概念でみるという思考傾向を反映していると考えられる。

　一方，アラビア語などでは，時間感覚が大変曖昧のようである。たとえば，「明日午後5時に伺います」を，アラビア人は「明日の午後伺います。神の思し召しのままに」と言うそうだ。この場合の午後は，午後いっぱい，あるいは事によると，その後の数日間のいずれかの午後かもしれない。事前の約束事に「神の思し召しのままに」が付け加えられるのは，将来の不確実性を表し，明確に表現すること自体が失礼になる可能性があるからだという（Condon, 1980）。また，アメリカ・インディアン言語にも時間に縛られないものが多く，スー族の場合には「遅れる」「待つ」という意味の言葉がなく，プエブロ族は時間を特定せず「しかるべき時間」としか言わないそうである（Vargas, 1986）。

　こういった言語間の違いをみてみると，サピア＝ウォーフの「言語と思考・行動の間には相関関係がある」ことが裏付けられているように思われる。思考・行動に影響しているのは言語だといえるのなら，逆に，思考・行動の要求が言語を形成しているともいえるのではないか。そう考えると，言語の異なる人たちは，当然ものの見方・考え方も異なり，自分たちとは異なる行動様式をもっていると考えることが自然であり，彼らの説明は私たちにとって「越境」になる可能性が高い。

4．聴き手にとっての「越境の説明」と「域内の説明」

4.1．聴き手にとっての越境の説明

　これまで述べてきた経験や記憶，言語，思考などはすべて，聴き手にとって「説明」の理解に関わる変数であるが，他にどのような変数が考えられるか，ここで，インホフとジャニュシク（Imhof & Janusik, 2006）の「聴くプロセスのシステム・モデル」をもとに考えてみたい。

　この「システム・モデル」は，「聴く」の「概念」の想定される効果を検証するために，聴くプロセスを「概念」（concept），「前提」（preface），「プロセス」（process），「成果」（product）に分け，概念と実際の行為の質との関係を示したものである（図4－1）。インホフらの研究によれば，「その人のもつ主観的な『聴く概念』（『聴くこと』とは，自分にとって何なのか）が，その人がいつ，どのように，なぜ『聴く』のかを決定する重要なインターフェイスになる」（p. 80）という。そして，「聴く」行為の「前提」になるものは，「人的要素（person factors）」と「コンテクスト（listening context）」の2つで，前者には，聴き手のもつ「特有の知識」，「社会的知識」，「個人の能力」などが含まれ，前述の経験や記憶，言語，思考などもこの要素とみなすことができよう。後者には，聴き手の「目標・目的」や話し手との「相互関係」，「話し手の特徴」などが含まれる。そして，個人のもつ「聴く概念」が，これらの「前提」要因に影響を与え，それが目に見える聴く行為や観察不可能な認知作業にも影響を及ぼし，その結果，聴くことで得られる質的・量的「成果」に大きな差異をもたらすとしている。逆に，成果の質・量に応じて「プロセス」「前提」が相互作用的に働き，聴くための動機づけや，聴く概念を修正することもあるという。

　この研究結果を裏づけるような経験がある。クラスのサイズに関係なく，学期開始日から2-4週間の間に私語が激減し，学生の聴く態度に変化が生じ，学習環境が大きく改善される時期がある（穐田，2009）。毎学期繰り返されるこの現象に興味をもち，「聴く」の

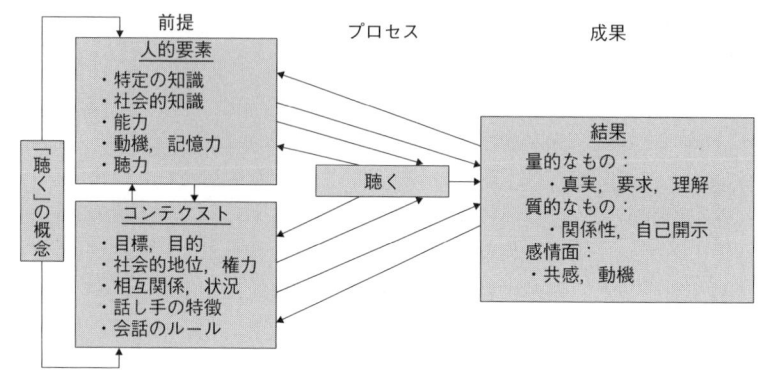

図4-1　リスニング・プロセスのシステム・モデル (Imhof & Janusik, 2006)

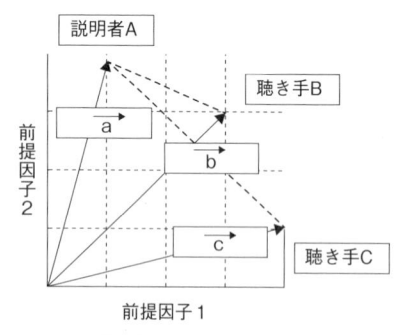

図4-2　「越境の説明」時の説明者と聴き手の関係

概念について学期初めと終了時にアンケート調査を行った（N=189）。「きくこととは何か」という問いに対し，2010年9月（学期初め）の上位3位の回答は「コミュニケーション行動」「相手を理解すること」「情報を得ること」で，これらの合計回答者数は全体の71％を占めた。それに対し，2011年1月（学期末）の回答では，「人とのつながりを築くこと」「理解すること」「学ぶこと・成長すること」が上位3位で60％を占めた。ちなみに，4位以下は「共感すること」「生きる力・源・知恵」「相手のためになること」と，学期初めには言及されていなかった回答が続いた。つまり，学生の「聴く」の概念変化が，きく態度にも，その質にも影響を与えたと考えられるのである。

　以上のようなことから，「説明」の理解に関する変数に，個人の「聴く概念」と「前提要因（コンテクスト）」を加えることができよう。

　では，「聴き手」と「話し手」の前提因子や聴く概念に大きな開きがあった場合，意味の共有は可能なのか。両者の前提要因の開きが大きい場合には「越境」になる可能性が高くなり，意味の共有が難しくなることはこれまでの説明で容易に想像できるだろう。では，聴く概念の場合はどうか。両者，とくに「話し手」の「聴く概念」が「聴き手」の説明理解に影響を与えるのだろうか。答えはイエスである。話し手は，話しながら自分の音声を聴いている。相手の言語・非言語サインも受信している。「話す」と「聴く」は実は不可分であり，話し手は聴き手でもあるということがきわめて重要なポイントである。たとえば，「説明」を，聴くことを必要としない単なる一方通行の情報伝達活動と捉える話し手と，「聴くこと」は「相手・情報を理解すること」であり，聴き手と話し手双方の相関的コミュニケーション活動だと捉える話し手では，意味の共有の度合いに大きな差が出てくる。後者は，話をしながら聴き手の「聴く」行為を効果的に助力し，自分の話をその場の状況が求めるものに適合させていこうとするからである。

　先の問題に戻ろう。ここでは聴く概念をベクトルを使って考えてみる。説明者Aの聴く概念を，Aの前提因子のそれぞれの質・量を成分とするベクトルで表したとする。成分において，それとは異なる質・量をもつ聴き手Bの聴く概念をベクトルで，さらにAやBとは異なる質・量をもつ聴き手Cの聴く概念をベクトルで表すとする（図4-2）。この場合，それぞれのベクトルを組み合わせてできる新たなベクトル間の距離（点線）が，遠ければ遠いほど異文脈度が高くなり，意味の共有は難しくなる。したがって，A

の行う説明は，BよりCにとって，より「越境」になる可能性が高くなる。反対に，BやCの成分が，質・量においてともにAに近づけば近づくほど，「域内の説明」と感じることができるだろう。だが，生れたときから他者とすべて同じ経験をしてきた人間はこの世に2人と存在しない。したがって，BとCのベクトルが完全にAに重なる状況は望めない。それゆえ，程度の差こそあれ，私たちが言葉に付与する意味はあくまでも近似的なものになる。ブルーム（Broome, 1991）の言葉を借りれば，私たちは「継続的かつ近似的な無限の推測」を通して，説明を理解していることになる。さらにいえば，良い聴き手とは「良い推察者」ということにもなってくる。

　こういった相関的な視点に立つと，「聴くこと」とは，どうにもコントロールできない複雑で手に負えない行為のように思える。しかし，「聴いて分かる」というコミュニケーション活動の複雑性を理解することは，コミュニケーションそのものを難しくすることにはつながらない。むしろ，その複雑さを理解することによって，私たちが聴き手になったときのコミュニケーションにともなう試練を明確に感じ取ることができ，その機会を通じてより建設的に，効果的な聴き方を学ぶことが可能になる。

　こういった相関的な視点に立つと，「聴くこと」とは，どうにもコントロールできない複雑で手に負えない行為のように思える。しかし，「聴いて分かる」というコミュニケーション活動の複雑性を理解することは，コミュニケーションそのものを難しくすることにはつながらない。むしろ，その複雑さを理解することによって，私たちが聴き手になったときのコミュニケーションにともなう試練を明確に感じ取ることができ，その機会を通じてより建設的に，効果的な聴き方を学ぶことが可能になる。

4.2. 越境の説明を域内の説明に近づけるために

　では，実際にBやCが限りなくAに近づくためには，聴き手は何をすべきか。代表的な方法を，2つ挙げたい。第1は，聴く目的をできるだけ明らかにしておくことである。図4-1で示されているように，「目的」は，聴く行為の「成果」に大きな影響を与える。たとえば，聴き手がはじめは説明者を興味深い話し手だと思っても，そのうちに自分には説明の論点を理解するための基盤がないことを悟ると，聴く目的を「情報理解」[5.3.節（1）を参照]から「対人・関係性」[5.3.節（2）を参照]に簡単に切り替えてしまう可能性がある。その場合，聴き手の成果は，事実や情報の理解という量的なものではなく，説明者の非言語サインや表現方法など話しぶりに関する情報収集という質的成果のみに終わってしまうので，聴き手と説明者の間の意味の共有は不可能になってしまう。こういったことを防ぐためにも，聴く目的を明確にしておくことが重要である。

　第2は，5.2.節で述べる「聴くプロセス」の「反応」部分を効果的に行うことである。「反応」にはいくつか種類があるが，ここでは越境の説明時に効果的な2種類について述べる。

（1）話し手に要求する反応

　聴き手のもっとも重要な役割の1つは，理解し難い説明に対しては，相手にそのことを伝え，繰り返しや具体例・追加情報などを要求することである。話し手は，自分の説明する主題や目的についてはよく分かっているので，話し手にとって当然だと思われる細かい点については省略しがちである。つまり，相手に対してどのような情報をどれくらい開示すれば相手にもっともよく分かってもらえるかについての知識に欠けていることがある。したがって，追加情報を求める質問をされることによって，話し手には自分の想定していた聴き手の知識水準と実際の水準の違いを知り，説明の内容を調整することができるとい

うメリットがある。聴き手にとっても，漠然としか分からなかった内容を明確にしたり，新たに追加的な情報を入手することによって間違った解釈を回避することができる。

日本人は，この種の質問を「相手に迷惑をかける」または単純に「人前で尋ねることは恥ずかしい」などの理由で止めてしまうことが多い。しかし，説明時における聴き手の目的は，繰り返しになるが，ただ1つ，話し手の意図をできるだけ正しく理解することなので，そのような遠慮は無用と考えるべきである。

（2）理解を促進する反応

「越境の説明」を理解するためにもっとも効果的な方法は，自分が話し手の情報を正しく理解しているかどうかを相手に尋ねることである。このタイプの質問を，ブラウネル（2010）は「認識チェック」と呼んでいる。認識チェックは，聴き手が話し手のメッセージをどのように理解したかを話し手に知らせる機会であり，話し手にとっても，聴き手の理解を正しいと認めたり，修正をしたり，さらには明確化したりする場を提供されるという貴重な機会でもある。

5．「きく力」を涵養するためのプログラム

5.1. プログラムの種類

コミュニケーションの基礎力である「きく力」を大学教育のなかでどのように涵養したらよいか。筆者は2006年に「きくこと」に特化した科目を開講するに当たり，その数年前から，教科書選定のため日本語の「きく」に関する多数の著書を精査したことがある。だが，大部分はハウ・ツーもの[2]や義務教育課程の音声言語教育などに関するもの[3]で，適当な書物をみつけることができなかった。そこで，実際にアメリカの大学で使用されているシラバスや教科書，関連著書を調査したところ，指導内容やその方法に関しておおむね次の3種類に大別できることが分かった。

①「きくことのプロセス」を基軸にしているもの
②「きく」行為を「目的別」に分類し，それらを基軸としているもの
③上記のどちらにも属さないもの

ちなみに，本学では上記①と②に「コミュニケーションにおける聴くことの重要性と聴き手の役割」というテーマを加え，3つの柱を中心にしたシラバスを用いている。ここでは，①と②のプログラムについて紹介したい。

5.2.「きくことのプロセス」を基軸にしたプログラム例

図4-3は，第1節で述べたILAの「聴く」の定義に近いものを，システム論にしたがいごく簡単に図式化したものである。この図で使用されている構成要素は，「受聴」「集中」「意味づけ」「反応（内的反応，外的反応）」「記憶」の5つであるが，研究者によって

2）ハウ・ツーもの：和泉育子（2007）『できる上司の聞く技術』中経出版，伊藤明・河北隆子（2005）『聞く技術が子どもを伸ばす！』PHP研究所，浦野啓子（2006）『要点を聞く技術』実業之日本社など。
3）義務教育課程の音声言語教育に関するもの：安直哉（1996）『聞くことと話すことの教育学』東洋館出版社，高橋俊三・声とことばの会（2007）『聞く力の評価と指導』明治図書，増田信一（1994）『音声言語教育実践史研究』学芸図書など。

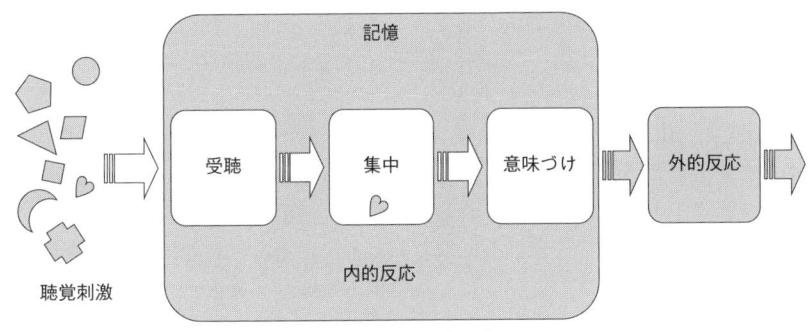

図4-3 リスニング・プロセス

構成要素やその数に若干異なるものもある。これら5つの要素（以後「聴くための基礎力」と呼ぶ）は，脳内で処理される観察不可能な認知行為である（「外的反応」を除く）。これらは相互に関係し依存し合い，1つの要素は他のすべての要素に影響を与えると同時に，それぞれの要素の相対的重要性は，聴き手の目標やその他のコミュニケーション文脈によって決定される。また，実際のきくプロセスにおいては，各要素が図のようにつねに一直線上に規則正しく行われていくとは限らず，複数の要素が同時に起ったり，ある要素を飛び越して生じたりもする。聴く行為のプロセス分析で著名なのはブラウネル（Brownell, J.）である。このアプローチのメリットは，外からの観察不可能な認知作業の部分も含め，聴くプロセスの重要要素が分かるので，自己の聴き方の弱点の洗い出しができ，その弱点を改善することにより，トータルな聴く力を涵養していけることである。このような目的で使用される自己評価テストにはHURIER Profileなどがある。以下，聴くプロセスの各要素の特徴について述べていく。

(1) プロセス1　受聴

　受聴とは，文字どおり音声刺激を受け取ることである。受聴は誰もが行っている当たり前のことと思われるかもしれないが，近年人の話を聴かない，聴けない若者が増えている。授業を始めたものの，学生たちの私語が止まらず困っている教員も少なくない。聴く気のない学生にいかなる「説明」を試みても，そこからの学びは期待できない。学生の聴くことに対する動機づけは，学生だけではなく，教員にとっても大変重要な問題である。

　「受聴」に関して大切なことは，①人は音声を選択して聴いていること，②すでに述べたように，異なる種類の「きく」があること，に気付くことである。学期初めに，クラス全員に特別の指示は出さず，1分間耳に入ってくる音を拾い，それらを書き出してもらうという実験を行う。すると，20以上拾える学生がいる一方で，3つくらいしか拾えない学生もいる。この差はどこにあるのか。数多く聴き取れた学生は，天井近くで微かに「ブーン」と唸っているようなプロジェクターの音や，隣の学生の息づかいの音まで拾っている。筆者がわざと腕時計を外し，あえてカシャカシャと小さな音をさせながら机間を歩いても，すぐ近くで拾えない学生がいるのに対し，何列か離れた席でもその音を拾える学生がいる。音声の聴き取り数の少ない学生は，遠くの音や興味のない小さな音には注意を払わず，身近で自分に関わりのある，あるレベル以上の音だけを拾って聞いているのだ。つまり，私たちは身の周りの多くの音のなかから，自分で選択した音だけを聴いているのである。図4-3の聴覚刺激と書かれたさまざまな形をした小図形は，実験で学生たちが聴き流していた身の回りに存在する無数の音を表している。

　続いて行う実験では，学生たちに自分の身の回りから，可能な限り遠く離れたところまで気を配って集中し，音を拾ってもらう。すると，今度は指示にしたがって「聴こう」と

いう意志が働き，聴き取れる音の数が増える。「受聴」とは，このような，「聴こう」という意志が働いて聴くことであり，「越境の説明」には，この聴き方が不可欠である。

（2）プロセス2　集中

受聴の後に必要なのは，聴覚刺激（＝音声）に注意を集中させることである。集中力を高めるためには2通りの方法が考えられる。1つは，集中力そのものを高める方法，もう1つは，集中力を妨げるものを意識して取り除く方法である。前者については，集中力の3つの特徴を知っておくとよい。第1は，集中する対象も「選択」しているということ。第2は，集中力は「変動する」ということ。マイクロ・スリープと呼ばれる瞬時の眠りのようなものが断続的に生じるために，選択した聴覚刺激に対しても私たちの集中力はしだいに薄れていく（Wolvin & Coakley, 1996）。このようなとき，聴き手は「聴き手としての責任」をもってその場に臨むことが重要である。つまり，コミュニケーション活動は情報の共有を目指して話し手と聴き手が50％ずつの責任をもって行う協働作業であることを再認識し，聴くための動機づけを話し手だけに押し付けず，聴き手が自ら行うことである。話の内容がそれほど面白くなくても，そのなかから自分にとって価値あるものを探しながら耳を傾ける努力をすることである。

第3の特徴は，「エネルギーが必要」なことである。内容が複雑な「越境の説明」であればあるほど，選択した情報刺激に集中し，それを持続しなければならない。こうした聴く行為には，思っている以上に意識を集中するためのエネルギーが必要になる。「きくこと」の授業内容が進むにつれ，学生が「聴くことは本当に疲れる」とコメントしてくることがある。それは，学生が真剣に聴くようになってきたサインであることが多い。聴くことの訓練は，知識と意思と習熟に支えられており，知らず知らずのうちに学生たちの忍耐力をも養っていく。

一方，集中力を妨げるものは意識して取り除かなければならない。聴くことの障害になるものはすべて「ノイズ」と呼ぶ。眠気，空腹など，その原因が自分のなかにある場合を内的ノイズと呼び，話し手の声の大きさや室温など，自分以外に原因がある場合を外的ノイズと呼ぶ。内的ノイズは多くの場合，自分の責任において改善することができるが，外的ノイズの場合は，相手にその事実を丁寧に伝える必要がある。たとえば，声が小さくて聞こえない場合，聴衆全員に自分の声が届いているかどうかは，話し手にはなかなか分かりづらいものである。聞こえないことを相手に伝えないのは，聴き手としての責任を放棄していることになる。室温や照明も，聴く行為を妨げる状態のものであれば，関係者にその旨を知らせよう。しかし，いつでもノイズがその場で解決されるという保証はない。私たち自身も日頃の練習と訓練によって，気を散らすようなものは頭から締め出せるよう訓練することが大切である。

教師も説明をする際は，自分の話す内容や話し方だけではなく，学生のノイズにも注意を払う必要がある。前述したように，集中力の途切れは，聴こうとする意識の集中度と相関関係にある。学生の説明を聴こうとする意識と意志が一定レベルに達しなければ，聴く力は弱まるか，まったく聴けなくなる。その結果，教師が伝えようとする説明は理解されない。学生のきく態度が好ましくないと思ったときには，教師も積極的に学生のノイズの原因を探り，それを取り除く努力が必要である。

（3）プロセス3　意味づけ

「3.2.節意味の記憶」ですでに述べたように，コミュニケーションにおける「意味」とは，言葉そのものに内在しているものではなく，それを使ってコミュニケーションをとっ

ている人間によって決められるものである。コミュニケーションを行っている人たちの間に何が起きているかを重視し，話の内容や伝達方法ではなく，話されたことをもとにして，聴き手が心のなかでどのように意味を構築するかが重要なプロセスになる。つまり，「意味づけ」のための意味の選択肢は，送り手にあるのではなく聴き手の側にあり，「こういう意味だと聴き手が決めるものに他ならない」(Eisenberg & Goodall, 1993)。したがって，コミュニケーション活動において中心的な役割を演じるのは聴き手であり，聴き手によって大きく左右されるのがコミュニケーション活動である (Clampitt, 1991)。

(4) プロセス4　内的反応と外的反応

a．内的反応

内的反応は，観察不可能な聴き手自身の無音の反応のことである。たとえば，教員が授業で何度か同じ話をしたとする。聴き手である学生は「また，あの先生同じ話をしている」などと心のなかで呟く。あるいは，訊かれた質問にどのように答えたらよいかと考える。このような音声言語化する前の頭のなかで交わされる思考の道具としての言葉が内的反応であり，ヴィゴツキーのいう内言でもある。内的反応は，情報をきいて自分の経験のなかからそれに関連するものを特定し，それに対して個人的に反応するものなので，極度に私的なもの，自己中心的なものである (Brownell, 2010)。

b．外的反応

外的反応は，音声や非言語サインをともなった観察可能な反応である。外的反応は大きく次の4種類に分けられる。

・非言語的反応
　話に合わせた相槌や頷き，相手に合わせた視線や体の向きなどは，その典型的な例である。これらは，聴き手がしっかりと「話を聴いていること」を相手に伝えるサインであるだけでなく，それによって話し手にも話しやすいと感じさせる反応でもある。私たちは何気なく行っているが，実際に非言語反応抜きの会話を学生にやらせると，「もうこの人とは，話したくないと思った」「話せば話すほど，自分がみじめになる」「実験だと分かっているのに，相手に対して怒りが湧いてくる」などの反応が返ってきて，かなりパワフルなコミュニケーション要素であることが分かる。
・話し手の要求に応じる反応
　文字どおり，話し手が聴き手に対して「分かった人は手を挙げてください」などの要求に対し，応じるもの。
・話し手に要求する反応
・理解を促進する反応

「話し手に要求する反応」「理解を促進する反応」については，「4.2.節越境の説明を域内の説明に近づけるために」を参照のこと。

(5) プロセス5　記憶

プロセスの最後は記憶である。記憶には，①即時記憶，②短期記憶，③長期記憶がある。記憶の対象になるのは，前述したように，関心のある音声情報だけである。関心のない情報は記憶システムを素通りし，数秒のうちに失われる。注意を払った情報だけが，暫く即時記憶として保管される。その後，フィルタリング機能により短期記憶になるかどうか振り分けられるが，「説明」時のやりとりに不可欠なのは短期記憶である。短期記憶の

消失を防ぐためには繰り返し思い出すことが必要である。一定期間に何度も繰り返し記憶が再活性化すると，記憶の固定化が生じる（乾・安西，2001）。これが長期記憶である。聴き手のゴールは，上記のような状況を経て，受聴した情報を定期的に繰り返す必要のない長期記憶にできるだけ多く移すことである。

　記憶力を養うにはさまざまな方法がある。たとえば，2010年から2011年にわたり240人の学生に，30の異なる絵（野菜，文具，衣類など6カテゴリー）を1分間見せて，どれぐらい覚えられるかを試したところ[4]，記憶できた数にはばらつきがあるものの（最低：6，最高：28），記憶方法はおおむね次のようなものであった。しかも，各自毎回同じ方法を使う傾向がみられた。

①繰り返す
②カテゴリー別にする
③連想する
④配置場所と関連づける
⑤ストーリーとして視覚化する

　また，音声情報の記憶実験例としては，1）事前に用意した情報を学生に覚えさせ（電話番号，住所，名前，簡単な言葉などを5つくらいから始める），その後，他のタスクを行わせ（たとえば3桁の数字から3ずつ引いた数を1-2分間言わせる）最後にすでに覚えた情報を再度繰り返させる，2）まったく関係のない2つの言葉を1秒に1つの割合で言い，それを言った順番に繰り返させる。その後は言葉を1つずつ増やし正しい順番で繰り返させ，記憶できなくなるまで続ける，などがある。

　こうした記憶の実験は，記憶について関心を喚起するのに役立つ。学生たちは「記憶」の重要さや難しさを意識するようになり，受聴した情報のなかに，一定の規則性や固有のパターン，瞬時の刺激などが認識できると，それらを長期記憶のための効果的なツールとして使う努力をする者が出てくる。自分の記憶力がクラスメートに比べて劣っていることを認識すると，改善方法を仲間に訊いたり，通常使わない記憶方法を試したり，メモの必要性を自ら認識するようにもなる。記憶力は筋肉と同じで使えば使うほど強くなり，使わなければ衰えていく。いろいろ試して自分にとって効果的な方法を探したうえで，覚えたいというモチベーションを高め，自分にとって記憶しやすいと思う環境のなかで，重要な事実やメッセージを記憶しようと努めることが大切である。

5.3.「きくことの目的」を基軸にしたプログラム例

　目的という視点から聴く行為を分析することの重要性を最初に唱えたのは，ウォルビンとコークリー（Wolvin & Coakley, 1996）である。彼らは，「discriminative（区別するため）」「comprehensive（理解するため）」「appreciative（観賞するため）」「therapeutic（セラピーのため）」「critical（批評・批評のため）」という5つの聴く目的を特定した。本学の授業では，彼らの分類法を受け継ぎながら，「知識習得・情報理解」「対人・関係性」「評価・批判」「鑑賞・癒し」「聴き分け（非言読を含む）」の5つの目的に分け，それぞれに求められる技能の指導を行っている。以下，それぞれの目的と具体的な技能について概観する。

4）2010年秋学期：82人，2011年春学期：158人。

(1)「知識習得・情報理解」のための聴き方

「知識習得・情報理解」を目的とした聴き方に求められる技能は、「聴くための基礎力」（5.2.節参照）と語彙力である。

サピア＝ウォーフの仮説にしたがえば、私たちの用いる言語は、自分の心のなかの思考形成に大きく影響している。したがって、自分の思考や認識が複雑になればなるほどそれらを表す語彙も増えると考えられる。語彙力が養われれば、自分の意とすることをより明確に表現できるだけでなく、聴いた言葉に対しても、より正確な意味づけが可能になる。「越境の説明」を理解するには、聴き手の語彙力が重要であることを改めて学生に認識させる必要がある。

学生にとって「情報理解」を目的とした聴き方が最も求められるのは、授業時である。本学の双方向型授業の多いコミュニケーション学専攻科目の授業で学生の聴いている時間を調査したところ、授業に占める割合は63.4％であった[5]。講義型の授業が多ければさらに聴く時間が長くなることは明らかで、学生は授業でもっとも多くの時間を聴くことに費やしていることになる。したがって「聴く力」が伸びれば、学業全体の質を上げることができると考えられる。

このメカニズムの理由を、インホフら（2006）は「学習と聴く行為の両方に求められる特性、つまり、情報を選択し頭のなかで理解しやすいように整理し、それを自分にとって意味ある知識として再構築するために費やされる知的努力が、『聴くこと』と『学習』においてお互いに重なり合っているため（p.82）」だと説明している。近年学生の学力低下が大きな問題になっている。「学び」は「きくこと」によって高められる。学生のきく力や態度にどのような問題があるかを調べ、聴く力を涵養するプログラムを構築することによって、低迷する学生の基礎学力向上に寄与することができるのはないかと考えられる。

(2)「対人・関係性」の聴き方

「知識習得・情報理解」が目的の場合、理解すべき対象は「情報」だが、「対人・関係性」の場合は「人」である。ここで求められる技能は、「聴くための基礎力」（5.2.節参照）と「共感力」および人の内面や感情が表われやすい「非言語サイン」に対する理解力である。とくに相手のもっている不安や問題に関する「説明」を聴く場合には、肯定的な関心を示し、共感的な理解を示すことによって、相手を精神的に支えることが重要になる。池見（2005）の言葉を借りれば、「カウンセリング・マインド的な聴き方」である。この場合、単に話の内容が分かっただけでは「域内の説明」とはいえず、支持的な聴き方を通して、話し手が自分の「真意を理解してもらえた」あるいは、「聴いてもらって良かった」と感じてもらうことができて初めて「域内」であるということができよう。

学生にとって「対人・関係性」の聴き方は、「自分を成長させるためにもっとも力をつけたい聴き方」（穐田, 2009）だと思っている一方で、かなり苦手意識をともなう聴き方でもある。核家族化や人間関係の希薄化、電子言語中心の社会の電子ネットワーク化など

---

5) 2008年10月にコミュニケーション学専攻の「きくことの科学」履修者96人を対象に、授業に占める「きく時間」の割合を次の方法で試みた。
  1) 自分が最も熱心に履修していると思う科目のなかから、上位4科目（専門科目2科目、その他の科目2科目）を選ぶ。
  2) 1日を15分間隔に分けたタイム・チャートに、15分ごとの主なコミュニケーション行為 －「読む（R）」「書く（W）」「聴く（L）」「話す（S）」「その他（O）」－を英語の頭文字で書き入れていく。この作業を2週間続ける。
  3) 最初に個人のそれぞれの授業で聴いている時間の平均値を出し、次にクラス全体の平均値を算出する。

により，対人コミュニケーションの機会が激減したためと考えられる（橋本，1996）。だが，池見（2005）が述べているように，一般の学生でも意識改革と計画的・継続的な訓練によって，カウンセリング・マインド的，共感的な聴き方は習得できることを筆者は，指導経験を通じて実感している。

（3）「評価・批判」的な聴き方

ここで述べる「評価・批評」のための聴き方とは，情報の正当性や発信者の信用度を評価するために批判的に聴くことであり，求められる技能は「聴くための基礎力」（5.2.節参照）と「論理的思考能力」である。この聴き方がとくに求められるのは，私たちの態度や信念，あるいは行動を変えさせようと，相手が説得を目的に説明を行う場合である。この種の説明は，個人や多様な団体，マス・メディアを通じ日々至るところで行われている。これらの情報を評価するためには，あらかじめ説明者の動機は何か，説明者は誠実で話の内容は公平か，説明者の言うことを実行した場合誰が利益を得るのかなど，信頼性や論理性をチェックする基準を質問のかたちで用意しておくと効果的である。そして，話し手の説明の種類や型，議論構成などに応じ適切だと思う質問を頭に浮かべ，それらに自答しながら聴いていくことが大切である。

その他，相手の心理的操作にも注意を払わなければならない。心理的アプローチは，聴き手のニーズや価値観を利用し心情的な同意を得る目的で行われることが多い。聴き手は日頃からそれらについて認識しておくと同時に，相手が説得を試みようとしているかどうかを判断できる力も求められる。

「評価・批評」を目的とした聴き方も，苦手な学生は多い（稗田，2009）。婉曲的，かつ小野田（1996）のいうように「画一主義に基づく発言習慣（p.32）」を持つ日本では，個人の意見の対立は人格上の対立・否定と捉えられることが多い。そのため，あえて自分の意見や批評を明確にせず，相手の言葉に容易に同調してしまう傾向が強いことも原因の1つと考えられる。自分とは異なる意見を強く主張をする相手との言語交渉も「越境の説明」であるから，このような状況下では，聴くプロセスの「反応」として，「主張する力」も必要である。本学では，「評価・批評的に聴く力」を強化するために，「きく」の授業にも教育ディベートを取り入れているが，十分な時間が確保できないため，2013年度から新たに「議論とディベート」という独立した授業を導入した。

この他「鑑賞・癒し」「聴き分け」を目的とした聴き方もあるが，紙面の都合上ここでは省略する。

5.4.「きくこと」の学習モデル

複雑なプロセスから成り，目的によっても異なる技能が要求される「きく」行為を適切に行うためには，多様な技能から成る総合的な力が求められる。その総合的な力を涵養するためのプログラムを効果的に運営するためには指針となるものが必要である。そこで作成したのが，「い・ち・ぎ・じっせん」学習モデル（図4-4）である。このモデルはプログラム開始時に作成したものではなく，授業の成果分析をしながら数年かけて完成させたものである。「い」は聴こうとする「意識」，「ち」は「知識」，「ぎ」は技能，「じっせん」は「実践」を，それぞれ意味している。「一技実践」とも読めるこの学習モデルは，コミュニケーションを支える「重要な一技能」である「きく力」は，時間をか

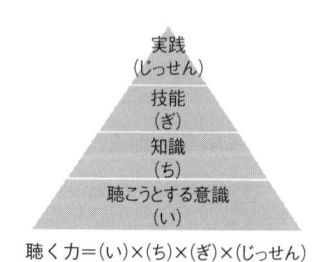

聴く力＝（い）×（ち）×（ぎ）×（じっせん）
図4-4　い・ち・ぎ・じっせん学習モデル

表4-1 シラバス抜粋

「いちぎじっせん」学習モデル	「きくこと」に特化したコミュニケーション学専攻クラス	
	初級クラス	応用クラス
聴こうとする意識	【グループ/クラス・ディスカッション】 ・「聴き上手」のメリット,「聴き下手」のデメリット—学生自身の経験から ・「死」と背中合わせの「聴く」もある! ・内的ノイズと外的ノイズ	【グループ/クラス・ディスカッション】 ・身近な「聴き上手」,「聴き上手」な有名人—彼らにあって私にないもの ・聴く力のある先輩が獲得したもの
知識	【講義・ディスカッション】 ・リスニング・プロセスとPC・Eメール・プロセスの比較	【講義・ディスカッション】 ・BrownellやWolvin & Coakley,その他のリスニング・プロセス
技能	【グループ演習】 ・「知識習得」および「対人・関係性」を目的にした聴き方	【グループ演習】 ・「対人・関係性」「評価・批評」「娯楽・鑑賞・癒し」「聴き分け」を目的とした聴き方
実践	【個人課題】 ・リスニング・ジャーナル （自己の弱点を洗い出す自己評価ツールを使用） 【グループ課題】 ・「聴く」に関連するテーマで「コラージュ」作成。作品の主張と制作過程で気づいた聴き方の問題点とその改善方法について発表。	【個人課題】 ・リスニング・ジャーナル （自己分析にはHURIER Profileを使用） 【グループ課題】 ・小・中年生に聴くことの大切さを教える模擬授業 ・学生たちによる「ルーブリック」作成。（学生の立場から,ジャーナルの評価基準について意見・希望を出し合い作成する）

け「実践」を積み上げていって初めて習得できる力であるという意味も兼ねている。

　この学習モデルに関して大切なことは，この学習モデルに関して大切なことは，「聴く力」は学習モデルを構成している4つの要素の「和」ではなく「積」である，ということである。たとえば，知識や技能もあり，実践する気があっても，そのときに聴く気がなければ，聴く力は0になってしまう。反対に，聴く意思や知識・技能があっても，実践で活かせなければ，同じように聴く力は0になる。つまり，モデルの4つの構成要素は，相互に影響し合い，どの1つが欠けても聴く力は失われてしまう。したがって，きく力の養成を目的としたシラバスには，4要素すべてを向上させるためのプログラムを含むことが望ましい。

　三角形のモデルは，聴く力は一夕一朝には成らず，その涵養する過程は山登りに似て，意図的・計画的に一歩一歩努力と忍耐をもって取り組む必要があることを表している。底辺から上の層に上がるにつれ，残念ながら学習者が減少する傾向にあることも示している。こういったことは，「聴く」行為以外の学習においてもよくみられる傾向ではある。

　表4-1は，本学のシラバスのごく一部を示したものである。「い・ち・ぎ・じっせん学習モデル」の4つの要素を左欄に，それらを習得するためのプログラムの一部を右欄に示している。

　4要素のなかで教室でとくに扱いにくいのが，「実践」である。クラス内での演習は，聴き手や話し手，観察者の役割を決めるなどの環境を整えたうえで行うことが多いので，学生は押し並べて「良い聴き手」を演じる。修得した知識や技能を教室外で実践しているのか，しているとすればどのような効果を体験し，どのような問題に直面しているのか，教員にはその実態を知る手だてがほとんどない。そこで取り入れたのが，リスニング・ジャーナルである。数種の自己評価ツールを使い自身の聴く行為の長所と短所を洗い出

し，そのうえで，短所を改善するためのアクション・プランを立てる。その実行過程を初級クラスの場合は週2日，応用クラスは週3日，4週間にわたってジャーナルに記し，最後に成果の有無・種類等を自身で，あるいは他者を通じて互評する。最初は，時間のかかる面倒くさい課題だと言って嫌がる学生もいるが，そのうちかなりの学生の中に変化が起こってくる。

- できて当たり前と思っていた「聴くこと」が，今，本当に難しいと感じている。
- 自分は今「聞いているのか」，「聴いているのか」を意識するようになった。
- コミュニケーションが苦手だと感じていたが，それは「話さなければ……」とつねに思っていたからで，先ずは「聴くことに集中しよう」と決めてからは，人とのコミュニケーションが余り苦痛でなくなった。
- 今まで祖母の話はいい加減にしか聞いていなかったが，しっかり意識して聴いてみると，結構興味深い話をしているし役にも立つ。祖母には悪かったと思う。
- 内定先の会社の人から「きく態度が立派だった」と言われた。内定がもらえたのは自分では気付いてはいなかったが，聴く力だったのかもしれない。
- 化学は嫌いで聞いても分からないし，毎回ただそこにいるだけの授業だった。だが今日はジャーナルを書こうとしっかり話を聴いてみると，理解できるところがあった。分からないからといってすぐに聴くことをあきらめてはいけない。興味をもって最後まで聴くことが大切だと思った。
- 聴く力を意識的に高めようとすることで，授業の理解度が飛躍的に向上していることを実感している。聴く力についてもっと理解を深めたいと思う。

こうした振り返りのレポートから，ジャーナルをつけることにより，これまで無意識的に行ってきた聴く行為を客観的にみつめ，より広範な視点から「気付き」の機会を得ることにより，学生の内部に「聴くこと」に対する意識改革が起こり，そのことが聴く態度にも，その質にも明らかな変化を起こしたと考えられる。

しかしながら，客観的テストとは異なり，ジャーナルの評価はなかなか難しい。そこで，筆者はルーブリックを採用している。ルーブリックとは，進行中の学習課題を支援し形成的フィードバックを提供するために，課題の達成度を示す数的尺度と課題の各構成部分の達成度を判断するための規準を，マトリクス形式で記述した評価指標である（Stevens et al., 2005）。

筆者のクラスでは，最高尺度における評価規準は教員が作成するが，それ以下の規準については学生も参加して作成する。こうして成績評価を可視化することにより，教員にとっては採点がしやすくなり，公平性や平等性を担保することにもなる。学生にとっても，成績評価基準作りに参加することにより，ジャーナルを通しての学びの目標がより明確になり，作成意欲にもつながっているようである。

6．今後の課題

（1）聴く力の評価について

「聴くこと」の教育で何といっても難しいのは，評価の方法である。

「リスニングの父」(Father of Listening) と呼ばれたニコラス（Nichols, R.）らが開発した1940年代から1960年代の聴く力の測定法は，ほとんどペンと紙を使って答える聴解力テストに近いものであった。当時の研究は，個人が講義や演説など大量の情報を受信した

ときの理解度に焦点が当てられていたからである。しかしその後，前述したように，聴くことを相互作用的な行為とする見方が大勢となり，一方通行のコミュニケーションから双方向の複雑で動的な行為として研究されるようになった。この変化はテストにも表れ，アメリカではワトソン・バーカー・テスト（Watson-Barker Listening Test）や BCC リスニング・テスト（Brown, Carlsen, Carstens Listening Test）などのようにパラ言語などの測定も可能なテストが作られるようになった。日本にはまだ大学生を対象にしたこの種のテストは存在しない。ほとんどが観察や測定が不可能な認知プロセスである聴く力の判定を，観察可能な指標に基づいてのみ行わなければならないという困難な状況ではあるが，日本独自のコミュニケーション環境に適した映像主体の総合的な聴く力が評価できるテストの開発に力を入れていく必要がある。

（2）聴く技能の転移について

大学の授業で習得した技能は，その後どのように有効に活用されるのか。あるいは，ある特定の環境下でなければ持続せず活用されないのか。聴くことに関する学習効果がもたらす長期的な効果について，具体的な事例がほとんど収集されていない。長期的な追跡調査によって，学習効果の持続力の変化を調べ明らかにしていく必要がある。

（3）学際的な情報共有について

聴くことに関する研究は現在いろいろな専門分野で行われているが，方法論や結果などについてはあまり共有されていない。記憶や聴解などについての研究は量的研究に適し，共感の問題などは質的研究に適していると思われる。それぞれの分野で獲得した洞察は，分野を超えて研究を前進させる潜在力をもっている。これを組織的に共有するための方法を構築する必要がある。

■ 引用文献

穐田照子（2009）．聞く，聴く，訊く：3つのきく力を育む取り組み　*Obirin Today*, **9**, 99.
穐田照子・畑山浩昭・為田英一郎・荒木晶子・尾関桂子・山本　薫・早川芳敬（2004）．自己表現の技法　実教出版社
Broome, B. J. (1991). Building shared meaning: Implications of a relational approach to empathy. *Communication Education*, **40**（3）, 240.
Brownell, J. (2010). *Listening: Attitudes, principles and skills*. Boston, MA: Pearson Education.
Bureau, T. (1993). Empathy and listening. In A. D. Wolvin & C. G. Coakley (Eds.), *Perspectives on listening*. Norwood, NJ: Ablex Publishing. pp.185-200.
Coakley, C. G. (1997). *Teaching effective listening*. Sonoma, CA: Coakley Communication Connection.
Condon, J. C. (1980). *Cultural dimensions of communication*. （近藤知恵（訳）（1980）．異文化コミュニケーション　サイマル出版会）
Clampitt, P. G. (1991). *Communicating for managerial effectiveness*. Newbury Park, CA: Sage Publications.
Conaway, M. S. (1982). Listening learning tool and retention agent. In A. S. Algier & K. W. Algier (Eds.), *Improving reading and study skills*. San Francisco, CA: Jossey-Bass. pp.51-63.
Dearin, R. D. (1980). Public address history as part of the speech communication discipline. *Communication Education*, **29**（3）, 348-356.
Eisenberg, E. M., & Goodall, H. L., Jr. (1993). *Organizational communication: Balancing creativity and constraint*. New York: St. Martin's Press.
船川淳志（2007）．ロジカルリスニング　ダイヤモンド社
橋本良明（1996）．聞くことを忘れた現代社会　言語，**25**（2），64-66.
平林幹郎（1993）．サピアの言語論　勁草書房
池見　陽（2005）．心のメッセージを聴く：実感が語る心理学　講談社
Imhof, M., & Janusik, L. A. (2006). Development and validation of the Imhof-Janusik listening concepts inventory to measure listening conceptualization differences between cultures. *Journal of Intercultural Commu-*

nication Research, 35(2), 79-98.

Janusik, L. A. (2002). Teaching listening: What do we know? What should we know? *International Journal of Listening*, 16, 11-12.

井上善夫（2000）．きく力　言語表現研究会（編）コミュニケーションのためのことば学　ミネルヴァ書房　pp.35-49.

乾　敏郎・安西祐一郎（編）（2001）．認知科学の新展開2　コミュニケーションと思考　岩波書店

Kline, J. A. (2003). *Listening effectively*. Boston, MA: Pearson Education.

McDevitte, T. M., Sheenan, E. P., & McMenamin, N. (1991). Self-reports of academic listening activities by traditional and non-traditional college students. *College Student Journal*, 25, 478-486.

Moor, B. C. J. (2001). *An introduction to the psychology of hearing*. Academic Press.

中島義道（2003）．対話のない社会　PHP研究所

Nichols, M. P. (1996). *The lost art of listening*. Guilford Publications.

日本音響学会（2004）．音のなんでも小事典　講談社

大堀寿夫（2004）．認知コミュニケーション論　大修館書店

奥平知明（2005）．音の正体と聞くことと聴くことの違い　物理教育, 53(1), 物理教育学会, 60-63.

小野田博一（1996）．論理的に話す方法　日本実業出版社

Rankin, P. T. (1930). Listening ability: Its importance, measurement and development. *Chicago School Journal*, 12, 177-179.

Richmond, V. P., & McCroskey, J. (2004). *Nonverbal behavior in interpersonal relations*. Pearson Education.

斎藤美津子（1972）．きき方の理論　サイマル出版会

重野　純（2006）．聴覚・ことば　新曜社

重野　純（2010）．音の世界の心理学　ナカニシヤ出版

Stevens, D. D., & Cooper, J. E. (2009). *Journal keeping*. Sterling, VA: Stylus Publishing, LLC.

Stevens, D. D., & Levi, A. J. (2005). *Introduction to rubrics*. Sterling, VA: Stylus Publishing, LLC.

鈴木孝夫（1995）．ことばと文化　岩波書店

多田孝志（2003）．地球時代の言語表現　東洋館出版社

Klingberg, T., Forssberg, H., & Westerberg, M. (2002). Training of working memory in children with ADHD. *Journal of Clinical and Experimental Neuropsychology*, 24, Issue 6, 781-791.

土持ゲーリー法一（2012）．ルーブリックが日本の大学を変える　アルカディア学報, 481.

Vargas, M. (1986). *Louder than words: An introduction to nonverbal communication*. Ames, IA: Iowa State University Press.

鷲田清一（2001）．きくことの力　TBSブリタニカ

Witkin, B. R. (1990). Listening theory and research: The state of the art. *Journal of the International Listening Associtaion*, 4, 7-32.

Wolvin, A. D., & Coakley, C. G. (1996). *Listening*. Dubuque, IA: McGraw Hill.

山鳥　重・辻　幸夫（2006）．心とことばの脳科学　大修館書店

山鳥　重（2007）．分かるとはどういうことか：認識の脳科学　筑摩書房

5 ノートテイキング
越境の手段

小林敬一

「大学教育」に「ノート」と聞くと，多くの人は，授業中に教員がパワーポイントや黒板を使いながら説明した内容を学生がひたすらノートにとっている姿や，試験に備えて学生がノートを見直している姿などを思い浮かべるかもしれない。おそらく，その背後にあるのは知識を再生産するための手段というイメージ，言い換えるなら，授業を通して学生に伝達された知識がノートをとることを介してそのノートのなかに，そして（最終的には）学生自身の頭のなかに再生産されるというイメージではないだろうか。確かに，大学教育の中でノートが教員による知識伝達と学生の知識獲得に役立っており（これについては後述），そのイメージが多くの学生・教員にとって1つの現実であることは間違いない。しかし一方で，それは学生が現に行っている，あるいは行うことができるノートテイキングの一端を捉えているにすぎないこともまた事実である。本章では，越境の説明と関連づけながら，ノートテイキングのさらなる可能性とその可能性を引き出す方法を探っていく。この探求においてもっとも重要なキーワードが「越境の手段」である。越境の手段としてのノートテイキング（活動）は，対話としての側面と境界的なモノ（boundary objects）としての側面の2つからなる。越境の説明力を培う大学教育にノートテイキング（活動）が寄与しうるためには，この2つの側面からそれを捉え直し利用する必要があることを述べる。

1. ノートテイキング活動と越境の説明

1.1. ノートテイキング活動

越境の説明と関連づける前に，本章で扱うノートテイキングの範囲をおおよそ確定しておこう。ノートテイキング研究ではしばしば，学生が授業中にノートをとる行為や文献を読みながら必要な情報を何かに書き出しまとめる行為をノートテイキング（note-taking）と呼び，文献のなかに下線を引いたり印をつけたりする行為（underlining, marking, highlighting）や文献の余白に書き込む行為（annotating），自分がとったノートを後で見直す行為（note-reviewing）と区別する（たとえば，Flippo & Caverly, 2000）。しかし，本章では，こうした区別にしたがって狭義のノートテイキングだけを扱うのではなく，上記の行為をすべて範囲に含める。なお，できるだけ用語がまぎらわしくならないように，かつ冗長にならないように，以下，ノートをとる（狭義のノートテイキング），下線を引く，メモするなどの書（描）く行為はとくに区別する必要がない限り「ノートテイキング」と呼び，ノート見直しまで含めたノート（メモ）の利用に関するひとまとまりの行為全体を指す場合には「ノートテイキング活動」と呼ぶことにする。

また，大学教育のなかで，学生は，教員の説明を記録したり教科書の勉強をしたりする

ためだけにノートを用いるわけではない。レポートを書くために集めたさまざまな文献（それらのコピー）に下線を引いたり書き込んだりすることもあれば，教育実習先で授業を観察しながら記録をとったりすることもある。ノートをとるために用いる道具も紙と筆記具だけではない。学生のなかには，ノートPCを文字通りノートとして用いる者や携帯電話にメモする者もいる。本章で扱う「ノートテイキング」にはそうしたさまざまな文脈のなかでさまざまな道具を使って行われる活動が含まれる。

1.2. 越境の手段としてのノートテイキング活動

　知識を再生産する手段というイメージでは捉えられないノートテイキング活動の側面はいろいろある（たとえば，Haas, 1996；小林, 1998, 2000；益川, 2004；島田, 2001；吉村, 2000）。しかし，以下では越境の説明と関連する2つの側面に焦点を絞る。1つは対話としての側面であり，もう1つは境界的なモノとしての側面である[1]。

　学生に限らず，さまざまな人がとったノートの内容や文献・資料への書き込みを詳細に調べるとしばしば，ノートテイキングには対話としての側面があることを強く実感させる事例に出会う。その一例として，図5-1を見てほしい。これは，ある大学院の演習で，発表者（大学院生）が配布したレジュメ（演習で取り上げた文献の内容をまとめたもの）に授業者（大学教員）が書き込んだメモの一部である。メモの内容と授業者がそのメモを書いた時の状況から，プレゼンテーションの最中に文献の内容に関して発表者が述べた疑問が「ここで，なぜ『ニッチ』ということばが述べられているのか分からない」とメモされ，その疑問に対する授業者自身の応答が「『相補性』についての議論の延長としてではないか」とメモされたと思われる。もちろんこのとき，授業者はメモするだけで，何も発言していない。レジュメという基本的に配られた本人のみが志向する私的な空間のなかで密かに，発表者と授業者が対話を繰り広げていたわけである。

　対話的なノートテイキングは，自分と他者あるいは他者と別の他者という異質な存在の間で（つまり，境界を越えて）アイデアを交流させる過程である。その交流がすべて越境

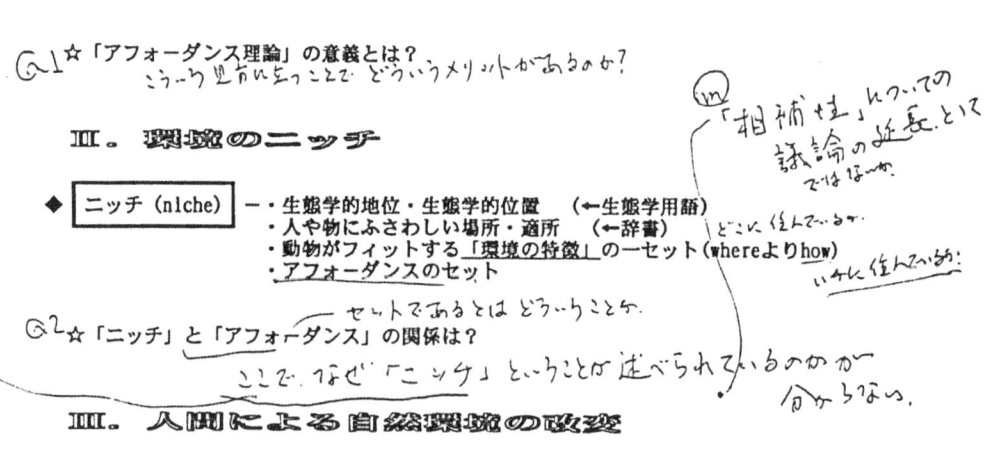

図5-1　授業者がレジュメに書き込んだメモ

---

1) 越境がともなわないノートテイキング活動には「説明」もともなわないと考えられる。たとえば，試験に備え，自分がとったノートを自分で見直しながら勉強するという状況において，ノートをとった自分とノートを見直している自分の間にある知識の隔たりを埋めるのは，（ノートに記された内容の）「解読」や（授業中に教員が説明した内容など，ノートをとった状況の）「想起」であって，「説明」ではない。また，ノートをとったり見直したりする一連の個人内活動を「説明」が動機づけている訳でもない。その意味で，ノートテイキング活動にともなう「説明」とはつねに「越境の説明」といえる。

の説明というわけではないだろうが，（学生がとる講義ノートなどでよくみられるように）他者のアイデアをただ一方的に受け入れたり，（自由作文の構想メモなどでよくみられるように）自分のアイデアを単に表出したりするのとは違う，具体的な誰かに向けた応答をノート上に垣間見ることができる。

ノートには境界的なモノとしての側面もある。スターとグリースマー（Star & Griesemer, 1989）によると，境界的なモノとは，「交差する複数の活動領域に生息し，同時にそれぞれの情報的ニーズを満たす」(p.393) 事物や概念を指す。それは，適切に翻訳することで各活動領域に特有のニーズに応えられる柔軟性をもつ一方で，その同一性を保ったまま複数の活動領域を横断できる汎用性ももつ。たとえば，国土地理院の２万５千分の１地形図がそうである。この地形図は，自治体の防災担当者や関連するさまざまな部署，関係機関，専門家が，ハザードマップを作成する，土地利用計画を策定するといったそれぞれの情報的ニーズに合わせて利用できる。その一方で，用途は違っても，同じ地形図であるということが個々の専門・仕事を越えた情報・意見の交換をスムーズにする。時間や空間を超えてさまざまな活動領域に持ち込めるノートも同様に，境界的なモノとして活動横断的に用いることができる。実際，筆者が大学生のノート利用について調べた調査では，「他の講義と関連する箇所があれば，参考として読み返す」や「自分が興味を持ったもの，あるいは今後他の授業や卒論で役立ちそうなものはきちんと保管しておく」など，学生がある授業でとったノートを別の授業で用いたり，将来，別の授業で利用することを予期・意図しながらノートを整理・保持し続けたりしていることを示唆する回答がみられた（小林，2004）。こうした回答はごく少数であったが，異なる複数の活動領域をつなぐ手段になりうるというノートテイキング活動の潜在的可能性を示すものであろう。

ある活動領域でとったノートを別の活動領域で用いる場合，単に見直せば済むという訳ではない。たとえば，ある授業で学生がとるノートはしばしばその授業用に情報が構造化されており，そのままでは目標や知識体系などが異なる別の授業に使えないはずである。そうした授業と授業の隔たりを埋めるためには，多少なりともそのノートを翻訳しなければならない。ここでいう翻訳とは，文脈に合わせて，ノートそれ自体やそこに書いた内容を推論や解釈によって意味づけ直すこと，すなわち（自己に向けた）説明（たとえば，Chi, de Leeuw, Chiu, & LaVancher, 1994）である。ノートを境界的なモノとして利用する過程には必然的に越境の説明がともなうといえる。

2．ノートテイキング活動に関する先行研究

知識を再生産する手段というイメージを乗り越えるために，第１節では，対話と境界的なモノという２つの側面に焦点を当てた。これらの側面から浮かび上がるのが越境の手段としてのノートテイキング活動である。ところが，ノートテイキング活動に関する実証的・理論的研究は，大多数が知識の再生産を前提にしており，越境を視野に入れた研究はほとんどない。この現状を踏まえ，先行研究のレビューにあたってはまず前者の研究とその成果を概観し，それから後者の研究を詳しくみていくことにする。そうすることで両者のパースペクティブの違いもより鮮明になろう。

2.1. ノートテイキング活動による知識の再生産

教育心理学分野の代表的な学術誌の１つ，ジャーナル・オブ・エデュケーショナル・サイコロジー（*Journal of Educational Psychology*）が創刊されたのは1910年である。それを基準にすると，ノートテイキング活動に関する実証的研究の始まりはけっこう古い。少

なくとも公刊されたものについては，クロフォード（Crawford, C. C.）が1925年に発表した2本の論文にまでさかのぼることができる。以来，流行り廃りはあるものの，いまなお研究が生産され続けている。

クロフォードの論文を読むと，知識を再生産する手段というイメージがノートテイキング活動研究のそもそもの出発点であったことが分かる。まず，1本目の論文（Crawford, 1925a）で，クロフォードは自分の研究を，ノートをとることが講義の学習に役立つかどうかを明らかにするための研究と位置づけ，講義の後，受講生にテストを実施してその成績と講義中に彼らがとったノートの量（要点やアイディアの数など）の関係を調べた一連の実験を報告している。これは，ノートが講義の学習に役立っているなら両者の間に相関がみられるだろうという仮定による。なお，テストでは講義内容をどのくらいたくさんそして正確に記憶あるいは理解できたかが調べられた。2本目の論文（Crawford, 1925b）には，相関分析の欠点を補う研究として，テスト成績を，講義中にノートをとる条件ととらない条件で比較したり，テスト前に自分のノートを見直す条件と見直さない条件で比較したりした一連の実験が報告されている。どちらの論文でも，問題にしているのはノートテイキングやノート見直しが伝達された知識の再生産に役立つかどうかである。

今日の研究水準に照らしてみると，クロフォードの研究はかなり素朴なものである。しかしだからといって，その研究を「古い」の一言で切り捨てることはできない。ノートの量とテスト成績の関係を調べたり，ノートをとる・とらない（見直す・見直さない）でテスト成績に差があるか調べたりするクロフォードのパラダイムは，今日まで数多くの研究に（もちろん，理論的枠組みや研究仮説，実験方法，分析手法などは，より洗練されたかたちになっているが）引き継がれている。そして，1930年代半ばには，ノートテイキング活動がテキスト学習に及ぼす効果を調べた研究（Greene, 1934）や，ノートのとり方に介入することの効果を調べた研究（Corey, 1935）など，後に続く研究の主要なパラダイムがほぼ出そろったことを考えると，驚くべきことに，ノートテイキング活動研究の基本的な姿は最初期からほとんど変わっていないといえる。研究を一貫して動機づけてきたのは，授業やテキストを通して学習者に伝達された知識の再生産にノートテイキング活動が貢献するかどうか，また貢献するとしたら，その貢献度をいかにして上げればよいかという問題意識である。

こうした問題意識からたくさんの研究が生産されてきた訳だが，結局，ノートテイキング活動は知識の再生産に貢献するといえるのだろうか。以下では，一つひとつの研究を細かくみていくことはせず，筆者が過去に行ったメタ分析の結果を概観することで，この問いに答えてみたい。ちなみに，メタ分析とは，過去の実証的研究を集めてサンプルとし，そのデータを統計的に集約・再分析する方法である（たとえば，Cooper & Hedges, 1994）。一般に，関係の強さや条件間の差の大きさは平均効果量（相関係数 r やコーエンの d など）で示され，平均効果量の95%信頼区間に0が含まれていなければ，95%の信頼度でその平均効果量がゼロではないとみなすことができる。

図5-2に示すのは，ノートの量とテスト成績の相関を調べた研究をサンプルにしたメタ分析の結果である（小林, 2006a）。サンプルには一部，大学生以外を実験参加者にした研究も含まれるが，大多数は大学生を対象にしている。この図を見ると，授業・テキスト学習直後のテストか1日以上後の遅延テストかにかかわらず，またノートをとった後にそれを見直すかどうかにかかわらず，ノートの量とテスト成績の間には0.4前後の正の相関があることがわかる。ただし，これはあくまでも相関関係である。ノートをたくさんとることがテスト成績にプラスに作用するためなのか，テストでよい点数をとれるほど能力ややる気の高い学生は熱心にノートをとるだけなのか，あるいはこれら以外の理由によるの

2. ノートテイキング活動に関する先行研究　67

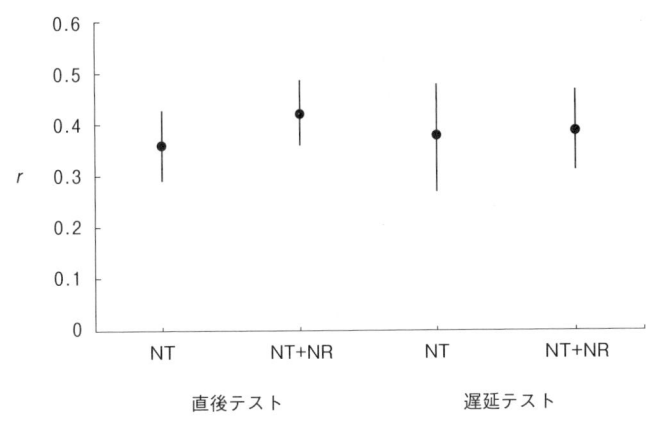

図5-2　ノートの量とテスト成績の相関に関するメタ分析の結果（小林，2006より作成）
NT = ノートテイキング，NT + NR = ノートテイキング＋ノート見直し，図中の●＝平均効果量，上下線＝95%信頼区間

か定かではない。

　ノートテイキングやノート見直しがテスト成績に及ぼす効果をより直接的に示すのが，ノートをとる条件ととらない条件，あるいはノートを見直す条件と見直さない条件を比較した研究であろう。それらの研究を集めてメタ分析した結果を図5-3の左側に示す（詳しくは，小林（Kobayashi, 2005, 2006b）を参照）。ノートをとること自体の効果はゼロではないにせよ，かなり低い。だが，ノートをとった後でそれを見直せば，もっと高い効果を期待できることが分かる。この見直しの効果は従来，外的貯蔵仮説（たとえば，Kiewra, 1989）で説明されてきたものである。外的貯蔵仮説によると，伝達された知識がノート上に残されるので記憶に頼るよりも確実な再学習が可能になり，だから学習効果が上がるという。

　図5-3の右側にはまた，学生にノートのとり方や見直し方を教えたり，書き込み式のノートを与えたりするなど，ノートのとり方や見直し方に一定の介入を行った場合の効果を調べた研究のメタ分析の結果も示す（詳しくは，Kobayashi（2006b, 2006c）を参照）。これをみると，ノートをとってもそれを見直さない場合（NT介入 vs C），95%信頼区間

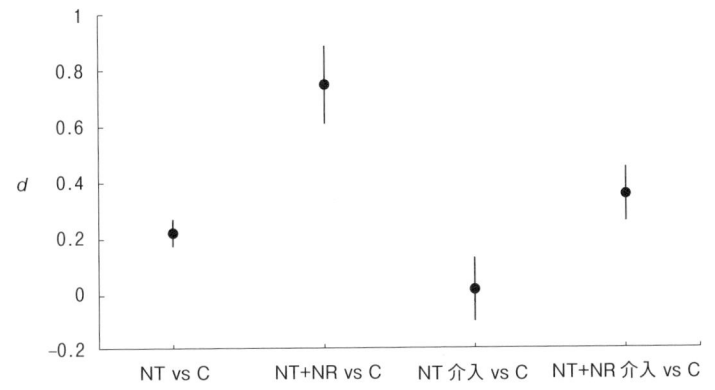

図5-3　ノートテイキング，ノートテイキング＋ノート見直し，介入の各効果に関するメタ分析の結果（Kobayashi, 2005, 2006a, 2006b より作成）
C = 統制条件（左側2つはNTとNR両方なし，右側2つはそれぞれNT介入なし，NT + NR介入なし）

に0が含まれており，介入の効果は見込めない。一方，ノートを見直す場合（NT+NR介入 vs C），介入には多少の効果を見込めることが分かる。

　以上の知見をまとめると次のようになる。ノートをとりっぱなしにせず後でそれをちゃんと見直せば，ノートテイキング活動は授業・テキストの学習に実質的に寄与し，さらに，その効果はノートのとり方や見直し方を改善することである程度，高めることができる。ノートテイキング活動を知識の再生産の効果的な手段とみなす考え方はけっして間違っていない。ただし，知識の再生産を前提にした研究は，その従属変数（授業・テキスト内容の記憶や理解）をみると，第1節で述べたような越境の可能性を想定しておらず，そもそも必要と考えているかどうかも疑わしい。知識を再生産する手段というイメージに囚われているかぎり，越境の説明力を培うことを目指す大学教育のなかにノートテイキング活動を位置づけるのは難しいだろう。

2.2. ノートテイキング活動による越境

　繰り返すようだが，越境の手段としてノートテイキング活動にアプローチした研究はほとんどなく，上で行ったような研究の総括は難しい。その代わり，予想される次の2つの疑問を軸に据えて先行研究をみていくことにする。1つは，対話的なノートテイキングの役割に関する疑問で，境界を越えたアイデアの交流において重要なのはノートテイカーが頭のなかで行う対話であり，ノート上の対話はその副産物にすぎないのではないかという疑問である。もう1つは，ノートテイキング活動によって越境がなされたとしても，それは所詮，ノートテイカー個人の内で完結する仮想的対話や自己説明に留まるのではないかという疑問である。

　まず1つ目の疑問から考えたい。もしノート上の対話が副産物だとすると，越境に寄与するのは対話的なノートテイキングそれ自体ではないということになる。はたして，ノート上の対話は頭のなかで行われた対話の痕跡にすぎないのだろうか。この疑問に答えるうえで示唆を与えるのが，論争的な複数テキスト読解に及ぼすノートテイキングの効果を調べた筆者の研究（Kobayashi, 2009）である。論争的な複数テキストとは，ある問題（たとえば，原発推進か脱原発か，坂本龍馬暗殺の真犯人は誰か，など）を巡って異なる見解を述べた，それぞれ別個の書き手による2つ以上のテキストを指す。専門家による論争の解説・批評などを手引きにしながら読む場合を除いて，複数テキストの見解を各テキストの境界を越えて交流させるのは読み手自身ということになる。そうした交流の所産の1つが，さまざまな論点を巡って複数テキストが相互にどう関係しているかという（書かれた）論争の理解である。

　実験では，小学校への英語教育導入を巡る論争的な複数テキスト（新聞に掲載された6通の投書）を大学生に読んでもらった。その際，学生の半数には，投書者の意見の相互関係を考えながら読むように求め（関連づけ読解目標条件），残りの半数には，英語の早期教育に関する自分の意見を考えながら読むように求めた（意見生成読解目標条件）。さらに，各読解目標群の半数にはメモ用紙を配って読解中にメモをとることを許可し（ノートテイキング可条件），残りの半数はメモをとることを禁じた（ノートテイキング不可条件）。読解後，テキストとメモ用紙をすべて回収し，それから複数テキスト間にどのような関係があったかを記述する課題を実施した。図5-4に示すのは，学生が記述したテキスト間関係のうちテキスト内容に照らして妥当と判断されたものの数である。分析の結果，関連づけ読解目標群のみ，メモをとることを許可された者は許可されなかった者よりも論争の理解が高かった[2]。このような読解目標×ノートテイキングの交互作用が現れた理由を明らかにするために，実験参加者が読解中にとったノートの中身を詳細に分析した

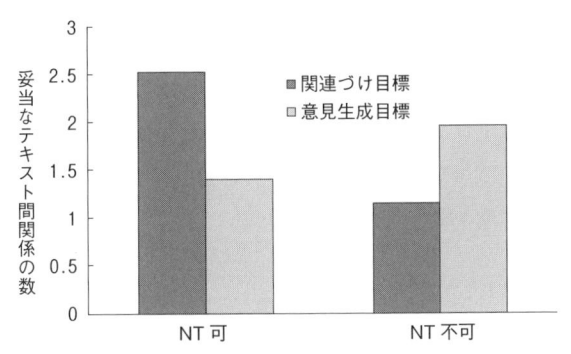

図5-4 テキスト間関係の理解に及ぼすノートテイキングと読解目標の効果（Kobayashi, 2009より一部改変して引用）

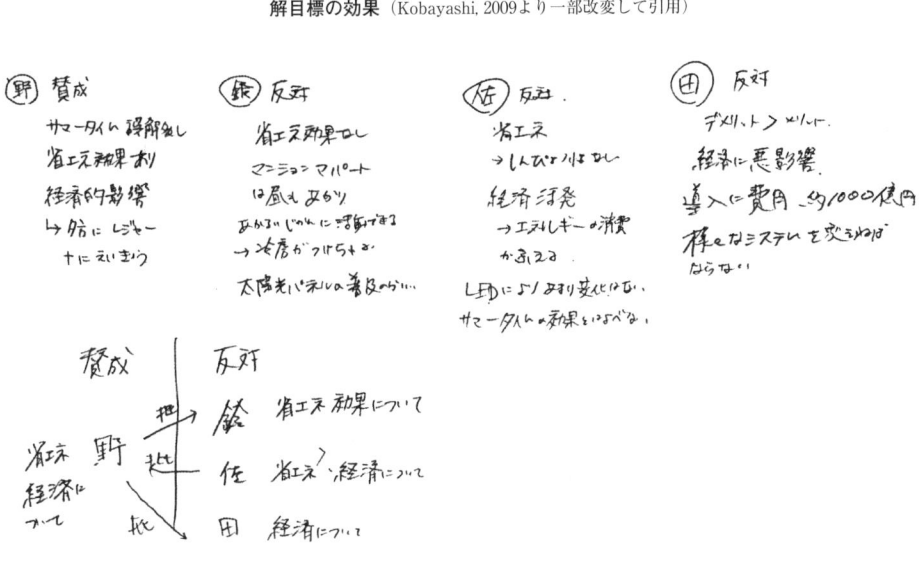

図5-5 個別的要約（上）と間テキスト的メモ（下）の例

ところ，関連づけ読解目標群のノートが，意見生成目標群のノートよりも，個別的要約と間テキスト的メモを多く含んでいることが分かった。

　個別的要約と間テキスト的メモとは，論争的な複数テキストを関連づけながら読む場合にしばしば現れるメモのタイプである（小林，2007b）。別の実験で得られたものだが，図5-5にその一例を示す。メモの上半分は個別的要約の例で，各テキスト著者の意見（「野」「鈴」「佐」「田」の各文字は各著者の名前を省略したもの）が一目で分かるように並べられている。一方，メモの下半分は間テキスト的メモの例で，4名の意見がどのように関係しているかを図式的に表現している。複数テキストの関係が明示された間テキスト的メモはもちろん，同じメモ用紙に複数テキストの内容を並べた個別的要約も，アイデアのテキスト間交流を意図した対話的なノートテイキングとみなすことができる。

　関連づけ（テキスト間の交流）を促されてもメモが許されていない場合，その効果が現れなかったという結果は，対話的なノートテイキングが論争の理解に貢献したことを示唆する。境界を越えたアイデアの交流にとってノート上の対話は意味がないとする主張に対し1つの反証例となる知見といえる。

2）ちなみに，意見生成読解目標群：NT可≒不可，NT可群：論争理解目標＞意見生成目標，NT不可群：論争理解目標≒意見生成目標，であった。

続いて、2つ目の疑問を検討したい。ノートは通常、ノートテイカー個々の私物であって、友人間での貸し借りや教員による点検があるとしても、ノートをとったり見直したりする主体は基本的にその所有者である。ノートテイキング活動による越境はノートテイカー個人の内で完結してしまい、リアルな他者に向かうものになりえないのではないか、という疑問が生じても不思議はない。だが、結論から先にいうと、先行研究の知見は必ずしもそうでないことを示唆している。

その1つとして、ウルフ（Wolfe, 2002）の研究を挙げることができる。彼女が注目したのはテキストへの書き込み（annotation）である。そもそも、写本に頼らざるをえなかった中世ヨーロッパでは、書物は基本的に共有物であった。何人もの読み手がそれぞれ同じ書物を手にしては自分の考え（批評や主張など）を余白に書き込んでいくことが当たり前のように行われ、後続の読み手は書物を読む際にそうして蓄積された書き込みをメタテキストとして役立てていたという。大量印刷技術の登場で書物の私的所有化が進み（そして同時に、図書館などに所蔵された共有物としての書物に書き込みをすることは不道徳な行為とみなされるようになって）、書き込みを共有したり蓄積したりする機会は激減したが、近年、情報テクノロジーの進歩によりかつて以上にその機会を作り出すことが容易になってきている（たとえば、Glover, Xu, & Hardaker, 2007；Su, Yang, Hwang, & Zhang, 2010）。こうした事情を背景として、ウルフは、テキストへの書き込みがそのテキストを手にした別の読み手の読解・作文に及ぼす影響を調べる実験を実施した。

具体的には、大学生を4つの条件に割り振り、論争的な複数テキスト（イエール大学のある教育方針に抗議する学生の投書とそれを批判した6通の投書）を読んで自分の意見を論述するよう求めた。すなわち、テキストに書き込みがない条件、テキストに下線だけが引いてある条件、6つのテキストに全部で6個の（半数は肯定的、残りの半数は否定的）書き込みがある（書き込み1）条件、評価的書き込み1条件とは肯定・否定が逆の書き込みがある（書き込み2）条件である。本章の議論に関連する部分に絞って実験の結果をまとめると、テキストへの書き込みは学生によるそのテキストの評価に影響し、書き込みの内容がテキストに肯定的であればより肯定的な評価に、否定的であればより否定的な評価になる傾向がみられた（図5-6参照）。これは、テキスト読解に際し、ノート上の対話（テキストへの評価的書き込み）が当のノートテイカーで完結せず、別の読み手による（テキスト著者との）対話につながりうることを示している。また、1つ目の疑問と関連して、書き込みとして残るからこそ、対話がそのノートテイカーを越えて他者に届くとい

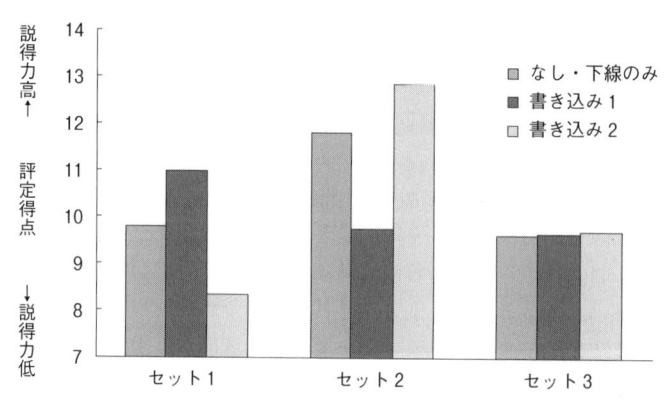

図5-6　各テキストの説得力評価（Wolfe, 2002より作成）
セット1＝肯定的な書き込みがあるテキスト（書き込み条件1）；否定的な書き込みがあるテキスト（書き込み条件2）、セット2＝書き込みの肯定・否定がセット1とは逆のテキスト、セット3＝書き込みのないテキスト

う点にも注目してほしい。

　ソーヤーとベルソン（Sawyer & Berson, 2004）の研究も興味深い。これは，同じ講義「認知心理学」を受講している大学生4名が自分のノートを見ながらその講義の試験に備えて一緒に勉強する自主的学習活動を観察したものである。学習中の相互作用を詳細に分析したところ，話し手が自分のノートから顔を上げて聞き手を見ながら話をする会話的トーク（conversational talk）と，自分のノートを見ながら話をする媒介されたトーク（mediated talk）という2種類のトークが抽出された。さらに，会話的トークと媒介されたトークは1つのターン（話者の交代で区切られるひとまとまりの発話）のなかで一方から他方へ移行することがしばしばみられた。その一例を下に示す[3]。

> ベス：そしたらつまり年少者であればあるほど（1）より多く認識する，それぞれ，それぞれのステップにより多く注意を向けるってことね。
> 　　　　　　　　　　　　　　　　　　　　　　　　　　　　（Sawyer & Berson, 2004, p.402）

　この例では，ベス（学生の一人）の発話が途中で媒介されたトーク（下線部分）から会話的トークに移行している。

　ソーヤーらによると，こうした移行は相互作用的機能（interactional function）や教授法的機能（pedagogical function）を果たしていたという。相互作用的機能とは話者交代のための機能であり，発話の後半にノートから顔を上げて聞き手を見たり，最後の発話とともに自分のノートに視線を落としたりすることがターンの終了を予告・合図するというものである。しかし，本節の議論に照らしてもっと重要なのは教授法的機能であろう。これには2つの機能が含まれる。1つは，話し手が発話の途中でノートを見ることで，自分の発言内容がノートの記述によって裏づけられる（つまり，講義者によって権威づけられる）ことを聞き手に示す機能である。もう1つは，媒介されたトークから会話的トークへ進む移行の順序が，講義者のことば（ノートの記述）を話し手自身のことばに言い換えていく，いわば講義内容のより深い理解（「説明」と言い換えてもよい）を協同構築していく過程を支える機能である。たとえば，先の発話例をみると，はじめはノートの記述を読み上げただけの発言（「より多く認識する」）が，会話的トークのなかではベス自身のことばへと言い換えられている（「それぞれのステップにより多く注意を向ける」）。発話のなかでノートを足場（scaffold）にした説明（媒介されたトーク）からその足場を外して自分のことばで語る説明（会話的トーク）へと進展していく過程がみてとれよう。

　試験に備えた学習活動である以上，ソーヤーらの研究に協力した学生たちは知識を再生産する手段として自分たちのノートテイキング活動を認識していた可能性が高い。だが一方で，ノートは講義と自主的学習活動という2つの活動領域をまたいで用いられている。ノートテイキング活動による越境がリアルな他者に向けてどのように行われうるかを具体的に垣間みせてくれる事例といえる。

3．ノートテイキング活動を組み込んだサービス・ラーニングの実践

　学生の実態（たとえば，小林，2004；Ryan, 2001；島田，2001；Van Meter, Yokoi, & Pressley, 1994）を考えると，現在の大学教育で，ノートテイキング活動が越境の手段と

3）発話中の「（1）」は，発話の休止が1秒間あったことを示す。

して用いられることはあまりないように思える。この状況を変えるためのヒントとして，1つの教育実践を紹介したい。これは学生のノートテイキング活動を変えることそのものを主眼とした実践ではないが，越境の説明力を培う授業のなかにそれをどう位置づけることができるのかを例示できよう。なお，ノートテイキング活動の2つの側面のうち，以下で焦点を当てるのは境界的なモノとしての側面である。

筆者は約10年前から，教員養成系の教育学部で教育心理学を専攻する学生（3年生）を対象にして，サービス・ラーニング・プログラムに基づく授業実践を行ってきた（詳しくは，小林（2007c）を参照）。サービス・ラーニングとは，学生が大学外の公的実践（たとえば，小学校の授業，福祉施設での老人介護，矯正施設での犯罪者更生など）に参画しそのニーズに沿って奉仕する活動（サービス）と，大学のなかで自らの実践をリフレクションし学びを深める活動（ラーニング）をセットとし，両者の往還を繰り返す学習形態を指す（佐々木，2003）。筆者のプログラムは次の3つを柱にしている。

①実践参画：学生は週1回半日程度，小学校に出かけ，そこで授業実践に参画する。たとえば，授業中，ティーチング・アシスタントとして机間指導をしたり，学習につまずきのある子どもやじっと席に着いていられない子どもの傍らにいてそうした子どもたちの学習を手助けしたりする。なお，教育実習と違って，小学校側の教員が学生を指導することはない。

②リフレクション：週に1回，大学において，各学生が小学校で実践したことを本人，他の学生，筆者が一緒に吟味・検討する。たとえば，教育心理学の理論・知見などに照らしながら，学生が支援した子どもの学習診断をしたり学習支援の方法を考えたりしている。ここで検討したことは，学生が次回，小学校に出かけたときに活かされることになる。

③研究：実践参画とリフレクションを踏まえて，自らの実践を「研究」にまとめる活動である。各学生は研究テーマを1つ決めて，子どもに対する学習支援の記録を整理・分析し，年度末に発表する。学生たちの研究成果は冊子にまとめられ小学校にも報告される。

一般に，大学で教員養成のための授業を受けたり小学校で教育実習を行ったりしても，大学と小学校はそれぞれ異質な論理が支配する活動領域である。そのため，学生のなかで2つがどうしても乖離しがちになる。同じことはサービス・ラーニングにおける実践参画活動とリフレクション・研究活動の間にもいえ，これらの活動を有機的につなげられるかどうかがサービス・ラーニングの成否を左右する。そこで，筆者が重視しているのが学生のノートテイキング活動である[4]。

学生は次のようなノートテイキング活動を行う。まず，小学校で自らが行った学習支援を毎回ノートにできるだけ記録する。とくに，後々研究テーマにしていきたいと考える学習支援については，図5-7に示すように，学生と（支援を受ける）子どもの会話・行動，支援の状況まで詳細に記録する。なお，授業中は学習支援に専念するので，ノートに書くのは授業後となる。大学ではこのノートをベースにして学習支援のリフレクションが行われる。学習支援の詳細な記録をノートにとるのはかなり大変な作業だが，リフレクションの場において，どういう状況で子どもがどういうふうに問題を解いたのか，子ども

---

[4] この授業実践におけるノートは，講義ノートやポートフォリオ，ラーニング・ログなどと違って，自分の学習成果を記録するためのものというよりもむしろ，フィールド・ノートや実践の記録ノートという意味合いが強い。

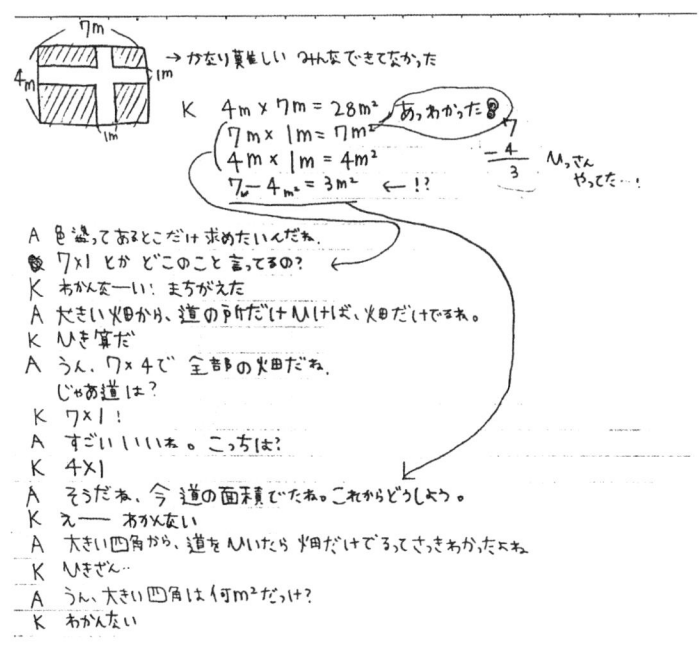

図5-7 学生がノートにとった記録

の発言・行動に対して学生がどういうことばで応答したのかが記録に残っているため，なぜ支援がうまくいったりいかなかったりしたのか，どのタイミングでどのような関わりをすれば支援の効果を上げることができたかなどを具体的に考えながら話し合っていくことができる。また，リフレクションの結果をその場でノートに書き残すことで，次回，同じ子どもに学習支援を行う場合にどうするかという方針や手立てがノートを見ればわかる。さらに，ノートに残された毎回の学習支援とリフレクションの記録を振り返りつなげていけば，子どもの学習と学生による学習支援の仕方，両方の変容過程を追うこともできる。こうした変容過程が実践研究のテーマになり，そうなることで逆に，学習支援とリフレクション（子どもの学習の何をどういう観点から支援するか）を方向づける。ノートが境界的なモノとなって3つの活動を双方向的につなぐ働きをするわけである。

これらノートテイキング活動による越境が学生個々の内で完結するものではない点も強調しておきたい。プログラムのなかには境界を越えて他者に説明するさまざまな機会が用意されている。たとえば，リフレクション活動では，学習支援における子どもと学生自身の発言・行動，そのときの状況を心理学的に解釈しながら，実践に参加していない人に説明することが求められる。研究活動では，発表会の場や報告書において，自らの学習支援とその成果をリフレクション活動に参加していない他の大学教員や学生，小学校現場にどう説明していくか考えながら，まとめていかなければならない。こうした機会でノートが利用されることによって，ノートテイキング活動による越境がリアルな他者に向けて組織化されたものになっている。

いうまでもなく，上記のノートテイキング活動は学生の方から自然発生的に現れるものでもなければ，言われればすぐにできるというものでもない。そこで，学生のノートテイキング活動に対して筆者は次のような働きかけをしている。まず，学習支援の詳細な記録をノートにとることの意義を説明し，それから，リフレクションの度に，たとえば，「このとき，あなたは子どもに何て言ったの？」「あなたがそう言ったらその子はどうしたの？」「（クラス）の先生は子どもたちにどういう指示を与えていたの？」など，学習支援

での具体的な会話・行動，状況を質問することで，何を記録にとる必要があるのかを（本人あるいは一緒にいる他の学生に）理解させていく。また，毎回の学習支援について検討する場合，ノートの記録をもとに以前の支援と比較し何がどう変容したかを跡づけるよう促しその跡づけ方を教えることで，ノートを中長期的視野で振り返る過程にも働きかけを行っている。

4. 知識の再生産を超えて

　ノートテイキング活動が越境の手段として大学教育のなかに位置づくために，そしてそれに資するために何が必要だろうか。この問題を議論して本章の締め括りとする。

　まず，何よりも，ノートテイキング活動を位置づけるべき大学教育の方に目を向けなければならない。筆者はかつて，ほとんどのノートテイキング活動研究に，(a) 授業とは既成の知識を授業者が学生に伝達する場である，(b) 伝達された知識を学生が授業者の意図どおりに獲得できた場合に学習が成立したことになる，という暗黙の前提があることを指摘した（小林，1998，2000）。ただし，この前提は研究者の単なる思い込みではない。授業者の真のねらいがどうあれ，授業のなかで学生がノートテイキング活動に従事する場合，多くはその授業を知識の再生産が求められる場と捉えている（小林，2004；Ryan，2001；島田，2001；Van Meter et al., 1994）。そうだとすると，知識の再生産に一定の効果が期待できる以上（第2節参照），彼らがその手段としてノートテイキング活動を用いるのは当然といえよう。大学教育のあり方とは無関係に，ノートテイキング活動が越境の手段にもなりうることを学生に教えることは可能だが，それで彼らの意識や行動が変わるとは思えない。むしろ，大学教育のあり方に随伴するものと捉え，ノートテイキング活動をそのあり方に適合させていく方が自然であるし現実的だろう。事実，第3節で紹介した教育実践では，サービス・ラーニングという境界横断的な授業のなかだからこそ，ノートを境界的なモノとして利用させる働きかけがうまくいくと考えられる。ノートテイキング活動が越境の手段として大学教育のなかに位置づけられるためには，越境の説明に価値を置きそれを奨励する教育体制ができていなければならない。

　もちろん，越境の説明を重視する大学教育のなかにあっても，学生のノートテイキング活動に対する働きかけや支援は必要かもしれない。たとえば，ハイディとクライマン（Hidi & Klaiman, 1983）は，大学院生と高校生が自分で選んだテキストをどう読むか調べ，前者では対話的なノートテイキングが比較的多くみられたのに対して，後者にはそれがほとんどみられなかったことを明らかにしている。彼らによると，この差は両者が普段，置かれている教育的文脈の違いを反映しているのではないかという。同様の理屈で，高校までの学校教育を通して知識の再生産に馴染んできた学生が，大学に入学後，直ちにノートテイキング活動を越境の手段と捉え直して利用できるようになるとは考えにくい。

　この問題に対する取り組みはまだ少ないが，ヒントとなる知見はいくつか報告されている。たとえば，学生がテキストを読むときに，「文章に述べられた筆者の主張や論拠をさまざまな角度から分析し評価したうえで，その主張をあなたはどう思うか，またそれはなぜかを考えて下さい」といった読解目標を与えるだけで，対話的なノートテイキングが促進されることが実証されてきた（Kobayashi, 2007a, 2009；小林，2007b）。目標を与えられてもどう対話してよいか分からない，対話がうまくできないという学生に対しては，対話的なノートテイキングを支援するシステムの活用も考えられる。そうしたシステムの1つとして，EMU（Emotional and Motivational Underliner）がある（鈴木・鈴木，2011）。これはWebブラウザ上で動作するシステムで，テキストを読みながら対話的に

マーキングしていく過程を支援する。EMUには，それぞれ「ここ大事」「へぇ」「そうそう」「ムカッ」「？？」のような感情的表現がついた感情タグが用意されており，利用者はテキストを読んで感想を抱いた箇所にその感情にマッチしたタグを付与する（そうすると，テキストの当該箇所に引かれた下線の色が変わる）ことでマーキングを行う。鈴木らは，このシステムを用いた場合，単に下線を引くだけの条件よりもマーキングの量が増えること，さらに，感情的表現がついていないタグ（「重要」「知らなかった」「賛成」「反対」「わからない」）を付与する条件よりもテキストに対して懐疑的なマーキング（「？？」「わからない」）の量が増えることを示した。

　越境の説明力を培うことを目標とするなら，ノートテイキング活動による越境が個人内で完結しないようにする働きかけや支援も大切である。ノートテイキング活動は私的なものだからこそ自由な対話や失敗に終わるかもしれない越境の試みが許されるといえるが，越境が自己満足で終わってしまう危険性も無視できない。自己満足で終わってしまってはたして越境の説明力が十分に培われるかは疑問である。そうならないように，積極的な手立てを講じることが必要であろう。たとえば，筆者のサービス・ラーニング・プログラムのように，ノートを使いながら他者に向けて越境の説明を行う機会を授業のなかに組み込んでもよい。あるいは，情報テクノロジーによる支援のもと，互いのノートを共有したり参照したりしながら（たとえば，Glover et al., 2007；益川，2004；Su et al., 2010），協同で越境していく授業を構想してもよい。

　人が自分の頭だけで覚えたり考えたりすることには限界があり，かつどれだけ協同・協調が謳われても学習には必ず私的な部分があることを考えると，ノートテイキング活動が大学教育の場から消えることは当分の間ないだろう。しかしだからといって，新しい大学教育を目指す試みのなかで，ノートテイキング活動の役割が変わらないままであってよいわけではない。本章の議論が越境の手段としてノートテイキング活動を変革していくための第一歩となることを期待したい。

■ 引用文献

Chi, M. T. H., de Leeuw, N., Chiu, M., & LaVancher, C. (1994). Eliciting self-explanations improves understanding. *Cognitive Science*, 18, 439-477.
Cooper, H., & Hedges, L. V. (Eds.) (1994). *The handbook of research synthesis*. New York: Russell Sage Foundation.
Corey, S. M. (1935). The efficacy of instruction in note making. *Journal of Educational Psychology*, 26, 188-194.
Crawford, C. C. (1925a). The correlation between college lecture notes and quiz papers. *Journal of Educational Research*, 12, 282-291.
Crawford, C. C. (1925b). Some experimental studies on the results of college note-taking. *Journal of Educational Research*, 12, 379-386.
Flippo, R. F., & Caverly, D. C. (Eds.) (2000). *Handbook of college reading and study strategy research*. Hillsdale, NJ: Lawrence Erlbaum Associates.
Glover, I., Xu, Z., & Hardaker, G. (2007). Online annotation - Research and practices. *Computers & Education*, 49, 1308-1320.
Greene, E. B. (1934). Certain aspects of lecture, reading and guided reading. *School and Society*, 39, 619-624.
Haas, C. (1996). *Writing technology: Studies on the materiality of literacy*. Mahwah, NJ: Lawrence Erlbaum Associates.
Hidi, S., & Klaiman, R. (1983). Notetaking by experts and novices: An attempt to identify teachable strategies. *Curriculum Inquiry*, 13, 377-395.
Kiewra, K. A. (1989). A review of note-taking: The encoding-storage paradigm and beyond. *Educational Psychology Review*, 1, 147-172.
小林敬一 (1998). 表現の運動：ノートテイキング活動のモデル　九州大学教育学部紀要（教育心理学部門），43, 71-87.
小林敬一 (2000). 共同作成の場におけるノートテイキング・ノート見直し　教育心理学研究，48, 154-164.

小林敬一（2004）．大学生のノート見直しにおける授業固有性　静岡大学教育学部研究報告（人文・社会科学篇），54，335-346．

Kobayashi, K. (2005). What limits the encoding effect of note-taking? A meta-analytic examination. *Contemporary Educational Psychology*, 30, 242-262.

小林敬一（2006a）．ノートの内容と学習成績の関係：メタ分析による検討　未発表資料

Kobayashi, K. (2006b). Combined effects of note-taking/-reviewing on learning and the enhancement through interventions: A meta-analytic review. *Educational Psychology*, 26, 459-477.

Kobayashi, K. (2006c). Conditional effects of interventions in note-taking procedures on learning: A meta-analysis. *Japanese Psychological Research*, 48, 109-114.

Kobayashi, K. (2007a). The influence of critical reading orientation on external strategy use during expository text reading. *Educational Psychology*, 27, 1-13.

小林敬一（2007b）．複数テキスト読解方略：外的表象の分析による検討　静岡大学教育学部研究報告（人文・社会科学篇），57，269-282．

小林敬一（2007c）．サービス体験を通して心理学を学ぶ：大学の心理学教育におけるサービス・ラーニング　教育心理学年報，46，149-155．

Kobayashi, K. (2009). Comprehension of relations among controversial texts: Effects of external strategy use. *Instructional Science*, 37, 311-324.

益川弘如（2004）．ノート共有吟味システム ReCoNote を利用した大学生のための知識構成型協調学習活動支援　教育心理学研究，52，331-343．

Ryan, M. P. (2001). Conceptual models of lecture learning: Guiding metaphors and model-appropriate notetaking practices. *Reading Psychology*, 22, 289-312.

佐々木正道（2003）．アメリカの大学におけるサービス・ラーニング　佐々木正道（編著）　大学生とボランティアに関する実証的研究　ミネルヴァ書房　pp.355-367．

Sawyer, R. K., & Berson, S. (2004). Study group discourse: How external representations affect collaborative conversation. *Linguistics and Education*, 15, 387-412.

島田博司（2001）．大学授業の生態誌：「要領よく」生きようとする学生　玉川大学出版部

Star, S. L., & Griesemer, J. R. (1989). Institutional ecology, 'translations' and boundary objects: Amateurs and professionals in Berkeley's Museum of Vertebrate Zoology, 1907-39. *Social Studies of Science*, 19, 387-420.

Su, A. Y. S., Yang, S. J. H., Hwang, W.-Y., & Zhang, J. (2010). A Web 2.0-based collaborative annotation system for enhancing knowledge sharing in collaborative learning environments. *Computers & Education*, 55, 752-766.

鈴木　聡・鈴木宏昭（2011）．マーキングと感情タグの付与を活用したライティング活動における問題構築的読解　日本教育工学会論文誌，34，331-341．

Van Meter, P., Yokoi, L., & Pressley, M. (1994). College students' theory of note-taking derived from their perceptions of note-taking. *Journal of Educational Psychology*, 86, 323-338.

Wolfe, J. (2002). Marginal pedagogy: How annotated texts affect a writing-from-sources task. *Written Communication*, 19, 297-333.

吉村匠平（2000）．「かくこと」によって何がもたらされるのか？：幾何の問題解決場面を通した分析　教育心理学研究，48，85-93．

6 ライティング
問題設定と論述のメカニズムとその支援

鈴木宏昭

本章ではまず，ライティングが単に相手にメッセージを伝えるというだけでなく，自分やさまざまな相手との対話を通した遠心的越境と，対話を通した自己の再構築という求心的越境を含む思考プロセスであることを主張する。ライティングにおいては，何を書くべきかを決定する問題設定と，これをどのように書くかを決定する論述の2つのことが必要になる。問題設定には，関連文献を読むなかでそれらへの共感や違和感を感じる「気づき」，気づきを取捨選択し，関連する事柄と結びつけながら問題と主張およびその根拠のネットワークを作り出す「洗練」，そしてこのネットワークをレポートに適した形にする「定式化」の3つの段階からなっている。これらを促進，支援するために，批判的読解，批判的思考，図などによる外化，協調学習（ジグソー法，ピアレビュー）が用いられ，一定の成果を挙げていることを述べる。論述に関しては，トゥールミンの議論の図式が規範として働くことを指摘し，関連する研究を紹介する。次に問題の定式化に焦点を当てた比較的長期にわたるライティングの実践を取り上げ，その特徴について論じる。最後に，それまでに述べてきた研究例と越境の概念の結びつけを行い，今後の問題を指摘した。

1. はじめに

1.1. 対話を通した思考過程としてのライティング

ライティングにはさまざまなタイプが存在する。メモ，ノート，日記，手紙，作文，レポート，論文，本などさまざまなタイプが存在する。電子メディアを用いたライティングにも，メール，ネットニュース，ホームページ，ブログ，各種のソーシャルネットワークサービスなどさまざまなタイプのものが存在する。これらはいずれも対話を目的とした言語活動の産物と考えることができる。

それでは対話とはどのような活動なのだろうか。まず対話はメッセージの伝達，交換を含んでいるだろう。しかし単に相手にメッセージを伝えることは対話とはいえない。対話が意味あるものになるためには，対話を構成するものの間に違いが存在しなければならない。典型的には，送り手は知っているが受け手は知らない，そうした情報を伝えることが意味ある対話の大事な条件となるだろう。しかしこれだけでは伝達，送信といった方がよいかもしれない。

対話においては情報の送り手と受け手の間に相互作用が生じている。話し手は聞き手からの言語的，非言語的フィードバックを受けることで，語るべきこと，語り方を変化させる。また語り始める前に相手を想定することで，何を語るべきなのか，どう語るべきなのかをさまざまに模索する。

対話がこのように話し手から聞き手への一方的な情報の伝達ではないように，ライティ

ングも書き手から読み手への一方的な情報伝達ではない。読み手からの反応，あるいはその予測に基づいて，書き手は自らを振り返り，もともとの考えを洗練したり，展開したり，保留したり，否定したりする。こうした相互作用に基づく思考プロセスがライティングの根本にある。

このように，真正なライティングとは対話を通した絶えざる思考のプロセスなのである（井下，2008；鈴木，2009）。ライティングはけっして単に心のなかにあること，感じたことを文字，文に翻訳することではない。そこには書くべきことを探索し，それらの配列の仕方を模索することが含まれる。そしてこれらを暫定的に文として表現し，相手からのフィードバックあるいはフィードバックの予想に基づき，修正を絶えず行うアクティブでダイナミックな思考プロセスなのである。

1.2. レポート，論文の特質

本章で扱うのは主にレポートや論文である。これらは，一般化された問題，主張，根拠からなる文章である[1]。問題とは取り上げる現象や問題を指し，主張とはそれに対する著者の主張，根拠とはその主張を支えるデータ，論証を指す。対話の相手という観点から，レポートとその他の文章とを比較し，この特質を明らかにしてみよう。

日記とその他の文章との違いは，対話相手が他者ではないということにある。日記は自分に向けて書くものであり，自分がよほど有名になるとか，盗み見されるとか，遺品整理でみつかるなどのことがない限り人が読むことはない。よって人に分かるように書く必要はない。ただ自己といっても，書くべき事柄を体験した時点の自己と，それを振り返って書いているときの自己とは異なっている。時間をおいてそれを読んだときの自己はさらに異なっているだろう。そういう意味で日記は過去の自己と現在または未来の自己の間の対話ということができる。

手紙やメール，レポート，論文は他者に向けてメッセージ，主張を伝えるものである。よって自分だけにしか分からない書き方をするわけにはいかない。こういう共通性はあるが，手紙やメールとレポートなどには大きな違いがある。手紙やメールには宛先というものがあることから分かるように，ここでの対話相手は特定の他者である。一方，作文やレポートにおける対話相手は不特定の他者である[2]。

作文，レポート，論文は，不特定多数の対話相手に向けて著者の主張，メッセージを伝えることがが求められる。ではレポートや論文が作文と違う点はどこにあるのだろうか。それは主張の一般性と主張を支えるのに用いる論拠の種類にある。作文では自分がどう感じたのか，考えたのかということが主張となり，自分の体験，そのときの感情などが，主張を支える論拠として利用できる。一方，主に大学で求められるレポートや論文では，自分がどう感じたか，考えたかではなく，一般性をもった主張が求められる。そして，その主張の論拠としては客観的であり，かつ多くの人がアクセスできる公共的なデータが求められる。

この違いについては少し例を挙げて説明する方がわかりやすいだろう。たとえば「大学で英会話の授業を必修にすべきだ」という主張を行うとき，自分は英会話に自信がないとか，それで多いに困った経験があるとか，自分は海外勤務をしたいので英語が将来必要に

---

1) レポートや論文にもさまざまなタイプが存在するが，これについては1.4.節で詳述する。
2) むろん教育機関における作文，レポート，論文は，教師，教員に向けたものであることがほとんどである。その意味では対話相手といっても，不特定ということはない。しかしこうした文章を書かせるねらいは，不特定多数の人が読むに耐えるものを書けるようになることである。

なるはずだとか，そうした論拠を用いたとしよう。こうした文章は，「自分にとって」英会話が必要であることをサポートするかもしれないが，自分以外の大学生にとってそれが必要であることを示してはいない。つまり主張に一般性が欠けているのである。大学での英会話授業の必修化についての「レポート」を書くとすれば，そこでは一般的な論拠，たとえば日本の企業の海外展開，企業における英会話の必要性，日本の学生の英会話力のレベルの低さなどについてのデータを用いる必要がある。またこれらのデータは，他の人も利用できる公共的なものであることが望ましい。

むろん一般性についてはレベルがある。全人類に共通して成立する事柄，現代において成立する事柄，特定の地域や特定のグループの人に成立する事柄など，さまざまなレベルが考えられる。ふつうは一般性が高い方が学術的価値が高いとみなされる。しかしいろいろな限定がつき，結果として個別性が高くなっても，十分に価値のあるものは多い。たとえば全人類ではなく，「日本人」という限定がついても十分に価値はあるだろうし，さらに中学生という限定がつき「日本の中学生」ということになっても，それが日本の中学生一般に成り立つことであれば多大な意義がある。

レポートと論文の違いは曖昧である。ただ大学や学会での使い分けに関していえば，新たな知見をそのコミュニティ（多くの場合学会）に付け加えるものを論文と呼ぶことがふつうである。つまりここでの対話相手は，単に不特定多数の人というだけでなく，そのコミュニティの歴史を構成してきた人たちとの対話ということになる。研究者が書く論文は通常，学会誌に掲載される。このときに多くの学会では査読と呼ばれるものが行われる。査読においては，その論文の主張が新たなものであるのかを厳しくチェックする。もし同じ主張が行われているとすれば，その論文は学会誌への掲載価値がないものと判断される。論文の著者はそうならないように，自らの主張のオリジナリティを論証しようと懸命に努力するのである。

1.3. 越境としてのライティング

このように考えると，ライティングにはいくつもの越境があることが分かる（図6-1を参照）。日記のようなライティングの場合には，現在の自己が過去や未来の自己と対話するなかで越境が起こる。手紙やメールなどでは，この自己という境界を越えて，自分とある程度まで文脈を共有する特定の相手との対話が行われる。さらにこの境界を越えて，不特定多数の人に向けた対話が必要となるレポートが存在する。ここでは一般的主張と公共的な論拠を含む対話が行われることになる。さらに論文となると，現在存在している人だけでなく，そのコミュニティが蓄積してきた歴史との対話も必要になる。さらに，レポート，論文のなかには分野を横断して，時代精神ともいえるようなものを作り出す，あるいはそれへの関与を行うものも存在する。このように自己から徐々に遠いものへと向けた越境を行っていくことを図6-1では遠心的越境と記した。

ここで気をつけておきたいことは，ライティングにおいて境界を乗り越える方向は自分から他者，他者から他者一般という道筋だけではないということである。ある意味で自己というものは他者よりも分かりづらいことが多いともいえる。自分が感じていること，信じていること，これらはあまりに自明であるので，通常の生活では説明の必要がない。しかしながらライティングにおいては，この自明を疑い，自分を振り返り，その根拠を探り再吟味することが必要になる。図6-1ではこの方向の越境を求心的越境と記した。求心的越境を何の助けもなく独力で行うことは難しい。歴史的，文化的な蓄積から自分を振り返ること，世間の常識と自分の考えを対比すること，自分の先生や口うるさい先輩の小言を想定してみること，こうしたことが求心的越境の助けとなるだろう。

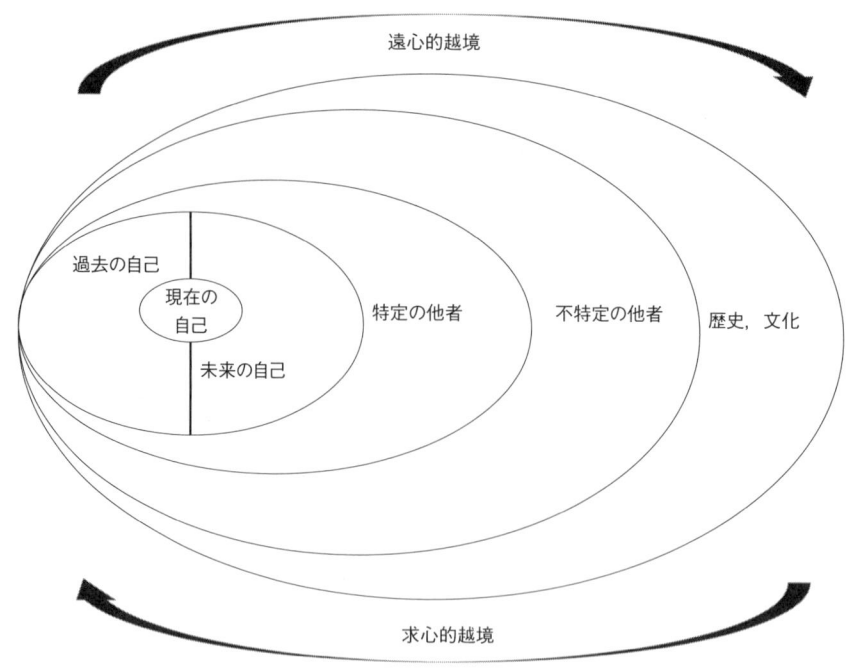

図6-1　ライティングにおける境界，越境

　またもう1つ気をつけたいことは，越境は新たな境界づくりを含んでいるということである。過去や未来の自己との対話を通して現在の自己は拡大したり変形したりする。また関連文献などを読むことを通して，不特定の他者だったものが自分にとって仮想的な特定の他者となることもあるだろう。また自分の書いたものをその分野の歴史や文化のなかに置くことにより，自己の境界は作り直される。

1.4. レポートの種類

　本章では主にレポートや論文のライティングについて論じる。ただレポートということばはさまざまなかたちで使われる。これは大学教育という場面に限定したうえでもそうである。もっとも緩い使い方としてはある程度の分量の文章を書く「宿題」というような意味で使われることがある。たとえば，「今日の講義内容をレポートにまとめて提出しなさい」というような場合である。また特定のことについてまとめるという意味でレポートということば（場合によってはレジュメと呼ばれる）が使われることもある。「この論文をまとめてレポートにしなさい」などはその典型である。これらのレポートは参照すべき資料がそもそも提示されている。こうしたレポートでは講師，著者の主張，その論拠を捉えることが主要な目標となる。この意味でレジュメ型レポートと呼べるだろう。

　次に，実験科学においてよく行われる実験演習におけるレポート，実験・調査報告系レポートがある。すなわち「今日の実験結果をレポートにまとめなさい」などというレポートもある。こうしたレポートでは実験・調査の手順や扱う対象（人，もの，地域，現象）についての情報，および結果などについて，規範とされる記述形式にしたがった正確で分かりやすい記述をすることが求められる。

　一方，主張型のレポート，すなわち自ら主張を作り出さねばならないレポートもある。「ピアジェとワロンを比較したうえで，発達における感情の役割について論ぜよ」「人類史のなかで農業が果たした役割についてまとめよ」「バブル崩壊について論ぜよ」，などのレ

ポートは，自ら主張を作り上げ，その主張をサポートする論拠を探さなければならない。

各々のタイプのレポートに共通することがある。これは問題，主張，論拠を記述することである。どういう問題意識のもとでどのような説をどんな論拠に基づき展開したのかを書くこと，これらはすべてのレポートに共通する。そしてこれらを明確に捉え，分かりやすく表現することはいずれにおいても必須である。たとえば今日の講義のまとめというようなレジュメ型のレポートの際にも，教員がどんな問題意識をもっていたのか，それに対してどんな主張をしているのか，そしてその主張は何によって支えられているのか，これらを明確に捉え，分かりやすく表現することは重要である。

しかし，各タイプのレポートにおいて重要なこと，力点を置く場所は異なる。レジュメ型レポートでは，本書の第5章「ノートテイク」や第3章「リーディング」についての技能が重要となる。また記述の仕方はおおむね講師や著者の記述した順に書いていくことが一般的である。実験・調査報告系レポートでは，執筆する各分野についての規範的記述形式の習得や，本書第7章「プレゼンテーション」の技能が必要とされるだろう。主張型レポートは，他のタイプのレポートにおいて必要とされるリーディング，記述形式の習得，プレゼンテーションの技能に加えて，問題をみつけること，証拠を収集することなどが求められる。

2．研究レビュー

以下ではライティングのプロセスの観点から，主に大学生レベルのレポートライティングを題材とした研究についてレビューを行う。ヘイズとフラワー（Hayes & Flower, 1980）によれば，ライティングのプロセスは，構想を立てるプランニングの段階，文章化を行う翻訳の段階，見直しを行う推敲の段階の3つからなり，書き手は自分の知識と課題状況をリソースとして，このプロセスを展開させるとされる。ただしプランニングといってもさまざまなタイプがある。レポートライティングのプランニングにおいて，問題設定に関するプランニングと論述に関するプランニングを分けることは重要である。なぜならば，レポートにおいては問題設定を明確に行ったうえで，それに対する主張，論拠を論理的に配列することが求められるからである。

これらのことから，以下では問題設定，論述に関わる実証的研究を取り上げ，そこでの困難や介入の方法についてのレビューを行う。なお推敲のプロセスについては，論述のセクションでまとめて取り上げることにする。

2.1. 問題設定

問題の設定には，取り上げるべき問題とそれに対する主張，主張を支える根拠を作り出すことが含まれる。このプロセスはきわめて困難をともなうものであることが報告されている（小笠原，2007；戸田山，2002；渡辺，2010）。一般に学生は自らのテーマや，与えられたテーマについての漠然とした関心はもってはいるが，そこからレポートで取り上げるべき問題を見つけ出せないことが多い（杉谷・長田・小林，2009）。つまりここでは，漠然とした関心を命題化し，真か偽かの決着のつくかたちに変えることについての困難が存在しているのである。

レポートライティングの問題設定のプロセスについて心理学的な研究は少ないが，鈴木・杉谷（2012）はプレッツら（Pretz, Naples, & Sternberg, 2003）の問題発見研究をベースに，気づき，洗練，定式化の3つのプロセスを区別している。以下では，この区分にしたがって論を進める。

(1) 気づき

　漠然とした関心や抽象的な課題があるなかで，学生は関連文献や資料を検索しそれを読む。これらの読解を通して気づきや問題の発見が行われる。問題への気づきは，ポジティブであれネガティブであれ，文献や資料のなかで興味を引く手がかり，特定のパターン，アノマリー（例外，逸脱，矛盾等）を見つけ出すことである。ただしこの段階での気づきや発見はまだ直感のレベルにとどまっており，レポートでの問題設定に直接に結びつくものではない。

　こうした気づきを生み出すことを目的とした読みにおいては，文献を正しく理解するだけでは十分ではなく，批判的読み（critical reading）が必要とされる。批判的読みでは文章で取り上げられている問題の適切性の検討，主張と根拠との論理的関係の吟味を通して問題点の抽出が行われる。

　批判的読みには当然のことながら批判的思考（critical thinking）が大きく関わる（市川，2001；大河内，2003）。批判的思考とは，著者の主張を構成する情報の明確化，その分析，そしてそこからの論理的，合理的，合目的的推論である（Ennis, 1987；楠見，2011）。情報の明確化とは，書かれてあることのなかから，何が問題であるか，それに対する著者の主張は何か，そしてその主張の根拠として挙げられているものは何かを把握することである。情報の分析では，情報源の信頼性，根拠の種類（事実か意見か），また根拠が数量的である場合にはサンプリングや要因統制が適切に行われているか，などが検討されることになる。こうした批判的思考の教育によって批判的読みが促進され，結果として気づきが促される可能性がある。

　ただし批判的読みは，読むべき文献の領域についての知識がない場合にはあまりうまく働かないことも指摘されている。伊東（1992）や沖林（2003）では，心理学文献の読みを行わせた際に，大学院生などの領域知識の豊富な読み手は適切な批判的読みを行えるが，そうでない読み手（学部生や他領域の院生）はうまく行えないことが報告されている。

　批判的読みを増進させる方略の1つとして，メモをとりながら読むということが考えられる。伊東（1997）は，論文を批判的に読む際にメモをとりながら読み，かつ最後の意見文を書く際にこれが参照可能なグループ，メモはとれるが意見文作成時にはそれを参照できないグループ，メモをとれないグループの3つを比較した実験を行った。最後の意見文に記された，批判的読みを活用した部分の数を比較すると，メモをとりかつ参照できたグループがもっとも高い値を示した。この結果は，メモをとることで記憶の定着が促進されるだけでなく，自分が論文を読んでいる過程で行った批判的読みの参照を通して，文中の不確かな部分が生み出される原因を探求することが可能になったためであると考えられる。

　気づきは暫定的なアイデアを生み出すものと考えれば，批判的読みのような理性的なものだけでなく，感情や直感なども大事な役割を果たすと考えられる。感情や直感は合理的判断を妨げるものであるとの見方が主流であったが，近年の心理学研究ではこれらは合理的判断をサポートする場合が多々あることが示されている（Damasio, 1994；藤田，2007；Gigerenzer, Todd, & ABC Research Group, 1999；Thagard, 2006）。またレポートライティングの教科書においても，これらの判断を行うことが問題発見を促進するという指摘もなされている（戸田山，2002）。

　鈴木・鈴木（2011）は関連文献読解中の感情的，直感的活動を支援するための支援ツールを開発した。このツールではWeb上に存在する文献に対して，下線を引いたり，コメントをしたりすることが可能になっている。このツールのポイントは，下線を引く際に必ず感情タグを付与するという点にある。たとえば文献中に同意できる部分については「そ

うそう」，反発したくなる部分については「ムカッ」などのタグを用いる。このタグを用いて文献を読んだグループは，同様のタグを中立的な表現にした場合（たとえば同意については「賛成」，反発については「反対」等）に比べて，もとの文章について批判的，懐疑的なコメントが増加し，結果として優れた意見文を作成することが明らかになった。

以上のように，レポートライティングにおける気づきは批判的読み（批判的思考），領域知識，直感的・感情的判断などを活用することにより促進される可能性がある。

（2）洗　　練

次の段階では前段階の気づきの洗練が行われる。確かに気づきは出発点として重要であるが，これを書き連ねただけのものは到底レポートとは呼べない。ベライターとスカーダマリア（Bereiter & Scardamalia, 1987）はこうしたタイプのライティングを知識陳述型（knowledge telling）と呼び，熟達者の知識変形型ライティング（knowledge transforming）と対比した。適切なライティングにおいては，生み出された気づきがレポートの問題となるかどうかを判断したり，さまざまな気づきのなかから適切なものを取捨選択すること，すなわち洗練が行われねばならない。この過程で，関連する現象や，利用可能な知見，証拠の検索，それらの相互関連づけがなされ，レポートで取り上げる問題，主張，根拠を関連づけた表象が生み出される。

ここでもまた批判的思考が大きな役割を果たす。気づきの段階では他者の文献に対して向けられていたこうした認知活動を，この段階では自分の思考内容に対して行うことが求められる。これを通して，文章読解中に得られるさまざまな気づきから，筋の良いものを選び出し，まとめて敷衍していくことが可能になる。

ただこうしたことを頭のなかだけで行うことは認知的負荷がかなり高い。そこで図を用いるという方法がある。一般に情報を図的に表現することで我々の認知や学習がかなりの程度促進されることが知られている（Cheng, 2002；Larkin, 1989；植阪，2009）。岩男（2001）はプランニングの段階で書くべき事柄を階層的に表現する階層的概念地図を用いることで，レポートの質が向上することを明らかにした。これを用いたレポートは書くべきことを箇条書きで表した後に書かれたレポートよりも，理解のしやすさ，説得力が高まることが示された。これは階層的概念地図には，書くべき事柄をグループ化したり，それらの間の階層関係や因果関係を明確にする機能が存在しているためであると考えられている。

洗練を促すもう1つの方法は他者との相互作用をベースにした協調学習である。他者との相互作用を行うためには，自らの考えを発話，文章，図，モデルなどを通して外化しなければならない。外化を行うことは，作業記憶の負荷を軽減し，プランや反省など，ライティングにとって必須な活動により多くの認知的資源を割くことを可能にする。また外化することにより，明確なかたちをとっていない，曖昧な表象がある程度まで変質する。これによってもとの表象がより明確になる場合もあるであろうし，逆に漠然とした状態になる場合もあるだろう。堀（2007）は前者を結晶化，後者を液状化と呼び，創造的活動の鍵となることを指摘している。さらに外化により，それまでには気づけなかった情報間の関係性に気づく可能性が高まることもある（Okada & Simon, 1997；Shirouzu, Miyake, & Masukawa, 2002；Suwa, 2003）。また他者との相互作用においては他者からの言語的，非言語的フィードバックが得られる。これによって，当初の気づきが洗練される可能性が存在する。

ただし単にグループ学習を行うことだけでレポートの成績が向上するわけではないだろう。一般に人は自らが何かを作り上げそれを他者に伝えたいとき，文章を作成する動機が

高まる（白水，2010）。こうした相互作用の動機を高める方法の1つとしてアロンソン（Aronson, Blaney, Stephin, Sikes, & Snapp, 1995）が考案したジグソー法がある。ジグソー法では，学習課題をいくつかの部分（ジグソーパズルのピースに相当する）に分割し，これらをグループのメンバーが分担して学習する。この学習の目的は，その部分を学習していない他のメンバーが理解できるように説明することである。そしてジグソーセッションにおいては，各自の担当部分を説明しあうことにより学習課題の全体像を把握することになる。ジグソー学習の過程では，学習者はよりよい説明を行うために，同一の部分を学習している他のグループの人と共同活動を行ったりもする。ここでは，分担ということを通してメンバー間にあえて知識の格差を設けることで，伝えるための動機を高めている。

　白水（2010）はジグソー法を用いながら認知科学を学習させる長期の実践を行い，そこでのレポートの変化を報告している。初期には与えられた資料を抜粋したレポートが半数を占めたが，学生は他者に自らの文献の説明を行ったり，さまざまな文献資料に触れるなかで，徐々に自分独自の解釈を加えたレポートを作成するようになり，最終的には他の資料との統合を行い，オリジナルな仮説を含むレポートを作成できるようになる。

　相互作用の相手は実在の他者でなくてもよいのかもしれない。伝えるべき他者を想定するだけでも文章の質が向上する可能性がある。杉本（1991）は，自らの主張と対立する立場の人を説得するという状況下で意見文を作成させた。その結果，少数の主要なポイントに集約された一貫性の高い意見文の作成が可能になった。この結果は読み手を想定することが，重要性の高い気づきの選択，それを中心にした組織化につながることを示している。

　洗練は認知的にかなり負荷の高い作業となる。上記のことから，こうした作業を支援するためには，メモをとる，図で表す，他者への説明を行うなどの外化や相互作用をベースにした介入が効果的であることが分かる。望月ら（2007）はこれらの研究を基盤として，電子文書に対する下線引き，そこからの概念地図作成，協調学習，さらにレポート作成機能をもつeJournal Plusを開発している。このソフトウェアは批判的読解，概念地図，協調学習機能を併せもつきわめて優れたソフトウェアである。

(3) 定式化

　レポートライティングは単に問題を提示して，それを解決するだけではすまない。問題設定の最終段階では，生み出された問題表象をレポートに適した形に定式化することが必要になる。ここで重要になるのは，問題の明確化，普遍化，相対化の3つである（杉谷他，2009；鈴木・杉谷，2012）。

　問題の明確化：レポートを書くには，漠然とした問題関心からテーマを絞り込み，具体的な問い（疑問文）のかたちに「明確化」する必要がある。学生が当初挙げるのは，「発達段階」「原発」といった，興味関心の範囲を示すだけのものが多い。しかし，これではとうていレポートを書くことはできない。そのテーマの「何」を「どのように」論じるかを明確にして，問い（疑問文）のかたちに切り出さなければならない。

　問題の普遍化：取り上げる問題が論じるに値するものだと他者に納得させるべく，問題を「普遍化」する必要がある。学生は問題が自分の興味，体験，将来に関わるなど，個人的理由をレポートに書く場合が少なくない。たとえば，「駅から大学までのもっともよい道順」というテーマでレポートを作成させると，一定の割合でなぜ特定の道順を自分が好むか，ということを書く学生が存在する（鈴木・舘野・杉谷・長田・小田，2007）。確か

にこうした個人的理由がまったく公共性，普遍性をもたないかといえばそうではない。しかし，それが「個人的な『問い』」を超えて，多くの人と関わる「公共的・普遍的な『問い』」（佐藤・湯川・横山・近藤，2006）であることを説明し，取り上げる意義を論ずることが重要である。

問題の相対化：新たな問題や知見を得るには，常識や思い込みにとらわれず，既存の知識や先行研究を批判的に検討し，問題を「相対化」する必要がある。学生はメディアの情報や自分の信念などを正しいものとして受け入れてしまう傾向がある。たとえば，先述の道順レポートでは「所要時間」がもっとも重要であると断言してしまい，その他の基準の重要性をまったく考慮しないものが多い（鈴木他，2007）。しかし，同じ問題も異なる視点から捉えたり，複数の情報を結びつけたりすることによって，見落とされていた事実や別の可能性に気づくことがある。

レポートの作成において問題の明確化，普遍化，相対化を行うことで，何を取り上げるのか，それはなぜなのか，そしてそれについて何が知られていて，どこが不十分なのかを知ることができる。これを促進する取り組みについては3節において詳述する。

2.2. 論　　述

論述には問題，主張，根拠をどのように配列していくかをプランすること，そして実際に書くことが含まれる。論述の仕方は分野によっても異なるが，さまざまな分野の学生の教育において，トゥールミン（Toulmin, 1958）の議論のモデルは大変に有益である。彼は論証の構成要素とその配置には学問分野に依存しない，一般的な特徴があるとし，次の6つの要素を挙げている。

　　主張：立証しようとしている事柄。
　　データ：主張の根拠となる事実。
　　保証：データが主張をサポートするかについての言明。
　　裏づけ：保証が妥当なものであることを示す一般的な法則など。
　　反証：自らの主張と対立する言明，あるいは例外など。
　　限定：反証を踏まえたうえでの主張の限定。

この理論の意義は古典的な三段論法と比較すると分かりやすい（富田・丸野，2004）。三段論法では大前提（人間は死ぬ），小前提（ソクラテスは人間である）から，結論（ソクラテスは死ぬ）を導き出す。この結論は前提が真である限り，必ず真になる。しかし経験科学が扱う対象については，大前提として用いられる一般原則自体が見つからない，あるいはあっても例外を多数含む場合が多い。また小前提自体も確実に真かどうかは分からないケースも多々ある。こうした状況で三段論法を用いることは，逆に危険であるともいえる。トゥールミンの議論の図式において，裏づけは大前提（一般原則）として機能し，保証はデータが一般原則の適用対象であること（大前提，小前提との関係）を示すものとして機能する。

トゥールミンの理論においてもう1つ重要なのは，反証と限定である。現実世界を扱う学問では，データ，保証，裏づけを明確に示したうえでも，さらに例外事象や反例が出てくることは少なくない。これらを取り上げて，再反論を行ったり，譲歩を行ったりしながら，自らの主張が確実に成り立つ世界の範囲を確定することが必要となることをこの図式は告げている。これらの優れた性質を有することから，このモデルは議論スキルのプロダ

クトの評価によく用いられたり（富田・丸野，2004），北米の大学のライティング教育において規範モデルとして用いられたりしている（大井，2006）。

　レポートライティングの教育において，この図式を教えてみることが考えられる。清道（2010）は，高校生を対象にしてこの図式に類似した図式を教示し，その効果を検討している。この実践研究で実験群は，主張（意見），データ（理由），反論と再反論，まとめからなる図式を例文を用いて教示を受けた。その結果，実験群の意見文は統制群に比べて反論，再反論を加えた意見文が増加した。また単に図式の要素が入っているというだけでなく，意見自体の質も大幅に改善されることが示された。また，その効果は1ヶ月後でも持続することが確かめられた。反論，再反論（あるいは限定）を含んだレポートは大学生においても自発的になされることは少ないことを考えると，この研究のもつ意味は大きい。また舘野他（2011）は，トゥールミンのモデルの利用を促進させる支援システムを開発し，これに基づいた共同推敲の効果を検討している。その結果，このシステムを利用した学習者たちは，論証図式を明確に意識したコメントを多数産出することが明らかになった。レポートの質自体の向上はみられなかったが，この研究はトゥールミンの図式の学習，利用の方法として重要である。

　白石・鈴木（2009）はピアレビューを行うことで，トゥールミンの論証の図式が創発する可能性について検討している。この研究では，まず大学1年生が「大学の最寄り駅から大学キャンパスに来るもっともよい道順」についてレポートを書くことが求められた。次に4,5名のグループメンバーが相互にこのレポートを読み合い，指定された評価用紙に評価を行った。学生はこの評価に基づいて最初のレポートに修正を行い，最終レポートを提出することが求められた。ただし，学生は評価の方法についても，また論証の図式についても情報は与えられなかった。2つのレポートはおおむね上記のトゥールミンの図式に基づいた6つの項目について評価された。この結果，1回目から2回目にかけてかなりの得点の上昇がみられた。とくに主張の明確性，データの客観性の向上，保証や裏づけに関する言明の増加がみられることが明らかになった。

　この実験に参加した学生はトゥールミンのモデルについての教示を一切受けていないことは興味深い。教示を受けていないにもかかわらず，学生のレポートがトゥールミンのモデルに近づく理由は，トゥールミンモデルのもつ他者性（鈴木他，2007）に関係しているのではないだろうか。実はトゥールミンモデルの構成要素はすべて他者との対話を円滑に行うためのものと考えることができるのである。主張に対するデータが必要であること，データの適切性を示すための保証や裏づけ，他の説との対比による反証，限定は，すべて他者との対話を前提としたものとなっている。ピアレビューでは実際に他者が存在するので，トゥールミンモデルの構成要素の必要性が実感しやすくなっているのかもしれない。

　なおピアレビューや共同推敲の際には，内容に踏み込まない単なる賞賛，誤字脱字の指摘，それに対するお礼などが少なからずみられる。しかしこの種のコメントのやりとりがレポートの質を改善する可能性は低い。トゥールミンの図式に基づく論証に関するコメント（舘野他，2011），レポートの問題点やそれの解決の提案についてのコメント（Cho & MacArthur, 2011），参考にした文献の問題点についてのコメント（鈴木・鈴木，2011）などが重要である。

3．実 践 例

　ここでは杉谷と小林の行った実践研究を紹介する（小林・杉谷，2012；杉谷・小林，2010）。この実践では，教育に関わる問題について，自分で問題をみつけて定式化（明確

表6-1　実践の流れ

7週目	作業	先行研究の検討を通した問題点の抽出
	課題	問題の設定とその重要性に焦点化した第一案の執筆
8週目	作業	第一案のピアレビュー・ディスカッション
	課題	先行研究のまとめ
9週目	作業	先行研究の発表とディスカッション
	課題	問題と主張の明確化に焦点化した第二案の執筆
10週目	作業	第二案のピアレビュー・ディスカッション
	課題	先行研究と自分のレポートを統合した第三案の執筆
11週目	作業	第三案のピアレビュー・ディスカッション
	課題	中間論文の執筆（7月末），最終レポートの提出（8月下旬）

化，普遍化，相対化）を行ったうえで，関連資料などを用いつつ4,000字程度のレポートにまとめることが目標となっている。対象となるのは教育学科に所属する1年生である。詳しい実施方法は表6-1に示した。基本的には，問題の定式化の各項目に沿ったかたちでレポートの序文を書き，これをグループのメンバーで読み合い，その成果をワークシートに記述し，次回までに修正，拡張していくというかたちで授業が進んでいく。

　この実践の特徴はいくつかある。まず，実践が比較的長期に及ぶものになっていることが挙げられる。4,000字のレポートは大学1年生にとっては非常に困難な課題であり，数回程度の授業を通してこれを行うことは難しい。この実践は，半期の授業に加えて，試験期間や夏休みも含めたものとなっている。

　次に，この実践はいわゆる書き方の指導ではなく，自分で問題を見つけ，それを定式化することに焦点を当てていることが挙げられる。教育学科の学生は，親子関係，学力，逸脱行動，教師など教育に関わる事柄に関して強い関心をもっているが，それは漠然としたものであり，まだ問題として成立していない場合が多い。この実践では，こうした漠然とした関心のなかから，問題を問いのかたちで明確に定義し，その重要性を述べること，またその問いに対する自らの主張を述べるとともに，他の主張や説と対比することが求められている。

　第三の特徴は漸次性である。文章を段階的に書いたり，他者と対比しながら徐々に，かつ繰り返し書くことで，テーマの絞り込み（井下，2008）や文章の論理的構成（大島，2009）ができるようになることが知られている。この実践では，まず先行研究を批判的に読むことから問題を設定し，その重要性について論じる序文の第一案を書くことが求められる。参加者はさらに先行研究を探索し，問題の明確な説明と自らの主張を加えた第二案を書くことになる。そして第三案では自らの主張と一致あるいは対立する見解をみつけ，それを踏まえたうえでレポートの構成を練る。このようにレポート作成を漸次的に行わせることで，初年次生でも問題設定という困難な課題にチャレンジすることができる。

　第四の特徴は上記のことをピアレビューを通して行う点にある。学生は各案を印刷し，毎回同じテーマを有するグループのメンバーに配布し，コメントを書き合う。前節で述べたように，協調学習，ピアレビューは問題の洗練や論述に大きな効果をもっている。こうした活動においては他者からの情報が得られるだけでない。他者のレポートを読み，コメントを行うことを通して，自らの問題設定や論述を見直すことにもつながるのである。実際，チョーとマッカーサー（Cho & MacArthur, 2011），鈴木・鈴木（2011）は，他者のレポートを読み，それにコメント活動を行うことが，その後に執筆する自分のレポートの質の向上につながることを実験的に明らかにしている。

　この実践の最後の特徴は外化を通したリフレクションが含まれていることである。学生

表6-2 レポート評価のためのルーブリック

各項目について0から3点で2名の評価者がレポートを採点した。なお第一案については，問題の背景，説明，文献の参照を求めなかったのでこれらの項目の採点はしていない。

明確化	問題の設定：取り上げた問題が問いのかたちになっているか 問題の説明：問題が適切に説明されているか
普遍化	問題の背景：問題の状況について客観的に述べているか 問題の重要性：取り上げる問題の重要性，意義を述べているか
相対化	問題を多角的に捉えているか
文献の利用	文献を適切に用いているか

はピアレビューにおいて単にコメントをするだけでなく，その時間の最後にピアレビューやディスカッションを通した気づきをリフレクションシートにまとめることが求められる。前節で述べたように，外化は問題の洗練に大きな効果がある。

こうした実践を通して学生の書くものはどのように変化したのだろうか。杉谷と小林らは問題の定式化に関わる，明確化，普遍化，相対化についてのルーブリックを表6-2のように作成し，各段階での学生のレポートの評価（6点満点）を行った。

その結果，大幅な伸びを示したのは明確化に関わる「問題の設定」（3.3（$SD=1.1$）から5.2（0.9）），「問題の説明」（2.3（1.7）から4.2（1.5））および「相対化」（1.9（1.0）から4.7（1.2））と文献の利用（1.5（1.2）から3.9（1.7））であった。ただし「問題の説明」と「文献の利用」については最終的な得点はそれほど高くはなっていない。一方，「問題の重要性」については2.3（1.6）から3.6（1.9）と変化の幅が小さく，かつ最終的な得点もそれほど高くはない。

これらの結果は，協調，リフレクションを用いた漸次的なレポートライティング指導がおおむねうまく働くことを示している。これと同時に，問題の説明，重要性，文献利用については，もう少し工夫した介入が必要であることを示している。

4．越境の説明力を築く方法

ライティングには遠心的，求心的越境があること，そしてそこには境界づくりも含まれると1.3節で述べた。これまでの研究例，実践例の紹介から越境のためのさまざまな方略がみえてくるのではないだろうか。

問題設定のための気づきは，初期の暫定的な境界づくりに相当するだろう。他者の発言，著作に自らが直感的に反応してしまうポイントをみつけることは現在の自己という境界を作り出すことにつながる。またこうした気づきをメモや図のかたちで外化し，それを振り返り，洗練をすることは，過去の自己や未来の自己との対話である。それによってまた新たな自己の境界が生み出される。

第2節で紹介した，批判的思考，他者との対話，ピアレビュー，ジグソー法などの協調学習活動，関連文献の渉猟を通して，身近な他者や，不特定の他者，さらには歴史や文化というかたちで存在する先人たちの知見の理解が進み，さまざまなレベルの遠心的越境が行われることになる。

ただし，遠心的越境が進むだけでは単なる物知りにとどまる可能性が高い。これを越えるためには，求心的越境が必要となる。求心的越境においては，さまざまな他者の考えが自分，自分の主張にとってどのような意味があるものかを検討すること，他者から見て自分はどのようなポジションを占めるとされるのか，こうした検討が行われることになる。

この過程は，他者との対話による自己の境界の再構築，すなわち求心的越境を必然的にともなうことになる。

また2.2.節で述べた論述の型にしたがうことは，けっしてお作法にのっとるというものではないことにも気づく必要があるだろう。トゥールミンの図式は，書き手にとって自明な前提，論拠を共有しない不特定多数の他者との対話において，半ば必然的に要求されることをまとめたものと考えることができる。こうした意味で，論述のための図式とは，問題設定において行った求心的，遠心的越境を，他者へ「説明」するためのものと考えることができるだろう。この図式の習得には練習や実際の他者との対話も重要である。しかし自分のなかに仮想的な，そして口うるさい他者を想定し，それとの対話を行うことで，この図式の自然な応用が可能になることもあるだろう。

こうした能力を育てるための指導はどうあるべきなのだろうか。まず何よりも教師はこの指導は長期間にわたることを心得る必要があるだろう。気づき，洗練，定式化，論述，このいずれをとっても数時間の指導で学生が変化する可能性は低い。またこれらを行うためには，読解，ノートテイキング，対話と討論，プレゼンテーションなどについてのスキル，そして学習分野の知識の吸収などが欠かせない。これらをどのくらいの期間にわたって，どのように配置して教育活動を行うかについては，学問分野，学生のレベル，関連科目の学習内容などをその都度考慮しながら計画する他はないだろう。

ただこうした長期にわたる指導のなかで，重視しなければならないことが最低２つはあるということは本論から明らかである。第一に他者との対話である。他者との対話は越境の始まりであると同時に境界づくりにもなる。幸いなことにクラスという制度は他者の存在を前提としている。こうしたチャンスは最大限に利用すべきであろう。本章で紹介したピアレビュー，ジグソー法などは，このチャンスを利用するための有効な方法となる。

もう１つはリフレクションの活用である。単に論文を読んだり，他者とディスカッションするだけでは不十分である。これを通して自らが何を得たのか，何を手放したのかについての検討，すなわち求心的越境を促す必要がある。この観点からすると，リフレクションシートの作成，その共有などは有効と考えられる。

5．おわりに

今後の課題は数多く存在するが，ここでは３点に絞って論じる。第一に挙げるべきは，レポートの評価の問題である。ライティングのプロダクトは自由度が高く，その評価は難しい場合が多い。とくに自ら問題を設定して論じるレポートの評価はさらに困難である。実際，我々が７，８年にわたって行ってきたレポートライティングの実践研究においても，評価の難しさから公表に至らなかったものは数多く存在する。レポートの自動採点（石岡，2008）や，レポート採点における系列効果を軽減するシステムの開発（椿本・赤堀，2007）が行われている。これらの研究との交流を通して，評価の基本軸を定めていく必要があるだろう。また一定以上の分量のある主張型レポートの評価は単一次元で行うことはきわめて難しい。評価の集約や可視化の仕方についても十分な議論が必要だろう。

第二に学習期間の長さと結果の解釈の曖昧さの問題がある。レポートライティング，とくに学習者自らが問題設定を行う主張型レポートのような場合には，１時間程度の教授実験で報告価値のある成果が生み出されることはきわめて少ない。また仮にそうした結果が得られたとしても，それが本当に学習者に定着しているのかどうかは分からない。したがってこれまでの教授実験のような短いスパンの研究ではなく，本章で取り上げた杉谷他（2009）や，白水（2010）のような長い期間にわたる介入，評価が必要になると思われ

る。しかしそうすることでその過程にさまざまな誤差要因が入り込み，それが結果についての別の解釈を生み出す可能性も否定できない。また，こうした長い実践で行われるさまざまな教授上の工夫が学生のレポートのどこにどのようなかたちで反映されるのかは解釈が難しい。ここには意味ある結果を生み出すために行うことが，結果の解釈の曖昧さを生み出してしまうという問題が存在する。この問題をどのように捉えるかについてのコンセンサスが必要となるだろう。

　第三に他分野の研究者との協同の必要が挙げられる。レポートライティングについては日本語教育，英語教育などで古くから多くの研究が行われてきている。また図書館情報学ではライティングと図書館の利用を連動させる新しい試みが始まっている。むろん教育学，とくに高等教育分野がこの分野の展開に重要な指針を与えてきたのはいうまでもない。他にも認知科学，学習科学，教育工学などさまざまな分野で大学生のライティング研究が進められている。こうした分野の研究者との交流は研究の深化，拡大に必須といえよう。幸いなことに，大学教育学会，初年次教育学会，京都大学の行っている大学教育研究フォーラムなど，交流の場は数多く存在する。こうした場での情報の収集，発信は今後いっそうその重要性を増すだろう。

〈謝　辞〉

　本研究の一部は科学研究費補助金基盤研究（B）（課題番号20300271），青山学院大学HIRCプロジェクトからの助成を受けて行われた。また本論文の作成にあたり，青山学院大学杉谷祐美子先生よりデータの提供，および貴重なアドバイスをいただいた。

■ 引用文献

Aronson, E., Blaney, N., Stephin, C., Sikes, J., & Snapp, M. (1995). *The jigsaw classroom*. Beverly Hills, CA: The MIT Press.（アロンソン，E. 他（著）松山安雄（訳）(1986). ジグソー学級　原書房）

Bereiter, C., & Scardamalia, M. (1987). *The psychology of written composition*. Hillsdale, NJ: Lawrence Erlbaum Associates.

Cheng, P. C. H. (2002). Electrifying diagrams for learning: Principles for complex representational systems. *Cognitive Science*, 26, 685-736.

Cho, K., & MacArthur, C. (2011). Learning by reviewing. *Journal of Educational Psychology*, 103, 73-84.

Damasio, A. R. (1994). *Descarte's error: Emotion, reason, and the human brain*. New York: Avon Books.（ダマシオ，A. R.（著）田中三彦（訳）(2000). 生存する脳　講談社）

Ennis, R. H. (1987). A taxonomy of critical thinking disposition and abilities. In J. B. Baron, & R. J. Sternberg (Eds.), *Teaching thinking skills*. New York: W. H. Freeman.

藤田和生（編）(2007). 感情科学　京都大学学術出版会

Gigerenzer, G., Todd, P. M., & ABC Research Group (1999). *Simple heuristics that makes us smart*. New York: Oxford University Press.

Hayes, J. R., & Flower, L. (1980). Identifying the organization of writing processes. In L. W. Gregg, & E. R. Steinberg (Eds.), *Cognitive processes in writing*. Hillsdale, NJ: Lawrence Erlbaum Associates.

堀　浩一（2007). 創造的活動支援の理論と応用　オーム社

市川伸一（2001). 批判的読み：自分の主張へとつなげる国語学習　大村彰道（編）文章理解の心理学　北大路書房　pp.244-255.

井下千以子（2008). 大学における書く力考える力　東信堂

石岡恒憲（2008). 小論文及びエッセイの自動評価採点における研究動向　人工知能学会誌，23, 17-24.

伊東昌子（1992). 設問に対する論述筆記回答が説明文の批判的な読みに及ぼす効果　読書科学，36, 22-30.

伊東昌子（1997). 研究報告文の批判的な読みにおける筆記課題の効果　認知科学，4, 151-157.

岩男卓実（2001). 文章生成における階層的概念地図作成の効果　教育心理学研究，49, 11-20.

清道亜都子（2010). 高校生の意見文作成指導における「型」の効果　教育心理学研究，58, 361-371.

小林至道・杉谷祐美子（2012). ワークシートの利用に着目した論文発展プロセスの分析　大学教育学会誌，34, 96-104.

楠見　孝（2011). 批判的思考とは　楠見　孝・子安増生・道田泰司（編）批判的思考力を育む：学士力と社会

人基礎力の基盤形成　有斐閣　pp. 2 -24.
Larkin, J. H. (1989). Display-based problem solving. In D. Klahr, & K. Kotovsky (Eds.), *Complex information processing: The impact of Herbert A. Simon*. Hillsdale, NJ: Lawrence Erlbaum Associates.
望月俊男・西森年寿・佐藤朝美・大浦弘樹・中村祐司・大野喬史・舘野泰一・三宅正樹・渡部信一・ヨハンソンヘンリク・松本健一郎・和田　肇・宮谷　隆・中原　淳・山内祐平（2007）．批判的読解の学習を支援するシステム eJournal Plus の開発　日本教育工学会第23回全国大会講演論文集，923-924.
小笠原喜康（2007）．論文の書き方：分かりやすい文章のために　ダイヤモンド社
Okada, T., & Simon, H. A. (1997). Collaborative discovery in a scientific domain. *Cognitive Science*, 21, 109-146.
沖林洋平（2003）．文章内容に対する熟達度が学術論文の批判的読みに及ぼす影響　読書科学，47，150-160.
大井恭子（2006）．クリティカルにエッセイを書く　鈴木　健・大井恭子・竹前文夫（編）クリティカル・シンキングと教育　世界思想社
大河内祐子（2003）．批判的読みにおける文章の構造的側面の役割　東京大学大学院教育学研究科紀要，43，305-313.
大島弥生（2009）．プロセスを重視してレポートを作成する　大島弥生・大場理恵子・神納なおみ・岩田夏穂（編）大学の授業をデザインする：日本語表現力を育む授業のアイデア　ひつじ書房
Pretz, J. E., Naples, A. J., & Sternberg, R. J. (2003). Recognizing, defining, and representing problems. In J. E. Davidson, & R. J. Sternberg (Eds.), *The psychology of problem solving*. New York: Cambridge University Press. pp.3 -30.
佐藤　望・湯川　武・横山千晶・近藤明彦（2006）．アカデミック・スキルズ：大学生のための知的技法入門　慶應義塾大学出版会
白石藍子・鈴木宏昭（2009）．相互レビューによる論証スキルの獲得　鈴木宏昭（編）学びあいが生み出す書く力：大学におけるレポートライティング教育の試み　丸善プラネット　pp.87-112.
Shirouzu, H., Miyake, N., & Masukawa, H. (2002). Cognitively active externalization for situated reflection. *Cognitive Science*, 26, 469-501.
白水　始（2010）．協調的に説明し作文する繰り返しが一人ひとりの理解を深める過程　日本認知科学会学習と対話研究会資料，95（2），22-31.
杉本明子（1991）．意見文産出における内省を促す課題状況と説得スキーマ　教育心理学研究，39，153-162.
杉谷祐美子・長田尚子・小林至道（2009）．協調学習を通した気づきと問題設定の深まり　鈴木宏昭（編）学びあいが生みだす書く力　丸善プラネット　pp.87-112.
杉谷祐美子・小林至道（2010）．論文の発展プロセスに関する研究（1）：学生の躓きと論文作成力の向上に着目して　初年次教育学会第3回大会発表要旨，78-79.
Suwa, M. (2003). Constructive perception: Coordinating perception and conception toward acts of problem-finding in a creative experience. *Japanese Psychological Research*, 45, 221-234.
鈴木宏昭・舘野泰一・杉谷祐美子・長田尚子・小田光宏（2007）．Toulmin モデルに準拠したレポートライティングのための協調学習環境　京都大学高等教育研究，13，13-24.
鈴木宏昭（編）（2009）．学びあいが生みだす書く力　丸善プラネット
鈴木宏昭・長田尚子・舘野泰一・杉谷祐美子・小田光宏（2007）．Blog を用いた協調学習におけるレポートライティングスキルの獲得　第13回大学教育研究フォーラム発表論文集，100-101.
鈴木宏昭・杉谷祐美子（2012）．レポートライティングにおける問題設定支援　教育心理学年報，51，29-36.
鈴木　聡・鈴木宏昭（2011）．マーキング・感情タグの付与を活用したライティング活動における問題構築的読解　日本教育工学会論文誌，34，331-341.
鈴木　聡・鈴木宏昭（2011）．ピアコメントの産出・閲覧による大学生のレポート改善の試み　情報処理学会論文誌，52，3150-3158.
舘野泰一・大浦弘樹・望月俊男・西森年寿・山内祐平・中原　淳（2011）．アカデミック・ライティングを支援する ict を活用した協同推敲の実践と評価　日本教育工学会論文誌，34，417-428.
Thagard, P. (2006). *Hot thought: Mechanisms and applications of emotional cognition*. Cambridge, MA: MIT Press.
戸田山和久（2002）．論文の教室：レポートから卒論まで　NHK 出版
富田英司・丸野俊一（2004）．思考としてのアーギュメント研究の現在　心理学評論，47，187-209.
Toulmin, S. E. (1958). *The uses of argument*. Cambridge, MA: Cambridge University Press.（トゥールミン，S. E.（著）戸田山和久・福澤一吉（訳）（2011）．議論の方法：トゥールミンモデルの原点　東京図書）
椿本弥生・赤堀侃司（2007）．主観的なレポート評価の系列効果を軽減するツールの開発と評価　日本教育工学会論文誌，30，275-282.
植阪友理（2009）．認知カウンセリングによる学習スキルの支援とその展開　認知科学，16，313-332.
渡辺哲司（2010）．「書くのが苦手」をみきわめる　学術出版会

7 プレゼンテーション
多声的プレゼンテーションの概念と訓練手法

鈴木栄幸

大学におけるプレゼンテーション教育は，以前は，口頭発表訓練やPowerPoint等のソフトを利用したスライド作成実習に焦点が当てたものが多かった。これは，プレゼンテーションが主に情報教育の枠のなかで扱われていることと関係している。しかし，近年では，初等中等教育の場にプレゼンテーション訓練が浸透し，大学においては，さらに高度な教育が求められている。このような状況において取るべき1つの方向は，プレゼンテーションを高度な説得活動の1つだと捉え，説得性の高いメッセージの構成訓練に重点を移すことだろう。メッセージの構成に着目した訓練がこれまでなかった訳ではないが，それらの多くは，アイデアの論理的整理や論理的構成能力をターゲットにしたものであった。このような訓練はメッセージの明瞭性を作り出すために重要であるが，プレゼンテーションのゴールを説得とするならば，十分とはいえない。説得は，話し手の頭の中の「考え」を，聞き手の頭のなかに移植するような単純な伝達ではない。それは，話し手，聞き手の両者による協同的な合意形成過程である。話し手と聴き手は，どれほど親密な関係にあったとしても，異なる背景事情や価値観をもっている。このような異質な他者同士による合意は，互いを共感的に理解しつつ歩み寄りながら，それぞれの主張を協同的に再編し，位置づけ直していくような越境的過程にならざるをえない。そうであればプレゼンテーションは越境的説明の場であり，その教育・訓練は越境性を意識したものに組み直す必要がある。本章では，プレゼンテーションの定義，プレゼンテーション教育の現状について整理した後，プレゼンテーションにおける説得的メッセージ生成の過程をバフチン（Bakhtin, M.）の対話理論とアクターネットワーク理論を援用しながら考察し，それに基づいた訓練手法の実例を示す。

1．プレゼンテーションの定義

プレゼンテーションとは，江村（1982）によれば，「説得的なコミュニケーションの一種」であり，「口頭による発表技術を駆使して，価値ある意見，アイデア，あるいは事実などを伝達し，時には対立する考え方をほぐすなどして，話し手が意図した通りに相手の態度を変容させるための積極的な活動」である。また，村松（1997）は，プレゼンテーションを，「視聴覚機材や素材を活用しつつ，情報や考えを，効果的に，分かりやすく伝達したり，説得したりするコミュニケーション行動」と定義している。以上より，プレゼンテーションとは，情報やアイデアを他者に伝えて理解してもらい，さらに，それを受け入れてもらうこと，すなわち説得を目的とした営みであるといえる。

プレゼンテーションは，従来，学会やビジネスの世界において，研究結果や商品企画等を聴衆に伝えるための技術として認識されてきた。これに加えて，官公庁による広報広聴活動や住民説明会の場においてもプレゼンテーションの技能が重要となるとの指摘もある

(野村・上野・田村, 2005)。一方で, 近年では, プレゼンテーションは, インターネット等を使って容易に情報発信が可能となった情報化社会に生きる市民に要求されるリテラシーの1つとしても位置づけられている（武井, 2005；鵜木, 2000)。また, 科学教育の分野において, プレゼンテーションは, サイエンスコミュニケーターとして活動するために必要となるスキルとして重視されている（千葉, 2006；千葉・仲矢・真島, 2007)。経済産業省の提唱する「社会人基礎力」（経済産業省, 2008）では, チームで働く力に関連する能力として発信力が挙げられている。発信力とは, 自分の意見を分かりやすく伝える力であり, ここにプレゼンテーション能力が含まれている。ここでは, プレゼンテーションが, 社会において働くための基礎能力として位置づけられているのである。このように, 社会においてプレゼンテーション能力が要請される場面は広がっている。このことより, 高等教育におけるプレゼンテーション教育の重要性も増している。

2．プレゼンテーション教育の現状

　ここでは, プレゼンテーション教育の現状を整理する。プレゼンテーション教育は, その目的によって大きく2つの型に分けることができる。1つは, プレゼンテーション能力そのものの育成が教育の目標となる「学習目標型プレゼンテーション教育」, もう1つは, 何かを学ぶための手段としてプレゼンテーション活動が取り入れられる「学習手段型プレゼンテーション教育」である。

　学習目標型に属する実例としては, 情報教育におけるプレゼンテーション教育がある。情報教育では, 以前よりプレゼンテーション作成ソフトウェアの操作訓練が実施されてきた。近年, 初等中等教育における情報教育に充実にともない, 高等教育における情報教育の重点は, コンピュータ操作スキルの習得から, コンピュータを利用した情報収集, 編集, 発信能力の育成へとシフトしてきた。このようななか, プレゼンテーション教育の重要性も高まってきている（鵜木, 2000；菅井・山城, 2001)。羽石・安田（2004）は, 高等学校への教科「情報」の導入への対処として, 情報教育の実習の中心をプレゼンテーション教育におく大学が出てきていると報告している。また, 松田・藤村・曽根・菊地（2005）は大学における情報教育のあり方として, プレゼンテーションを組み込んだプロジェクト型授業を提案している。このようなプレゼンテーション重視の傾向の背景には, 社会におけるコミュニケーション能力の重要性の認識もある（たとえば, 片山, 2004；松田他, 2005)。

　学習手段型に属する実例としては, 高等教育の現場におけるさまざまな実践がある。たとえば, 情報倫理教育（中西, 2001, 2003), プログラミング教育（梶浦, 2002, 2004), 教師教育（谷口・林, 2002, 2004）等の分野においてプレゼンテーションを取り入れた実践が報告されている。これらの実践に共通するのは, 活動のなかで, 学習者らが, 学習内容に関するプレゼンテーションを行うことである。学習活動のなかにプレゼンテーションを取り入れるメリットとして, 実践者らは, 以下の点を挙げている。第一に, 聴き手を意識することによる学習意欲, 主体性の向上, 第二に, 達成感, 第三に, 情報収集・整理能力の向上, 第四に, コミュニケーション能力の向上, 第五に, 他者に説明・対話することを通した理解の促進, である。学習手段型のプレゼンテーション教育の目標は教科内容の理解や習得である。しかしながら, プレゼンテーションを通した学習が教科内容の理解や習得につながる前提として, プレゼンテーションが適切に行われることが必要だと考えられる。その意味で, 学習手段型においても, プレゼンテーション能力育成のための支援が必要となる。

次に，プレゼンテーション能力育成を支援する手法として，どのようなものがあるのかを概観する。これらの手法は，プレゼンテーションの準備段階に関するものと，実施段階に関するものとに分けられる。

準備段階には，①情報収集や整理作業（プレゼンテーションの主張を裏づけるデータや新聞記事等の収集や整理），②メッセージ構成作業（聴き手に自分の主張を理解してもらい，必要であれば，それを受け入れてもらえるように伝えるべきアイデアを洗練し，話の内容を構成する），③メッセージ表現作業（メッセージを視覚的・論理的に表現してプレゼンテーションスライドの形式に表現する），が含まれている。これらの作業は，一般的には①から③の順序に行われることが多いが，当然，作業間の行き戻りは発生する。

情報収集や整理に関して独立した手法としてまとめられたものはないが，多くの実践家がプレゼンテーション実習のなかに情報検索や資料収集活動を組み込んでいる。メッセージ構成に対応する訓練手法としては，林・井上・橋本（2003）の強制連結法がある。強制連結法とは，2つのことばを四角のなかに書いておき，それらの間が論理的につながるように，リンクとノードを補完していく思考訓練方法である。また，説得のために，意見を整理し洗練するための手法が複数の研究者によって提案されている。牧野・永野（1997）の主張表現メカニズム図も，その1つである。これは，自分の主張を，その根拠，考えられる反論とそれへの論駁といったポイントから整理するものである。メッセージ表現に関する訓練の1つとして，大西・平林（1994, 1995）のワンシートプレゼンテーションがある。これは，伝えたいアイデアを段階的に整理，短文化し，最後に一枚の図として表現するという訓練手法である。また，まとまった訓練手法として提供されることはないが，プレゼンテーションのためのメッセージ表現技法（図的表現やレイアウト，スライドのシーケンシングに関する技術やノウハウ）は，プレゼンテーションの教科書や解説書の中で主要な位置を占めている（たとえば，海保，1995；ワイルマン・井上・北神・藤田，2002）。

実施段階とは，プレゼンテーションを聴衆の前で口頭発表を行う段階である。本番のプレゼンテーションだけでなく，発表練習も含む。また，発表後の質疑応答も実施段階に含まれる。実施段階のための訓練としては，林・沖・真下（1997）のマイクロプレゼンテーションがある。これは，学習者全員が同一テーマで短め（5分から10分）のプレゼンテーションを行い，それを相互評価するとともに，ビデオデータを用いて自己分析を行うものである。この手法は，教師教育（教授者からの情報提示訓練）のために発案されたものであるが，プレゼンテーション教育にも応用されている（谷口・林，2002）。また，口頭発表の最中にリアルタイムに相互評価や教師からのフィードバックを行うことのできるシステムとしてSMILE for ME（大倉，2001）がある。多くの解説書において，口頭発表や質疑応答のためのノウハウや注意事項について述べられている。

3．越境的説明と社会的ネットワーキング

前節ではプレゼンテーション教育の現状について概観した。ここから現在のプレゼンテーション教育の分野において共有されているプレゼンテーション観がみてとれる。それは，プレゼンテーションという活動は，アイデアを論理的に構成・表現し，それを適切なトークに乗せて聴き手に届けるものだというものである。このような捉え方が一般的であることは，中野（2007）や北村・宮田・岩間・大倉・東野（2003）の整理からも示唆される。中野（2007）は，プレゼンテーション活動が社会的側面と情報的側面からなるとしている。ここで社会的側面とは口頭発表に対応し，情報的側面とはメッセージの論理的構成に対応すると考えられる。一方，北村他（2003）は，プレゼンテーション能力と指導の階

層モデルを提案しているが，それは，おおまかには論理構成能力と言語・身体的表現能力，すなわち口頭発表に関する能力から構成されている。これらから，一般的に考えられている良いプレゼンテーションとは，内容の論理性と口頭発表における表現力を両立させたものであるといえそうである。

　内容の論理性（これには，メッセージ内容そのものの論理性と，メッセージのスライド表現の論理性が含まれるだろう）とトークにおける表現力の両立はプレゼンテーションを成功させるためになくてはならないものである。どれほど優れた口頭発表を行ったとしても，伝えられた内容が論理的に破綻していれば聴き手の納得は得られないだろう。逆に，口頭発表の質が低ければ，どれほど論理的に整った内容であっても聴き手に受け入れられることは難しいと思われる。しかしながら，これらが両立しさえすればプレゼンテーションがうまくいくわけではない。自分のこととして考えてみてほしい。ある提案を理路整然と熱意をもって伝えられるのであれば，あなたはそれをすんなりと受け入れるだろうか。また，適切な証拠の提示によって反論不可能であり，それが表現力豊かなトークによって伝えられるならば，そのアイデアを取り入れるだろうか。そうなるかもしれないが，そうならないこともあるだろう。どれほど論理的に熱心に伝えられても，人はそれを理解できるとは限らないし，受け入れられないこともあるのである。ここで鍵になるのは説明の論理性ではなくむしろ越境性だと考えられる。人々は，それぞれ異なる背景事情や価値，また感情をもっており，それにしたがって判断を下す。よって，話し手の考えを単純に伝達するだけでは納得が生じることはない。個々人がもっている背景事情や価値観等を話し手と聴き手が共感的に理解し合いながら，両者の境界領域に双方が合意できるような説明の筋道を打ち立てることができたときに初めて聴き手の納得が得られると筆者は考えている。ここで，互いに異質な他者同士である話し手と聴き手は，それぞれの領域（価値観や背景文脈）に立脚しながらも，双方から境界を越え合って新しいアイデア（合意）を協同的に構成している。このような働きをここでは越境と呼ぶ。

　越境概念を理解してもらうために，説得の失敗例をみてみよう。第一の例は，暴走族の集会にいきたがる少年に対して，「それは悪いことだからやめなさい」と教師が説得するような場合である。このとき，教師は，暴走族が悪であるという自分の（教師集団もしくは大人たちが共有する）価値観のうえに主張を展開している。しかし，少年は教師とはまったく別の価値観や生活のリアリティに依拠しているため納得を得ることは難しいと予想される。第二の例は，先の教師が少年の考えの背後にある価値，たとえば，仲間に対する義理やメンツといったものを，くだらないものだとして否定することで集会にいかないように説得するような場合である。このような説得は感情的対立を発生させてしまう可能性のほうが高い。第三の例として，教師が少年の価値観に迎合してしまうことが考えられるが，これは説得の放棄ともいえる。

　これらの失敗例に共通するのは，説明の非越境性（ことばを換えれば，説明が域内にとどまっていること）である。第一と第二の例において，教師は自分の価値に基づく説得の論理を権威的なものと位置づけ，少年に自分の論理にしたがうことを要求しているという点で一方的であり，教師と少年の異なる価値観や背景事情の間をお互いに越え合うような交流や調整はなされてはいない。第三の例では，教師は少年の価値観に基づく論理を無批判に受け入れている。その意味で逆の方向に一方的であり，そこにも，異なる価値観や背景事情の間で交流や調整は存在しない。もし，日常生活において，このような困難な説得が少なくとも何らかの成果を上げるとしたら，それは，両者が互いの事情と価値観を共感的に理解しつつも，安易に迎合することなく，少しずつ歩み寄りながら教師側の提案を協同的に再編することで両者が納得できる合意点（暫定的にしろ）を設定できたとき，すな

わち越境の説明が成立したときだと考えられるのである。

　以上のように考えるならば，説得の核は越境であり，説得的コミュニケーションであるプレゼンテーションの訓練も，越境の視点から捉え直す必要があると考えられる。そのためにまずすべきことは，プレゼンテーションにおける越境現象について理論的に整理し，さらに，それが具体的な場面においてどのように起こるのかを明らかにしておくことだろう。以下では，バフチンの対話理論とアクターネットワーク理論に基づいてプレゼンテーションにおける越境を理論的に位置づけた後，具体的な事例の分析によってそれを確認する。

3.1. プレゼンテーションにおける越境を捉える視点（１）：バフチンの対話理論

（１）対話としての理解

　バフチンの対話理論の観点からプレゼンテーションはどのように捉えることができるのだろうか。以下に順を追ってみていきたい。バフチンによれば，他者の発話を理解することは，対話的過程である。つまり，聴き手は，話し手の発言内容について，次から次へと「問いかけ」のことば（それは，疑問や賛同，また批判のことばである）を生成し，そのことばへの回答を発言のなかに探しながら聞くのである。そして，発話が，聴き手の発するこれらのことばの一つひとつに適切な回答を与えることができれば，聴き手は理解に至ることができるのである。

　発話の理解が対話過程であるのであれば，発話することの本質も対話だといえる。つまり，「話し手は聴き手の背景知識，先行する発話，しぐさなどから聴き手の反論を予測し，それを回避するように議論を立てていく」（Wertsch, 1991）のである。このように，発話は，予期される聴き手のことばに対する何らかの応答であり，同時に，それに続く聴き手の反応を予想したものとなっている。発話とは，聴き手のことばを取り込み，それに対する回答として発せられるものなのである。

（２）対話としての口頭発表

　プレゼンテーションの口頭発表では，原則として話し手が一方的に話し，聴衆との直接的な会話は質疑応答の時間を除けばなされない。しかし，バフチンは，このような表面的には独白（モノローグ）とみえるような発話も，聴き手との対話であると論じている（バフチン／邦訳, 2002, pp.144-145）。バフチンによれば，プレゼンテーションの口頭発表における発話もまた対話とみなすことができるのである。

　ところで，バフチンは，発話者が想定すべき聴き手の範囲を直接の話し相手だけでなく，同業者集団や同時代の人々，また，反対者，敵，部下，上司といった人々にまで拡張して考えている（バフチン／邦訳, 1988, pp.180-181）。要するに，聴き手には，その場にいる聴き手のみではなく，発話に関連するさまざまな人々が含まれるのである。そうであれば，プレゼンテーションにおける発話にも，多くの人々の言葉との対話が組み込まれることになる。たとえば，学会のプレゼンテーションにおける発話は，直接の対話者である聴き手に対する応答であると同時に，ある特定の研究者集団に向けた何らかの応答となっている。一方，商品企画プレゼンテーションにおける発話は，会議の直接の参加者への応答であるとともに，その場にいない消費者や，経営者，下請け業者等への何らかの応答となっているはずである。そして，これらのさまざまな人々のことばに対して，プレゼンテーションがきちんと答えることができれば，聴き手の理解を得ることが可能となる。なぜなら，これらのことばは，聴き手がプレゼンテーションを聴くなかで想定し，話し手の

ことばに対してぶつけてくるだろうことばでもあるからである。

（3）対話としてのプレゼンテーションの準備

　プレゼンテーションの準備において，発表者は伝えるべきアイデアを創出し，それをスライド作成ソフト等によって表現しながら修正・洗練していく。この部分は一般的には個人作業であり，そこには対話の要素はないようにみえる。しかし，バフチンは，このような内的思考も，例外なく，聴き手を含む他者との対話過程であると主張している（バフチン／邦訳，2002, p.146）。そうであれば，プレゼンテーションの準備作業は，聴き手と，聴き手が想定するであろうさまざまな関係者のことばを想像し，内的対話を通して，それらのことばに応答することばを計画・準備する作業だということになるだろう。この内的対話は，聴き手が埋め込まれている文脈や価値観を共感的に想像しつつ，かれらの納得するポイントをさぐる想定問答であり，その意味で越境の説明をプランニングする場だといっていいだろう。

　複数の人々との内的対話の結果が組み込まれているという意味で，準備されたプレゼンテーションは多声的である。多声性とは，バフチン（邦訳，1979）が社会的多様性（heteroglossia）と呼んだ概念であり，複数の声が混淆する状態を指す。声とは，「物言う人格，もしくは，物言う意識」であり，「背後に，意志や欲望をもち，独自の音色や含意を帯びたもの」（Holquist, 1981）である。つまり，プレゼンテーションには関連する人々のことばと，その背後にある社会背景や価値観との対話の結果が組み込まれ，多層的な越境が準備されているのである。

　では，さまざまな人々のことばへの応答としてのプレゼンテーションは，どのように構成されるのだろうか。どのように説得のための道筋がプレゼンテーションに組み込まれるのだろうか。残念ながら，その具体的な方法についてバフチンは論じていない。次節では，そのような作業のあり方について考えるために，アクターネットワーク理論を導入する。

3.2. プレゼンテーションにおける越境を捉える視点（2）：アクターネットワーク理論

（1）ネットワーキングとしての科学

　アクターネットワーク理論は，ラトゥール（Latour, B.）やカロン（Callon, M.）らの科学技術研究を通して成立した考え方である。ラトゥール（Latour, 1987, 1988, 1996）は，パスツールの提唱した予防接種というテクノロジー，フランスにおける新交通機関，また，科学者の生みだした知識が，どのような経緯を経て社会的に受け入れられていったか（またそれに失敗するのか）を検討している。同様に，カロン（Callon, 1987）は，フランスにおける電気自動車開発の頓挫を取り上げ，それを，企業，行政，消費者，そして，触媒や燃料電池といった人とモノを含むネットワークの構成とその変質によって説明を試みている。

　そのなかで，彼らは，科学的事実が，人々や人工物によるネットワークによって支えられていること，そして，ある発見を事実として構成するようなネットワークを作り上げるために科学者・技術者たちが何をしているのかを明らかにした。事実を構成するために科学者らが行う作業の実例として，連盟関係の樹立や関心の翻訳がある。

①連盟関係の樹立

　連盟関係の樹立とは，ある事柄を主張する目的で，他者のことばや論文，組織，人工物

等に自分の主張のサポートをさせることをいう。先行研究や統計データの引用，新聞記事への言及，権威ある研究組織との提携，世論の利用といったことが連盟関係の樹立の例である。学術論文において自分の主張のサポートのために他の研究者の論文を引用することは日常的に行われている。これは，その論文を査読した学会，その査読システムを信頼している多くの同僚たちを味方に引き入れて自分の主張を強める操作に他ならない。連盟のネットワークをうまく張り巡らせることが，反論に対する強度を高めることになる。

②関心の翻訳

関心の翻訳とは，他者の利害関心を自分の利害関心と同一化させることで，自身の関心の追求に他者を巻き込むプロセスである（Callon, Law, & Rip, 1986）。基礎物理学の研究という自身の研究上の関心を，ガン治療という社会的関心と同一化させることで研究への公的支援を得る，といったことが，関心の翻訳の一例である。また，ある理論や技術をある人・組織に受け入れてもらうために，その理論や技術を支援したり受け入れたりすることが，その人・組織の目標達成のために避けて通れないルートとなるように，人々や人工物（理論や商品，データ等）の位置づけや関係のあり方を再定義するといった調整もなされる。これは，義務通過点（Obligatory passing point）の設定（Callon, 1986）と呼ばれる操作である。

（2）社会的ネットワーキングとしてのメッセージ生成

バフチンが具体的には論じなかった聴き手を含む関係者のことばへの応答の構成においては，上記のようなネットワーク操作が内的に試みられているのではないかというのが筆者の考えである。つまり，プレゼンテーションの準備において準備者（後の話し手）は，関連するさまざまな他者のことばを想定し，彼らとの内的対話を行うことを通して聴き手を含む関係者たちや組織，統計データといった情報の間の関係をつなぎかえて，プレゼンテーション内容が聴き手に受け入れられるような関係に，すなわち越境の説明の経路として再構成しようと試みていると捉えるのである。そこでは，話し手と聴き手，そして他の人々との折り合いをつけるような，社会的で政治的な調整が行われると考えられる。

バフチンの対話理論とアクターネットワーク理論を組み合わせて考えるならば，プレゼンテーションの準備は，「関連する人々との仮想対話を通した社会的ネットワーキング作業」（以降，社会的ネットワーキング）だということができるだろう。

ただしバフチンの対話理論は，文芸作品の分析から生まれた理論であり，ラトゥールやカロンの科学研究は，科学理論や新商品が社会に受け入れられた（もしくは受け入れられなかった）経緯を残された文献や資料をもとに考察したものであって，プレゼンテーションの準備という，いわば進行中のプランニング状況において人々がどのように他者と対話し，調整を行うのか，という問題については検証が必要である。よって，次節では，プレゼンテーション準備場面の分析を通して，そこで社会的ネットワーキングがどのようになされるのかを示す。

4．事例の分析

ここでは，大学広報誌の学生編集スタッフによる待遇改善要求のプレゼンテーションと，学位取得に関わる中間発表会のためのプレゼンテーションの2種類のプレゼンテーション準備場面を取り上げ，そこで社会的ネットワーキングがどのようになされていたのかを示す。前者は，説得に重点がおかれたプレゼンテーション，後者は，説明に重点がお

かれたプレゼンテーションである。

4.1. 事例1：学生編集スタッフによる待遇改善要求プレゼンテーション

（1）対象と方法

　　X大学広報誌「X-magazine」の学生編集長MS（男性）による学生支援課に対する待遇改善要求プレゼンテーションの準備場面を取り上げる。この事例の背景を以下に示す。

　　X大学は5学部からなる総合大学で，A市，B市，C市にキャンパスが分散している。本部はC市にあり，そこに3つの学部がある。MSはX大学の文系学部Y学科3年生である（C市キャンパスに通学）。X-magazineは，X大学のオフィシャルな広報誌である。発行の主体は学生支援課だが，数年前より，学生ボランティアが編集を担当してきた。編集スタッフのほとんどは，MSと同じY学科の学生である。MSらは，昨年度より学生支援課に対して不満を感じてきた。その原因は，取材経費の支払い制度の不備であった。取材経費は，長い間，学生編集スタッフが自腹を切って出していた。MSらは，担当職員に改善を訴え続けてきたが，まったく進展がみられなかった。そこでMSは，学生支援課に対して，改善要求のプレゼンテーションを行うことにした。

　　このプレゼンテーションは，MSが中心となって，友人でもある編集スタッフと相談しながら構成された。調査では，準備開始から口頭発表練習に至るまでの相談場面，およびMSの個人作業場面をすべてビデオ録画した。個人作業場面では発話思考法を実施してもらった。

（2）観察結果

　　プレゼンテーション準備の初期段階においてMSらは，学生支援課を自分たちの活動を妨害する「敵」として位置づけ，彼らを激しく非難・攻撃するようなプレゼンテーションを計画していた。しかし，しだいに支援課を協同作業者とみなし，彼らの立場を理解し，その理解のうえに自分たちの主張を再構成していった。その過程で次のようなことが観察された。

①聴き手の言葉の想定と対話のシミュレーション

　　取材経費をどうやって要求していったらいいのかをスタッフと話し合うなかで，MSは，自分たちの要求に対する支援課の声を活き活きと想像していた。それは，「（取材経費を）遊びで使ってるんじゃないのか？」という疑念の声であった。MSは，この支援課のことばを，声色を使って実演したうえで，それに対して「ちょろまかしている訳じゃない」，と反撃してみせる。そして，この反撃をサポートする情報として，正確な取材経費の情報をスライドに取り入れることを提案したのであった。

　　この段階でMSとスタッフは，学生支援課を猜疑心の強い悪役として位置づけ，それをどうやってやり込めるか，という話題で盛りあがっていた。しかし，打ち合わせ終了間際になって変化の兆しが見える。それはMSがスタッフの一人に対して，これまでの計画について「どうなのかな？」と問いかけたときである。MSの問いかけに対してスタッフのひとりが，「とりあえず正座しろっていうことだよね」と返し，MSもそれに同意する。会話の文脈から「正座しろ」というのは，畏まって謝罪しろという要求だと思われる。つまり，かれらは，自分たちが構成したプレゼンテーションのプランが，「謝罪しろ！」というメッセージを伝えるものだと内省したのである。これに続いてMSらは，「喧嘩腰にいってもダメだ」―「喧嘩はダメだが我々の怒りは当然だ」―「問題は，そこからどうやって相手を動かすかだ」といった議論を行った。この場では残念ながら具体的な解決策

は示されなかったが，この議論には，当初の「怒りを伝えること」と「要求を通すこと」を直線的に結びつけた説明（プレゼンテーション）のプランが自分たちの事情のみに立脚した「内輪受け」に過ぎないこと，すなわち，域内に閉じたものであることへの気づきと，越境的説明への志向があらわれていると考えられる。

　上記のような振り返りは，その後MSが一人で行ったスライド作り場面に影響を与えたとみることができる。スライド作り場面においてMSは，上述した初期の仮想対話に編集を加えた。MSは，先の学生支援課の疑念のことばに先立つ声として，「とにかく金がかかるからくれ」という自分たちの声があったことを自省的に認め，「会計を立てて，かかった分だけちゃんと要求するので（中略）かかる分だけでいいので支給してください」という，謙虚でかつ解決策を含むことばで答えようとしていた（発話思考のデータより）。これは，学生支援課の仕事上の価値観や，大学組織内の位置づけに関するMS自身の理解に基づくものだと考えられる。つまり，学生支援課は，大学内の事務部門として適正な予算執行を求められており，正当な手続きを経なければ支出することができないと理解したのだと考えられる。このような背景事情に埋め込まれたものとして捉えることによって，「遊びで使ってるんじゃないのか？」という学生支援課の言葉のニュアンスは「経費要求に対する非難」から，「学生の性急な経費要求に対する不審感に基づく説明の要請」へと転換されるのである。初期における支援課の声はMSによる一方的な反撃ストーリーに奉仕するかたちで取り込まれており，そこに学生支援課のもつ事情や価値観に対する共感的な接近はみられない。よって，ここではMSと支援課の対話は発生しえない。しかし，スライド作り場面においては，支援課の人々に対する共感的理解に基づいてその声が再解釈され，対話のシミュレーションのなかに組み込まれている。このことによって，MSと支援課という互いに異質な他者が，それぞれの領域（価値観や背景文脈）を双方から越え合って合意を形成する可能性が対話シミュレーションの場に開かれたと考えられる。かくして両者間の対話は，学生の性急な要求に不審感を抱く学生支援課に対して，きちんと情報を提供することで必要性を理解してもらうという内容に再編成され，それがスライドに表現されることになった。そして，この新たな対話のなかで，正確な取材経費の情報は，学生支援課の不当な非難に対する反撃ではなく，共通理解のための道具として位置づけなおされることになった。

②社会的ネットワーキング：関心の翻訳
　ここでは，プレゼンテーションの準備において，どのように社会的ネットワーキングがなされているかを示したい。そのために，「1．取材費の問題　取材の望ましい形」というタイトルのスライド（図7-1参照）を取り上げ，その構成過程を検討する。
　口頭発表練習においてMSは，このスライドを提示しながら，次のように発話している。以下のデータはすべて筆者が縮約したものである。

＜トランスクリプト1：口頭発表内容＞
　取材は，絶対二人以上で行っている。一番整えておきたいのはページ責任者に他メンバーが協力しやすい環境。車を持ってない人が取材に行きたい時は，車を出してもらう必要があるが，ガソリン代がきちんと支払われない状況では頼みにくい。今，Y学科の3年生がコアメンバーなので気心も知れていて依頼もしやすい。しかし，これから他学年や他学部の人も入れて大きな組織にしたいと思っている。そうなったときに（経費支払いの）環境が整ってないとメンバーは困ることになる。そうならないためにも，取材費の事前渡し制度が必要。

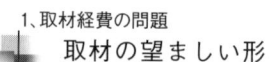

```
1、取材経費の問題
  取材の望ましい形
 取材は2人以上で行います
 ページ責任者に
   他メンバーが協力しやすい環境

  □ 他学年,他学部の学生同士でも
  □ 取材費を事前に
```

図7-1　スライド「取材経費の問題」

ガソリン代の問題に関して当初，MSはスタッフに対して次のように発言していた。

<トランスクリプト2>
　ONさんが担当したページは取材費と交通費で1万近くかかっている。これだけのページを作ろうとすると，それだけかかる。もし，それを否定されるようなら，もう（学生支援課が）自分たちで編集しろと言ってやりたい。ONさんは，学生なのに1万円という大金を1ヶ月も肩代わりした。こんなことはありえない。

この会話の後，①に示した「内輪受け」に対する気づきを経て，MSはスライドの準備にとりかかる。MSはスライドを作成しながら次のように発話している。

<トランスクリプト3>
　大切なことはページ責任者が他メンバーの協力を得やすい環境作り。今編集スタッフがY学科だけなのは，気心が知れたもの同士じゃないと制作に支障をきたすような制度でやってるから。これだと，いつまでたっても他学部の学生が参加できない。他学年，他学部同士，協力し合えるようにするにはお金に対する制度がちゃんと必要だろう。こう言うと，向こうも断りにくいかな。

　トランスクリプト2から分かるように，ガソリン代の問題について，MSは当初，学生支援課を責め立てるような発言をしているが，その後，スライド作りの場面において，仮想対話の組み直しを行う（トランスクリプト3）。トランスクリプト3においてMSは，関心の翻訳と呼べるような操作を行っている。関心の翻訳とは，他者の利害関心を自分の利害関心に同一化させるプロセスである。
　トランスクリプト2においてガソリン代支払いを要請するMSの関心は，「自分たちがガソリン代で自腹を切るのはまっぴらだ」，ということであったと考えられる。しかし，トランスクリプト3において，MSは，「X-magazine編集に，自分たち以外の学年，他学部の学生を参加させる」という関心を新たに設定し，そのための条件としてガソリン代の支給制度を位置づけ直している。この新たに設定にされた関心は，「学生編集スタッフを維持したい」，また，「大学全体の公式広報誌であるX-magazineの編集には全学部の学生が関与してもらいたい」という学生支援課の関心と重なり合うことなる。このようにMSは，両者の関心を重ね，その共有された関心を達成するために必ず達成すべきポイント

(Callon（1986）は，これを義務的通過点と呼んだ）としてガソリン代支給の制度化を位置づけている。「こういうと，向こうも断りにくいかな？」というMSの発話は，この操作が意図的であることを示唆している。

　ここでは，プレゼンテーションを巡るさまざまな人々の関係が再編成されているといえる。まず，MSと学生支援課の位置づけが大きく変わる。新たな関心の導入によって，MSは，学生支援課と対立する者（金を出せと強要する者）から学生支援課と一緒に共通の目標に向かって協働する者となる。

　関心の翻訳において重要なことは，説得相手がどのような状況にあり，何を価値として活動しているのかを共感的に理解しつつ，しかし，それに迎合してしまうのではなく，自らの主張（場合によっては対立する主張）と両立するポイントをさぐることである。この意味で関心の翻訳は越境のための手段の1つといえるだろう。

4.2. 事例2：学位取得に関わる中間発表会プレゼンテーション

（1）対象と方法
　ここでは，工学分野の大学院生による学位取得に関わる中間発表会のためのプレゼンテーション練習場面を取り上げる。中間発表の目的は，その時点までの自分の研究成果を説明し，聴き手である教員集団からフィードバックを得ることである。先に挙げた例と違い，このプレゼンテーションは聴き手の態度や意思決定をある方向に動かそうとするものではなく，聴き手が説明を望んでいるものについてさらに深い理解を得られるようにすることである。

　このプレゼンテーションの練習場面にビデオを持ち込み，その様子を録画した。練習場面は口頭発表部分と議論部分からなるが，この調査ではとくに議論部分に注目し，その部分のトランスクリプトを作成し分析した。なお，この練習は自主ゼミで行われており，指導教員は参加していない。

（2）観察結果
　説明に重点が置かれた学術プレゼンテーションの準備においても，聴き手の反応を想定し，それへの対処を模索することを通してプレゼンテーションの準備がなされていた。たとえば，システム評価の量的データをプレゼンテーションに載せるべきか否かという議論においては，この研究に文句をいいそうな「認知心理学系の人」の声が想定され，それらの人々をどうやって「なだめるか」という視点から，量的データの取り扱い方針が決定されていった。また，プレゼンテーション内容の検討にあたって，下に示すような，聴き手と話し手の関係の把握と調整がなされていた。

社会的ネットワーキング：関係の把握と調整
　ここでは，プレゼンテーションのなかに先行研究の紹介がないことが参加者から指摘された場面を取り上げる。発表者は，先行研究の紹介はしていたと反論するが，参加者は，そこでは研究方法だけが引用されていて，類似の開発事例の紹介がないことが問題であると指摘する。以下はそれに続く会話である。

＜トランスクリプト4＞
　参加者1：そういうのは逆に引用した方がいいかなって。あ，この人，勉強しているなっていう印象が。

> 〔発表者は，先行開発事例の紹介は可能だが，それによって発表の流れが悪くなる懸念があると述べる。それに対して，参加者1，2が以下のように発言する〕
>
> 参加者2：発表のときに，そこまで細かく突っ込んでくることはまずありえないので，ちゃんとやってるって
> 参加者1：印象をもたせる。それでいいかも。

　ここにはプレゼンテーションの目的に関する2つの解釈が現れている。発表者は，流れのよい説明を行うことが目的だと考えている。これに対して参加者らは，このプレゼンテーションの目的を，発表者がきちんと勉強していることを聴き手に伝えることだと考えている。この解釈の違いは，発表者と聴き手の関係の把握の違いによるものである。ここで発表者は，自分と聴き手を「説明する者と，説明を受ける者」の関係において捉えている。そのような把握にたてば，プレゼンテーションの流れを悪くするような情報を入れることには慎重にならざるをえない。これに対して参加者は，それとは違う関係を聴き手と取り結ぶように提案しているといえる。それは，発表者と聴き手を，それぞれ生徒と教師とするような関係である。このような関係把握に立ったとき，プレゼンテーションの目的は教師からポジティブな評価を引き出すこととなる。よって，発表者が「ちゃんとやって」おり，きちんと「勉強している」ことを教師に示すことができる先行開発事例の紹介は，プレゼンテーションの論理的な流れを多少犠牲にしてでも，取り入れる価値のあるものとして捉えられることになる。

　この助言のなかでは，「先行開発事例」の情報を研究成果の説明のための一要素から，発表者が「ちゃんと勉強している」ことを教師に対して示すための道具として位置づけなおすことが提案されている。かくして「先行開発事例」は，別の立場にある話し手と聴き手の間を媒介する道具として機能することになる。

4.3. 事例のまとめ

　事例1では，説得に主眼をおいたプレゼンテーションにおけるメッセージ生成が，社会的ネットワーキングの過程であることを示した。この調査から得られた知見は，以下の3点である。第一に，プレゼンテーションの構成過程において，聴き手との仮想対話がなされていたこと，そして，その仮想対話は対話のシミュレーションとでも呼ぶべき，動的で柔軟な対話の組み替え作業を通して構成・再構成されていたこと。第二に，その対話のシミュレーションは，関連する人々の社会的関係の把握と不可分なかたちでなされていたこと。第三に，その対話の組み替えは，アクターネットワーク理論が指摘するような社会的，政治的調整を通して関係する人々の社会的関係をつなぎかえることでなされていたこと，である。事例2では，説明に主眼をおいたプレゼンテーションのメッセージ生成においても同様の社会的ネットワーキングが行われていることを示した。

　以上，プレゼンテーション準備におけるメッセージ生成が越境説明のプランニングであり，それが聴き手の声の想定に基づく社会的ネットワーキングによってなされることを示した。では，そのような認識に立ったときに，どのような訓練が可能なのだろうか。次節では，社会的ネットワーキングに着目した訓練のあり方について考える。

5．社会的ネットワーキングのための訓練手法

　社会的ネットワーキングとは，関連する人々の声との仮想対話を通して，人々の関係を

つなぎかえる作業であり，この作業の基盤には，プレゼンテーション内容に関わる人々の社会的関係の把握があった。このように考えるならば，社会的ネットワーキングとしてのメッセージ生成ができるようになるためには，次のような訓練が必要だと考える。第一に，問題にどのような人々が関わっているかを想定し，それらの人々の関係を把握する訓練，第二に，彼らがどのような声を発しているのかを想像する訓練，第三に，それらの声との対話を通して自分を含む関係者間の関係のあり方を再吟味することでメッセージ内容を調整していく訓練，である。

5.1. マンガ表現法

以上の要件を踏まえて提案されたのが，マンガ表現法である。マンガ表現法とは自身のプレゼンテーション内容をマンガの形式で表現し，そのマンガの吟味によってメッセージの改善を行う方法である。

マンガという表現形態には次の特徴がある。すなわち，①登場人物と，そのセリフによって構成される，②感情を表す記号（漫符，吹き出し形状等）によって，登場人物の感情を容易に表現できる，③登場人物間の関係が空間的に表現される，④一望性がある。これらの特徴は，以下の理由により，社会的ネットワーキングの訓練に寄与すると考えられる。

①の特徴によって，学習者は，プレゼンテーション内容にどのような人々が関連するのかを考え，それらの登場人物がどのようなことばを発しているのかを考えるように導かれることが期待される。

②の特徴によって，学習者は，登場人物の感情を想像することになる。このことは，登場人物のことばを，よりリアルに想像するための助けとなる。また，アイデアを登場人物のセリフ（ときとして，感情を含み，生々しい口調をともなうセリフ）として表現することは，社会的ネットワーキング訓練のために重要である。セリフの想定とは，ある内容を，どのようなことばで，どのような口調で発話するのかを決定する作業であり，そのためには，その人物がどのような人で，どんな価値観をもち，どのような社会的背景を背負っているのかを理解することが必要となるからである。このように，セリフで表現するというマンガの特徴は，社会的ネットワーキングの前提である人々の社会的関係の把握を支援するものとなっている。

③の特徴によって，学習者は，登場人物の社会的関係を必然的に表現することになる。コマ内における登場人物の相対的位置や大きさは，それらの人物間の関係を示している。よって，登場人物を，コマのなかのある位置に，ある大きさで配置するという作業を通して，学習者は，その問題に関わる人々の社会的関係について考えることになると期待される。

④の特徴により，表現をもとに自身の理解を振り返り，再検討することが容易となる。この再検討において，学習者による，さまざまな他者の声との対話とメッセージ内容の調整がなされると期待される。

本手法の効果検証は，大学における複数の実践を通してなされている。これらの評価実践では，マンガ表現法を行う群と，マンガのかわりに論理図を使ってプレゼンテーションを改善する群との比較がなされた。これらの比較からは，マンガ表現法が，学習者を，人物志向の思考（誰が関係しているのか，それらの人々はどのような感情をもっているのか，また，どのような人間関係にあるのか，といった考え方）に導き，プレゼンテーションに関連する人や組織の関係がより広く把握されることが明らかとなった（鈴木・加藤，2008a）。さらに，生成されたメッセージの説得性の比較により，マンガ表現法を行うこと

が，メッセージの説得性を向上させることが明らかになっている（鈴木・加藤，2008b）。

5.2. マンガ表現法の評価実践例

マンガ表現法を用いたプレゼンテーション教育の実施例を示す。この授業は，教育系の大学2年生を対象として行った。テーマは，小中学生が携帯電話を学校に持ち込むことの是非である。以下は授業計画である（1回は90分）。

第一回：オリエンテーション（プレゼンテーションとは何か）。ここでプレゼンテーションのテーマを発表するとともに，携帯電話の小中学校への持ち込みに対する意見を聴取した。
第二回：自分の考えを表すプレゼンテーションスライドを作成。
第三回：第二回目に作成したプレゼンテーションスライドを見ながら，そのアイデアをマンガで表現。その後，反対陣営の主張を想像して，それをマンガで表現。
第四回：前回描いた2枚のマンガを統合して1枚のマンガを作成。その後，そのマンガを見ながらプレゼンテーションを修正。
第五回：発表会。

図7-2は，実際に学生が描いたマンガの例である。携帯電話の問題に関わるさまざまな人々が想定され，彼らの意見や気持ちがリアルな声で表現されているのが分かる。

この実践では，自分に対立する視点のマンガも描かせて，自分のマンガに統合させている。対立視点のマンガを描くことで，プレゼンテーション内容に関係する人々の背景事情や感情がより深く理解できることが評価実践から示されているからである。

図7-2のマンガは，非常に上手に描かれているが，一部の学生にはマンガを手描きすることが非常に大きな負担になっていた。また，絵がうまい，へたにかかわらず，手描きした場合，考えながらマンガを修正していくことが困難であることが明らかになった。このような問題に対処するために，コンピュータを利用したマンガ表現法支援ツール VoicingBoard が開発されている（鈴木・加藤，2009）。このシステムは http://vb.umegumi.net/ から試用することが可能である。

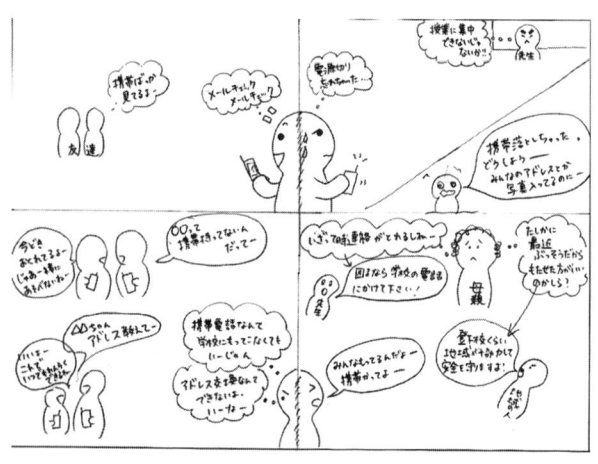

図7-2　マンガの一例

6. おわりに

　本章では，越境の視点からプレゼンテーション教育について論じた。まず，説得と越境の関係について整理し，プレゼンテーションを越境的説明であると位置づけた。次に，バフチンの対話理論とアクターネットワーク理論を援用して，越境のプランニングとしてのプレゼンテーションのメッセージ構成が，想定した関係者の声に基づく社会的ネットワーキング作業であることを示し，それを事例分析によって確認した。最後に，社会的ネットワーキングに着目したプレゼンテーション教育手法の一例としてマンガ表現法を紹介した。

　最後に，プレゼンテーション教育に関する研究の進むべき方向を示し，まとめとしたい。本章では，メッセージ構成に着目したが，プレゼンテーションはすべての段階において越境作業であり，それら各段階を社会的ネットワーキング作業としてみることができる。たとえば，アイデアの図的表現やスライドのレイアウト構成の作業では，どの情報を，どの表現手法を使って，どのような順序で表現するのか，といった調整がなされる。この調整は，単に視覚表現の法則にしたがってなされるものではありえない。たとえば，視覚表現の定石にしたがえば，スライド内で使う文字のサイズはある程度の大きさが必要である。しかし，アリバイとして提示するだけの情報（丁寧な文献レビューを行った事実だけが重要な場合，など）は，定石を破って，あえて小さな文字で提示されることもありうる。このような決定は，話し手，聴き手，そして他の関係する人々の社会的関係の把握に基づき，その関係の操作としてなされるものであり，まさに，社会的ネットワーキング作業であるといえる。また，口頭発表においては，話し手は，その場にいる聴き手の反応を捉えながら，話すスピードやスライドの提示順序を即興的に変更する。このような即興的調整は，どれほどプレゼンテーションの計画を緻密に行ったとしても発生する。この調整は，眼前の聴衆の反応に応えるかたちでなされる。そこには必然的に，その聴衆が想定しているであろうさまざまな人々への配慮も盛り込まれることになる。この意味で，口頭発表はリアルタイムの社会的ネットワーキングの場だといえる。口頭発表後の質疑応答も同様である。このように，社会的ネットワーキングはプレゼンテーションのすべての段階に関わっている。しかし，その事実はプレゼンテーション教育の分野ではいまだに見過ごされている。情報表現や口頭発表の訓練に関する研究は多く存在するが，それを社会的ネットワーキングの視点から捉えたものはほとんどない。今後，社会的ネットワーキングという視点からそれらを見直し，新たな訓練手法を立案していく必要があるだろう。

■ 引用文献

バフチン，M. 伊藤一郎（訳）(1979). 小説の言葉　ミハイル・バフチン著作集⑤　新時代社

バフチン，M. 佐々木寛（訳）(1988). ことばのジャンル　新谷敬三郎・伊藤一郎・佐々木寛（訳）ことば　対話　テキスト　ミハイル・バフチン著作集⑧　新時代社　pp.115-189.

バフチン，M. 桑野　隆（訳）(1989). マルクス主義と言語哲学―言語学における社会学的方法の基本的問題【改訂版】　未来社

バフチン，M. 小林　潔（訳）(2002). 芸術の言葉の文体論　桑野　隆・小林　潔（編訳）バフチン言語論入門　せりか書房　pp.99-219.

Callon, M. (1986). Some elements of a sociology of translation: Domestication of the scallops and the fishermen of St. Brieuc Bay. In J. Law (Ed.), *Power, action and belief: A new sociology of knowledge?* London: Routledge. pp.196-233.

Callon, M. (1987). Society in the making: The study of technology as a tool for sociological analysis, In W. E. Bijker, T. P. Hughes, & T. Pinch (Eds.), *The social construction of technical systems: New directions in the sociology and history of technology*. Cambridge, MA: MIT Press. pp.83-103.

Callon, M., Law, J., & Rip, A.（1986）. *Mapping the dynamics of science and technology: Sociology of science in the real world*. London: The Macmillan Press.

千葉和義（2006）. 科学コミュニケーション能力を持つ教員養成　科学，76（9），885-888.

千葉和義・仲矢史雄・真島秀行（2007）. サイエンスコミュニケーション―科学を伝える５つの技法　日本評論社

江村潤朗（1982）. ビジネスマンのための説得力ある発表技術　ビジネス・オーム

羽石寛志・安田伸一（2004）. 高等学校の情報科目に対応した初期情報教育についての検討　平成16年度情報処理教育研究会講演論文集，661-664.

林　德治・沖　裕貴・真下知子（1997）. 外国人留学生のコミュニケーション能力の育成に関する研究（II）：外国人留学生のプレゼンテーションを取り入れた授業訓練　日本教育情報学会年会論文集，13, 208-211.

林　德治・井上史子・橋本恵子（2003）. 強制連結法による論理的思考力の育成をはかる授業実践　日本教育工学会大会講演論文集，19（１），157-158.

Holquist, M.（1981）. Glossary. In M. Holquist（Ed.）, *The dialogic imagination: Four essays by M. M. Bakhtin*. Austin, TX: Texas University of Texas Press. pp.423-434.

海保博之（1995）. 説明と説得のためのプレゼンテーション　共立出版

梶浦文夫（2002）. プログラミング教育におけるプレゼンテーションの効果　倉敷芸術科学大学紀要，7，123-129.

梶浦文夫（2004）. プログラミング教育におけるプレゼンテーションの効果（２）　倉敷芸術科学大学紀要，9，91-97.

片山章郎（2004）. ディジタルプレゼンテーション能力育成のための実践報告　日本教育情報学会年会論文集，20, 238-241.

経済産業省（2008）. 今日から始める社会人基礎力の育成と評価―将来ニッポンを支える若者があふれ出す！　角川学芸出版

北村光一・宮田　仁・岩間　徹・大倉孝昭・東野勝治（2003）. 高等学校におけるプレゼンテーション能力の指導：情報教育におけるプレゼンテーションの学習者モデルの提案　滋賀大学教育実践総合センター紀要，11, 147-153.

Latour, B.（1987）. *Science in action: How to follow scientists and engineers through society*. Cambridge, MA: Harvard University Press.（ラトゥール，B.（著）川崎　勝・高田紀代志（訳）（1999）. 科学が作られているとき　産業図書）

Latour, B.（1988）. *Pasteurization of France*. Harvard University Press.

Latour, B.（1996）. *Aramis or the love of technology*. Harvard University Press.

牧野由香里・永野和男（1997）. 情報教育の観点からとらえたコミュニケーション・スキル育成のための演習コースの開発：Speech Construction における論理的分析力・構成力　静岡大学情報学研究，3, 66-86.

松田和典・藤村裕一・曽根直人・菊地　章（2005）. 大学における一般情報教育カリキュラム改編の考察　鳴門教育大学情報教育ジャーナル，2, 25-30.

村松賢一（1997）. プレゼンテーション能力測定尺度の作成（ストレートトーク番組におけるプレゼンテーション技法の研究）メディア教育開発センター研究報告，104, 13-105.

中西　通（2001）. 大阪大学における情報倫理教育の現状と課題　電子情報通信学会技術研究報告（FACE），100（708），19-24.

中西　通（2003）. 大阪大学における情報倫理教育の現状と課題（続編）　電子情報通信学会技術研究報告（FACE），101（720），31-36.

野村卓志・上野征洋・田村国昭（2005）. プレゼンテーション技法の新たな可能性に向けて：現状と課題の考察から　静岡文化芸術大学研究紀要，5, 41-45.

中野美香（2007）. 説明と口頭表現　比留間太白・山本博樹（編）　説明の心理学　説明社会への理論・実践的アプローチ　ナカニシヤ出版　pp.53-64.

大倉孝昭（2001）. 協調型プレゼンテーション学習システム by "SMILE for ME"　情報教育方法研究，4, （１），13-15.

大西慶一・平林宏朗（1994）. プレゼンテーション能力の育成についての考察：プレゼンテーションカリキュラム案　日本教育情報学会，10, 20-21.

大西慶一・平林宏朗（1995）. ワンシートプレゼンテーション能力の育成に関する考察　日本教育情報学会年会論文集，11, 126-127.

菅井勝雄・山城新吾（2001）. 大学におけるプレゼンテーション能力の育成：情報教育の観点から　サイバーメディアフォーラム（大阪大学サイバーメディアセンター），2, 5-8.

鈴木栄幸・加藤　浩（2008a）. 社会的ネットワーキングに着目したプレゼンテーション教育手法「マンガ表現法」の提案　科学教育研究，32（３），196-215.

鈴木栄幸・加藤　浩（2008b）. マンガ表現法による社会的ネットワーキング訓練がプレゼンテーションメッセージの説得性に与える効果の検討　メディア教育研究，5（２），137-144.

鈴木栄幸・加藤　浩（2009）. 社会的ネットワーキングに着目したプレゼンテーション教育手法「マンガ表現法」の実施を支援するコンピュータシステムの開発と評価　教育システム情報学会誌，26（２），149-160.

武井昭也（2005）．高等教育におけるプレゼンテーション能力育成の意義とその指導法について　札幌国際大学紀要，36，89-102．

谷口由美子・林　徳治（2002）．プレゼンテーション技術の向上を図る訓練プログラムの実践と評価：東洋医学専門学校教員養成学科での授業実践を通して　日本教育情報学会年会論文集，18，282-285．

谷口由美子・林　徳治（2004）．プレゼンテーションの改善を図る発想能力の育成に関する考察　日本教育情報学会年会論文集，20，242-245．

鵜木　毅（2000）．情報化社会に対応する総合学習：情報分析・プレゼンテーション能力の育成を目指して　中等教育研究紀要（広島大学），40，31-36．

ワイルマン，R. E. ・井上智義・北神慎司・藤田哲也（2002）．ビジュアル・コミュニケーション：効果的な視覚プレゼンの技法　北大路書房

Wertsch, J. V. (1991). *Voice of mind: A sociocultural approach to mediated action*. Cambridge, MA: Harvard Univeristy Press.（ワーチ，J.V.（著）　田島信元・佐藤公治・茂呂雄二・上村佳世子（訳）（1995）．心の声：媒介された行為への社会文化的アプローチ　福村出版）

8 ディスカッション
学問する主体として学び合う社会を担う

中野美香

"The aim of argument, or of discussion, should be not victory, but progress" [Joseph Joubert *Pensées*]
議論やディスカッションの目的は勝つことであってはならない。発展のためにあるべきだ。(ジョゼフ・ジュベール『パンセ』)

　近年の知識基盤社会における日本の大学教育の変革のなかでディスカッションは主要なテーマとなった。学士号にふさわしい能力・スキル・態度特性などを包括するジェネリックスキルの概念のなかで，ディスカッションのスキルは重要な位置づけにあるといえる。ディスカッションは個人の学問を表現しそれが適切かどうかを他者との相互作用により検証する場であり，不確実性に直面することで絶えず再構築を迫られる場でもあるといえる。本章では，高等教育を取り巻くディスカッションの実践・研究の動向のレビューや概念の整理から，「越境の説明」たるディスカッションを「意見の対立や衝突を乗り越えた自己・他者・世界観の広がりが含まれること」と定義した。このようなディスカッション能力の育成および教育の質保証を目的とする場合，学習環境・カリキュラム・価値の3つの視点に基づくデザインを行い，対象間の越境レベルと時間的制約を考慮する必要がある。以上の考えを踏まえ，学習コミュニティを創出する道具（Norman, 1990）をデザインし教育プログラムを導入した結果，大学生のスキルの向上が認められた。大学でディスカッションを通した越境の説明力を構築し，教員や学生が学問する主体として学び合う社会をつくっていくには，学びを持続・発展可能にするネットワークの形成が重要だと考えられる。

1. はじめに

　知識基盤社会の到来による大学教育の変革により討論・討議・議論などを意味するディスカッションは主要なトピックとなった。ディスカッションが大学で注目されている背景には大学内外それぞれの変化の流れがあると考えられる。まず大学内の変化は，学生の主体的・能動的な学びを引き出すことを目的とした従来の一方向型授業から教員と学生のインタラクションによる双方向型授業への移行である。講義で教員と学生が知識を協同構築するには手段としてディスカッションが不可欠であり，知識獲得を評価する手段としてもディスカッションが使われるようになった。学外の変化については，社会経済状況や若者の気質の変化を受けて産業界が大学新卒者に即戦力となるコミュニケーション能力を期待するようになったことである。その結果，就職面接でグループ・ディスカッションが多くの企業で導入されるようになり，大学でも4年次の就職活動支援など実学志向の教育が行われるケースが増えている。

ディスカッションのスキルは学士号にふさわしい能力・スキル・態度特性などを包括するジェネリックスキルの概念のなかで重要な位置づけにあるといえる。本来，学問とディスカッションは切り離せないものであり，大学におけるディスカッションの学びのあり方を統合的に考える必要があるだろう。ディスカッションには未知の他者・思想・真理との出会いがあり，大学時代にさまざまな違いを越境し新たな価値を創造する能力，すなわち越境的説明力を育むことはもっとも重要な教育目標の1つである。一方で，「ディスカッション」は外来語であり，幅広い意味をもつことから，我々が取り組もうとしている課題の全貌やその詳細をつかみにくい。そこで，本章では高等教育を取り巻くディスカッションに関する理論・実践について最近の動向をレビューした後，越境的説明の観点からディスカッションの概念を整理，筆者の実践事例を紹介し，これまで得られた知見からディスカッションの効果を高める学習環境とデザインについてまとめることを目的とする。国際化が進み先行き不透明な時代に他者と競争するのではなく学び合い，学問する主体を育てる大学教育のあり方についてディスカッションを手がかりに考察したい。

2．先行研究

2.1．ディスカッションの定義と分類

日本語の「ディスカッション」に対する英語の"discussion"の日本語訳は「(〜についての) 論議，討論，非公式の討議；審議，評議，検討；(ある論題・主題についての一個人による形式の整った) 解説，講話，論文，論考」とある (『ランダムハウス英和大辞典』，1993)。"discussion"の定義については，*Webster's New World College Dictionary* では「ディスカッションという行為，あるテーマの賛否やさまざまな観点が考慮される話合いや書物のこと」とあり，ディスカッションの範疇は大きく2つに分けられる。1つは，「ある特定のテーマに関する相互作用のあるコミュニケーションの拡張版」である。使用例としては「この雑誌には死刑制度に関するディスカッションがある」などが挙げられ，英語では talk, communication, discourse にあたる。2つ目は，「あるテーマに関する視点を交換するもの」である。たとえば「友達と死刑制度についてディスカッションした」などで，英語では speech, argumentation, group discussion, negotiation, dialogue が含まれる。本章が目指す大学教育におけるディスカッションは後者の「あるテーマに関する視点を交換する」に該当すると考えられる。

他者との視点の交換が含まれるディスカッションについて，バーンランドとハイマン (Barnlund & Haiman, 1960) は表8-1のとおり5つに類型化した：「1．カジュアル・グループ」「2．カタルシス・グループ」「3．学習グループ」「4．政策決定グループ」「5．アクション・グループ」。大学生を例に挙げると，「1．カジュアル・グループ」は友人・サークル，「2．カタルシス・グループ」はセルフ・ヘルプ・グループ，「3．学習グループ」は部活・研究会・習い事，「4．政策決定グループ」は部活・研究会・調査グループ，「5．アクション・グループ」は部活・研究会・行動決定グループなどが考えられる。上記1と2はディスカッションの目的が個人的でカジュアルな結びつきによるためグループの凝集性は低いが，3から5は何らかの目的を遂行するためにフォーマルな結びつきがあり，グループの凝集性は高いといえる。この分類よりディスカッションは講義に閉じたものではなく，個人の行動や思考に深く関わり日常に根ざすものであることが分かる。

どのようなディスカッションにおいても他者と協同で何かを成しえ創造的であるために

表8-1　5つのディスカッション・グループの分類

グループ	特徴	大学生の例
1. カジュアル・グループ	友人や知人との自発的なグループ	友人・サークル
2. カタルシス・グループ	日常生活でのストレスや緊張，他者への敵意を弱め，自分自身に対する理解を深め，より成熟した社会的行動をとれるようにするためのグループ	友人・セルフ・ヘルプ・グループ
3. 学習グループ	学習のためのグループ，情報を入手したりアイデアを吟味したり，独創的な思考を刺激するためのグループ	友人・部活・研究会・習い事・講義
4. 政策決定グループ	問題を解決したり政策内容を決定したり，それに必要な調査を行うためのグループ	部活・研究会・調査グループ
5. アクション・グループ	政策をいつどのような形で行うかを具体的につめる作業を行うためのグループ	部活・研究会・行動決定グループ

注）Barnlund & Haiman（1960）の分類に大学生の例を追加し表にまとめた。

は，対象間の差を乗り越え新しい学びを創りだすことが求められる。相手に対して同調しすぎても敵対しすぎても視点の交換による相互理解は難しくなるだろう。昨今の社会においては1つの価値観が絶対的に正しいことはなく，お互いに知恵を出し合い学びを発展させるためのディスカッションが重要である。この点について丸野（2006）は，創造的・批判的ディスカッション能力を「根拠なく異を唱えることではなく，意見の対立や衝突を生かし，物事を原理原則や事実，証拠に照らし合わせながら，適切な問題を設定し，それを合理的な解決へと導くための実現可能な方策を立案する能力」と定義した。本章では丸野の定義を踏まえて，本書のテーマである越境性に着目し，越境的説明力を育むディスカッションの要件を「意見の対立や衝突を乗り越えた自己・他者・世界観の広がり」と捉えることとする。

2.2. ディスカッションに関する先行研究と課題

これまでさまざまな領域でディスカッションの研究が行われてきたが，大きくはディスカッションを手段にして何かを明らかにする研究とディスカッションそのものを目的とする研究がある。前者はディスカッションを個人や集団の思考スキルや思考過程を捉える枠組みとして，社会的に構成されたディスカッションに注目するものである（Anderson, Nguyen-Jahiel, McNurlen, Archodidou, Kim, Reznitskaya, Tillmanns, & Gilbert, 2001; Felton & Kuhn, 2001）。後者は，ディスカッションを集団における意思決定の重要な要因と捉えた，ディスカッションを創出するメカニズムや教授法に関する研究である。

近年の高等教育におけるニーズの高まりにより，後者に関連したさまざまな実践研究が活発に行われるようになった。ディスカッションの導入により専門知識やそれに関連する周辺事項の深い理解をねらう取り組みがある。高柳・山田・大関・横山・平塚・大野・笹津（2006）は，薬学部新入生の専門領域に対する関心を高めるために早期体験実習でスモールグループディスカッションを導入し，学生の問題解決能力を育成した。複数の学生と討論することで座学では想像が及ばない問題点を具体的に検証し，最適なアプローチを探ることができる。他方，話し合いの目標やルール，進行を俯瞰的にみるなどディスカッションのあらゆる場面で重要なスキルに着目した領域横断的なリテラシーを探る研究もある（富田・水上・森本・大塚, 2009）。森本・大塚（2012）は当事者が直接，主体的に話し合い問題を解決するディスカッションを自律型対話と定義し，科学技術リテラシーの1つに位置づけた。この他，学術論文の批判的読み（沖林, 2004）や，日本人大学生と留学

生の異文化交流（深川・三浦，2010），遠隔授業におけるコミュニケーションによる学び（杉原，2005），などディスカッションを用いたさまざまな教育手法が提案されている。以上のように対象や目的は多種多様でも大部分の研究はディスカッションの有効性を示しており，ディスカッションの導入によって従来型の講義形式よりも内発的動機づけが高まることが明らかにされている（吉澤・松永・藤沢，2009）。

　それではなぜディスカッションを用いた講義は効果的なのだろうか。従来の知識伝達型教育の授業観とディスカッションによる議論型授業観の比較を表8-2に示す。従来の教育では教員と学生の役割が固定され，教員主導で授業が進められる。このような授業では学生は知識貯蔵型の学びのスタイルを強制されることにより互いに学ぶ機会が奪われる。これに対してディスカッションを用いた授業では，教師と学生の役割は流動的に変化し，授業の進行も参加者の発言によりダイナミックに展開していく。問題解決・発展型の学びのスタイルから自立性・主体性がはぐくまれ，他者との関係性のなかに開かれた知の営みを経験することが教師も学生もともに新たな自己発見・自己創出につながる。何が起こるか分からないディスカッションも緊張感によって教員も学生も場に引き込まれ，協同で学びの土俵が創出される点に意義があると考えられる。

　ディスカッションが成功すればダイナミズムにより高い効果が期待できるかもしれないが，失敗するならば従来型の講義の方が安全かもしれない。ディスカッションを用いた講義にはどのような点に留意する必要があるだろうか。インファンテとランサー（Infante & Rancer, 1982）は，議論の対象や動機には，「論争に対する議論」と「人に対する議論」の二種類があり，「論争に対する議論」の個人の傾向を議論志向性（argumentativeness），「人に対する議論」を言語的攻撃性（verbal aggressiveness）と定義した。議論志向性が高い人は議論への接近性が高く回避性が低い人であり，低い人に比べて積極的に説得力のある議論を行うとされる。教育場面では「論争に対する議論」と「人に対する議論」を区別し，議論志向性を高め「論争に対する議論」の方法や技術を身に付けるという目標を明確にする必要がある。アジアではコミュニケーションにおいて対立表現の回避を重要視することがタネン（Tannen, 1998）などによってしばしば指摘されるが，プランティら（Prunty, Klopf, & Ishii, 1990）や中野（2005, 2006）の研究でも，アメリカやその他の国と比較して日本人大学生の議論志向性は低く文化差が明らかとなった。一方，日本人でも議論経験と議論志向性には相関があり，議論はトレーニングを通じて習得可能なことがいくつもの研究で示されている（Baukus, Kosberg, & Rancer, 1992；中野，2007）。このことにより学習者個人の文化的規範を前提に，議論志向性を高めるための価値を共有する学習コミュニティを形成し，その環境に適した訓練方法が必要だといえる。

表8-2　高等教育における従来の教育と議論教育の授業観の比較　（中野，2011；丸野，2006を一部修正）

	知識伝達型教育の授業観	議論教育の授業観
教師と学生の役割	教師は教え手，学生は学び手（暗黙の上下関係：役割固定）	教師と学生の協同構成，役割の流動的変化
授業の進行とプランの関係	授業とは教師が予め想定したプランに沿って進めるもの	ダイナミックに揺れ動く筋書きのないドラマ
授業という場の役割	知識伝達の場，正解を教える場，概念等を記憶させる場	重要な知識や法則を教える場に加え，「学び方を学ぶ」場
教師や学生が経験する学び	知識貯蔵型の学びのスタイル／消耗感が漂う／個人の頭の中に閉じた知の営み／互いに学ぶ機会の少なさ／平均的な学生を中心にした授業になりやすい	問題解決・発見型の学びのスタイルが育つ／挑戦心の芽生え／他者との関係性の中に開かれた知の営み／個々の学生を大切にした授業の営み

ディスカッションを講義に導入する際，先に述べた課題を踏まえると越境的説明力を育成するためのディスカッション教育には3つのデザインが必要だと考えられる。1つ目は学習環境のデザインである。ディスカッションは講義の構成員が所属する文化やこれまでの議論経験，他の構成員との関係によって影響を受ける。多様な文化的背景をもつ学生を1つのディスカッションに参加させるためには，学習コミュニティとして何かを共有し，活動自体が魅力的で楽しいものでなくてはならない。2つ目はカリキュラムのデザインである。講義の本来の目的を達成するための手段としてディスカッションの導入がデザインされ，ディスカッションの目的とその結果を具体的に学生と共有する必要がある。3つ目は価値のデザインである。ディスカッションと一言にいっても，ディスカッションの何に価値を置くかは担当教員や講義によって異なるだろう。ディスカッションにはどのような意義があるのか，教員と学生がその価値を理解して実践することが重要だと考えられる。上記のうち価値のデザインはもっとも重要で，価値をベースにした学習環境とカリキュラムのデザインがなされて初めて持続可能な教育が行われると考える。

3．ディスカッションを通して越境的説明力をはぐくむ

3.1. 個人の学問を表現・修正・更新するシステムと道具

　高等教育の中核をなす大学は学問を行う場所である。学問とは一定の理論に基づいて体系化された知識や方法のことで，近代教育が確立される前は特定の専門領域や知の体系という意味以外にも広く教養を指すことばとして使われてきた。ホッブス（Hobbes, 2009）は，学問すなわち行動のための諸規則は勤勉な推論によって達成されるとし，以下のように述べた。

> 感覚や記憶は，過ぎ去った，取り消すことができない事実についての知識にすぎないが，学問は連続関係に関する知識であり，一つの事実のほかの事実への依存関係の知識である。それによってわたしたちは，現在なしうることから，将来何かほかのことを，あるいは別のときに類似のことを行う際，いかになすべきかを知るのである。なぜなら，あることがらがどのような原因によって，また，どのように生じたかを知るならば，同様な原因が私たちの力の及ぶところに来た場合に，そこから類似の結果を引き出すにはどうしたらよいかわかるからである（ホッブズ／邦訳, 2009）。

　大学においては，新しい知識を獲得しながら既得の知識と関連づけ，それが果たして正しいのかどうか絶え間なく考え続け，その都度自分の信念体系を構築することが学生に求められる。この過程には2つの軸——推論によって自分の学問を追究する個人内思考と，それを他者に表明し省みるための個人間思考——が含まれる。このように考えると，ディスカッションは個人の学問を表現しそれが適切かどうかを他者との相互作用により検証する場であり，不確実性に直面することで絶えず再構築を迫られる場でもあるといえる。このダイナミズムに自ら身を置き続けることが学問する主体としての大学生に求められる本質であろうし，大学におけるディスカッションの意義が明確となる。
　それでは逆に，「意見の対立や衝突を乗り越えた自己・他者・世界観の広がり」が起こらない，自分の域内での言語化に留まる場合にはどのような特徴があるのだろうか。以下に大学入学直後に作成された喫煙の是非に関する二人の学生の事例を挙げる。

> 【事例A】たばこを吸うか吸わないかは自分の問題でマナーさえ守っていれば反対する理由はないから。でも身体に悪いので賛成もできないから。
>
> 【事例B】反対です。喫煙は自分の身体を悪くするし、他人にも迷惑がかかるのであまり好きではありません。

　事例Aは論題に対する自分の立場が不明確であるため、乗り越えるべき対立や衝突がみえず相手は議論を進める手がかりがない。事例Bは立場は明確だが、好き・嫌いの主観による理由づけは自己完結的で、事例Aと同様に乗り越えるべき対立や衝突はみえない。この2つの事例より、立場が曖昧な場合はもちろんだが、立場が明確であっても根拠が合理的でない場合は越境の相互作用に機能しないことが分かる。これらの事例より越境の説明には「自分の域内にとどまらず相手を越境しようとする」ことに加えて「相手から越境される」余地を残した双方向性を可能にする土俵づくりの重要性が浮き彫りになる。

　動機づけの有無にかかわらず参加者が越境の説明が求められるディスカッションに参加し、協同で新たな価値を創出するには、ディスカッションの過程でそれぞれの学問を表現・修正・更新するシステムが必要となる。先の定義から、本章では越境的ディスカッションには、①参加者が意見を表明すること、②意見の対立や衝突を乗り越えること、③自己・他者・世界観の広がりがあること、の3つのフェーズが要件になると提案したい。これらは表8-3に示したとおり、①主張、②反論、③総括と捉えられる。主張とは自分の意見を組み立て相手に主張を伝え、相手の主張を分析することである。反論では相手の主張を理解し、その主張が正しくない可能性を論理的に伝えることで越境の認識・乗り越えがある。総括では、双方の主張と反論を踏まえて議論全体をまとめ、自分と相手の議論を比較し有意性を示すことで、自己・他者・世界観の再構築が行われる。越境的ディスカッションではすべての参加者が3つのフェーズの発話をすることが目標になる。

　3つのフェーズはディスカッション中に流動的・断続的に立ち現れるため、議論志向性の低い学生にとってオンゴーイングで議論の流れを把握し、いずれかのフェーズの発言をすることは困難なことが予想された。そこで、相手を越境し、相手から越境されるための土俵が自然と創出されるように、「主張」「反論」「総括」の各フェーズに対応する思考と表現の道具を開発した（図8-1a-c）。考えを表現するための共通のシステムと道具をクラスで共有することで、学習者は議論の内容に集中できる。主張の型（図8-1a）では「私は〜思う」という形で要点を先に相手に伝える。その主張がどのような根拠をもつのかその理由を「なぜならば〜」と述べる。その後、相手の文脈を考慮して主張と理由が受け入れられやすい例やデータを提示する。最後に結論を述べることで一連の主張が終わったことを示す。反論の型（図8-1b）では、相手の主張の要点を引用し、どの点に反論

表8-3　越境的ディスカッションの要件

フェーズ		内容	機能
①それぞれの参加者が意見を表明する	主張	自分の意見を組み立て、相手に主張を伝える　相手の主張を分析する	足場固め
②意見の対立や衝突を乗り越える	反論	相手に反論を伝える	越境の認識・乗り越え
③自己・他者・世界観の広がり	総括	議論をまとめ、自分と相手の議論を比較し、有意性を示す	自己・他者・世界観の再構築

するのか明確にした後，主張と同様に根拠と結論を述べる。総括の型（図8-1c）では，受けた反論に対して反論がある場合は再反論を行い，議論をまとめたうえで比較の基準点を提示し，結論を出す。道具のデザインには，議論の初心者であっても適切に使用できるようにするために自然な関係や自然な制約を活用することとした。議論のすべてを理解せずとも道具を使用することによってその理由や行為の結果がすぐに理解できるようになれば，教師は簡単な説明をするだけで十分になる。型を示すことで新たな戦略や情報が付け加わるような遊びを加えた。

3.2. 教育プログラムの導入

　福岡工業大学工学部電気工学科では2007年度入学生よりコミュニケーション科目群を導入した（中野・高原・梶原, 2010）。このカリキュラムは議論（1年生），プレゼンテーション（2年生），技術者倫理（2年生），英語のプレゼンテーション（3年生）を学び，3年間にわたって専門科目に根ざしたコミュニケーション能力を育成するものである。このプログラムのうち1年前期「コミュニケーション論I」，後期「コミュニケーション論II」の2つの科目は1年間で議論能力を段階的に育成することをねらいとし，前期は主張を，後期は「反論」「総括」を含めたシステム全体を学習する構成とした。この教育目標や方法は本章で示す越境のディスカッション教育と一致する。

　先に述べた3つの教育デザイン方針と講義の関連を示す。講義では，さまざまな論題を与え主張を作成する過程で自分の考えや推論の方法について理解を深め，クラスで主張を交換することで学び合う風土をつくった（学習環境のデザイン）。議論経験の少ない学生は自分の立場や意見を明確に表明することに慣れておらず，考えをまとめるのに時間がかかったため前期では主張のみを，後期では反論と総括の道具を学習し，相手の主張を理解したうえで反論点を発表し，自分の主張と相手の主張をまとめ総括を行うこととした（カリキュラムのデザイン）。議論は将来，技術者を目指す学生にとって必要不可欠なものであり，1年を通して段階的にお互いの考えを尊重し，学び合い，よりよいものを創り上げ

a) 道具①　主張の型

主張	私は「　　」と思う。
理由	なぜならば「　　」
例	たとえば「　　」
結論	したがって「　　」

b) 道具②　反論の型

引用	彼らは「　　」と言った。
主張	しかし「　　」
理由	なぜなら「　　」
例	たとえば「　　」
結論	したがって「　　」

c) 道具③　総括の型

再反論	【反論の型を使って反論する】
まとめ	賛成側の主な意見は「　　」反対側の主な意見は「　　」
比較・優位性	「　　」の点で賛成側の主張が優れている。
結論	したがって「　　」

図8-1　3つのフェーズに対応する道具（中野, 2013）

ることを目指した（価値のデザイン）。

3.3. 学生の変化

　越境的ディスカッション能力を1年間の講義で学ぶ過程で学生はどのように変化したのだろうか。先行研究で示されたとおり日本人学生は文化的な背景から他者に異なる意見を伝えることに慣れていないため，3つのフェーズのうち反論がもっとも難しいことが予想される。反論は主張と総括と連動していることから，反論スキルが向上したかどうかがディスカッション能力全体を測る重要な指標となるだろう。そこで，反論訓練によって生成される反論がどのように変化するかを明らかにすることとした。

（1）対象者

　2009年度入学生160名を対象とした。学生は2009年4月から2010年3月の間，1年次の2科目を受講した。この授業で反論スキルを扱うのは後期第3回目の講義からである。90分1コマの授業で前半30分程度の講義の後，残りの時間で実践を行った。1回の講義につき1つの論題を用意し，実践の時間に学生は個人で考えをワークシートにまとめた後，3〜4名のグループで主張・反論・総括を発表し，相互評価して改善点やよかった点を共有した。

（2）手続き

　反論の訓練効果の解明を目的とした調査を反論スキルの講義開始前（2009年10月：第3回講義）と終了時（2010年2月：第15回講義）に質問紙法と面接法により実施した。本章では喫煙に関する主張（260字）に対して反論を作成する記述式の課題のデータを扱う。回答時間は10分程度であった。反論の変化を詳細にみるために，「引用」「主張」「理由」「例・データ」「結論」の5つの反論コンポーネントを設定し，加えて3段階の分類カテゴリーで他者評価得点を設け，反論の質を評価させた。カテゴリーを判別するための基準は筆者によって作成され，3段階について1は「反論を理解できず納得できない」，2「反論には理解できるが納得はできない」，3「反論に納得できる」とした。以降で提示する結果は評価者間で調整した後，第一筆者がカテゴリー化したものを用いた。

（3）結果と考察

　生成された反論の文字数の平均は，プレテスト70.0（$SD = 57.5$）からポストテスト115.0（$SD = 57.7$）と，約1.6倍増加していた（$N = 152$, $t(151) = 7.105$, $p < .0001$）。5つのコンポーネントのうちもっとも大きな変化がみられたのは「引用」で，引用が含まれるケース数はプレテストが全体の6％，ポストテストでは45％であった。他者評価得点の平均はプレテスト1.45（$SD = .61$）からポストテスト1.96（$SD = .53$）に上昇し（$t(211) = 6.69$, $p < .0001$），「引用」がある反論は他者評価が高かった（$r = .36$, $p < .0001$）。
　次に反論の典型的な質的変化を示す一人の学生の事例を挙げる。

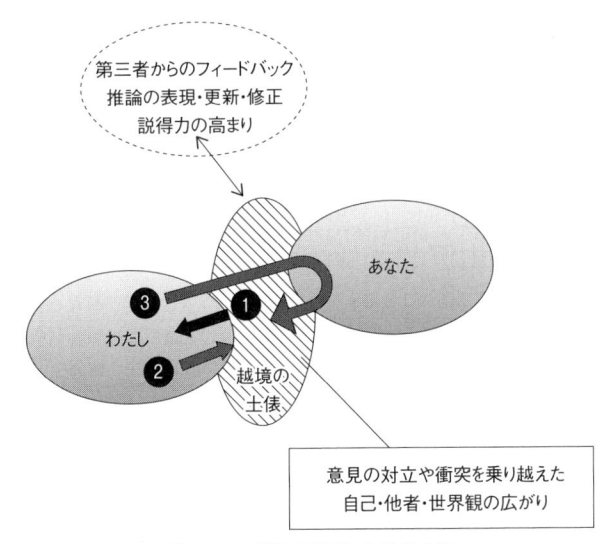

図8-2 越境の説明における土俵

［プレテスト］喫煙は体に悪く周りの人にも害がある。喫煙所などのない所でタバコを吸う人もいるのでタバコは吸わない方が良い。よって反対。

［ポストテスト］賛成側は個人の自由だと言ったが，そうではないと思う。その個人には家族があり，親があり，友達がいる。もしたばこで亡くなるとしたら，残された人たちはどうすれば良いかわからない。吸うか吸わないかは個人の自由だが，そのことにより影響されてくるのは周りの人たちだし，まだマナーが悪い人は多くいる。意味もなく副流煙を吸い，関係のない人がたばこの処理をする。たばこは吸わない人たちにも多くの影響を与えている。よって喫煙は個人の自由ではないと思う。

　プレテストでは論点について自分の主張を個別に述べているだけだったが，ポストテストでは「吸うか吸わないかは個人の自由だが」など相手の主張を引用し，関連させて自分の主張とその根拠を述べている。主張全体をみると，プレテストでは文章を羅列したものがポストテストでは「個人の自由ではない」という主張のもと，すべての文章が関連づけられて一貫性がみられる。

　以上の結果より，反論学習により反論の文字数が増加したことから，他者の主張に対する異論を詳細に説明するようになったといえる。質的にも主張が構造化されており，反論には考え方・構造・表現の訓練が必要なことが明らかになった。また他者の主張との関連を示す「引用」が増え，引用がある反論は他者評価が高かったことから，引用は他者の主張との対立・衝突を理解したうえで反論が行われていることの指標になるだろう。以上の結果より，相手の主張を認識・理解するだけでなく違いを乗り越えるためには引用を踏み台とした反論スキルが不可欠ではないかということが新たな仮説として考えられる。反論により自他の間にある乗り越えるべき壁を適切に認識できれば，総括でどのようにまとめるかについてはその延長線上にあるといえる。

　反論訓練による学生の変化を図8-2にまとめた。❶❷は域内，❸は越境の説明と捉えられる。❶は先に挙げた域内の事例Aである。主張が曖昧で自分への問いかけにとどまっている説明である。❷は主張は明確であるが，根拠が自己完結的で他者との相互作用を生み出さない説明である。❸はポストテストの事例で，相手の文脈に飛び込みそれを引用す

ることで自分の主張を関連づけ，越境が可能となる土俵が発見された説明である。講義での反論訓練では議論の後に他者からのフィードバックがあったことから，反論の作成・発表を繰り返すなかで他者評価を手がかりに推論の表現・修正・更新を行い，自分の域を越え③に到達したのではないかと考えられる。適切な越境の土俵の発見は，ディスカッションにおいては第三者にとっての説得力として現れることが示唆される。

4．質を保証する教育のデザイン

　越境のディスカッション教育の質保証はどのようにデザインすべきであろうか。本研究で示した学習環境，カリキュラム，価値の3つのレベルのデザインに関連する視点として，越境レベル，時間的制約と教育内容，ネットワーク形成について述べる。

4.1. ディスカッションにおける越境レベル

　ディスカッションではその場の参加者の関係によって思考・表現の方法が規定されることから，学習環境のデザインにおいて「誰と」ディスカッションするかが重要な要因となる。そこでこれまでの筆者の経験をもとに，ディスカッションでの参加者間の越境性に着目し，越境のレベルを分類した（表8-4）。越境レベルは「学習環境」「世代」によって6つに大きく分けられる。「学習環境」は知識・価値観・物事の見方・情報のインプット／アウトプット方法，学習と自己実現の関連が含まれる。「世代」は年齢や年代である。生きている文脈が異なれば学習環境や経験も異なり，話題も自ずと変化する。この2つの基準より6つのカテゴリーは越境の程度が低いものから高いものの順に「自分」「クラスメート」「学内の学生」「学外の学生」「子供・大人」「海外の学生・先生」に分けた。

　「自分」は，自分とのディスカッションである。「自分はどのような価値をもっているか」「それは社会的な価値と違うか」について自己内対話により気づくことは新たな自己発見につながる。口頭でのディスカッションは不可能なため，複数の視点から自分の考え

表8-4　ディスカッションにおける対象の越境レベル

学習環境	世代	越境対象とレベル	説明	例	推奨時期
共有	同じ	レベル0 自分	自分を離れてみることで新たな自己に気づき，自己の発展・確立につながる	複数の視点・過去・現在・未来の自分・ポートフォリオ	1～4年次
		レベル1 同じ学部・学科 クラスメート	行動様式や情報収集レベルが同じで，キャリア線上にいる他者を越境する	生活の様子の共有 異なる視点・比較	1年次
		レベル2 学内の学生 2，3は不可逆	行動様式や情報収集レベルがほぼ同じで，キャリア線上は異なるかもしれない他者を越境する	生活の様子の共有	2・3年次
非共有		レベル3 学外の学生	行動様式や情報収集レベルは異なり，キャリア線上は異なるかもしれない他者を越境する	生活の様子の共有	2～4年次
	異なる	レベル4 子ども・高校生 教員，社会人		大学生のときに何をしていたか	2～4年次
	同じ・異なる	レベル5 海外の学生・先生		生活の様子の共有 大学生のときに何をしていたか	2～4年次

を紙やウェブ上でまとめるのが有効であろう。「過去と現在はどう違うのか」「将来どう変わるのか」など過去，現在，未来の時間軸が異なる自分との対話も意義があると考えられる。

2点目の「同じ学部・学科クラスメート」は，同世代で共通の学習環境で学ぶ人たちとのディスカッションである。所属に共通点があると，行動様式などの同じ環境条件のなかから差異を発見することができる。これまで不可能だと思っていたことを他の学生は想像もしなかった方法で行っているかもしれない。このような類似した関係における比較によって，自分と他者の差異化を求める欲求が生まれてくる。

3点目の「学内の学生」は，同世代で学習環境も共通しているが所属が異なるケースである。文系・理系など同じ大学でも所属学部が異なればそこで共有される価値も異なる。単位の取り方，資格，生活様式等の毎日の大学生活のことから，職業観，就職先，大学院進学率等，将来のキャリアについても多くの違いがある。身近な異世界を知ることで自分の社会的位置づけが模索される動機づけになるだろう。

4点目の「学外の学生」は，学習環境は共有されないが同世代である。所属の母体となる大学が異なる場合，地域や環境はもちろん，大学がもつ風土や価値も異なることから求める学生や教育理念も異なる。このように学習環境の異なる学生と対話することは，環境と形成される自己の関係に気づき，必要な環境を自ら求めていくきっかけになる。

5点目の「子ども・高校生・教員・社会人」は学習環境も世代も異なる人たちである。世代が異なれば学習環境も異なり，その時代によって共有されている価値や文脈は異なる。それぞれ違う世界で人は何を考えて生きているのか，どのような経験をしているかを知ることは自分を振り返りロールモデルを見出すきっかけとなる。立花隆氏がゼミで学生にさまざまな人たちにインタビューを行わせまとめた『二十歳のころ』(1998)のように，ひとときでも他者の人生に思いを馳せ自分を重ね合わせることで，新しい自分を発見すると考えられる。

6点目の「海外」は，世代は同じことも異なることもあるが，学習環境が大きく異なり，国籍や母語の異なる人である。生まれ育った環境が異なることから異文化度はもっとも高く，越境性も最高レベルといえる。このような人たちとの対話により自分が置かれた状況を地球的規模で客観視し，社会経済状況や歴史，政治などの関心・理解や異文化に対するセンシティビティにつながる。対話の手段として言語能力の必要性に気づき，英語をはじめとする他の言語に対する関心が高まるだろう。

以上すべてのレベルの越境が4年間で適切なときにセッティングされることが望ましい。推奨される学習時期を表8-4に示した。レベル0の「自分」は1〜4年次で，ディスカッションの出発点でもあり終着点でもあり通過点でもある。レベル1の「同じ学部・学科クラスメート」は1年次で，初年次教育として新たな生活でのアイデンティティを形成するためには仲間との対話によるポジショニングの機会となる。レベル2の「学内の学生」は2・3年次で，レベル1の経験を踏まえたホームのなかのアウェイを知ることで自己観に多様性が生まれる。段階を踏まえると，レベル1からレベル2に進むのが効果的だと考える。レベル3の「学外の学生」は2〜4年次で，アルバイトやサークル活動が該当する。同年代の学生の異なる考え方を知ることで競争意識が芽生え，自分の生き方を考える機会となる。レベル4の「子ども・高校生教員，社会人」は2〜4年次である。地域や親戚の付き合いなどにより身近にある異なる社会を知る機会となる。レベル5の「海外の学生・先生」は2〜4年次である。幅広いものの見方を身につけ，越境知覚・認識がより正確になる。

さまざまな越境レベルを経験したとしても適切な振り返りがなければ成長に至らない。

4年間のカリキュラムのなかでそれぞれの位置づけを明確にし，学生にそれぞれの目的や意味を説明することは気づきを促すと考えられる。自分と同じ領域の他者と想定されても実際には異なる点があったり，異なる領域であっても共通点がみつかるだろう。越境の状況で自らの越境行為をモニターし自分や他者に起こる変化を丁寧に感じ味わうことが重要であり，この経験が大学卒業後，地球規模の広域ネットワークにおいてディスカッションを通じた社会関係資本を築く基盤となる。

4.2. 時間的制約と教育内容

カリキュラムのデザインを考えるうえで，ディスカッションを講義で導入する際のもっとも大きな制約は時間である。1科目半期15回の講義で何回ディスカッションが行えるかによって内容は変わってくる。そこでこれまでの筆者の経験をもとに，ディスカッションが導入される期間を短期，中期，長期，その他に分けてそれぞれの特徴を分類した（表8-5）。

はじめに，短期の場合は1回の講義で行う場合である。半期であれば15回の講義中に理解を深めるために導入される例が考えられる。コマ数は1回で，内容は自分の考えをまとめて人前で発表し，相手の発表内容を理解するなどが目的になる。この場合，新たなスキルを学習して活用するには時間が少なく個人差が出やすいため，教示するスキルはできるだけ経験や能力を要しないシンプルなものが望ましい。講義では新鮮味から学生の集中力を高めることができるが，一方で内省の時間が十分にとれないため実践のみにとどまってしまう可能性もある。このような場合には振り返りを次回の講義で行うことも可能である。1コマ限りでは個人差が最大になるため，司会者を設けるなどして経験や能力の違いを乗り越えて協力し，即効性のある学び合う雰囲気づくりが重要である。

中期の集中講義では，2，3日から1週間で完結する講義が考えられる。このような講義ではディスカッションを少なくとも3回程度行うことができるため，手続きやルールについて深く理解することができる。また目標を設定して，実際の行動がどうであったかといった振り返りによって，深い理解が得られるであろう。ディスカッションにおける自分の長所・短所を他の学生と比較して，学生の成長をみることで自分も成長しているという実感を与えることができる。一方で，回数が多くなると関心によっては集中力が持続しな

表8-5　学習環境：時間的制約に適した学習内容

期間	コマ数	内容	利点	問題点
短期	一回のみ	慣れ親しみ，修練を要しないスキル・考え方	集中力維持 即興性	学習内容が限られる 内省が得られない 個人差が最大 雰囲気づくり
中期	集中講義	手続き，内省，目標設定	集中力維持 学習内容の短期構造化	ニーズ分析 学生の能力との兼ね合い
長期	半期から通年	仲間作り，コミュニティの形成，アイデンティティの形成，キャリアに位置づける	学習内容の長期構造化 スキル向上 コミュニティの土台	集中力維持できない 仲間作りの変数
その他	課外活動	自主性の育成，学科・学部，大学のくくりを超えた仲間づくり	主体性を育める 越境性が高まる	物理的制約や指導者の有無

い学生も出てくるため，学生のニーズを適切に把握して柔軟に対応することが必要となる。

　長期の講義では，半期から通年を通してディスカッションが導入されるケースである。このような場合は3回以上，多い場合は毎回の講義で導入することができる。長期にわたる導入では，1回目は分からなかったことが2回目で分かったというような時間による理解の成熟が期待できるため，準備を重視した実践など時間を要する学習内容を扱うことができる。クラスには，数回ディスカッションを行うことで局所的なコミュニティの形成が期待できる。内省が促され，他者や自分のキャリアのなかに自分がどのように位置づけられるのか考えることによってアイデンティティの形成の機会にもなるだろう。一方で，関心がない学生が形成されつつある学習コミュニティから外れないような注意が求められる。

　その他については，講義外の課外活動によるディスカッションがある。講義と異なり強制力がないため，学生が自主的に意義を感じて活動をつくりだすことになる。課外活動においては，学生の自主性の育成が期待できるだけでなく，学科・学部，大学のくくりを超えた仲間づくりにおいても重要である。物理的制約や指導者の有無によって活動の質が変わってくる可能性もあり，そういった課外活動にアクセスする段階で個人差があることが問題点であろう。そのため，短期・中期・長期にかかわらず，講義が時間外の学習コミュニティを創出する機会にもなりうることに注目したい。講義で学習コミュニティが形成され，そのなかで数人の仲間づくりが成功し，彼らが自主的に講義外で集まり課外活動を行えるよう教員が物理的・心理的に支援することも重要だと考えられる。

　カリキュラムに適した具体的な教育内容を検討するために，1年次に行われる導入教育としてディスカッションを教える場合を考えてみる。導入教育は大学入学後の教育効果を高めることを目的として各大学で実施されるようになった。導入教育で重視される内容として「スチューデント・ソーシャルスキル」「学習スキル」「情報資源活用スキル」「教科補習」の4つがある（山田，1999）。このうち性質上，教科補習を除いた3つの導入教育の要素を学ぶためのディスカッションの活用方法を提案する。

　「スチューデント・ソーシャルスキル」は，ディスカッションのグループ作成や資料収集などを発表日までに十分に行うための時間管理や学習習慣の組織化が含まれる。準備の段階ではグループワークを行うと協調性や責任感の向上や，資料をどのように使うかについて著作権など倫理観の涵養にもつながる。実践では，集中力や記憶力の習得，話す聞くときの態度や礼儀，協調性の養成などが可能である。「学習スキル」については，発表の原稿作成はもちろんのこと，図書館や情報探索スキルの向上，資料作成においてパソコンなどの情報処理基礎技術も身につく。リサーチにあたってはフィールド・ワークや調査実験方法や読解・文献購読の方法を知っておくと役立つだろう。口頭発表の技法論理的思考力や問題発見・解決能力の向上と関連する。「情報資源活用スキル」については，情報収集や資料整理の方法や，関連する教員やセンター等の紹介により大学内の教育資源の活用方法も学ぶことができる。ノートの取り方による理解度の違いなども重要なテーマとなる。どの内容においても，実践後の適切なフォローがスキルの向上には重要である。準備から実践のよかった点や課題について振り返り今後の目標を立てることで，大学教育・仕事への動機づけ，大学への帰属意識の向上，自己肯定感の向上が期待できる。

　この他に，それぞれの要点を実践段階でのディスカッションのトピックとすることも可能である。たとえば，社会スキルという新たな価値について実感させるために「キャンパス内での禁煙」「大学生は勉強をすべき」など大学生に関わることについて学生に議論させることは有効であろう。その問題の背景や解決策を学生同士で考えることでその問題に

対する自分なりの立場や価値観の形成につながる。ディスカッションを反復練習をすることでスキルや態度が確実に身につき，課題に対する動機も高まるものと考えられる。

4.3. 越境的説明の教授学習を支えるネットワーク形成

ディスカッションの価値のデザインはもっとも難しく，組織の教育目標やアドミッションポリシーと関わることから，学習者や指導者などの構成員の絶え間ない議論によって維持されると考えられる。ディスカッションの価値には，「柔軟な思考力を身につけること」「異なる意見をもつ他者を尊重すること」「生きる力を育むこと」などさまざまな価値がありうる。さらに，この価値は構成員の成長によって変化し，その都度，価値を確認することで新たな価値が再発見され発展するものといえる。

このような教育場面で越境の説明を創出し，価値を共有する共同実践体を構築するためには共同体間の物理的な支援ネットワークが必要である。越境状況では心理的・物理的な抵抗を越えなければならないため，個人で持続可能な学びを継続するのは困難だからである。とくに本邦ではディスカッションの教育手法が確立されておらず，さまざまな試みが同時進行で行われている。このような状況では，一時的にディスカッションを行ったとしてもイベント性が強くなり，得られた知見が蓄積されにくい。

学習者・指導者双方に多大なエネルギーが必要な越境的説明力の教授学習には，まず教員の支援が重要だと考える。なぜなら学習者の学習環境は教員によってつくられ，教員を支援することが学習者を支援することに直接つながるからである。指導者は学生に適したディスカッション教育の方法を研究し，自己変革・技術の研鑽に努めなければならない。教員同士で情報交換できれば，学内外に同じ志をもつ仲間がいることは大きな励みになり，孤独感や学びの停滞を防止できる。日々の些細な気づきを共有できれば，そこにどのような意味があるのか協同で探索することでよりよい教育が創出されるだろう。日常的に未知の方法や対象に出会うためのネットワークを形成し，状況に応じて増加・減少・集中化することが求められる。

学習者にとっても，ディスカッションのスキルや態度は多様な他者との関わりのなかではぐくまれるため，授業のように限られた空間では学習環境として不十分である。教える側・教わる側の関係性，動機を維持し高めていく練習方法などについて正統的周辺参加(Lave & Wenger, 1993) の観点から学習コミュニティを形成することが役立つと考えられる。ディスカッションは必ずしも対面である必要はなく，情報リテラシー育成を兼ねて，ウェブ上で場を設定することも可能である。適切なルールの下でウェブログやソーシャル・ネットワーキング・サービスを利用し，学外にも開くことで問題解決や発展が期待できる。ディスカッション教育という形ないものに関して知恵を持ち寄り，問題を乗り越えて，新たな教育を創造できるように，指導者も学習者も不断のダイナミクスに自らの主体性を置くことが求められるだろう。大学に関わる人間が社会との関係に開き，越境に開かれたネットワークの文脈のなかで個々の考えを表現・修正，更新し，教育内容を再構築し続けることに大学の学問性が問われているといえる。

5．今後の課題

本章では高等教育を取り巻くディスカッションに関する理論・実践について最近の動向をレビューした後，「越境の説明」の観点からディスカッションの概念を整理，筆者の実践事例を紹介し，これまで得られた知見からディスカッションの効果を高める学習環境とデザインについてまとめることを目的とした。反論訓練の効果が認められたが，今後は反

論のみならずシステム全体の効果測定と評価に取り組む必要がある。また越境的説明力と日常の行為との関係についても検討を要するだろう。刻々と変化する社会において大学を拠点に教員と学生が学習コミュニティを醸成し，学問する主体として学び合う社会の担い手を輩出する大学教育のあり方について越境的ディスカッションが絶えず続くことを期待したい。

■ 引用文献

Anderson, R. C., Nguyen-Jahiel, K., McNurlen, B., Archodidou, A., Kim, S., Reznitskaya, A., Tillmanns, M., & Gilbert, L. (2001). The snowball phenomenon: Spread of ways of talking and ways of thinking across groups of children. *Cognition and Instruction*, 19, 1-46.

Barnlund, D. C., & Haiman, F. S. (1960). *The dynamics of discussion*. Boston, MA: Houghton Mifflin.

Baukus, R. A., Kosberg, R. L., & Rancer, A. S. (1992). Beliefs about arguing as predictors of trait argumentativeness: Implications for training in argument and conflict management. *Communication Education*, 41, 375-387.

Felton, M., & Kuhn, D. (2001). The development of argumentive discourse skills. *Discourse Processes*, 32, 135-153.

深川美帆・三浦香苗 (2010). 異文化ディスカッションにおけるトピックについて：実践からの考察をもとに 金沢大学留学生センター紀要, 13, 23-43.

ホッブズ　永井道雄・上田邦義（訳）(2009). リヴァイアサン〈1〉中央公論新社

Infante, D. A., & Rancer, A. S. (1982). A conceptualization and measure of argumentativeness. *Journal of Personality Assessment*, 46, 72-80.

Lave, J., & Wenger, E. (1991). *Situated learning: Legitimate peripheral participation*. New York: Cambridge University Press. (レイヴ, J., & ウェンガー, E. (著) 佐伯 胖 (訳) (1993). 状況に埋め込まれた学習―正統的周辺参加　産業図書)

丸野俊一 (2006). 子ども主体の学び合いを中心とした授業づくりを求めて　九州大学議論研究プロジェクト・授業づくり公開セミナー研究会資料

森本郁代・大塚裕子 (2012). 自律型対話プログラムの開発と実践　ナカニシヤ出版

中野美香 (2005). ディベートの功罪：パーラメンタリー・ディベートに参加する大学生の意識　スピーチ・コミュニケーション教育, 18, 1-19.

中野美香 (2006). 日本人学生の議論能力を規定する要因の検討：アジアのパーラメンタリー・ディベート大会を対象に　北出　亮他（編）新たなコミュニケーション学の構築に向けて：日本コミュニケーション学会創立35周年記念論文集　日本コミュニケーション学会出版　pp.61-73.

中野美香 (2007). 実践共同体における大学生の議論スキル獲得過程　認知科学, 14 (3), 398-408.

中野美香 (2011). 議論能力の熟達化プロセスに基づいた指導法の提案　ナカニシヤ出版

中野美香・高原健爾・梶原寿了 (2010). 福岡工業大学電気工学科の1年生を対象とした半年間のディベート教育の効果　電気学会論文誌 A, 130 (1), 81-86.

中野美香 (2013). 議論実践熟達化総合モデルおよび実践コミュニティ創生型議論評価システムの開発. 科学研究費補助金基盤若手（B）研究成果報告書：平成22-24年度．（課題番号：22700831, 研究代表者：中野美香）

Norman, D. (1988). *The psychology of everyday things*. New York: Basic Books. (ノーマン D. A. (著) 野島久雄 (訳) (1990). 誰のためのデザイン？―認知科学者のデザイン原論　新曜社)

沖林洋平 (2004). ガイダンスとグループディスカッションが学術論文の批判的な読みに及ぼす影響　教育心理学研究, 52 (3), 241-254.

Prunty, A. M., Klopf, D. W., & Ishii, S. (1990). Japanese and American tendencies to argue. *Psychological Reports*, 66, 802.

ランダムハウス英和大辞典第二版編集委員会 (1993). ランダムハウス英和大辞典　小学館

杉原真晃 (2005). 遠隔授業におけるコミュニケーションの特徴と学生の学びの検討　京都大学高等研究, 11, 67-81.

立花　隆・東京大学教養学部立花隆ゼミ (1998). 二十歳のころ：立花ゼミ『調べて書く』共同製作　新潮社

高柳理早・山田安彦・大関健志・横山晴子・平塚　明・大野尚仁・笹津備規 (2006). 薬学部新入生の早期体験実習におけるKJ法を用いたスモールグループディスカッションの有用性　薬学雑誌, 126, 1179-1183.

Tannen, D. (1998). *The argument culture: Moving from debate to dialogue*. New York: Random House.

富田英司・水上悦雄・森本郁代・大塚裕子 (2009). 大学生の対話力の自発的成長を促す学習環境の探索：話し合いに対する自己評定値からの分析　日本教育工学会論文誌, 33 (4), 431-440.

Webster's New World College Dictionary (2012). Webster's New World College Dictionary Merriam Webster; 11 Har/Cdr 版

山田礼子（編著）(1999). 大学における導入教育の実際　平成9・10年度私立大学等経常費補助金特別補助「特色ある教育・研究」研究成果報告書

吉澤隆志・松永秀俊・藤沢しげ子 (2009). 授業形式の違いが学習意欲に及ぼす効果について：グループディスカッション授業の効果　理学療法学科学, 24（3）, 369-374.

9 プロジェクト
日常への関心から出発する越境の説明力の構築

比留間太白

　大学は研究と教育の機関である。研究と教育とを結合する要として注目されているのがプロジェクトである。プロジェクトでは，学生が伝達を通して知識を獲得するのではなく，本物の研究に主体的に関わり，知識を生産することが必要となる。知識生産は，近年の急速な社会変化にともない，確定的な知識を適用することでは問題の解決が困難となり，その都度，知識を生産していかねばならない状況に対応して，現場で生じた問題を異なる領域の専門家や当事者が一時的に集合して解決にあたる，「モード2」と呼ばれる様式に変化しつつある。この様式の知識生産では，文脈を共有しない者がそれぞれに経験している多元的な現実を交渉すること，すなわち，越境の説明が重要となる。大学教育の1つの目的を「モード2」の知識生産にたずさわる人材の育成とするなら，大学において，プロジェクトを通して獲得が期待される越境の説明力はこの知識生産様式を支えるものとなる必要がある。ただし，この知識生産を，学生がたずさわる大学でのプロジェクトにおいて実施するには困難がともなう。本章では，大学で越境の説明力の構築を促進する1つの方法として，多元的現実を包摂する日常への関心から出発するプロジェクトを提案する。このプロジェクトでは，①学生の関心に基づき，②自由度が高く，③関心が継続的に生産されるよう設計されることが重要となる。

1．はじめに

　プロジェクトとは「ある目的を達成するために慎重に計画された事業を個人または集団で実施することである」(Oxford Dictionary of English 2nd edition revised, 2005)。この一般的定義からすれば，人間が関わる諸活動がプロジェクトといえるが，本章では，研究と教育に関与する大学に密接に関係する，学生が中心となり主体的に関わる研究プロジェクトに焦点を当てて検討していく。本章が対象とする研究プロジェクトの典型例は，卒業研究や卒業論文，学生研究（Undergraduate Research）[1]であるが，学生が主体的に関わる研究であれば，実験や演習，実習等も含まれる。以下では，単にプロジェクト[2]と呼ぶことにする。
　プロジェクトでは，特定の研究テーマについて，学生個人あるいはグループが，図書館

---

1) 学生研究とは，学士課程中，大学や外部の研究機関において，専門家（大学の場合は教員）の助言や支援のもと，数週間（たとえば，3年次から4年次への移行期の夏期休暇中の10週間）にわたり，専門分野の実際の研究に従事し，その成果を公表する活動である。学生研究の背景と国際的動向については中井（2011）を参照されたい。ただし，中井は Undergraduate Research を研究体験と訳している。本章では，学生が本物の研究に従事することが重要であるということを強調するためあえて，学生研究と訳している。シーモアらのレビューは科学研究に従事している学生研究を主としているが，学生研究に音楽や芸術作品の創作活動を含める捉え方もある（Kinkead, 2003）。

や実験室といった大学内の諸資源を利用して，数ヶ月から1年間といった比較的長い期間を通して，問題の設定からその解決，そして公表までを主体的に遂行し，管理する。たとえば，卒業研究の場合，学生は研究室やゼミに所属し，教員による指導のもと研究を進めていく。まず，所属した研究室やゼミで行われている研究に関係する研究課題を定め，研究を計画し，実行し，研究成果を論文として報告していくことになる。

プロジェクトを教育という観点から捉えるなら，答えが明確となっていない問題を一定期間にわたって専門家の助言を受けながら，学生個人，もしくは学生グループが探求していく探求型学習（Inquiry-Based Learning）の一形態といえる。

1.1. プロジェクトの教育効果

日本において，プロジェクトの典型である卒業研究や卒業論文を対象とした実証的研究は少ない（たとえば，橋本，2011；酒井・山田・神藤・田中・荒木，2006）。そこで本節では，欧米において活発に実施され，かつ実証研究が蓄積されている学生研究を取り上げ，学生がプロジェクトに取り組むことによる教育効果を概観していく。

シーモアら（Seymour, Hunter, Lursen, & Deantoni 2004）は2002年までに出版された学生研究の教育効果に関する研究論文や評価報告書54編を検討し，24種類の効果にまとめている（表9-1）。

このうち，多くの文献において効果が指摘され，かつ実証的研究により，十分な効果が確認されているものは，キャリア選択の明確化，キャリア準備の促進，専門領域への関心の向上，研究プロセスの理解の向上，研究や実験スキルの向上である。これらの効果は，2002年以降の研究（たとえば，John & Creighton, 2011; Lopatto, 2004）においても確認されており，安定しているといえる。コミュニケーション・スキルの向上は，多くの文献がその効果を指摘しているが，学生研究では口頭発表の機会は設けられているものの，論文執筆の機会は多くなく（John & Creighton, 2011），関連する文章力向上は期待した程ではないという報告もある（Kardash, 2000）。

批判的思考や研究課題へのアプローチの方法といった高次の思考力の向上については，その効果を言及した報告は13文献と多いが，いずれも体験に基づいた証拠である。また，実証的研究では向上の程度は大きくないという指摘もあり（Kardash, 2000; Loppato, 2004），文章力と同様に確定的とはいえない。

プロジェクトへの参加は，研究への関心や態度，理解を向上させ，基礎的な研究スキルの習得には有効である一方で，研究遂行に重要となる批判的思考や研究課題へのアプローチ，論文執筆といったスキルを十分に構築するには至っていないのが現状といえる。

1.2. 本章の目的

学生がプロジェクトに取り組むことには一定の教育効果があるが，十全ではないという点で，これまで実施されてきたプロジェクトには改善の余地がある。そこで，本章では，越境の説明という観点からプロジェクトを捉え直し，プロジェクトの教育効果を高めるための設計原理を検討していく。まず，プロジェクトを取り巻く状況からプロジェクトに越境の説明が必要となる理由を示す。次に，筆者が関与した研究を事例とし，プロジェクト

2）教育学においては，キルパトリックによるプロジェクト法（Kilpatrick, 1922）が著名であり，そのTYPE 1，TYPE 4に共通する「目標設定（purposing）」「計画（planning）」「実行（executing）」「判断（judging）」は，本章が対象としている研究の特徴である探求型学習の要素と類似するものと考えられるが，その厳密な比較は筆者の力量を超えているため，これ以上は立ち入らないことにする。

表 9-1　学生研究の効果 （Seymour et al., 2004に基づき作成）

効果の内容	言及文献数
関心の向上	
●専門領域への関心の向上	22
●マイノリティ学生の科学分野への進学増大	5
●退学率の低下	5
キャリア準備と選択	
●キャリア準備の促進（より困難な研究や科学の専門職への準備）	16
専門家への社会化（professional socialization）	3
人的ネットワーク作りの機会向上	2
●キャリア選択の明確化（大学院進学を含む）	24
基本的研究スキルの向上	
●研究や実験スキルの向上	13
協働のためのスキル向上	8
●コミュニケーション・スキル（文書力，プレゼンテーション，議論）の向上	13
リーダシップ・スキルの向上	3
高次の思考力の向上	
批判的思考や研究課題へのアプローチ方法の向上	13
●科学的知識の増大	3
●科学リテラシーの向上	9
研究プロセスの理解	
●研究プロセスの理解向上	10
●科学者の思考の理解向上	5
本物の問題への科学者の取り組み方の理解向上	18
●科学的知識の生産過程の理解向上	2
自信の向上	
●研究能力に対する自信の向上	11
自尊心の向上	2
学習の転換	
受動的学習から能動的学習（active learning）への転換	8
学習コミュニティーの形成	
●学習コミュニティーの成員となる	10
●学習コミュニティーの成員となる（有色人種の学生）	5
●教員とのつながり	12

●は支持する証拠が十分に示されている研究を含む

に必要とされる越境の説明力を特定する。そのうえで，越境の説明力を構築するためのプロジェクト設計方針を，プロジェクトに関する研究成果と筆者が実施した教育実践に基づいて提案したい[3]。

2. プロジェクトを取り巻く状況

　本節では，プロジェクトと越境の説明力との関係を明確にするためプロジェクトを取り巻く状況を2つの観点から検討する。まず，大学教育という観点から，研究と教育とをどのように結びつけるかという研究‐教育ネクサス（Research-Teaching Nexus）の問題を取り上げ，次に，研究という観点から，新しい研究のあり方として提案されているモード

---

[3] プロジェクトは研究という科学的な営みばかりではなく，そこには経営的，経済的，政治的な営みも関わっている。プロジェクトの運営に関するプロジェクト・マネジメントや，科学的営みに関係する予算や利権といった問題は，筆者の力量を超えており，本章では扱わない。

2（Mode 2）の知識生産の問題を取り上げる。

2.1. 研究‒教育ネクサス

　大学は教育機関であり，かつ研究機関である。研究‒教育ネクサスは，2つの機能をどのように結びつけるかという議論であり，19世紀初頭の近代大学発足から現代に至る古くて新しい問題である。1810年頃に執筆されたとされるヴィルヘルム・フォン・フンボルト（Wilhelm von Humboldt）が構想した研究を中心とした大学という理念（Elton, 2001；潮木，2007，2008）から[4]，現代の研究‒教育ネクサス論まで，約200年にもわたって議論されてきた。

（1）研究‒教育ネクサスの類型
　研究と教育とを結びつけるカリキュラムはさまざまである。最新の研究内容や研究方法を講義内容に含めること，研究方法を実践させること，あるいは学生を研究に参加させることなど，いずれも大学教育のなかで広く行われている。

　ヒーリー（Healey, 2005）は，研究‒教育ネクサスの観点から大学のカリキュラムを検討し，研究成果（research content）の強調か研究過程（research process and problems）の強調か，聴衆としての学生か参加者としての学生か，授業者中心の授業か学生中心の授業かという3つの次元を特定し，これを2次元にまとめて，専門分野の研究成果の伝達を目的とした研究成果主導（Research-led）カリキュラム，研究方法や研究に関連する知識やエートスの伝達を目的とした研究過程志向（Research-oriented）カリキュラム，主として授業者の研究論文と題材として議論する研究個別教授（Research-tutored）カリキュラム，学生が研究に取り組む研究実践（Research-based）カリキュラムの4類型を提案している[5]。プロジェクトは，このうちの研究実践カリキュラムに位置づけられる（図9‒1）。

（2）研究‒教育ネクサスの中心
　研究‒教育ネクサスの議論は，当初，授業者の研究上の生産性と教育効果との関連に焦点が当てられてきたが，近年では学生の学習に焦点が移行し，研究個別教授カリキュラムや研究実践カリキュラムという学習者中心の教育が研究‒教育ネクサスに重要であると主張されている（たとえば，Brew & Boud, 1995; Elton, 2001）。そのなかでも，学生が研究者となること（Scott, 2002），学生が研究成果の生産者となること（Neary & Winn, 2009）が重要であると主張されるなど，とりわけ研究実践カリキュラムが注目され，学生が本物の研究に従事することが重要であるといわれている（Laursen, Hunter, Seymour, Thiry, & Melton 2010）。

　本物の研究とは，単に研究を専門家が行っているとおりになぞるのではない[6]。先にプロジェクトを教育の観点から探求型学習の1つと位置づけたが，ここでいう"本物"は，この探求型学習の様式に関係している。

4）潮木（2007, 2008）はフンボルトの理念は近代大学の始まりであるベルリン大学発足当初から流通していたのではなく，その100年後の1910年に発見されたというパレチェク仮説を検討している。ただし，ベルリン大学で行われたゼミナールという教育方法は研究を中心としたものであったという。
5）グリフィス（Griffiths, 2004）の3類型に研究個別指導を加えたものである。
6）専門家養成の方法として，専門家のもとで見習いしながら専門家になっていく徒弟制もあるが，徒弟制であっても守破離という過程があるように，独自の問題をもつことが専門家となることであり，単になぞって終わる訳ではない。また，多くの場合，大学教育の期間内に守破離の達成は困難と考える。

2. プロジェクトを取り巻く状況

学生中心／参加者としての学生

	研究個別教授 (Research-tutored)	研究実践 (Research-based)
	学生の論文作成，研究論文に関する討論に焦点をおいた学習を強調したカリキュラム	学生の探求型学習を強調したカリキュラム

研究成果強調 ────────────────────── 研究過程強調

	研究成果主導 (Research-led)	研究過程志向 (Research-oriented)
	専門分野の研究成果の教授を中心に構造化されたカリキュラム	専門分野での知識構築過程の教授を強調したカリキュラム

教師中心／聴衆としての学生

図 9-1　研究−教育ネクサスとカリキュラム・デザインの類型（Healey, 2005）

　リーヴィーとピーターユリース（Levy & Petrulis, 2012）は，探求型学習の様式を，既存の専門的知識の探索を通した知識獲得としての学習であるのか，それとも未解決の問題を探求することによる専門的知識自体の構築であるのかという目的の次元と，学生が主導となるのか，それとも授業者が主導となるのかという学習枠組みの次元という 2 つの次元から捉え，図 9-2 に示されるように，「創造」（Authoring：私が見出した未解決の問題にどう解答することができるか？），「生産」（Producing：与えられたこの未解決の問題にどう解答することができるか？），「追求」（Pursuing：私が見出した問題への既存の解答は何か？），「特定」（Identifying：与えられたこの問題への既存の解答は何か？）の 4 つの様式に分類している。さらに，各様式を，基本的な情報リテラシー，形成的なフィードバック，学生の自信，問題の枠づけや方向性の指示，学生間の協働といった側面へ，どの程度の支援があるかによって，強い支援と弱い支援の 2 つに区分する枠組みを示してい

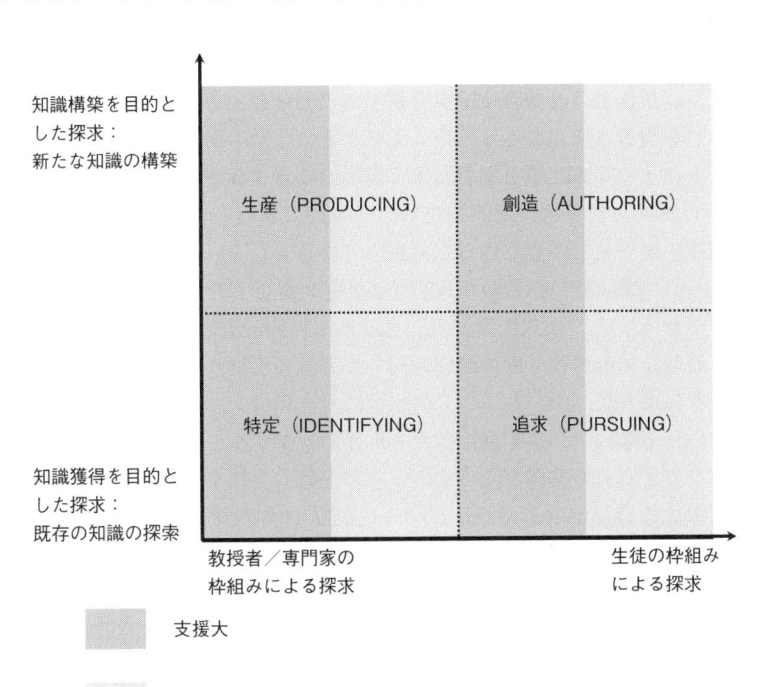

知識構築を目的とした探求：
新たな知識の構築

生産（PRODUCING）	創造（AUTHORING）
特定（IDENTIFYING）	追求（PURSUING）

知識獲得を目的とした探求：
既存の知識の探索

教授者／専門家の枠組みによる探求　　　　　生徒の枠組みによる探求

支援大

支援小

図 9-2　探求型学習の様式（Levy & Petrulis, 2012）

る。

　このうち，本物の研究は，学生が見出した未解決の問題に解答を与えようとする「創造」様式の探求型学習に相当する。この探求様式は問題の把握から始まり，分析，解答，評価へと進む科学研究過程そのものであり，批判的思考の要素（道田，2000）にも対応する。先にプロジェクトの教育効果のうち批判的思考力や研究課題にどのようにアプローチするかといった科学的思考力の向上が確定的でないことを指摘したが，その理由としてこの探求様式の違いを挙げることができる。あらかじめ問題や分析の方針が与えられた「生産」様式のプロジェクトでは，科学的思考過程や批判的思考過程の一部の要素にしか関わることができず，学習に十分適した環境とはいえない。プロジェクトにおいて，批判的思考力や科学的思考力を向上させるには，学生を本物の研究にたずさわらせることが重要である。

　もちろん，ただ学生に本物の研究を実施させればよいわけではない。図9-2中にも示されているように，強弱はあれ，その実施には一定の支援が必要である（Levy & Petrulis, 2012）。そもそも，大学入学以前の初等中等教育では，研究成果である知識の伝達を主としており，知識生産に関わることはまれである[7]。したがって，知識生産過程そのものの理解から支援を行わねばならない。この支援を教育的な働きかけと考えるなら，教育のなかで学生が本物の研究にたずさわるプロジェクトは，研究-教育ネクサスの要となるものである。

　研究を教育の中心に据えることは，現代に始まったことではない。1812年にベルリン大学において古典文献を研究する「ゼミナール」が設けられた近代大学の発祥までさかのぼることが可能である（潮木，2008）。大学教育においてプロジェクトを中心におき，プロジェクトを通して学ぶことが近代大学の成立以降，連綿と企図されてきたのである。

2.2. 研究の変化：新しい知識生産「モード2」

　プロジェクトにおいて学生は研究という知識生産活動に従事するが，この活動に変化が生じている。ギボンズら（Gibbons, Limoges, Nowotny, Schwartzman, Scott, & Trow, 1994）は，現代における知識生産を分析して，大学において特定領域の専門家が知識を生産し，これを現場で応用するような，大学が知識生産の拠点となる伝統的な生産様式である「モード1」の知識生産と並行して，現場でのさまざまな場面で生じている問題を異なる領域の専門家や当事者が解決のために一時的に集合して知識生産に関与する「モード2」の知識生産が生じてきていると主張している。

　「モード1」の知識生産では，一定程度文脈を共有する同じ専門分野の研究者が知識生産にたずさわる。この知識生産では，もっぱら専門分野という「域内の説明」（本章第1章）が行われ，同じ専門分野の研究者間でのみ流通可能な専門用語を駆使した言説が生産されることになる。

　一方，「モード2」の知識生産では，専門家と当事者，異なる領域の専門家という文脈を共有しない者同士の協働が発生する。そのため，文脈を異にすることに由来した解釈の違いを交渉する必要が生じてくる。「モード1」の知識生産においても，予算獲得や研究成果の公表という知識生産の周辺において交渉が必要となるが，「モード2」の知識生産においては，3節で述べるように生産過程の中心での交渉が要となる。

　これらの交渉において「越境の説明」が重要な役割を果たすことになる。なぜなら，越

---

[7] もちろん，探求型学習により，学習者自身が知識を生産するという事例もある（たとえば，Wells (1999) の6章を参照）。ただし，これが事例として取りあげられるほどにまれともいえる。

境の説明は「互いに文脈を共有しない人間の間で行われる言語を中心とした相互理解のプロセス」（本書第2章）だからである。

2.3. 大学におけるプロジェクトと越境の説明

プロジェクトは研究－教育ネクサスの要であり，そこでは本物の研究を行うことが求められている。本物の研究とは，学生自らが未知の問題を見出し，これを探求して，知識を生産していくことである。知識生産自体は「モード1」でも「モード2」によっても可能である。ただし，ほとんどの学生が大学から社会へ移動し，当事者として現場で生じる問題の解決にあたること，たとえ大学において専門家となったとしても，現場で生じる問題に当事者と協働してあたる可能性があることを考えるなら，現代の大学におけるプロジェクトは「モード2」の知識生産に関与できる人材の育成を含む必要があるといえる。つまり，本物の研究を通した越境の説明力の構築が大学におけるプロジェクトの理想型であるといえる。

3．「モード2」のプロジェクトにおける越境の説明力の特徴

本節では，プロジェクトにおいて必要とされる越境の説明力を特定するため，「モード2」のプロジェクトにおいて，越境の説明がどのように立ち現れ，どのような内容の説明となるのか，ここでの越境の説明力とは何かを，筆者自身が関わった研究事例の分析から検討する。そのうえで，大学のプロジェクトにおいて越境の説明力を構築しようとする際の問題を検討していく。

3.1.「モード2」のプロジェクトとしての教育的介入研究

教育的介入研究とは，現場の教師と研究者が協働して，授業をデザインし，実践し，そして評価していく教育実践研究の1つである（比留間，2008）。教育現場で生じている問題を現場の教師と研究者が協働して解決し，その過程で教育実践に関わる知識を獲得しようとする点で「モード2」の知識生産ということができる。

筆者が関係した事例では，まず，教師から児童の聞く・話すスキル不足という現場の問題が寄せられた。この問題に対して，筆者は英国で開発された協働思考プログラムという話し合いのための授業を提案し，これを実践することで解決が試みられた[8]。研究は2005年6月より約5年間継続され，その間，さまざまな交渉が行われてきた[9]。ここでは介入研究開始時点での研究者（筆者）と教師との異なる現実が交渉された場面を取り上げる[10]。

（1）研究者と教師の異なる問題把握

教育的介入の開始前に教師から寄せられた問題は児童の聞く・話すスキル不足であっ

---

[8]この介入研究を英国で研究開発された方法を日本に移植すると捉えるならば，純粋に現場で知識が生産される「モード2」の知識生産とはいえないかもしれない。ただし，日本語版の開発と実践は単なる翻訳，すなわち，知識伝達では済まず，日本の学校文化，当該学校や学級の特質に合わせて，内容が入れ替えられ，新たな授業内容も開発されるなど，現場において新たな知識生産も行われており，とくにその知識生産は，教師との協働がなければできないものであり，かつ，英国の研究者との協働も加わり，「モード2」の知識生産の特徴を有しているものと考えた。研究の詳細については比留間（2010）を参照されたい。
[9]伊藤（2007）は2005年から2006年にかけての交渉経過を活動理論における対象の形成という観点から分析している。
[10]詳細は比留間（2009）を参照されたい。

表9-2 「聞く・話す」という問題の捉え方の違い (比留間, 2009)

	教　師	研　究　者
概　念	聞く・話すは基本スキル	聞く・話すは協働・協働思考のための道具
原　因	経験不足によるスキル不足	コミュニケーション機会の不足
対処方法	一斉授業の段階的，個別的な，練習の必要性 例　朝のお話	コミュニケーションの適切な場を作る必要性 例　話し合い　グループ活動

た。この問題について，筆者と教師の間では，これを個人属性の問題とするのか，それとも個人間の問題とするのかという解釈の違いがあった（表9-2）。とくに，児童の基本的スキル訓練を念頭においていた教師は，教育的介入研究の重要な道具となる対処方法である，児童に話し合いやグループ活動を行わせることに，大きな懸念を示していた。聞く・話すという基本スキルが十分でない児童に話し合いやグループ活動は難しいという懸念である。

（2）異なる問題把握の交渉

この懸念に対して，筆者は2つの応答を行った。1つは，当該学級の授業観察において撮影した映像のなかから，教師の援助によって児童の話し合いがそれなりにうまくできている場面を用いて，問題は児童の聞く・話すスキル不足にあるのではないこと，教師もグループ活動を支援でき，条件がそろえば話し合いは可能であることを示した。もう1つは，話し合いのため授業である協働思考プログラムを実施するという提案である。

（3）交渉の結果

結果として教師は協働思考プログラムを実践することを決断した。交渉が行われた当該学校での教員研修会において，筆者の問題把握と提案を行った後，本研究の実施に中心的な働きをした教師からは以下のような応答があった。

> なんかすごくね，今までね，聞く話すをやっていてすごくあいまいなんですね，すごく。消えていくもんだし。でもこれ（協働思考プログラム　筆者注）教えていだだくことですごく明確，自分のなかでは明確になって，これ（協働思考プログラム）をやればある程度力つくんだなってのはよく分かるし，期待も感じる
>
> （2005年7月22日）

この応答および前後のやりとりから，教師は聞く・話すは消失するものであり，訓練の成果を確認することが難しいが，話し合いを構築するための段階的な授業である協働思考プログラムを実施することで，聞く・話すという基本スキルの獲得に一定の成果の見通しをもつことができるという感触をもったと解釈できる。この解釈を一言で述べるなら，「協働思考プログラムを通した聞く・話すの訓練」という概念となるだろう。

3.2.「モード2」のプロジェクトにおける越境の説明

この事例から「モード2」のプロジェクトにおける越境の説明の現れ方と越境の説明の内容を考えてみたい。

（1）越境の説明の現れ方

越境する説明はプロジェクト開始から現れる。「モード2」のプロジェクトでは，事例において教師と研究者との問題の解釈が異なったように，現場で生じている問題を複数の

文脈に足場を置く参加者が眺めることになる。プロジェクトを実行するには，まず，何がどう問題であるのか，すなわちプロジェクトが探求する対象から交渉しなければならない。ここでは触れていないが，その後も教材作成，指導案作成，授業の評価，実施体制等の問題とその問題に対する多元的現実が立ち現れ交渉が行われた[11]。問題が確定しなければプロジェクトは始まらず，開始されたプロジェクトは多元的現実の交渉，すなわち越境の説明を通して展開していくのである。

(2) 越境の説明の内容

交渉における越境の説明の内容は，多元的現実によって生じた問題を，当事者の現実を変更して調整したものとなる。事例の場合は，開始時につかんだであろう「協働思考プログラムを通した聞く・話すの訓練」という概念である。この説明における現実の調整とは，交渉のなかで示された研究者の現実と教師の現実とをつなげることである。もちろん，事例で到達した概念はきわめて折衷的であり，研究者と教師の現実間の共通性を抽象化し，それに基づいて1つの新しい概念として両者の現実をまったく新しく再構成するに至っているとはいえない[12]。それでも，両者の現実の共通性を探索して，再構成を試みているとはいえるだろう。

3.3.「モード2」のプロジェクトに必要となる越境の説明力

「モード2」のプロジェクトにおいて必要な越境の説明とは，多元的現実によって生じた問題を解決するために，各現実の共通性に基づく新しい現実の構成である。そのために必要な説明力とは，まず，現実が多元的であることを認識すること，それらは新たな現実として再構成可能であると認識すること，そして，再構成に向けて異なる現実間に共通点を見出し，そこを足場として新たな概念を作り出すことである。したがって，越境の説明力をはぐくむプロジェクトは，まずもって，これらの認識の獲得を目指すところから始めねばならない。

4. 越境の説明力を構築するためのプロジェクト

4.1. 大学教育における「モード2」のプロジェクト実施の困難

学生のプロジェクトを「モード2」とすれば，この様式の知識生産を担う人材を育成するうえでも，また，知識生産に必要となる越境の説明を行う正統的な場面を提供することも可能となる。しかし，学生のプロジェクトを「モード2」とすることは理想的ではあるが，現在の大学教育システムにおいて，これを実現するには困難をともなう。

第一に，「モード2」のプロジェクトは，現場で生じた問題を当事者や他分野の専門家を巻き込みながら進めることになるが，当該問題を本物の研究となるよう，学生自身から生み出される関心に適合させる機会を設けなければならない。近年は，インターンシップやボランティア活動などを通して，学生が大学外の現場に接触する機会が増えている。そ

---

[11] 交渉過程の一部は伊藤（2007）を参照されたい。
[12] このことは協働思考プログラムに参加した児童の話し合いの特徴分析の結果，「考えを述べる」，「理由を述べる」行為の向上を示していたが，「理由を尋ねる」という話し合いを深める行為の向上は示さなかったことと符合すると考えられる。児童は自身の考えを話すこと，その話を聞くことはできても，さらに考えを深く追求するという協働思考プログラムが目的とした話し合いには到達しなかった。つまり，協働思考プログラムは聞く・話す訓練としては有効であったのである。

れらの現場において生じる問題に対して学生の関心をすり合わせていくことが考えられるが，インターンシップやボランティア活動を大学に所属する全学生を対象に実施することは困難であろう。

第二に，「モード2」のプロジェクトは，現場で生じた問題に対して，関係者が即興的に集まって解決を目指すものである。現場の問題は，大学のカリキュラムに合わせて都合がよい時期（たとえば，毎年4月）に生じるよう調整されるものではない。

第三に，大学教育における学生にとって学習の主な場は大学である。教室，図書館，実験室において学生は学習活動を行っている。一方，「モード2」のプロジェクトは，現場を頻繁に訪れ，人々と交渉しながら問題解決にあたっていかねばならない。先に述べた筆者が関わった教育的介入研究の場合，実践が行われている数ヶ月間はほぼ毎日学校へ通い，毎週教師とのミーティングを行っていた。現行の大学カリキュラムは，卒業研究に取り組む上年次生を除けば，このような現場と大学との頻繁な往復を確保する時間的ゆとりはなく，たとえ上年次生であっても，就職活動に多くの時間を割かねばならない現状がある。さらに，現場との行き来を保障する予算措置もない。

現在の大学教育システムにおいて，学生が「モード2」のプロジェクトに取り組むには，上述した困難を乗り越える好条件に恵まれる必要がある。そのような好条件が多くの学生に訪れるとは考えがたい。したがって，プロジェクトそのものを「モード2」として実施するのではなく，「モード2」の知識生産につながるプロジェクトとする方策を考えるのが現状の大学教育システムに応じた方向であろう。

4.2. 大学における越境の説明のための契機

「モード2」の知識生産では越境の説明が必要となる。越境の説明の機会を，大学における従前の「モード1」のプロジェクトにおいても設定することができれば，「モード2」の知識生産への接続を準備することにはなりうる。「モード1」のプロジェクトであっても，少なくとも，越境の説明の3つの契機を考えることができる。

1つめの契機は，専門家である授業者とのコミュニケーションである。学生はプロジェクトを通して専門家となっていく（Hunter, Lauren, & Seymour, 2007）。したがって，少なくともプロジェクト開始時では，学生は専門家と異なる現実を経験していることになる。このとき，専門家と学生との関係は教師－学生ではなく，専門家と当事者という協働する同僚という関係である必要がある。

2つめの契機は，プロジェクトの経過や成果を発表する場面における，学生と聴衆とのコミュニケーションである。発表の機会は，他者に対して自身の研究成果を説明する場であり，学生の理解を深めることにつながる（Seymour et al., 2004）。ただし，聴衆が，専門家になりつつある学生とは文脈を異にする者，たとえば，非専門家となるような工夫が必要である。

3つめの契機は，他の分野の専門家とのコミュニケーションである。この場合も，1つめの契機と同様に，同僚性という関係の構築が必要であり，領域を横断した学際的な研究となる必要がある。

4.3. 日常から出発するプロジェクト

「モード1」のプロジェクトにおいても越境の説明のための契機はある。しかし，これらの契機は，学生にとって本物の研究となる問題の発見後のものである。したがって，問題の発見から始めなければならない。ところで，「モード2」のプロジェクトは，現場に問題を求めるからこそ，その問題を巡って異なる現実の交渉が必要となるのであった。大

学のプロジェクトにおいて，現場に問題を求めるための1つの可能性は，プロジェクトに関わる者の日常に見出すことができる。

　大学に関わっている者は，学生や教員に限らず，大学という知識生産と伝達の場だけにとどまっているのではない。各々の日常生活という場と日々行き来している。日常からプロジェクトの発端となる問題を見出し，その問題が多元的現実への認識を含みつつ展開するものであれば，越境の説明力をはぐくむプロジェクトへと発展させることが可能ではないだろうか。

5．日常の表現への関心の生産から始まるプロジェクト

　本節では日常から出発するプロジェクトの可能性を探るため，筆者が実施した日常の表現への関心を継続的に生産する教育実践を事例として，この実践のなかで学生が日常の表現への見方を変化させていく過程を，学生が生産した関心の解釈を通して検討する。この作業を通して，日常から出発するプロジェクトは，単に問題を日常に見出すだけでなく，日常への関心の継続的な生産が「モード2」の知識生産に必要とされる越境の説明力の要素である多元的現実の認識につながることを示す。

5.1. 実践の概要

　そもそも日常は多元的現実から構成され，我々は言語などの記号による表現を通して，これを経験している。日常において表現の生産に利用される記号は，言語だけでなく，絵，写真，映像，音楽，建築物など，多様である。日常経験はマルチモーダルに構成されている（Kress，2009）。

　日常で触れるほとんどの表現は他者による生産物であり，他者からのコミュニケーションの媒体である。たとえば，商品の広告は，制作者としての他者は現前していないが，他者が一定のメッセージの伝達を目的として生産したことは明らかである。広告には商品の写真が含まれ，これもメッセージの構成に寄与している。商品自体も，その機能は設計者によって，外装はデザイナーによって生産されている。

　日常で触れる表現には，さまざまな他者の生産物が畳み込まれている。商品広告は，同じ商品を広告制作者，機能設計者，デザイナーがそれぞれの立場から構成した現実の複合体である。そのような日常の表現に注視することは，そこに畳み込まれた複数の他者による生産と多元的現実に触れることにつながると期待される。

　本実践は，筆者のゼミに所属した大学3年次学生（13名）がこのような日常の表現に対して関心を向け，インターネット上に主に写真を使ったメモとして共有するマルチモーダル・ラーニング・ノート（以下ノート）を作成していくことを通して[13]，日常を構成する多元性を発見していくことを目的とした。また，本実践は，学生が日常という現場に，自身の関心に基づき問題を発見し，大学において学習していく専門的知識を，その専門知識の生産者である教員とともに，問題解決に活用していくプロジェクトへと発展させていくための基礎としても企図された。

　ノートは2011年度の授業期間に実施された。投稿は授業時間外に行われ，授業の一部（15分程度）を参加者全員への説明と投稿内容の閲覧に利用した。ノートへの投稿とその共有は，春学期には携帯電話からインターネット上のドキュメント管理システム（Evernote Corporation: Evernote）への投稿，投稿された記事をブログへアップロードすると

13）詳細は比留間（2012）を参照されたい。

いう方法で，秋学期には携帯情報端末からインターネット上のノートシステム（Catch.com inc: Catch）への投稿という方法で実現した。

参加者全員への説明および投稿内容の全員での確認は，週1回の演習授業（ゼミ）の時間の一部を利用して実施された。春学期第1回ゼミにおいて，ノートの説明を行い，参加者が日常生活において，関心をもったこと，気になったことを，写真等で記録し，これに気になったときの印象をコメントとして付し，投稿するように依頼した。第2回ゼミより，その一週間に参加者が投稿した「気になるメモ」を，ゼミ開始時に見直すことを，春学期間第12回ゼミまで，合計11回実施した。見直しでは，とくに投稿された内容についての解説や分析などは行わず，場合によって投稿者の説明（撮影場所や経緯等）が行われた。また，ゼミにおける研究活動と投稿内容を関連づけるため，気になるメモの対象を，表現や説明に焦点化するよう，第2回ゼミ時に指示した。秋学期は，気になるメモをゼミにおいて見返すことは行わなかった。また，気になるメモの対象の焦点化は明示せず，付加するコメントも気になった際の印象に限定せず，自由とした。

5.2. 実践の成果

春学期の平均投稿数は7.0回／週であり，平均のべ投稿者数は5.3人／週，投稿者1名当たりの平均投稿数は1.3回／週であった。秋学期の平均投稿数は5.0回／週であり，平均のべ投稿者数は3.8人／週，投稿者1名当たりの平均投稿数は1.3回／週であった。投稿数には個人差があり（表9-3のNoの数字を参照），投稿へ積極的な学生（週平均1.74回1名，1.70回1名），非積極的な学生（無投稿2名）が存在していた。

投稿内容および投稿者のコメントから，投稿内容に関する投稿者の関心を特定し，参加学生が投稿を繰り返すなかで関心がどのように変化したのかを検討した。

抽出された関心は，「表現：表現それ自体への関心」「表現の機能：投稿内容の表現が果たす機能や意味の冗長性や矛盾への関心」「機能：モノとして，あるいは仕組みの機能の矛盾への関心」「文脈と表現の一貫性：表現が使用される文脈と一致していないことへの関心」「表現間の一貫性：複数の表現間の関係への関心」「表現の複合性：表現が複数の機能をもっていることへの関心」「表現の解釈：表現に複数の解釈の可能性があることへの関心」「表現の可能性：投稿された表現が別の表現の可能性の中から選択されていることへの関心」の8種類に分類された。

分類した投稿を時系列で検討したところ（表9-3），全体として，関心が，ある特定の表現自体から，表現内の関係，表現と文脈との関係へ，さらに表現解釈の広がりへと向かい，複数の表現可能性へと移行していること，とくに，投稿が比較的多い参加者M（12回投稿：週平均0.4回）は，「文脈と表現の一貫性」や「表現間の一貫性」への関心を経由して「表現の可能性」という表現の選択的な生産という視点に接近を示した（表9-4）。

2011年12月に参加者に対して行ったインタビューからも，参加者Mは，表現から引き出される関心の所在，関心の根拠へ注目するようになったと回答しており，投稿数の少ない参加者が，関心をもつようになったという回答であることと比較して，より表現の選択的な生産という視点に接近していることを示唆するものであった。

5.3. 関心の変化と多元的現実の認識

多元的現実の認識という観点から，関心の変化を解釈すると，初期の投稿にみられる，表現の面白さといった表現それ自体への関心では，まだ，表現の現実を問題としており，表現されていない，あるいは表現に潜んでいる現実が問題とされていない。つまり，この時点での学生が表現に見出している現実は多元的ではなく，他の可能性とは没交渉の段階

5. 日常の表現への関心の生産から始まるプロジェクト　139

表 9-3　参加者の初期と最後の投稿 (比留間, 2012)

No	投稿日	参加者によるコメント	投稿内容概要	視点	
A2	2011. 4.27	どうなってるの？	駆け込み乗車は危険ですという掲示の絵の足の長さの違い	表現	表現の機能
A5	2011. 9.22	読めない楽譜	音符が示されていない楽譜	―	
B	投稿なし				
C1	2011. 4. 9	美味しいのか？	鹿煎餅に群がる鹿の絵を経験して	機能	文脈と表現の一貫性
C5	2011.11.17	ゆるキャラだったのか！なんかこの子怖い	商店街のキャラクター展示	機能	文脈と表現の一貫性
D2	2011. 4.15	おもしろい	容器の開け口が印刷面から見て下側	機能	表現の複合性
D9	2011.11.18	漢字もひらがなも同じ大きさで書かれていて読みにくいけど、なんとなく可愛い。	浮世絵の鑑で毛筆で文章が書き込まれている		
E2	2011. 4.14	いやいや！	掲示の時刻表示［12：00〜17：70］	表現	表現の解釈
E20	2011.11.29	これで果たしてのゼミをやりたくなるのか	通信教育のマンガ広告	―	
F	投稿なし				
G1	2011. 4.18	高い？安い？	タバコの自販機に貼られている「たばこ免許証で買えます！」という掲示	表現	文脈と表現の一貫性
G3	2011.10. 7	小説なのに横書きってなんか違和感がある。携帯小説の不思議	（文章による投稿のため画像なし）	表現	文脈と表現の一貫性
H14	2011. 4.13	まっすぐ	縦線の模様が入ったビルの側面	表現	表現の解釈
H46	2011.11.27	「じんわりおいしい」ってどんな感じ？	健康飲料の広告コピー	表現	
I2	2011. 4.12	この表面についている×印（十字の形）は不思議だと思って、写メしました。	灯油容器（ポリタンク）	表現	
I4	2011. 4.16	怖い	道路上に長靴が差し込んであるカラーコーンが並べてあり、足が道路から突き出ているように見える	表現	
J1	2011. 4.26	座るべきか座さざるべきか...	歩道に置いてある事務椅子	機能	表現の解釈
J3	2011.10.27	「昔はよかった」とはよく言うけれど、あれって何がそう感じさせるんだろう。思い出補正？	（文章による投稿のため画像なし）		
K1	2011. 4.13	うーん... 読めない	篆書の文字	表現	表現の可能性
K9	2011.12. 6	顔につけなくても... でも確かに気になって見てしまう	マネキンの顔部分に商品口口がかぶせてある	表現	
L1	2011. 4.12	ホワイトサンダー	「白いブラックサンダー」という菓子	表現	表現の可能性
L5	2011.10. 8	（大学）前の道路を歩くとき、なぜかみんないつも左側通行な気がする？歩行者は右側なはずなのに何でだろう？	（文章による投稿のため画像なし）	機能	
M2	2011. 5. 8	少なさがわかる	電車の時刻表中の発車時刻間の間隔	表現	表現の可能性
M13	2011.10.25	第3者視点、かつ弱者視点だと説得力がある	「たのむよ大人！第一回示ちゃんエネルギー会議」とタイトルをつけられたガス会社の広告		

初期の投稿は表現・説明に焦点化するよう指示した第2回ゼミ (2011.4.12) 以降のものを原則として掲載。Noのアルファベットは参加者。数字は投稿回数。

表 9-4 投稿内容の推移（参加者 M）（此留間，2012）

No	投稿日	参加者によるコメント	投稿内容概要	視点
M1	2011. 4.11	わかりやすい	広告ポスターで使用されている表現内容とフォントの一致（「ガチ肩」という言葉の3D文字を，鎖で縛るフォント）	表現
M2	2011. 5. 8	少なさがわかる	電車の時刻表の発車時刻間の間隔	表現
M3	2011. 5. 8	下が開け口とは	包装紙の開け口が印刷面から見て下側	機能
M4	2011. 5.24	逆にする理由がわからない	電車路線図の南が上	表現の機能
M5		まずそんなとこ見ないよ	アイスクリームの包装紙に印刷されているフタの開け方の記述	表現の機能
M6	2011. 6.13	でも思っちゃう	赤いケチャップ容器の先から黄色いマスタード様の物体が少しだけ出ている絵が描かれているポスターのコピー「これをケチャップだと思った方、先入観にとらわれないでください」	表現間の一貫性
M7		3つ目の成分の効果がわからない	飲料水の容器に書かれている効能表示。キレイ成分：ビタミンC、元気成分：クエン酸，話題の成分：レモンリフェノール，キレイ成分：ヒアルロン酸	表現間の一貫性
M8		まだと思うかもうと思うか	階段1段1段に貼られている段数表示	表現の解釈
M9	2011. 6.28	もらっ……？	もちっカスタードという商品名と実際の食感の違い	表現の解釈
M10	2011. 7.19	飛び込んでる？	駅構内転落注意喚起ポスターの表現	表現の解釈
M11	2011. 9.27	小枝の形をしていないのに小枝の名称で売られていても違和感がない	小枝ボールという商品の包装	表現の解釈
M12	2011.10.25	同じキャラクターなのに雰囲気が違う	同じキャラクターの異なるポスター。輪郭線の質が異なる。	表現の可能性
M13		第3者視点、かつ弱者視点だと説得力がある	「たのむおよね人！第一回赤ちゃんエネルギー会議」というタイトルをつけられたガス会社の広告	表現の可能性

140　9　プロジェクト

であるといえる。

投稿が蓄積して「文脈と表現の一貫性」や「表現間の一貫性」を問題とする段階では，期待される表現と実際の表現との乖離に関心が向けられており，現実と，あるべき現実というように異なる現実に直面しているといえ，両現実間の交渉が開始される段階といえる。投稿が比較的多い参加者はさらに「表現の解釈」「表現の可能性」へと関心が変化し，表現に関係する現実が多元的でありえること，また，その多元性の解決のために表現に共通する点と共通しない点を見出そうとしているといえる。

本実践において，実践に深く関与した者は，少なくとも，日常生活の中で触れる表現には複数の現実が関わっているという認識はもつに至っている。この志向性は，3節において検討した，異なる現実の共通性を見出し，現実間の交渉を行うという越境の説明にみられた展開へとつながりうるものと考えられる。

6. プロジェクトにおいて越境の説明力を構築するためのデザイン

プロジェクトにおいて必要とされる越境の説明とは，多元的現実に由来する問題を調整するために，現実間に共通性を見出し，その共通性を軸に新たな現実を構築するための概念を形成することである。そのためには，現実が多元的であるということを認識し，その多元性を調整しようとする志向性をもち，新しい概念により現実を更新していくことができなければならない。これが大学におけるプロジェクトを通して構築される必要がある越境の説明力である。

前節で検討した実践から，この説明力の構築は，どの学生でも接近可能な日常への関心から出発することが可能であると主張したい。実践では日常の表現を主題したが，日常生活のなかで学生が経験する対象であれば主題は限定されない。本章でこれまでに検討してきた内容に基づいて，プロジェクトにおいて越境の説明力構築を促進するための学習環境と指導をデザインするうえでの留意点を3つ指摘しておきたい。

6.1. 越境の説明を構築するためのポイント

(1) 学生の関心に基づくようにデザインする

プロジェクトは学生の関心に基づかねばならない。日常への関心から出発するプロジェクトの場合でも，「モード2」のプロジェクトの場合においても，あるいは「モード1」のプロジェクトにおいても同様である。関心が多元的現実から生じる問題を探り当て，その問題を解決する動機を生み出し，プロジェクトは本物の研究に成長する可能性をもつ。

(2) 十分な自由度をもった文脈で実施するようにデザインする

大学におけるプロジェクトは授業の一貫として実施されることになる。授業の一貫として行った場合，関心の範囲に一定の制約を設ける必要がでてくる場合がある。制約が強い，あるいは学生に強いと認識されれば，探求様式が創造ではなくなり，生産，場合によっては知識構築から知識獲得へシフトすることもありうる。そのことは，プロジェクトを本物の研究から遠ざけることになる。

(3) 関心を継続的に生産するようにデザインする

関心は継続的に生産される必要がある。関心を継続することは，日常生活に含まれるさまざまな対象を一定の関心をもって検討することになり，関心の生産は，関心をもった対象の共通性を検討する材料となる。ここでの生産は内的なものではなく，外的な生産とす

る必要がある。先の事例において，投稿数の少ない学生にその理由を尋ねたところ，関心はあるのだが，投稿まで至らなかったという回答があった。単に，内的に関心を生成しただけでは，十分な関心の深化，つまり，越境の説明を行う基礎となる多元的現実の認識まで至らない可能性を示している。

6.2. 日常から出発するプロジェクトを発展させるための課題

　日常から出発するプロジェクトは，学生の関心から出発し，そのなかで日常に対する一定の理解を構成していくにせよ，科学研究のスタンダードから考えれば，萌芽の段階にある。ただし，プロジェクトを学生にとって本物の研究とするには，この萌芽は必須である。この萌芽をより組織的で，科学研究として構築していく道具立てを準備する必要がある。

　重要な道具として科学的表現が挙げられる。科学概念を扱う科学論文や科学の教科書の表現は日常会話とは異なっている。たとえば，科学的表現で頻繁に使用される文法的比喩（Halliday, 1998）の1つである名詞化は，日常生活では動詞によって表現され，プロセスとして把握される世界を名詞によって表現し，対象物として把握するように変換する方法である。

　日常から出発するプロジェクトは，まず，日常経験の表現から出発する。この日常経験の表現を科学的表現へと変換する志向性と方法をプロジェクトのなかで構築する仕掛けを検討することが，日常から出発するプロジェクトを科学研究へと展開させるために必要であり，最重要の課題である。ただし，日常と科学という異なる現実を交渉するには，世界が多元的であり，交渉により世界を再構築可能であるという越境の説明のための基本的な認識が獲得されていなければならない。

■ 引用文献

Brew, A., & Boud, D. (1995). Teaching and research: Establishing the vital link with learning. *Higher Education*, 29, 261-273.

Elton, L. (2001). Research and teaching: Conditions for a positive link. [1] *Teaching in Higher Education*, 6, 43-56.

Gibbons, M., Limoges, C., Nowotny, H., Schwartzman, S., Scott, P., & Trow, M. (1994). *The new production of knowledge: The dynamics of science and research in contemporary societies*. London: Sage.

Griffiths, R. (2004). Knowledge production and the research-teaching nexus: The case of the built environment disciplines. *Studies in Higher Education*, 29, 709-726.

Halliday, M. A. K. (1998). Things and relations: Regrammaticising experience as technical knowledge. In J. R. Martin & R. Veel (Eds.), *Reading science: Critical and functional perspectives on discource of science*. e-book edition. London and New York: Routledge. pp.185-236.

橋本京子（2011）．大学生の卒業論文作成時の自己認知，および卒業論文作成状況に対する認知に関する実証的検討：卒業論文作成によって生じるストレスの側面から　京都大学大学院教育学研究科紀要, 57, 489-502.

Healey, M. (2005). Linking research and teaching: Exploring disciplinary spaces and the role of inquiry-based learning. In R. Barnett (Ed.). *Reshaping the university: New relationships between research, scholarship and teaching*. Maidenhead, UK: McGraw Hill/Open University Press. pp.67-78.

比留間太白（2008）．協働から心を探る：教育的介入法　海保博之・大野木裕明・岡市広成（編著）心理学研究法（'08）放送大学教育振興会, pp.92-103.

比留間太白（2009）．協働を通した学習の発達：教育的介入研究における共媒介の検討　(CHAT) Technical Reports　関西大学人間活動理論研究センター, 8, 33-44.

比留間太白（2010）．日本の学校文化において創造的協働活動を創出するための活動システムの開発　平成17年度〜平成21年度 私立大学学術高度化推進事業（学術フロンティア推進事業）研究成果報告書　革新的学習と教育システム開発の国際共同研究：人間活動理論の創成（関西大学人間活動理論研究センター）, 95-133.

比留間太白（2012）．日常の表現への関心の生産から開かれる経験：Multimodal Learning Note プロジェクトの概要報告　平成23年度 関西大学重点領域研究助成　研究成果報告書「グローバル化時代の東アジアにおける

教育・学習活動のイノベーション：関西大学を拠点にした国際共同研究基盤の形成に向けて」，17-37.

Hunter, A-B., Lauren, S. L., & Seymour, E. (2007). Becoming a scientist: The role of undergraduate research in students' cognitive, personal, and professional development. *Science Education*, **91**, 36-74.

伊藤大輔（2007）．Thinking Together プログラム開発を通した教師集団の学び　CHAT Technical Reports（関西大学人間活動理論研究センター），**5**，65-88.

John, J., & Creighton, J. (2011). Researcher development: The impact of undergraduate research opportunity programmes on students in the UK. *Studies in Higher Education*, **36**, 781-797.

Kardash, C. M. (2000). Evaluation of undergraduate research experience: Perceptions of undergraduate interns and their faculty mentors. *Journal of Educational Psychology*, **92**, 191-201.

Kilpatrick, W. H. (1922). *The project method: The use of the purposeful act in the educative process*. New York: Teachers Collage, Columbia University.

Kinkead, J. (2003). Learning through inquiry: An overview of undergraduate research. *New Directions for Teaching and Learning*, **93**, 5-18.

Kress, G. (2009) *Multimodality: A social semiotic approach to contemporary communication*. London and New York: Routledge.

Laursen, S., Hunter, A-B., Seymour, E., Thiry, H., & Melton, G. (2010). *Undergraduate research in the sciences: Engaging students in real science*. San Francisco: Jossey-Bass.

Levy, P., & Petrulis, R. (2012). How do first-year university students experience inquiry and research, and what are the implications for the practice of inquiry-based learning? *Studies in Higher Education*, **37**, 85-101.

Lopatto, D. (2004). Survey of undergraduate research experiences (SURE): First findings. *Cell Biology Education*, **3**, 270-277.

道田泰司（2000）．大学は学生に批判的思考力を育成しているか？：米国における研究の展望　琉球大学教育学部紀要，**56**，369-378.

中井俊樹（2011）．学士課程の学生に研究体験は必要か：国際的動向と論点整理　名古屋高等教育研究，**11**，171-190.

Neary, M., & Winn, J. (2009). The student as producer: Reinventing the student experience in higher education. In M. Neary, H. Stevenson, & L. Bell (Eds.), *The future of higher education: Policy, pedagogy and the student experience*. London: Continuum. pp.126-138.

酒井博之・山田剛史・神藤貴昭・田中一義・荒木光彦（2006）．工学教育における卒業研究の役立ちに関する構造　工学教育，**54**，51-56.

Scott, P. (2002). Let's stop trying to separate the inseparable. *Exchange*, **3**, 27-28.

Seymour, E., Hunter, A-B., Lursen, S. L., & Deantoni, T. (2004). Establishing the benefits of research experiences for undergraduates in the sciences: First findings from a three-year study. *Science Education*, **88**, 493-534.

潮木守一（2007）．フンボルト理念とは神話だったのか：バレチェク仮説との対話　大学論集（広島大学高等教育開発センター），**38**，171-187.

潮木守一（2008）．フンボルト理念の終焉？　現代大学の新次元　東信堂

Wells, G. (1999). *Dialogic inquiry: Towards a sociocultural practice and theory of education*. Cambridge: Cambridge University Press.

10 インターンシップ
フレイレの教師論からみた越境の説明

田島充士

　本章では，大学外の実践現場に学生を派遣し，彼らに実務経験を提供するインターンシップの教育効果について，越境の説明力を育成する観点から検討を行う。さらにインターンシップのなかでも，教職課程履修学生が長期間にわたり教育現場で演習を行う学校インターンシップに着目する。教員は，生徒らの生活世界においてそれまで見聞きしたことがない事象について伝え，彼ら自身の考察を行うよう促進することを主要な職務としている。その意味で教員とは，生徒たちが生きる世界とは異なる世界の知見を教え導く存在として，越境の説明を行う能力が必須の職業であり，学校インターンシップにおいても，この能力の育成が期待されるといえる。そのため，本実践を通した学生らの成長過程を検証することにより，説明教育のあり方について明確化できると考えたのである。さらにこの検証を行うなかでフレイレ（Freire, P.）の教師論の観点を導入し，越境の説明概念の具体的な姿を拡張して描いていく。

1．先行研究

1.1．教員を目指す学生にみられる「分かったつもり」

　教員とは，学校教育機関において児童・生徒（以下「生徒」と略す）に新たな情報を伝え，また彼らの関心・疑問に対応していく職務が期待される存在といえる。つまり，生徒たちがそれまで生きてきた世界においては，それまで見聞きしたことがない情報について伝え，彼ら自身の考察を行うよう促進することが期待される専門職ということである。その意味で教員とは，自らが所属する世界とは異なる生活世界を背景とする生徒に対する，越境の説明を行う能力が必須の職業といえる。

　しかしながら，そのような職務を担う教員を養成する大学教育には，これまで，多くの課題が指摘されてきたことも事実である。大学では抽象的な学術理論を教えることに終始してしまい，実践現場で必要となる具体的な教授能力の育成を期待する，教育現場の意識と乖離する傾向にあるとする指摘も，その1つといえるだろう（森下・尾出・岡崎・有元，2010；佐久間，2003；島原・酒井，1991；田島，2009）。

　このような傾向は，田島（2009）が紹介する調査結果においても，典型的にみられる。田島は，教職課程を履修する国立大学の大学生26名に対し，高校や大学ですでに学習済みの基礎的な科学的概念を，小学生にも理解できるよう，彼らが日常生活の中で学んでいると思われる知識を使って解説するよう求めた半構造化面接による調査結果を紹介した。この調査では，10名の学生が，実験において設定された基準を満たす解釈を行うことができず，説明をあきらめたことが明らかになった。また残りの16名についても，自力での解釈ができず，調査者の援助によって説明ができたという状況だった。

この調査に参加した大学1年生のA君は，調査者に対し，複雑で抽象的な数式を利用した説明を行っていた。しかし調査者が，「このような説明は，小学生には分からないと思います。彼らが理解できるように，日常的な知識を使って，説明してもらえませんか」と問うと，以下のように述べた（事例1）。

事例1

> うーん，日本語で説明しなければいけないのですよね。数式で説明した方が，自分は一番分かりやすいのですが……。いや，日本語では説明できません。

　A君は，高校でも物理・化学が得意で，大学での成績もよいのだという。しかし彼は，自分が属する大学のなかで通用する知識（数式）としての解釈は行えたのだが，一方で，小さな子どもを想定した説明はあきらめてしまった。このことからA君は，この概念について，大学内における域内の説明はできたものの，越境の説明はできなかったと解釈できる。「日本語で説明できない」というのは，彼が教壇に立ったときに指導することになる，生徒たちに対する説明ができないということを，端的に示した表現であるように思われる。またA君と同様に，うまく概念の説明を行えなかった者のなかには，「知識は覚えるものであって，その内容についていちいち考えていたら，学習が進まなくなる」との趣旨の感想を述べる者もいた。
　これらの学生たちにみられる問題は，彼らがそれまで，学校において教員から教わった抽象的な理論・概念を，自らの日常生活のなかで獲得してきた既有知識の観点から十分に解釈しないまま習得してきたと思われる点にある。このような学習を進めることで，彼らは「正解」を身につけ，教師との定型的なやりとりやテストなどにおいてはこれらの概念を使うことに成功するかもしれない。しかし一方で彼らは，教室で学習した理論・概念と，自らがかつて生き，また将来指導することになる生徒らが生きる世界の中で獲得された知識との関係を説明できない。したがってこれらの学生たちは，越境の説明を行うことができない学習者の状態を典型的に示す，「分かったつもり」に陥っていたように思われるのである。
　先述したように，教員には，生徒たちが生きる世界においてそれまで見聞きしたことがない情報について伝え，彼ら自身の考察を行うよう促進することが期待される。その意味で，教職を目指す学生らが学ぶべき主要な知識に関し，大学のなかで通用する域内の説明は可能であるが，彼らが将来，教えることになる生徒たちへの越境の説明を十分に行うことができない「分かったつもり」のままで彼らを卒業させてしまうということは，職務に関する基本的な能力を欠如させたまま実践現場に立たせてしまう可能性があるという点で，深刻な問題といえるだろう。
　このような大学教育と現場実践間の乖離傾向は，これまでは深刻な問題にはならなかったのかもしれない。かつての多くの学校現場には，新任教員に対して段階的に実践的な教育能力を身につける機会を提供する徒弟的学習のシステムが存在していたからである（島原・酒井，1991）。しかしながら，昨今の教育現場においては学校教員に課される職務内容が多様化・複雑化し，それにともなう負担も増加してきており，新任教員に対しても，これらの職務に耐えうる即戦力としての能力が期待される傾向になっている（徳舛，2007）。徳舛はこのような現状を踏まえ，大学の教職教育において，実践的教育能力を養成することの必要性を指摘している。
　以上のことから，教師の職務にとって重要な能力となる説明力の習得に関しても，大学教育の中で手厚い支援を行うことが，これまで以上に期待されているのだと考えられる。

1.2. インターンシップという越境経験の導入

　しかし大学内にとどまる限り，学生の学習知識に関する説明を行う対象は多くの場合，彼らにその知識を教授した教員本人であり，彼らにとっての越境の必然性は低いままにとどまる可能性が高い。授業課題として課される発問の答えやレポートは，課題の知識内容をよく分かっている（統覚の共通性が高い）と思われる教師に対し，これらの知識について解釈し伝えるという説明形態になっており，「自分が知る情報を，その情報を知らない相手に伝える」という動機づけをともなわない，不自然なやりとりになっているといわざるをえないからである[1]。

　以上のような状況を打開するため，教職課程をもつ多くの大学が，その教育システムの一環として，教師を目指す大学生に対し，長期間にわたって学校現場に赴き，実際に生徒たちに指導を行う越境機会を提供するインターンシップシステムを導入するようになってきた。従来の教育実習では，短期間に多くの教科内容を教えなければならないため，履修学生は十分な実践経験を積むことが困難であるとの認識を踏まえ，本実践では，在学中の学生に対し，教員見習いとして豊かな実践経験を経る長期間の研修機会を提供している（芦原，2003；永塚，2011）。運営形態は，各自治体の教育委員会が中心となって運営されているものや，各大学が教育委員会に働きかけて行われているものなどがあり，その名称も「ステューデント・ティーチャー（横浜国立大学）」「学校支援学生ボランティア（大阪市教育委員会）」「スクールインターンシップ（神戸市教育委員会）」などさまざまなものがある。しかしいずれの制度形態においても，教職課程教育の一環として単位化を進めるなど，大学側が組織的に取り組んでおり，大学教育の重要な教育実践の1つとして今後も展開が進められる可能性が高いものである。本章ではこれらの実践システムを「学校インターンシップ」と総称する。

　次節においては，この学校インターンシップへの参加経験が，学生らの越境の説明力の獲得を促進させる効果について，筆者が行ったフィールドワーク調査により具体的に検証を行う。

2. 実践研究

2.1. 問　題

　教員見習いとして学生が学校現場に入る学校インターンシップにおいて，彼らが出会う生徒たちは，彼らの学習文脈とは異なる文脈を背景とする（統覚の共通性が低い）人物であり，彼らへの教授活動では，越境の説明を行う必然性が生じる。しかし，それはこれまでも述べてきたように，けっして容易なことではない。一方，学生らが，このインターンシップにおける困難さを乗り越えることができれば，自らの学習知識に関する自覚性を獲得し，越境の説明を行う契機となる可能性もあると考えられる。実際，学校インターン

---

[1] 筆者自身も，この点に関して印象深い経験がある。教職教養の授業で課したレポートの言語的記述がいちじるしく乏しい学生を呼び出した際，なぜまじめに課題に取り組まなかったのかを聞いたところ，彼は「このレポートを読むのは先生であって，専門の知識をよくご存じの先生に対するレポートでは，いちいちその内容の説明をする必要はないと思った」と答えたのである。この学生に対し筆者は，筆者に対してではなく，将来，自分が関わることになる保護者や教員を相手に，自分が学習した成果を説明するつもりで書くよう助言を行った。その後，彼のレポートの言語化の程度は劇的に上がったことから，彼にとって，それまでの授業課題は，越境の必然性を感じるものではなかったのではないかと推測できた。

シップ経験を通し，多くの参加学生が，自らの教授力が上がったと実感していることを報告する調査もある（藤平田，2005；金子，2006；満尾，2005）。

しかしこれらの調査は，研修後のアンケート調査や個別のインタビュー調査における参加学生の報告をもとに分析を行ったものであり，実際に学生が研修場面においてどのような言語活動を行い，どのような困難さを経験し，そしてどのような言語的成長を遂げたのかを具体的に検証したものではない。そこで筆者は，実際に研修に参加した学生を対象としたフィールドワーク調査を実施し，彼らが生徒たちに特定の課題を教える教授場面を対象として，インターンシップの越境経験を通した参加学生たちの変化について検証を行った。本節では，本調査の結果の一部を紹介し，越境の説明の観点から，学校インターンシップへの参加を通した学生の成長可能性について検討する。

2.2. 調査方法

本調査の実施概要は，以下のとおりである（本データの初出は田島・中村（2011））。

調査時期：2010年5月―7月。この間に行われた計6回の研修活動を調査対象とした。

調査対象学級：C県山間部に位置する公立中学校の10名によって構成された3年生学級。

研修形態：インターンシップ生は，放課後に実施された数学の補習授業において，数学の課題プリントに取り組む生徒に対し，分からない箇所を教える個別指導を行うことになった。この際，指導用に，解法の書かれたプリントを渡された。

調査対象者：C県内の大学で理系教職免許の取得を目指す3年生A君およびB君（ともに20歳）。彼らのうちA君は，研修経験がすでに1年以上あるインターンシップ経験者だった。一方，B君は，本調査時に初めて研修に参加するインターンシップ未経験者だった。なお，調査実施時点において両者ともに教員への志望動機は高く，大学の教職関連科目で出された学習課題にも，同程度に熱心に取り組んでいた。

調査者の立場：勤務校である大学の教職課程担当教員として，学校インターンシップの企画・運営を行う立場にあった。

データ収集：調査対象者それぞれにデータ記録者を配置し，ビデオカメラにより，彼らの行動を記録した。なお，調査対象者と生徒たちとの会話を記録するため，ワイヤレスマイクも調査対象者に装着してもらった。なお，以下に示す事例では，個人情報の特定に関わる箇所の改変を施してある。

なお本書では，研修初日と最終日においてみられた，インターンシップ生が生徒に対して課題の説明を行う教授場面において，インターンシップ経験者（A君）と初心者（B君）が行った説明形態を対象に実施した分析結果を中心に紹介する。この比較を通し，過去のインターンシップ経験の有無がもたらす教授行為における説明活動の違い，および，現在のインターンシップ経験がもたらす説明活動の変化を明らかにできると考えたのである。

2.3. 研修初日におけるインターンシップ生の言語活動の実態

研修初日の観察では，A君とB君が生徒たちに対して課題の解説を行う際にみられた

説明活動には，顕著な違いがあらわれたことが明らかになった。経験者であるA君は，生徒たちがそれまでに学習してきた知識を意識し，課題とは異なる領域の知識を活用した説明を行っていたのに対し，初心者のB君は，課題の解答内容を繰り返すか，もしくは手続きを示すにとどまる説明を行っていたのである。

以下に示すやりとりは，A君が行った，典型的な説明事例である（事例2）。本事例からは，A君が，$\sqrt{\ }$を含む代入式の計算に困難を覚えた生徒に対し，彼が同じ日にすでに学んでいた$x \cdot y$を含む計算式をたとえとして導入し，それとの比較をしたうえで，丁寧に計算のやり方を解説していたことがわかる。また自らが示した説明に対する生徒の反応をみながら，柔軟にその内容を変更していた様子も明らかである。

事例2　研修初日にみられたA君（インターンシップ経験者）の説明事例

課題：「$x=\sqrt{2}+1$，$y=\sqrt{2}-1$のとき，x^2+xyの値」

（生徒Dは，以下の数式まで代入を終え，「？」の箇所で鉛筆を止めていた。$\sqrt{\ }$を含んだ式の計算でつまずいているようだった。）

$$x^2+xy=x(x+y)=(\sqrt{2}+1)\{(\sqrt{2}+1)+(\sqrt{2}-1)\}=(\sqrt{2}+1)\{?\}$$

A：$\sqrt{\ }$で考えると分かりにくくなると思うんよ。$\underline{\sqrt{2}をxに変えてやってみて。}$……$(\sqrt{2}+1)+(\sqrt{2}-1)$を$\underline{\sqrt{\ }をxに変えてやってみて。}$
　（生徒D，$(x+1)+(x-1)$と書き込む。）
A：計算してみて。
　（生徒D，「$2x$」と解答する。）
A：やろ？　$\underline{いまxになる部分って，もともと何だった？}$
生D：えーと……$\sqrt{2}$。
A：$\sqrt{2}$やったら，ここに$\sqrt{2}$を入れてやってみて。
　（生徒D，少々つまずきながら「$2\sqrt{2}$」と書く。）
A：思い出した？　それで書いてやってみよう。
　（生徒D，$\{(\sqrt{2}+1)+(\sqrt{2}-1)\}=2\sqrt{2}$と書き込む。）
A：そう。……それに，足し算の時は，ルートの中身が一緒じゃないと計算できない。だけん……（以下の$\underline{モデル図}$を書き込む）。

$$\sqrt{x}+\sqrt{y}$$

A：$\sqrt{x}+\sqrt{y}$は計算できない。だってよ，$x+y$って，計算できないでしょ。
生D（反応不明）
A：だから$\sqrt{\ }$で考えると分かりにくくなる。$\underline{xとyに置き換えてみたら，普通に解けない？}$……$\underline{4x+5y+3x+2yを簡単にして，まとめてみて。}$
　（生徒D，$7x+7y$と解く。）
A：できるじゃん。じゃあ（$\underline{以下の式を書いて}$）これを計算して。

$$\sqrt{2}+\sqrt{3}+4\sqrt{3}+\sqrt{2}$$

（生徒D，一部つまずきながらも，$2\sqrt{2}+5\sqrt{3}$と書き込む。）
A：そうそう，そういう感じで計算してね。

一方，B君は同じ種類の課題解説において，以下のような説明を行っていた（事例3）。

ここでは，A君の場合とは対照的に，生徒の過去の学習文脈を意識したような説明はほとんどみられず，解法が書かれた資料通りのやり方を一方的に説明していた様子が明らかである。また自らの説明に対する生徒の反応に応じて，その内容を変えていくような柔軟性もみられなかった。

事例3　研修初日にみられたB君（インターンシップ初心者）の説明事例

> 課題：「$x = 3 + \sqrt{2}$，$y = 3 - \sqrt{2}$ のとき，$x^2 - y^2$ の値」
>
> （生徒Cが，以下の式を書いて，鉛筆を止めていた。$\sqrt{}$を含んだ式の代入がうまくいっておらず，また，その計算もできなかった。）
>
> $$x^2 - y^2 = (x+y)(x-y) = \{(3+\sqrt{2}) + (3-\sqrt{2})\}^2$$
>
> B：どうやったら，楽に計算できると思う？
> 生C：うーん
> B：$x^2 - y^2$ やき，ここの二乗は……
> 　（生徒C，$\{(3+\sqrt{2}) + (3-\sqrt{2})\}^2$ の二乗を消す。しかし，計算を続けることができない。）
> B：$x^2 - y^2$ は $(x+y)(x-y)$ に因数分解されるき。で，$x = 3 + \sqrt{2}$，$y = 3 - \sqrt{2}$ やき，入れちゃったらこうなる……（解法が書かれた資料通りに，以下の式を一気に書き込む）。
>
> $$\{(3+\sqrt{2}) + (3-\sqrt{2})\}\{(3+\sqrt{2}) - (3-\sqrt{2})\}$$
>
> 生C：ああ，ありがとうございます。
> B：はい。
> 　（生徒C，計算を開始するが，ここでB君は席を離れ，生徒が内容を十分に理解できているかどうかのモニターを行うことはなかった。）

　以上の典型事例の比較からも明らかなように，研修初日，学校インターンシップ経験者であるA君には，生徒の理解の程度をモニターしながら，彼らがすでに習得したと考えられる内容を活用し，自分で考えた複数の例題や理解モデルを示しながら指導を行う傾向がみられた。その一方で，初心者のB君は生徒の理解の程度を十分にモニターできず，プリント資料の解法をみながら，それを書き写して指導するような場面が多くみられた。すなわち，B君はA君と比較して，生徒たちの学習文脈を加味した越境の説明が十分に行えていなかったと考えられる。
　このような越境の困難さは，B君自身も，実感していた。そのことは，初日の研修内容を思い出してもらったインタビューにおいても語られた（事例4）。

事例4　研修初日の越境経験の困難さについて語るB君

> 調：はじめてのインターンシップはどうでしたか。
> B：うまい教えかた，うまい例というのが，なかなか出てこない。……例を挙げたかったのですが，なかなか思いつかなかった。

　このインタビューにおいて，B君は「例を挙げたかった」という表現により，生徒の学

習文脈の異質性を認識しておきながら，彼らの理解にあわせた説明が困難であったことを示した。一方，他のインタビュー箇所においては，教授内容に関する知識は十分にもっていたとも答えており，介入に必要な専門知識をもっていないわけではなかったことも明らかだった。つまり彼は，この段階では「分かったつもり」に陥っていたのだと考えられる。

2.4. 研修最終日にみられたインターンシップ参加学生の説明活動の変化

しかし継続的にインターンシップへ参加することを通し，B君の生徒たちに対する説明も少しずつ変化していった。そして研修初日と比較すれば，B君はA君が行ったような説明を次第に行えるようになる様子が観察された。

そこで本研究では，以上のB君の成長を含む，インターンシップ参加学生の説明形態の変化を数量的に分析した。具体的には，A君とB君が，研修初日（以下「初日」と呼ぶ）および研修最終日（以下「最終日」と呼ぶ）において，生徒たちに対して行った教授介入の言語活動を分析の対象とした。

分析対象とする言語活動は，インターンシップ生が生徒に対して課題の説明を開始してから終えるまでの一連のやりとりを切り出し，1単位としてカウントとした。そしてこの言語活動を，①生徒の学習文脈を意識し，課題とは異なる領域の知識を活用した説明，および②課題の記述内容をただくりかえすか，計算手続きを示すだけの説明に分類した。その上で①の説明形態を，生徒の生きる文脈を意識した内言の自覚性（ヴィゴツキー，2001）が活かされた言語活動を示すものとして「自覚的説明」と呼んだ。これは，第1章の議論でいう「越境の説明」をともなう教授活動を示すものである。一方，生徒の生きる文脈を十分に意識できないまま一方的に情報だけを提示する②の説明形態を「非自覚的説明」と呼んだ。これは第1章の議論でいえば，自分の知識を，生徒らが生きる世界の知識と関連づけて説明できないという点で，「分かったつもり」の状態を示すものである。

さらに両日に実施された教材の内容（初日：√を含む正負の数の計算・最終日：平面図形）を数学教育の専門家にみてもらい，どちらの課題に対しても自覚的説明および非自覚的説明は同程度に可能であるとの助言を得た。このことにより，両課題に関する教授的言語活動を，これらのカテゴリーにより分類・比較することの妥当性も確認できた。

以上のデータに対し，人物（A君・B君）×研修時期（初日・最終日）×説明形態（自覚的・非自覚的）の3次元のカイ二乗検定を行った。その結果，研修初日ではインターンシップ経験者のA君が自覚的説明を，またインターンシップ初心者のB君が非自覚的説明を行う割合が高いことが明らかになった。さらにインターンシップ初心者のB君が，研修初日は非自覚的説明を，研修最終日は自覚的説明を行う割合が高いことも明らかになった（統計分析の結果は，章末の資料を参照）。

この統計データに現れた変化に関連し，B君が学校インターンシップを通した自らの成長について語った，研修最終日のインタビューを紹介する（事例5）。

事例5　研修最終日に自らの成長について語るB君

> 調：今回のインターンシップを通し，教え方はどう変わりましたか。
> B：最初は，概念をここがこうだからこう，数学だったら数学でしか使えないような内容しか教えていなかったけれど，いまは，例を使って説明できるようになった。たとえることができるようになったのは，大きいと思う。

本事例においてB君は,「数学でしか使えないような内容しか教えられなかったけれど,いまは,例を使って説明できるようになった」という表現により,生徒たちの学習履歴や反応に対応しながら,自分の知識を自覚的に言語化していく能力が身についたと考えていることを示した。

以上の分析より,B君はインターンシップへの参加を通し,生徒たちの学習文脈をより意識した,越境の説明を行うようになったと判断できる。

2.5. 生徒の反応に応答的になる言語活動としての自覚的説明

本調査実施1年半後,教育実習を終え卒業を迎えるA君とB君に対し,改めて学校インターンシップ経験の意義について質問したインタビューを個別に実施した（Tajima, 2013）。

このなかでB君は,学校インターンシップに行くことを通して「教える」という仕事のイメージが大きく変わったことを指摘していた。一方的に知識を生徒に伝えるというイメージから,生徒の反応をみて応答的に,使うことばを変えていくというイメージへの変化である（事例6）。

事例6　「教える」という仕事のイメージの変化について語るB君

> 調：インターンシップを通して,自分の教える力はどうついたと思うのかな？
> B：行く前というのは,生徒の反応を度外視して授業をするというイメージだったんですけれど,学校インターンシップに行ってから,生徒の,板書をして教えるにしても,生徒の反応をみながら,（中略）教えるというのが身に付いたと思います。（インターンシップに）行く前は,そこはなかったんですけれど。
> （中略）
> 調：インターンシップに行くことで,教員になりたいという気持ちは？
> B：ああ,インターンシップに行くことで,その気持ちはだいぶ強くなりましたね。やっぱり,教えるというむつかしさとか,前にいったように,反応をみながら教えるというのはむつかしいけれど,達成できたときに楽しい。教員ってこういう仕事なんだな,と思って,なりたいと思いましたね。より強く。

またA君もB君同様に,インターンシップへの参加を通し,よりよく教えることができるために,生徒たちの生きる世界への関心が高まったと報告した。そのうえで,教師が自分の知識を一方的に伝えるだけではなく,生徒たち自身の考え方を引き出すことの重要性を指摘し,場合によっては,説明を行わずに「待つ」ことも必要であると指摘した（事例7）。

事例7　生徒に教えるうえでの「待つ」ことの重要性を指摘するA君

> 調：学校インターンシップに行く前も，そういうことを考えていましたか？
> A：考えていなかったですね。インターンシップに行きだして，自分のやり方がうまくいかないなということに気づいて，最初はすごい葛藤があったんですけれど，それはどこまで教えればいいんだろう，ということなんです。僕は大学生という立場で，中学生に対しても，どこまでの答を出していいのかが分からない。それで，今までのやり方をガラッと変えてみようと思って。それで変えたのが，『待とう』ということなんです。
> 調：なるほど。それって，調査のときのことかな？
> A：そうですね。僕のなかで，（この生徒は）公式は分かっているけれど，使い方は分からないという状態なのか，それとも，そこまでもいけていない状態なのかというのを話したりしながら見極めていって，（中略）生徒が僕らに頼りすぎるというところが見え隠れするようになって，あえて何もいわなかったりとか。あえてうまくバランスをとる。それで待つのは大事なんですけれど，逆に待ちすぎてもダメだという，本当に感覚的な部分なんですけれど。

　生徒たちの反応を無視して授業教材の提示をする態度ではなく，彼らの理解の程度をモニターしながら，また彼らの学習文脈に関心を向けながら，彼らにとってもっとも理解できると考えられる表現を柔軟に変化させていく自覚的説明を行えるようになる。また場合によっては，「すべての内容を教えない」という戦略を駆使しながら，自分自身のアイデアを引き出すインターアクションに生徒たちを誘うことができるようになる。事例6・7からはこのように，インターンシップへの参加を通し学生たちが，生徒たちの生きる世界への関心を高めながら彼らとともに，教授説明のことばを構成していく柔軟な交渉態度を習得していたことが示唆されるのである。

　またこのインタビュー調査では，A君もB君も大学卒業後は教員を第一志望とし，専修免許の取得を目指して大学院に進学する予定であると調査者に話した。また彼らともに，学校インターンシップへの参加を通し，教えることの困難さと同時に，生徒たちの反応に応答しながら教えることができることの大切さ，おもしろさを実感できたということを語った。

　これまでも論じてきたように，教員にとって，指導対象となる生徒たちに対し，彼らが理解できることばを適切に選択・表現を行う能力の獲得は必須といえる。ただしその能力とは，A君やB君が指摘したように，単に卓越した説明内容を生徒たちに対して行うことだけではなく，生徒たちとの豊かな相互交流を引き出すことができる能力をも包含するものであった。その意味では，本書で扱う「越境の説明」とは，自覚的な言語操作を行えることと同時に，統覚の共通性が低い相手とであっても，ともに豊かに関わることができる相互交渉力をも示すものと解釈できる。

3.「越境の説明」概念の拡張：インターンシップを通して養われる力とは

3.1. フレイレ論を導入する意義

　本節では前節に示した調査データをもとに，学校インターンシップを通した説明教育のあり方について，フレイレ論の視点から，改めて論じてみたい。フレイレは自らが行った，文盲の学習者を対象としたリテラシー教育実践の視点から，学校教育のあり方について厳しく問い直したブラジル出身の教育学者である。彼の論においては，異なる言説世界

との出会いを可能とさせる学習者の能力および、そのために必要となる自我意識の成長の姿が具体的に検証されており、その点においてヴィゴツキー理論との親和性が見出せるとされる（木村，2009）。フレイレは、学習者の日常世界の営為に対して閉じられた当時のブラジルにおける教育の実践状況を批判しつつ，「意識化」および「対話」と呼ぶ概念を展開していた。そしてこれらの概念を使用して，異世界との対等な交渉を可能とする言語能力を学習者に促進できる教員のあり方についても分析しており，その理論的価値は現代においてもなお評価され続けている（木村，2009；里見，2010；杉山，2011）。そのため，このフレイレの教師論の観点から，第1章で展開した越境の説明の意味およびその育成のあり方について，拡張して論じることは意義があると考えたのである。本節ではフレイレが彼の実践に基づき，理想的な教師像のモデル化を明確に行った主著の一つである「伝達か対話か」（フレイレ／邦訳，1982）に焦点を当て，検証を行う。

3.2. フレイレの「意識化」と「越境の説明」

フレイレは，自らが生きる世界をいったんつきはなし，外側からそれをみることができる言語化能力を獲得することを，広い意味での学習目標に据えていた（里見，2010）。そしてこのような能力は，書きことばを運用する中で必要となり，また涵養されるものであると主張した。このように，単によその世界の知識・技術を受動的に受け入れるのではなく，自分たちの世界の特性に合わせ，積極的に解釈し直し，他者と対等な交渉を行うことができる力の習得を，フレイレは「意識化」と呼んだ（フレイレ／邦訳，1982，pp.238-241）。

本章でいう「越境の説明」も，この概念と響き合う部分が多いと思われる。越境の説明は，異なる活動世界を背景とする人物との情報交換であり，そのためには，意識化が示すような，交流相手の視点に合わせ，自らの意思を言語化する能力が必要になると考えられるからである。

この意識化を実現するための学習では，時間性の感覚の習得が重視されるという。すなわち，学習者自身が新たな知識を学ぶ際に，「過去をふりかえり，現実を認識し，未来を予見する」（フレイレ／邦訳，1982，p.16）ということである。これは，異なる世界の知識を学ぶことで（＝現在），自らの生きてきた世界の知識を再解釈し（＝過去），またその視点から，自らの世界を改革するための知識としていくことが可能になる（＝未来）ことと解釈できるだろう。

逆に，このような意識化の機会が奪われることになれば，学習者は「永遠の今日」に埋没してしまうことになる（フレイレ／邦訳，1982，p.17）。時間性を失った学習者は，エリートに自らの未来を選択する能力を奪われた傍観者となり，「非人間化」されていくことになる。このような非人間化を促進するエリートたちの事例として，フレイレはブラジルの選挙でみられたポスターを挙げている。この事例には選挙民である国民を，彼ら自身の世界を改革する機会から切り離し，彼らを自らの政治権力に従属させようとするエリートたちの意図がありありとあらわれている。

> 私はブラジルのある公的な人物のためになされた選挙宣伝（それはわれわれの無批判的精神習性を考慮して巧みにつくられていた）を，決して忘れることができない。候補者の半身像にはたくさんの矢印があり，それぞれがかれの頭，口，手を指し示していた。矢印のそばには，こんな説明が見られた。
>
> あなたは考えなくてもよいのです，かれがあなたのために考えてあげますから！

> あなたは見なくともよいのです，かれがあなたのために見てあげますから！
> あなたは話さなくともよいのです，かれがあなたのために話してあげますから！
> あなたは行動しなくともよいのです，かれがあなたのために行動してあげますから！
> （フレイレ／邦訳，1982，p.122）

　このフレイレの意識化の視点からみるならば，越境の説明力とは，単に，他文脈を背景とする人々と交流する能力にとどまらず，自らが生きる世界を，その視点から自覚的に随意に再言語化し，さらに改革を行うために必要となる批判能力を発揮することも包含した概念として解釈できるだろう。

3.3. 意識化を阻害する教師・促進する教員

　一方，フレイレは，学習者の意識化を阻む教員，また促進する教員についても言及し，モデル化している。
　フレイレは，実際の学校教育では，学習者らの「過去」を無視し，教師の知る知識を一方的に暗記させること（彼はこれを「伝達」と呼んだ）を要求する教育が横行しており，学習者らの意識化を阻んでいると批判した。

> かれらは常々，対話などというものは空想だという。百姓に農業技術を教えるときも，小学校で 4 × 4 = 15 は誤りだと子どもに教えるときも，その点ではまったく変わらないと言う。水の分子式が H_4O ではなくて H_2O であることを教えるのに，どうして対話などが成立するのか，というわけである。これこれしかじかの時代に，しかじかの仕方で起こったある歴史的な出来事について，生徒と対話することなどできはしない，唯一なすべきことは暗記すべき事実をただ口述することのみであるというのだ（フレイレ／邦訳，1982，p.193）。

　フレイレはこのような伝達による教育を，「生徒は何も知らないが，これは役に立つ知識だから」などといって，既存社会の価値観を一方的に押しつけ，単に知識を頭に詰め込もうとするものとして批判的に捉え，これを「預金型教育」とも呼んだ。

> 伝達事項とは，固有のダイナミズムを失って，静的で，結晶化された内容に変じてしまった意味内容 significados のことである。コミュニケの内容は，一種の化石となって，ある主体から他の主体へと預けいれられ，かれらの思考過程を阻害したり，歪曲したりする。これこそ，私が皮肉をこめて「預金型教育」と名づけた教育において教育者たちがとる典型的な行動である（フレイレ／邦訳，1982，pp.219-220）。

　この「預金型教育」とは，本書で論じてきた文脈でいえば，「分かったつもり」を生み出すような教育環境ともいえるだろう。自らの生きる世界の学習文脈を無視されるかたちで次から次へと新たな知識を習得するように要求される環境下では，生徒たちがそれらの知識について自ら考えることよりも，教師や教科書がいうとおりに知識をおぼえることを優先するようになるのは無理からぬことである。逆をいえば，この預金型教育を避け，学習者らの意識化を促進することを目指す実践とは，学びとる新たな知識を学習者が「過去」に修得した知識と関連づけ，また自らの「未来」と結びつけさせるようなものになるといえるだろう。フレイレ自身は，以下のような教育事例を挙げている。

一方のやり方は4×4を黒板に書いて，生徒たちにそれを暗記させるというやり方だ。もうひとつのやり方は，4×4を具体物におきかえて示すというやり方である。たとえば，四つのレンガを四列に積み上げてみる。機械的に4×4を暗記するかわりに，生徒はそれが人間の営みとどのように関連しているかを，おのずと見い出すことになるだろう（フレイレ／邦訳，1982, p.195）。

　本章2節で概念化した「自覚的説明」は，その内容から，このフレイレが示した事例と類似した形態を示したものといえるだろう。このような，学習者の学習文脈（「過去」）を考慮し，彼らに伝わる記号・ことばに変換して（上記の例でいえばレンガ），彼らがこれから立ち向かう「未来」へとつむぎ合わせようとする交流態度を，フレイレは先述の「伝達」に対比させ「対話」と呼んだ。
　そしてフレイレはこのような，学習者の意識化を促進する教育を行うためには，教員自身が教材についてさまざまな方向から認識し，学習者の視点に応じた，対話的な再解釈を行えるようにならなければならないと指摘した。

　かれは，……自己と向き合い，探求し，みずからに向かって問いを発するのである。問いが多くなればなる程，認識対象に関する好奇心は増す。……教育者は大声で杓子定規の機械的な説明をして，役人風を吹かせているわけにはいかない。生徒が教師に質問してくるとき，教師はいつでもそれを説明しながら，みずからがすでにおこなった認識の努力をもう一度はじめからくりかえしているものなのである（フレイレ／邦訳，1982, pp.242-243）。

　すなわち，学習者の意識化を促進するためには，教師も教材に関して自らの「過去・現在・未来」を見据え，意識化を目指した探求ができなければいけないということである。そのうえではじめて，学習者の「過去＝生きてきた世界」に対する，いわば感受性の高さが育ち，彼らの背景とする世界を意識しながら，彼らと対話的に関わり，自らの教授説明に関する言語を柔軟に再構成する「努力」を続けることができるようになるのだと思われる。
　フレイレは，このような教師の対話的努力について，以下のように述べている。

　努力をくりかえすといっても，それをそっくりそのままくりかえすわけではない。新しい情況にあわせて，新しいやり方でやり直しているのである。つまり，情況が変わることによって，以前にはあきらかでなかった新しい角度が，かれの目にはっきりと見えてきたり，また対象への新しい迫り方がわかってきたりするからである（フレイレ／邦訳，1982, p.243）。

　昔からいわれてきたようなことではあるが，生徒に教えることを通して，同時に自ら，豊かな探求的学びを行えることが，よい教師の条件ということになるのだろう。生徒たちの生きる世界をいくら先取り的に予想し，教師が考える理想的な説明言語を事前に構築できたとしても，多様な学習者らの疑問・関心にすべて応えられるわけではない。問題は，生徒らの視点から発せられる疑問・質問に真摯に応答し，彼らとのやりとりのなかで新たな意味を創出することができる，柔軟な対話を行うことができるかどうか，ということだろう。フレイレが上記の引用文のなかで述べている，「新しい情況にあわせて，新しいやり方でやり直している」というコメントは，このような教師と生徒との対話を通した，新

たな教授的説明の創造可能性について述べたものと思われる。

そして上記のような教師の支援を経験した生徒たちは，次には，自らが生きる世界の知識を意識化し，批判的に見直すことができるようになるという。このフレイレの論にしたがえば，学校教育は，このような教師との対話を通し，他の世界の知見を自律的・批判的に検証し，同時に，自らの向かう未来の世界を再構造化できる生徒の育成を目指すべきということになるのだろう（杉山，2011）。

3.4. 対話としての越境の説明

以上のフレイレ論の視点を導入すると，本書で論じている越境の説明についても，さらに拡張的な解釈が可能になると思われる。第1章で論じた範囲では，越境の説明とは，異なる世界の知見を結ぶことができる言語構成をともなう情報交換を示すものであった。しかしこの定義にとどまるかぎり，統覚の共通性が期待できない相手の観点を先取り的に予想した，話し手にとっての理想的な言語解釈を聞き手に提示すれば説明完了とするような印象を読者に与える可能性は排除できない。第1章では，説明の構築においてみられる話者間の相互作用についても簡単に触れられてはいるが，話し手の意志が言語化されて伝えられた後に，さらに聞き手との間で展開されうる新たな相互作用についてはなお，十分にモデル化されているとはいえないからである。

以上のような静的な定義では，越境の説明は，場合によってはフレイレがいう，聞き手の視点を度外視した「伝達」に堕する可能性がある。どれだけ話し手が精緻な説明モデルを構築したとしても，その聞き手が，話し手には想定しえない知見と関連づけ，それらを再解釈して，新たな疑問を投げかける可能性を排除することはできない。聞き手のこのような反応を話し手が無視し，一方的な「伝達」に終始するならば，その説明は聞き手にとって，いつまでもよそよそしい「預金」となる可能性は高い（本論の概念でいえば「分かったつもり」になるということ）。

またここで本章2節において紹介した，学校インターンシップに参加した学生たちを対象とした調査結果についても，改めてみていきたい。本調査の統計分析で明らかになったのは，インターンシップ初体験のB君が，実際に生徒たちに教えるという越境経験を通し，彼らの生きる文脈を無視した「非自覚的説明」が減少し，またインターンシップ経験者のA君が行っていたような，彼らが理解できると思われることばを考慮した「自覚的説明」をより多く行うようになったということである。しかしインターンシップ参加生が身につけたのは，単に情報としての自覚的な言語を操作する能力だけではなかった。A君の事例分析からは，彼は説明言語を構築していただけではなく，生徒の反応に合わせてその内容を柔軟に更新していたことが示唆されたからである（事例2）。また研修後に実施したインタビュー調査ではさらに，A君B君ともに，単に多くの自覚的説明を行うだけではなく，生徒たちの反応に対する感受性を高め，彼らと相互交流を行う姿勢を身につけようとしていたことが示された（事例6・7）。すなわち，学校インターンシップへの参加を通して学生たちが身につけた能力とは，理想的な説明言語を構築するための認知能力だけではなく，生徒たちの反応に応じて，その都度，適当な説明を構築することができる，いわば，他者の反応に対する「対話的感受性」の高さをも含むのではないかと考えられるのである。

以上の知見から考えれば，越境の説明は，単に他文脈を背景とする聞き手を対象に，非の打ち所がない説明を話し手が構築するというよりもむしろ，もしくはそのうえでなお，聞き手からその都度立ち現れる新たな疑問・関心に合わせ，柔軟に説明の言語構成や内容を変更して新たな視点を再創造することができるという，フレイレのいう「対話」として

拡張的に解釈すべきだと思われる。すなわち越境の説明とは，交流パートナーの反応に対する高い感受性を前提とし，両者の異質な文脈の視点を盛り込みつつ，その内容を更新し続けることができる，終わりなき意味生成としての対話行為を示すということである。

3.5. インターンシップを通して広がる越境的対話

またフレイレのいう対話行為として越境の説明を捉えれば，説明を行う側（インターンシップ生）だけではなく説明を受ける側（生徒）もまた，越境の説明の当事者ということになる。

実際，インターンシップ生を受け入れた多くの学校では，生徒の学習意欲を高める効果が期待できると報告している（藤平田，2005；伊藤，2007）。また田島（2009）が紹介した，受け入れ校の担当教員がインターンシップ生を受け入れる効果について語る事例も示唆的である（事例8）。

事例8　インターンシップ生を受け入れる効果について語る学校長

> 本校の生徒たちは，普段は固定化された人間関係のなかで，親も教員も，自分のことをよく理解していると思っているので，課題について分からない箇所を，ことばにする機会がないのです。しかし，インターンシップで来た学生さんはよその土地から来た方ばかりなので，『もっとこの部分を，学生さんが来たときに聞いてみよう。そして，自分ができるところをみせよう』という意欲がわいたようです。

これらの報告や事例から示唆されるのは，インターンシップ生という他の社会集団からの訪問者が学校に入ることによって，生徒たちにとっても，自らの学習内容について彼らに説明を行うための対話に参加する動機づけが促進されたということである。教師と学習文脈を共有する普段の授業のなかでの生徒には，「自分はどこまで学習が進んでいるのか」という自分の学習状態について，教師にも十分に理解してもらえているものと考え，いちいち言語化しない傾向がある。そしてこのような状態が続くことは，生徒たちの学習概念に対する分かったつもりを生じさせる要因にもなると思われる。

一方，そういった学習文脈を共有しない，教室の外からやってきたインターンシップ生に対しては，自分が学習した内容や，それに対する理解度などの状態についても説明しなければならない。このような説明は，一見すると，生徒たちにとって回り道になるようにもみえる。しかしこのような交渉においては，生徒たちが普段，自覚的に言語化しなかった概念の解釈内容にまで踏み込むため，必然的に，自らの住む世界の既有知識と新たに学ぶ概念を批判的・対話的に検討し，ヴィゴツキーのいう自覚ないし，フレイレのいう意識化を促進するきっかけになるのだと思われる。

そしてこのような自覚・意識化はさらに，大学における学習にも，もたらされると予想される。越境の説明を行う経験を経たインターンシップ生たちは，次に，この経験を大学に持ち込み，講義のなかで学ぶ学術概念の意味を対話的・批判的に解釈しようとする可能性があるからである。つまり，大学講義においても，学校現場で学んだ実践経験との越境的参照を行うことで，自覚性の高い概念学習を行うようになるということである。

実際，本章2節で紹介した学校インターンシップ初心者のB君は，インターンシップ参加後，生徒をより深く理解する必要性を感じ，自主的に教職課程関連の勉強を進めるようになったことを事後インタビューで明らかにしていた（事例9）。

事例9　学校インターンシップを通し生徒理解への動機づけを高めたB君

> インターンシップに行くようになってから，教育に関する本をよく読むようになったのですが，たとえば不登校とか，何で不登校になるのかというデータっていうものがその本にあったので，そういう人の心理とかを，興味をもって自分で調べて，授業で受けて，『ああ，こういうもんやな』ということがありました。……もともとインターンシップに行く前も，子どもの心理に興味はあったんですけれど，行くようになってから，より深くなりました。

　学生たちの大学の講義に対する聴講態度や学習意欲が，インターンシップ参加前と比較して向上しているとする報告もある（関西大学，2005）。これらの報告から示唆されるのは，インターンシップ生が大学と研修先の地域教育現場との間を越境することによって，どちらにも属さない，循環型の新たな知の文脈が拓かれる可能性である。インターンシップ生が大学で学んだ知識をたずさえて学校現場に行き，越境の説明を行うことで，学校現場の学びの文脈が変わる。さらに学校現場で学んだ経験を活かして，大学で学ぶ知識を批判的に再構造化する。このように学生たちは，それぞれの学習文脈で得た知識に対する意識化・自覚化を進めることで，新たな学びの文脈を創出していくことができるのではないかと思われる。

4．今後に向けて

4.1. 現状のインターンシップ実践が抱える課題

　本章では，大学において越境の説明力を養成するための教育実践として学校インターンシップを取り上げ，その意義と展開可能性について論じてきた。また学校インターンシップに参加した学生の教授活動を対象としたフィールドワークデータの分析およびフレイレ論の検証により，越境の説明を，異なる文脈を背景とする話者が相互に意味交渉を行う「対話」として拡張的に解釈してきた。

　しかし，越境の説明力を育てるという点からいえば，現在の学校インターンシップ実践の現状には，課題が多いことも指摘しなければならない。本書ではそれを以下の三点に絞り，指摘しておきたい。

　第一に，現状の学校インターンシッププログラムの多くが，学生たちを学校現場に派遣するにとどまっており，彼ら自身がその成果について深く考察を行うための支援等の大学側の組織的取り組みが不足しているという問題が指摘できる（甲斐，2009；森下・久間・麻生・衛藤・藤田・竹中・大岩，2010；山口・山口，2004）。山口らは，学生らが豊かな経験を現場で積むことができても，その経験について，彼ら自身による十分な考察・省察が行われない限り，研修先の実践における個別・具体的な知識ばかりが積み上がるにとどまるとしている。本章では，学校インターンシップには，学生らは大学に閉じられた，いわば分かったつもりとなった学生らの専門知識を自覚化させる促進効果があることを明らかにした。しかし逆に，学生らが学校現場の活動にばかり関わり，大学において得られる知見との関係性をつむぐ越境的対話を行おうとしなければ，今度は，彼らの実践に関する知見は，学校の実践にのみ適用可能で，他文脈の知見に適用させることができないという意味で，分かったつもりにとどまる危険性があるのだと思われる。

　第二に，学校インターンシップで学生らが得る越境経験を活かした，大学側の授業実践の拡充も，十分なものとはいえないという問題が指摘できる（芦原，2003；藤平田，

2005)。「インターンシップに行くことで，授業に役立ったか」という質問項目に対し，42％もの学生が「役立たなかった」と回答した藤平田（2005）の調査は，注目に値する。本来であれば，大学生が実践に参加することで学び取った経験を活かすことが可能となるよう，大学教員側も個々の学生たちと越境的な対話を行い，授業の内容や方法を変革していかなければならないのだが，それが現状では十分に達成できていないことを如実に示すデータといえよう。

　第三に，学校インターンシップの意義が，学生を受け入れる教育現場側に十分に理解されていないという問題が指摘できる（原，2009）。本来は研修を受ける学生を育て，同時に，研修を引き受ける学校側の生徒たちの学習機会をも提供するという，対話の場となるべきインターンシップが，単なる安い労働力の提供機会として学校現場側に理解され，参加学生が生徒たちと交流を行う機会や教員から指導・助言を受ける機会が十分に確保されないまま，研修を終えてしまうケースも多いという問題である。このような状況では，学生が生徒たちとの対話を通して，自らの教授技能を磨くことは困難であり，また，越境の説明力を習得することも期待できないと思われる。

4.2. インターンシップの展開可能性

　以上の問題をすぐに解決していくことは，容易なことではないだろう。しかし，学生たちの教育現場における経験を形成的に評価し，促進していこうとする実践提案も少なからずなされてきている。

　たとえば森下らは，教育現場におけるインターンシップ経験を参加学生に毎回レポートにまとめさせ，そのすべてのレポートについて専任の大学教員が評価を行う支援的実践について報告している（森下・麻生・藤田・久間・衛藤・竹中・大岩，2011）。

　この報告では，大学教員の専門性を活かした助言や共感的なコメントによる支援を通して，省察に乏しく言語化も十分ではないレポートを書いていた学生たちが，詳細な言語化をともなう深い省察を行えるように変化していったことが明らかになっている。すなわち，大学にいる大学教員との対話を通して学生たちは，生徒たちへの教授活動を含む自らの研修経験を越境的に説明し，結果として，自らの実践についても，意識化・自覚化した可能性が示唆されるのである。

　また協力学校との緊密な連携を通じて，インターンシップの教育的意義について共有することを目指す実践モデルや，大学での学習とインターンシップ経験を接続する教育実践モデルの提案もなされてきている（有元・尾出・岡本，2011；芦原，2003；谷川，2009）。

　これらの実践は，大学－地域教育現場を越境する大学生らの実践を媒介として，両者が互いに対話を試み，大学生や生徒たちのよりよい学びのために，改革を目指そうとしている点で注目に値するものといえよう。

4.3. おわりに

　グティエレスら（Gutierrez, 1993；Gutierrez, Rymes, & Larson, 1995）は，異なった社会集団に属し，異なった意見をもつ者同士が対話を行うことによって拓かれる，両者のどちらの既存の集団にも属さない創発的な学習文脈のことを「第三の空間」と呼んだ。またエンゲストロームら（Engeström, Engeström, & Kärkkäinen, 1995）は，この第三の空間のような学びの文脈を拓く交流形態を「水平的越境」と呼び，この越境的交流を通して，異質な文脈を背景とする学習者同士がいずれの文脈にも同化することなく相互に変革できる学びを達成できると主張した。このような変革的学びの利点は，話者が属するそれぞれの社会集団の中で固定的に捉えられてきたことばの意味が，越境的な対話を通じた再構造化を経る

ことにより，双方にとって価値のある，新たな意味として再創出されることと解釈できる。
　本章で紹介した調査では，インターンシップへの参加を通し，学生たちが大学と地域教育現場の両者を変革可能とする，新たな知の文脈を拓いていたことが示唆された。その意味では，学校インターンシップの意義とは，学生個別の説明力の促進だけではなく，また地域教育現場や大学教育の改善だけでもなく，これらの世界間を行き来する学生の越境の説明を通した，すべての学びの文脈を変革する対話的な第三の空間を創出する点にあるといえるのではないだろうか。

資　料

　人物を統制した説明形態と時期のクロス集計表に対するカイ二乗検定は，B君のみ有意であった（A君：$\chi^2(1, n=22)=0.02$, n.s., B君：$\chi^2(1, n=19)=4.87$, $p<.05$）。B君が行った言語活動は，初日は非自覚的説明，最終日は自覚的説明の割合が有意に高かった（Table 1）。
　時期を統制した説明形態と人物のクロス集計表に対するカイ二乗検定は，初日のみ有意であった（初日：$\chi^2(1, n=16)=4.39$, $p<.05$, 最終日：$\chi^2(1, n=25)=0.02$, n.s.）。研修初日では，A君が自覚的説明を，B君が非自覚的説明を行う割合が有意に高かっ

Table 1　人物を統制した説明形態と時期のクロス集計表

人物	説明形態	初日	最終日	合計
A君	自覚的説明	6 (14.6%)	9 (22.0%)	15 (36.6%)
	非自覚的説明	3 (7.3%)	4 (9.8%)	7 (17.1%)
B君	自覚的説明	1 (2.4%)	8 (19.5%)	9 (22.0%)
	非自覚的説明	6 (14.6%)	4 (9.8%)	10 (24.4%)
合計		16 (39.0%)	25 (61.0%)	41 (100.0%)

Table 2　時期を統制した説明形態と人物のクロス集計表

時期	説明形態	A君	B君	合計
初日	自覚的説明	6 (14.6%)	1 (2.4%)	7 (17.1%)
	非自覚的説明	3 (7.3%)	6 (14.6%)	9 (22.0%)
最終日	自覚的説明	9 (22.0%)	8 (19.5%)	17 (41.4%)
	非自覚的説明	4 (9.8%)	4 (9.8%)	8 (19.5%)
合計		22 (53.7%)	19 (46.3%)	41 (100.0%)

Table 3　説明形態を統制した人物と時期のクロス集計表

説明形態	時期	A君	B君	合計
自覚的説明	初日	6 (14.6%)	1 (2.4%)	7 (17.1%)
	最終日	9 (22.0%)	8 (19.5%)	17 (41.4%)
非自覚的説明	初日	3 (7.3%)	6 (14.6%)	9 (22.0%)
	最終日	4 (9.8%)	4 (9.8%)	8 (19.5%)
合計		22 (53.7%)	19 (46.7%)	41 (100.0%)

た（Table 2）。

　説明形態を統制した人物と時期のクロス集計表に対するカイ二乗検定では，有意な連関はなかった（自覚的説明：$\chi^2(1, n=24)=2.27$, n.s., 非自覚的説明：$\chi^2(1, n=17)=0.49$, n.s.）。人物と時期の分類による説明形態の割合には有意な違いがみられなかった（Table 3）。

＜謝辞＞

　調査に協力してくれたA君とB君，中学校の先生方，そして中学生のみなさんに感謝します。またデータ分析について貴重なご助言をいただきました，和光大学・高坂康雅先生に感謝します。最後に，職務上および研究上でさまざまなご支援をいただきました高知工科大学・中村直人先生に感謝します。

＜付記＞

　本章で紹介した調査の実施および本章の執筆に際し，独立行政法人日本学術振興会・科学研究費助成事業（学術研究助成基金助成金（若手研究（B）））「大学生の「分かったつもり」を解消する支援：学校インターンシップを中心に（代表者：田島充士・平成23年採択　課題番号：23730621）」の助成を受けた。

■ 引用文献

有元典文・尾出由佳・岡本弥生（2011）．教育インターンの目的と意義：県立高校健康教室を事例として　教育デザイン研究, 2, 49-57.
芦原典子（2003）．インターンシップを媒介とした学校現場と大学の連携：新たな教育実習の可能性をめぐって　佛教大學大學院紀要, 31, 103-118.
Engeström, Y., Engeström, R. & Kärkkäinen, M. (1995). Polycontextuality and boundary crossing in expert cognition: Learning and problem solving in complex work activities. *Learning and Instruction*, 5, 319-336.
藤平田英彦（2005）．学校インターンシップの教育成果報告　創大教育研究, 14, 81-84.
フレイレ, P.（1982）．里見　実・楠原　彰・桧垣良子（訳）伝達か対話か：関係変革の教育学　亜紀書房
Gutierrez, K. (1993). How talk, context, and script shape contexts for learning: A cross-case comparison of journal sharing. *Linguistics and Education*, 5, 335-365.
Gutierrez, K., Rymes, B., & Larson, J. (1995). Script, counterscript, and underlife in the classroom: James Brown versus Brown v. Board of Education. *Harvard Educational Review*, 65, 445-471.
原　清治（2009）．現場体験活動は教員志望者の実践力を涵養するのか：学校インターンシップのもつ「効果」について考える　佛教大学総合研究所紀要, 16, 35-51.
伊藤敦美（2007）．教職課程におけるキャリア支援（II）：インターンシップに関する中学生の意識調査　敬和学

園大学研究紀要，16，181-192．
金子英俊（2006）．確かな教員養成を目指す学校インターンシップの実践報告　教師教育研究，19，43-55．
甲斐謙介（2009）．学校インターンシップの現状と課題：実践的指導力の育成に向けて　教育実践研究紀要，9，185-190．
関西大学（2005）．人間性とキャリア形成を促す学校Internship：小中高大連携が支える実践型学外教育の大規模展開（2005年度文部科学省「特色ある大学教育支援プログラム」2005年度報告書）　関西大学高大連携推進事務室
木村里美（2009）．コンテクストの変容をもたらす＜対話＞と＜学習＞：「meaning」と「sense」の間　人間社会学研究集録，4，3-30．
満尾貞行（2005）．学校インターンシップの連携に関わる問題点　東京純心女子大学紀要，9，67-90．
森下　覚・尾出由佳・岡崎ちひろ・有元典文（2010）．教育実習における学習はどのように構成されているのか：教育的デザインと実践の保持のデザインとのダイナミクス　教育心理学研究，58，69-79．
森下　覚・久間清喜・麻生良太・衛藤裕司・藤田　敦・竹中真希子・大岩幸太郎（2010）．学校支援ボランティアにおける省察的実践の支援体制と実習生の学習の関連性について：大分大学教育福祉科学部「まなびんぐサポート」事業を通して　大分大学教育福祉科学部研究紀要，32，261-275．
森下　覚・麻生良太・藤田　敦・久間清喜・衛藤裕司・竹中真希子・大岩幸太郎（2011）．学校支援ボランティアの参加学生に対する教育的介入の効果：大分大学教育福祉科学部「まなびんぐサポート」事業を通して　大分大学高等教育開発センター紀要，3，15-27．
永塚史幸（2011）．教員養成のしくみとインターンシップ：教員の実践的指導力形成のために　啓明出版
里見　実（2010）．パウロ・フレイレ「被抑圧者の教育学」を読む　太郎次郎社エディタス
佐久間亜紀（2003）．教育実習の多様化―動向と課題　東京学芸大学紀要1部門教育科学，54，349-359．
島原宣男・酒井　朗（1991）．日本における教員研修と教育改革：過去と未来にむいた改革のゆくえ　東京大学教育学部紀要，30，83-93．
杉山直子（2011）．教育課程編成におけるナラティブ・アプローチ（2）：批判的リテラシーの形成を中心に　梅光学院大学論集，44，22-35．
田島充士（2009）．教職課程教育における学校インターンシップの可能性：ヴィゴツキーの「自覚性」概念を軸に　高知工科大学紀要，6，215-224．
Tajima, A. (2013). Boundary crossing in the light of Vygotsky and Jakubinskij: Thinking about development in school internships. 第14回国際ヴィゴツキー学会発表論文集，252-256．
田島充士・中村直人（2011）．学校インターンシップへの参加を通した教職課程履修学生の成長：ヴィゴツキーの「自覚性と随意性」を軸に　日本教育心理学会第53回総会発表論文集，296．
谷川至孝（2009）．教員養成の一環としてのインターンシップ：佛教大学の事例を参考にして　佛教大学総合研究所紀要，16，53-69．
徳舛克幸（2007）．若手小学校教師の実践共同体への参加の軌跡　教育心理学研究，55，34-47．
ヴィゴツキー，L. S.　柴田義松（訳）（2001）．　思考と言語　新読書社
山口恒夫・山口美和（2004）．「体験」と「省察」の統合を目指す「臨床経験」：「プロセスレコード」を用いた「臨床経験」の研究の基本的視点　信州大学教育学部紀要，112，121-131．

11 異文化間コミュニケーション
日本語教師教育からみた「越境の説明」育成の可能性

菊岡由夏

　本章では，大学における日本語教師教育の教育実習（以下，日本語教育実習とする）をフィールドとし，異文化間コミュニケーションで求められる「越境の説明」について論じる。

　近年，グローバル30（国際化拠点整備事業）等の大学の国際化に向けた事業により留学生が増加し，それにともなう異文化間コミュニケーションの重要性も増している。日本語教育分野は海外から来る留学生との直接的な接点をもつという点で，大学の国際化に対して果たすべき役割は大きい。そのような状況のなか，日本語教師を育成するための日本語教師教育も同様に，国際化する大学教育で求められる異文化間コミュニケーション遂行能力をもった人材を育てられる教育への変化を迫られている。

　日本語教師教育を受けた人材が活躍する場の一つである地域日本語教育現場も同様に国際化にともなう変化の過程にある。地域日本語教育はこれまでその多くが地域住民のボランティアによって成り立ってきた。しかし，近年「生活者のための日本語教育」の主たる担い手としてその重要性が再認識される（外国人労働者問題関係省庁連絡会議，2006；総務省，2006；日本語教育学会，2008，2009）にともない，そこで求められる人材やその能力にも変化が生じている。生活者のための日本語教育とは，日本語の学習を来日の第一目的とはせず日本での就労や生活がその主たる目的である「生活者としての外国人（外国人労働者問題関係省庁連絡会議，2006；日本語教育学会，2008，2009）」と呼ばれる人々を対象とした日本語教育であり，1990年来増え続けてきた定住外国人に向けた日本語教育であるともいえる。定住外国人の日本での生活が長期化し，改めて彼らと日本社会との関わり方が課題として注目された結果，それらの人々に対する日本語教育も改めて「生活者のための日本語教育」として議論の土台に上がったものと考えられる。つまり，地域社会もまた地域の外国人を「生活者としての外国人」として捉え直し，彼らとともに暮らすいわゆる多文化共生社会と呼ばれる「国際化」への変化が求められ，異文化間コミュニケーションが再認識される社会へと変化しているといえる。

　このように大学における日本語教師教育は，現在，大学の国際化と地域の国際化という二重の国際化に対応しうる能力をもつ人材の育成が求められている。そこで本章では，大学および地域の国際化に貢献する人材に求められる能力として①相手に対する共感的態度と，「越境の説明」の実践を通して豊かな「域内の説明」を形成する能力＝「共生日本語（岡崎，2007）実践力」，②「域内の説明」が可能な相手に対してあえて「越境の説明」を求める能力＝「他者パフォーマンス力（菊岡・今井，2011）」の2つに着目し，現在の大学教育で一般的に行われている教師が中心となる教室型の日本語教育実習[1]がそれらの能力の伸長に対し，いかなる可能性を包含するかを分析する。

1. 生活者のための日本語教育とその人材育成

1.1. 生活者のための日本語教育の現状

　　ここで改めて地域の国際化の舞台となる「生活者のための日本語教育」について論じる。

　　生活者のための日本語教育とは，日本語の学習を来日の第一目的としている留学生とは異なり，就労や婚姻等にともなう日本での生活を来日の目的とする「生活者としての外国人」と呼ばれる人々のための日本語教育を指す。春原（2009）によれば，「生活者としての外国人」という表現は，1990年代に地域住民として顕在化した外国籍住民が各省庁や経済団体等から「生活者」と呼ばれたことから始まったものである。

　　近年，生活者のための日本語教育が，あえて括弧書きにされ議論すべき課題として注目されるに至った背景には，バブル期以降爆発的に増加した生活者としての外国人の定住化がある。彼らの定住が長期化するにともない，他の地域住民との関わりのなかで彼らが将来にわたって安全かつ安心を得られる生活を継続するためには日本語の習得が必要であると改めて認識されてきたことの現れであるとも考えられる。しかし，日本語教育学会（2009）による「生活者のための日本語教育の対象となる人々の中には，大学や日本語学校などの日本語教育機関で専門家による教育を受ける機会が持てない人々が多く含まれている」との指摘や，企業日本語カリキュラム開発検討委員会（2008）による「日本企業で就労する日系ブラジル人が日本語を学習しない理由として，26回答中20回答が『金銭的』『時間的』なものとなっている」との報告からも分かるように，日本での生活をその主たる滞在目的とする人々にとっては，語学学校に通い集中して言語を学ぶためのゆとりを作ることは，時間的にも金銭的にも困難なことだと考えられる。

　　すでに述べたように，現在，生活者のための日本語教育を主として担っているのが，「地域日本語教育」と呼ばれる一般市民や地方の国際交流協会が主催もしくは企画し，ボランティアベースで活動を続ける日本語教室である。そこでは専門的な日本語教育は受けていないが，外国籍住民の生活をサポートしたい，彼らと関わりたいという意志のある地域住民が日本語の習得支援を行っている。地域日本語教育では，大学などで専門的な日本語教育を受けてきた人材が，コーディネータとして活動をデザインする立場に立つケースも少なくない。

1.2. 生活者のための日本語教育にたずさわる人材の育成

　　地域日本語教室では，ボランティアと学習者がマンツーマン，もしくは，グループによる交流活動を通した日本語習得支援が多くみられる。こうした地域日本語教室の活動を促進するにあたって課題となっているのが，その交流活動を担う人材の育成である（日本語教育学会，2008，2009）。

　　日本語教育学会（2008，2009）によれば，地域日本語教育にたずさわる人材の育成は，各地域日本語教育実施団体で多様な取り組みが行われているのが現状である。米勢（2010）では，人材育成の4事例を検討し，それらで講座等の事前研修や実際の地域日本

1）本研究で言う「一般的な形式の日本語教育実習」とは，教師1名が複数の学習者に対して日本語の教育を行う教室型の教育実習を示す。日本語教育実習の報告は，こうした教室型の実習に関するものが多く，一般的にはこのような形式の実習が多いものと考えられる。また，本研究でこれに相対するものとしては，地域日本語教室等で行われている教える側と教えられる側がマンツーマン，もしくは，グループになって交流活動を行うことで日本語習得支援を目指す交流型日本語教育での実習が挙げられる。

語教室の活動に参加することによるOJT（On the Job Training）研修が行われていることを報告している。また，野山（2006）によれば，武蔵野市では市が行っている日本語交流員講座で異文化の人と接触・交流する場合に不可欠な心構えや考え方について学べるような科目の履修が行われている。このように地域日本語教育が生活者のための日本語教育の担い手として認識されるにともない，地域日本語教育においていかなる教育が必要であり，いかなる人材を育成するべきかも議論されるようになっている（日本語教育学会，2008，2009）。

　一方，大学でも実習生が将来的に生活者のための日本語教育に携わる可能性を視野に入れた日本語教師教育が実施されつつある。お茶の水女子大学では，2000年度より地域在住の外国人と日本人参加者を募集して日本語教室を特設し，そこでの協働学習にたずさわる「共生日本語教育実習」（岡崎，2007）を行っている。また，土屋（2005）によると，愛知県立大学の日本語教員課程では，2000年度から学生らが一年を通して地域日本語教室の活動に参加するという形式の日本語教育実習を実施している。いずれも日本語教育実習を留学生に対する教育だけに限定せず，生活者としての外国人を想定にいれた日本語教育実習を経験することにより，生活者のための日本語教育を担うことのできる人材を育成しようとするものである。池田（2007）は大学における日本語教育実習の実践が多様な教育現場に対応することができるあり方へと変わるべきことを主張しており，日本語教師教育の多様化が求められている現状が分かる。

2．生活者のための日本語教育に求められる能力

2.1.「生活者としての外国人」による日本語習得の様相

　次に，菊岡ら（菊岡・神吉，2010；菊岡，2011）から「生活者としての外国人」による日本語習得の様相をまとめ，生活者のための日本語教育で育成すべき能力についてまとめる。

　菊岡ら（2010，2011）は，生活を基盤とした第二言語としての日本語習得過程の一例として，就労現場である工場でのコミュニケーションを通して日本語を習得する日系ブラジル人の日本語習得過程の研究を行い，その就労現場における言語活動を岡本（1985）の「一次的ことば」と「二次的ことば」の観点から分析している。

　「一次的ことば」とは，ことばの背景となる文脈を共有する「親しい人」の間で用いられる社会的文脈に補完されたことばである。これは言語活動において物理的リソースや互いがこれまで共有してきた歴史的文脈の活用によって，きわめて少ない言語的リソースでも十分に互いの意図を伝えることができるという点で，本書で用いられる「域内の説明」に相当するものだと考えられる。一方「二次的ことば」とは，文脈を共有しない「他者」との間で用いられることばであり，本書でいう「越境の説明」にあたると考えられる。岡本（1985）は二次的ことばの中心的機能として「ことばのことば化」すなわち，「ことばによることばの説明」が可能になることを挙げている。これは二次的ことばを差し向ける相手が「他者」という文脈を共有しない者であることから，そこで用いることばを文脈から独立したところで捉え，ことばによって伝える必要性が生じる言語活動，すなわち，相手との非共有部分を言語的リソースによって埋めることが求められる言語活動であると考えられる。

　菊岡・神吉（2010）では二次的ことばを用いる際に要する能力として，ヴィゴツキー（Vygotsky／邦訳，2001）の言語的思考の「自覚性と随意性」を挙げている。田島

(2009) によればヴィゴツキー（邦訳，2001）の「自覚」とは，学んだことばの意味を別のことばで定義したり，他のことばとの体系的な関係を論理的に説明したりできる思考を意味するとし，「随意」とは，このような自覚を通し自らの思考活動をことばで自由に支配できるようになる能力を意味すると述べている。つまり，二次的ことばは一次的ことばと異なり，自らの属する文脈に意識的になることで自分の言語的思考をコントロールし，他者の文脈での言語活動を行うことを可能にするものだと考えられる。

次の事例1と2で一次的ことばによる言語活動と二次的ことばによる言語活動の具体的な様相を示す。事例1は日常的に作業をともにしている日本人作業員と外国人作業員という「親しい者同士」が同じ工程に従事している際の言語活動であり，事例2は工場の環境について詳しく知らない調査員と外国人作業員との言語活動である。

事例1は，日本人作業員と外国人作業員による一次的ことばの実践がみられる。日本人作業員の後藤が用いている「これ」「ここ」「この」という指示詞は，後藤が実際に作業を行うなかで，ビスを止める場所や取り付けの金具等の共有の物理的リソースを介して用いられており，それそのものが何であるか，どのような場所であるかといったことは言語化されていないが，外国人作業員のマルシアもそれだけで後藤の説明に理解を示している。就労現場の言語活動では，一次的ことばによる言語活動は主に機械を組み立てる工程で頻繁に共同作業にたずさわっている作業員同士の言語活動にみられ，外国人作業員との共同作業にたずさわる機会の多い日本人作業員からは，外国人の日本語力が「コミュニケーションに問題はない」と肯定的に評価されていたことも報告されている（菊岡，2011）。

事例1　一次的ことばによる言語活動（菊岡，2011）

```
01後藤    ： まず これ を先に，ここ の上に，付けて，
02マルシア ： あーそっか。
03後藤    ： これ でいつも通り この へん，サブが付けてくれないんだけど，
            ここ，横で，ここ の上で，ここ 上，
04マルシア ： ふん。
05後藤    ： で，ここ の4カ所で止めて，これ を，
06マルシア ： あーわかった。
```

事例2　二次的ことばが求められた言語活動（菊岡，2011）

```
 01調査員   ： なんか全然違う場所だね。
 02マルシア ： あ，これ 残作業。
→03調査員   ： ん？
 04マルシア ： これ 残作業。
→05調査員   ： ザンサギョウ？
 06マルシア ： (1) この前，この部品が，欠品してた。
 07調査員   ： (1) ああ。じゃあ，ちょっとこれだけやってから本当の仕事の方へ
              行くんだ。
 08マルシア ： ふふん。(あいまいな笑顔で首を軽くかしげて)
```

一方事例2では，外国人作業員マルシアの用いた02「残作業」ということばが「何を意味するのか」が問題視され，それを別の言語的リソースに置き換えることが2度にわたって求められている（03調査員，05調査員）。これは事例2でマルシアと話している調査員

が就労現場の状況にもそこで用いられている用語にも詳しくない「他者」であったため，マルシアに二次的ことばによる説明が求められたのだと分析されている。

　二次的ことばが求められる言語活動は，当該工場においては管理職などの日常的に共同での作業にたずさわらない人物が工程を回ってきた際に，工程について説明を求められたりする場面で生起することが報告されており（菊岡，2011），そのような場を中心に外国人作業員と接する管理職からは，外国人作業員の日本語力の向上が工場全体の生産性を向上させるための課題として捉えられていた。

　これらから菊岡ら（2010，2011）は，生活文脈を基盤とした第二言語としての日本語習得の課題を自らの文脈を理解しない「他者」に対する二次的ことばを用いる能力であるとし，それらを「越境のための日本語」と呼んでいる。「越境のための日本語」とは，言い換えれば「越境の説明」を第二言語である日本語で行う言語活動を指しており，「生活者のための日本語教育」には，この「越境のための日本語」を用いる能力の育成が求められると菊岡・神吉（2010）は指摘している。

2.2.「生活者のための日本語教育」にたずさわるボランティアに求められる能力

　一方，生活者のための日本語教育にたずさわる日本人ボランティア側に求められる能力に関しても議論が行われている。米勢（2010）では，生活者としての外国人に対する日本語教育において，外国人側に「必要な日本語能力」が日本人とのコミュニケーション能力であるならば，それは同時に日本人住民側の「外国人とのコミュニケーション能力」も必要とされることを指摘している。また，お茶の水女子大学で実施されている共生日本語教育実習（岡崎，2007）では，地域日本語教育の場を外国人参加者と日本人参加者による「共生言語としての日本語」（岡崎，2002）をはぐくむ場であるとし，一方的に外国人側の日本語力の成長を求めるものではないことを示唆している。岡崎（2007）によると，「共生日本語」とは多様な言語・文化背景をもつ者同士によるコミュニケーションを達成するための言語的手段の一つとして，異言語話者接触の場面で用いられる日本語を指す。母語話者の話す日本語に近づくことを目標とするのではなく，非母語話者とのコミュニケーションを進めるために機能しうる日本語を，母語話者と非母語話者が一緒になって実践，創造するものである。これは外国人学習者と日本人ボランティアが対話を通して互いの非共有部分を埋めていき，次第に互いの共有文脈を拡大していく実践として解釈することができる。

　「共生言語としての日本語」によるコミュニケーションを実現するためには，母語話者側が非母語話者の不完全に言語化された発話を共有する会話文脈などを手がかりとして積極的に補完していく，いわば「共感的」な傾聴態度がとくに重要になると考えられる。つまり，非母語話者が文脈のずれを言語的リソースで補えないことを考慮し，母語話者側が共有のリソースを模索し，その非共有部分を補うような能力が必要とされるわけである。これは「共生言語としての日本語」をはぐくむ地域日本語教育の実践が，対話参加者による共感的態度を前提とし，文脈の異なる者同士が「越境の説明」の実践を通して，対話の文脈を「域内の説明」が可能となる豊かな文脈へと作り替えていく能力が必要であることを示していると考えられる。

　一方，菊岡・今井（2011）では，外国人が日本社会のなかで出会うコミュニケーションの相手が，「共生日本語」の場合のように彼らとの文脈の共有，非共有を意識し共感的に解釈してくれる者ばかりではないと指摘し，そのような相手とのコミュニケーションにおいて意思の交換を行うためにも「越境のための日本語」が必要であると主張した。そし

て，生活者のための日本語教育においては，ボランティア側がときに学習者側に対しあえて「越境のための日本語」を求める姿勢をみせることも必要だとし，その能力を「他者パフォーマンス力」とした。

「他者パフォーマンス」とは，文脈を共有した一次的ことばが通じる相手に対して，あえて文脈のずれがある「他者」のように振る舞うことで二次的ことばによる言語活動を求める会話参加の態度であり，「他者パフォーマンス力」とはそれを実践へとうつす能力である。そして，対話において「他者パフォーマンス」を実践することは，「共生日本語」のように直線的に「域内の説明」が可能な文脈形成を目的とするのではなく，「域内の説明」の範囲で意図が通じる場面において，その文脈理解を一端保留することによって「越境の説明」を引き出し，そこからさらに豊かな共有文脈の形成を導こうとする対話参加の態度であるといえる。

以下の事例3（菊岡，2011）に他者パフォーマンスの実践に関する言及がみられる。事例3は，前述（2.1）の企業で働く日本人従業員B氏のコメントである。

事例3　日本人従業員B氏のコメント（菊岡，2011）

> 日本語教室をやり始めてから感じるのは，自分自身が変わったこと。以前は，「明日，免許。仕事休むね。」などと言うだけの外国人従業員にただ腹を立てていたが，<u>最近は「だから何？」などと聞き返すようになった</u>。

菊岡（2011）によれば，B氏は当初休みの許可を得るために必要な日本語表現を用いない外国人従業員の態度に否定的な感情を抱いていながらも，その不十分な日本語表現からでも相手の意図が理解できるがために，外国人従業員に対して態度の変化を求めることはなかった。しかし，B氏の働く企業内で実施された日本語教室に参加し，外国人従業員が日本語を学ぶ様子を目にしてからは，相手の意図を理解しながらも「だから何？」と聞き返し，外国人従業員にあえて「越境の説明」を行わせるような行動に出るようになったことを報告している。

B氏が外国人従業員の態度に「腹を立てていた」ことからも分かるように，たとえ相手の意図が理解できたとしても，「域内の説明」に止まることで，そこでのやりとりを固定化し豊かな文脈の再構成につながらない場合もある。このようなやりとりの固定化は，表面的には意図の通じたコミュニケーションであるようにみえたとしても，豊かな関係性の形成という点では，成功したとはいえないやりとりであり，国際化する社会で求められる異文化間コミュニケーションとは言い難いと考えられる。

このように外国人が日本社会で出会う人々が文脈を共有する相手ばかりではない（菊岡・神吉，2010）こと，そして，共有文脈を固定化することでそこでの人間関係にマイナスの影響を及ぼしかねないことを考えると，その日本語習得支援にたずさわる人材はときに「越境のための日本語」を引き出す「他者パフォーマンス」のような関わり方をする必要があると考えられる。

つまり，外国人が日本語により自己表現をし，意図する文脈を自主的に形成できるような「国際化」した日本社会を実現するためには，外国人も日本語による「越境の説明」が可能となる必要があり，その「越境の説明」を実践する機会を提供することが外国人に対する日本語習得支援につながると考えられるのである。

2.3. 国際化する大学や地域の日本語教育にたずさわる人材に求められる能力

前節までの議論から，国際化する大学および地域の日本語教育にたずさわる人材に求められる能力を以下の2つの力にまとめる。

①共生日本語実践力
　＝相手に対する共感的態度を基礎に「越境の説明」を実践し，そこから豊かな「域内の説明」が可能な文脈を形成する能力
②他者パフォーマンス力
　＝「域内の説明」が可能な相手に対しあえて共感的態度を保留し，「越境の説明」を求める態度を取ることで，さらに豊かな「域内の説明」が可能な文脈への発展を導く能力

大学での日本語教師教育において上記の能力育成を図ることは，国際化する大学および地域における異文化間コミュニケーションを実践し，かつ，促進する教育実践であると考えられる。

以下では，一般的に行われている大学の日本語教育実習を対象として，日本語教育実習を通した実習生の学びについて分析した実践研究を紹介する。そして，そこから日本語教育実習を通した2つの能力育成について検討し，国際化する大学および地域における異文化間コミュニケーションに貢献する日本語教師教育の発展的展開について議論する。

3．実践研究

3.1. 調査の概要

本調査の実施概要を以下に示す。

調査は2011年8月から11月にかけて地方の某公立大学で行われた。この間，約1ヶ月間にわたり日本語教育実習が実施され，調査者（筆者）はそこでフィールドワークを行った。フィールドワークの詳細としては，①日本語教育実習の前後に実習に参加する実習生7名に対する事前・事後インタビューの実施（各2回ずつ），②実習授業の参与観察（ビデオ録画・録音・フィールドノートによる記録），③実習担当教員への聞き取り（インタビュー・メールでのやりとり）による。

当該大学では，文学，文化，言語等を中心に学ぶ文化学科のなかに日本語教師教育のための授業が設置されており，日本語教育実習もその一環として実施されている。実習は，実習担当教員が日本語教育実習のためのクラスを設置し，実習授業に参加する学習者のレベルに合わせて授業内容を設定していた。調査を行った際の実習授業では，市販の日本語テキスト『みんなの日本語Ⅱ』（スリーエーネットワーク）の後半部分から実習担当教員が選択した課を実習生が1課ずつ担当した。実習生は，自分の担当する課を授業2コマ使用し教えるという実習課題に臨んだ。また，今年度の実習授業に参加した学習者は3名で，全員モンゴルの中学校で日本語を学んでおり，日本語レベルはおおむね初級後半（日本語学習歴500時間程度，日本語で簡単なコミュニケーションがとれる程度）と判断された。

フィールドワークを実施した大学の日本語教育実習は実習担当教員の私的ネットワーク

により確保された実習先であり，学習者であるモンゴル人留学生の滞在日程に合わせて実習が企画されるため，日程や実習期間には制限があった。実習は次の①から⑤のプロセスで実施された。

①実習に関する事前研修（実習の手順，日程，教案の作成方法等の指導）
②実習生による教案の作成と授業準備
③実習担当教員による教案のチェック
④実習授業の実施
⑤担当教員および見学者によるフィードバック

②から⑤のプロセスが1回の実習授業のプロセスである。②と③の教案作成に関しては，実習担当教員から教案の提出と確認のやりとりを2往復以上行うよう指示されていたが，実習生によっては教案作成が進まず，担当教員の確認を一度受けただけで実習に臨まざるをえない実習生もいた。

3.2. 分　　析

（1）分析の結果

本節では4名の実習生（島田さん，二階堂さん，坂本さん，佐々木さん　全て仮名）のインタビューデータを中心に分析した結果について報告する。4名の実習生のうち2名は担当教員による実習の評価が高かった実習生であり，他の2名は課題が残ると評価された実習生である。

分析の結果，①実習生4名は，実習以前に学習者がどの程度日本語を理解するかを自分なりに想定し，学習者にわかる日本語で説明を行おうとする配慮，すなわち，「越境の説明」を自覚しそれを行うべきだという意識をもっていたことが分かった。また，②担当教員による実習評価が高かった実習生は，「越境の説明」に成功した実感をもち，課題が残ると評価された実習生は，「越境の説明」に失敗したとの実感をもっていることも明らかになった。さらに，③実習評価が高かった実習生は，自分が相手に分かることばで説明を行おうとする「越境の説明」ができたと実感する一方で，学習者に対して「越境の説明」を求める実践に課題を見出していることが分かった。そして，相手に対して「越境の説明」を求める実践に関しては，課題が残ると評価された2名の実習生からは報告されなかった。最後に，④4名の実習生全員が，実習で学んだコミュニケーション方法の他文脈への応用可能性について言及していた。

次節で，担当教員による実習の評価が高かった実習生2名をグループA（島田さん，佐々木さん），課題が残ると評価された実習生2名をグループB（坂本さん，二階堂さん）とし，インタビュー内容についてまとめる。なお，事例における下線および括弧書きによる補足は執筆者による。

上に示したように，4名の実習生はいずれも実習を行うにあたって事前に学習者がどの程度日本語を理解するかを自分なりに想定し，学習者に分かる日本語で説明を行うべきであるという意識をもっていたことがインタビューから明らかになった。以下の事例4は，そうした意識をとくに具体的に説明できたグループAの島田さんによる振り返りの事例である。

日本語教育においては一般的に媒介語を使用せずに直接日本語で日本語を教える「直接法」という方法が用いられる。それは，クラスの成員の母語が多岐にわたり教室内で使用

する日本語以外の言語の選択が困難である，教師に学習者の母語で説明するための語学力があるとは限らないなどの事情による。このような場合，日本語教育では学習項目やそれに付随して用いられた日本語の意味を教師が絵や別の日本語表現を用いて教えていく。その際に，教えるべき日本語を，学習者に分かるような別の日本語に置き換えて説明することが，実習生が報告した「かみ砕いて教える（事例4下線部）」にあたると考えられる。これは，実習担当教員が事前指導や教案チェックの際に「やさしいことばに置き換える」「漢語を多用しない」「かみ砕いて説明する」等の表現を用いて説明方法の指導をしていたことに起因すると考えられる。こうした指導の結果，インタビューを行った実習生4名のすべてが，学習者の立場に立ったことばの選択が必要だという意識をもつに至ったと考えられる。島田さんのインタビューでは，他にも「彼女たち（学習者）の分かることばで言えるかということを第一に考えて」いたことや，「どういう身近なことばを使えばいいか」などの配慮をしていたことが報告されている。

事例4　島田さんによる振り返り（1）

> まず，分かりやすくするには，私たちが大人が子どもに教えるという感じで，いくらかみ砕けるかという，彼女たち（学習者）の分かることばでいえるかというのを第一に考えて，このことばを，使役っていうのを教えるのに，どういう身近なことばを使えばいいかというのを考えました。（中略）みんなは"なになに形[2]"っていうのを使っていたんですけど，私はそれでは分かりにくいと思ったので，ずっと"なになにさせます"で教えていて，たとえば，お母さんが言います，なになにしなさい，男の子がなになにします。じゃあこれを一言でなになにさせますを使っていうとどうなるかって実際人物がすることを見せて……。

また，とくにグループAの実習生に顕著だったのはいずれも，実習前の準備段階において「架空の学習者（他者）」を想定したシミュレーションを行ったことを報告している点である。事例5が事前のシミュレーションについて具体的に言及した佐々木さんの振り返りの事例である。

事例5　佐々木さんによる振り返り（1）

> 準備がすごく大変で，何回も教案を書き直したりとかしました。（中略）生徒のレベルが分からなかったので，自分一人でしながら（シミュレーション）するのも大変でした。一人でこのぐらいの時間かなと思って80分を何回もやるのが大変でした。

実習生と学習者は実習前に会う機会はなく，学習者について情報が少ないのはいずれの実習生も同じである。しかし，グループAの実習生はいずれも事前に自分なりに「他者」となる学習者像を想定し，「架空の他者」が理解可能な説明，すなわち，「越境の説明」のシミュレーションを繰り返し試みたことが報告されている。事前に教案を作る作業も，架空の他者を想定する方法の一つであると考えられるが，グループAの実習生は，教案を立て教師のアドバイスを仰ぐ過程を2度以上繰り返していたうえに，島田さんは友人と，佐々木さんは自分一人でその教案の予行練習を行うことで架空の他者を練り上げていたと考えられる。

2）日本語の動詞の活用を示す「可能形」「使役形」等の形を示していると考えられる。

このような試みが，担当教員によりその実習が高く評価されるという結果につながったのだと考えられる。また実習生自身も，「意外と分かってくれるなっていうのが第一印象としてありました」（島田さん），「意外と楽しく実際はできたのでよかったと思います」（佐々木さん）と述べ，自らの実習がうまくいったと感じていることが分かる。

グループＢの実習生も，グループＡの実習生同様，学習者に分かる日本語で実習を行おうとする意識をもっていたことはインタビューから明らかになっている。しかし，グループＢの実習生は，実際に実習を行った結果，自分の実習はうまくいかなかったと感じていることを報告しており，それを相手に分かることばに置き換えられなかったことが原因であると認識していることが明らかになった。以下の事例 6, 7 にグループＢの実習生の振り返りを引用する。

事例6　坂本さんによる振り返り

> 教案は（学習者を見てではなく）頭のなかで立てているものなので，しかも私は経験がないんで，<u>学習者さんの反応が私が考えていた反応とかみ合わない</u>っていうか，授業がうまくいかないっていうのが難しいと思いました。だいたいこんな感じで考えてくるかなって思ったのが（違って）。

事例7　二階堂さんによる振り返り

> 私のその説明の仕方，<u>かみ砕こうとすごくして結果として複雑になった</u>かと思います。話をかみ砕いてかみ砕いて粉々にしてしまう癖が出てしまったかなと。教案を作っているときもかみ砕こうかみ砕こうとしすぎてしまいました。（中略）ペアになってもらったときに，<u>日本人の人たちにも説明が分からないという人もいて戸惑った</u>んですけど，ペアになってくれる人は生徒をサポートする係なんで，サポートする人よりもよく分かっていないといけないんですけど，その人に対する説明がことば足らずだったかなと。

事例 6, 7 にみられるように，グループＢの実習生はグループＡの実習生同様架空の他者を想定して実習に望んだにもかかわらず，実際には「越境の説明」に失敗したと感じていることが分かる。グループＢの実習生にとって，事前に想定した架空の学習者像と実際の授業での学習者とでは反応が異なり，結果としてうまく「かみ砕けなかった（坂本さん）」と述べている。また，事例7の二階堂さんは「日本人の人たちにも説明が分からないという人もいて戸惑った」と述べており，学習者だけではなく日本語を共有しているはずの（実習を見学し，必要によっては活動に参加する役割の）日本人サポーターに対しても十分に自分の意図を伝えられなかったことを報告している。

担当教員の報告によれば，グループＡとグループＢに顕著な違いは，事前の教案チェックの回数であったという。少なくとも2往復以上の教案を介したやりとりを行っているグループＡに対して，学習者の都合により授業直前に1往復しかできなかったことが報告されている。また，グループＢの実習生からは事前にシミュレーションを行ったとの報告はなかった。日本語教育の経験が十分にあり学習者に関する情報を事前にもっている実習担当教員は，実習生が架空の他者を形作るためにも重要な役割を担っていると考えられる。そのため教案を作成する際に必要となる，「架空の他者」像作りを実習担当教員とのやりとりを通してどこまで丁寧に形作ることができるかが，実習において「越境の説明」

を成功させられるかの指導の鍵となっていると考えられる。

(2)「越境の説明」を求める実践

グループ A の実習生, グループ B の実習生いずれもが十分に行えなかった実践の一つに,「越境の説明」を対話の相手に求める実践がある。実習生はいずれも自分たちが「越境の説明」を行うべきことを認識し, それを実践するように努力したことを報告している。一方, 相手に対して「越境の説明」を求めることは, グループ A の実習生からしか報告されていない。

事例 8, 9 にみられる「自分で文を作らせる（グループ A 佐々木さん）」「会話をさせる（グループ A 島田さん）」は, 授業活動での学習者側の主体的な参加を求める姿勢を指しているものと考えられる。実際, 実習生の実習を振り返る過程で担当教員の指導に繰り返し出てきた表現の一つが,「学習者に言わせなさい」という表現である。日本語の授業において目標となるのは, 学習者が教師および日本人側の日本語を理解することと同時に, 学習者自らも自分の伝えたいことを日本語によって伝える実践を実現することである。菊岡・神吉（2010）で指摘している「越境のための日本語」はまさに, 外国人側が日本人側に意図を伝えるために, 自ら「越境する」ことの重要性を示した概念であるといえる。すなわち, 日本語の習得を目的としたコミュニケーションの実践にあたっては, 教師もしくは日本人ボランティアが「越境する」だけではなく, 外国人学習者側にも「越境する」機会を設けなければならないのである。

事例 8　島田さんの振り返り（2）

> 私は一方的にここは覚えてくださいとかいって, ほんと受け答えしかしなかったと思います。2回目はなるべく話をしようとしてはいたんですが, 教案がすごく時間が, 余りそうだったので, それをどうしようって気持ちになっていたので, 会話を作ろうと思っても, 次は何をしようかとかそっちの考えのほうが勝っていて, あんまり2回目も会話はできていなかったかなと。

事例 9　佐々木さんの振り返り（2）

> 1回目のときは時間がない時間がないと思って, ほとんど練習問題も答えを言ってしまっていたんですよね。自分で導けばいいのに, 自分で言ってしまって文を作らせることができなかったので, 2回目は自分で作らせようと思っていろいろゲームしました。

このような学習者側に「越境する」機会を求める態度は, あえて自らの共感的態度を保留する「他者パフォーマンス」であると考えられる。実習生たちは自らが「越境する」ことに対しては意識的であっても相手の「越境」を導く行為に関しては意識的ではなかった, もしくは, 意識していても実習では行うことができないという結果に終わっており, 実習を通した「他者パフォーマンス力」の育成が十分に行われていないことを示しているものといえる。この点は調査協力を受けた実習のような「教える」ことに力点が置かれる教室型による日本語教育実習の課題であると考えられる。

(3) まとめ

最後に, 日本語教育実習に関する分析のまとめとして実習生全員に共通する学びについ

て論じる。

　日本語教育実習を通した自らの学びについての省察を求めたことに対して，実習生全員が言及したことが，「日本語教育実習での経験を他文脈でのコミュニケーションへ応用する」ことである。以下の事例10に各実習生のインタビューの結果をまとめたものを示す。

　本研究で取り上げたような短期間の実習は，実習生が日本語教育実践にたずさわる機会が十分ではなく，日本語教師としての即戦力を養うための教育実習を行うことは通常困難である。また，いわゆる中学校や高校などで教鞭をとる教員の養成課程とは異なり，直接資格の取得とは結びつかない日本語教師教育は，実習生が必ずしも卒業後の進路として日本語教育に関わる道を選択するわけではないなどの理由から，日本語の教育実践に特化した実習そのものの意味を疑問視する声（小林，2010）もある。しかし事例10にみられるように，ここで経験したコミュニケーションのあり方をサークルでの後輩への説明，就職活動における面接場面など，他文脈と結びつけられたことは日本語教育実習を通した実習生の学びの成果を示すものと考えられる。

事例10　他者文脈への応用可能性への言及

・佐々木さん，二階堂さん：サークルの後輩に対する指導場面
「後輩に説明しなければいけないので，ことばをかみ砕いて説明しなければならない場面もあったので，そういうことがこっちにも役に立ったんじゃないかと思います。この経験を実習の前にイメージすることができました」（佐々木さん）

「教えるときに部活で，後輩に教えるときと同じような感じで，大学から始めた子ってわからないじゃないですか。そのときにどれだけかみ砕くかっていうのが，それをここでも当てはめようってしていたんですが，同級生で長年やっている子がいるんですけど，かみ砕こうとしているあまりに（実習生の）説明が複雑になって聞いている方がどうなんだろうって戸惑っているってことが（あると教えてくれた）」（二階堂さん）

・島田さん：面接場面
「もうちょっとなんか普段の生活からも日本語とかを意識しといたら，もうちょっと変わったんじゃないかなと思いました。（中略）就職活動とかで面接もあるので」

・坂本さん：発表場面
「（大切なことは）事前準備ですか。発表に，しっかり自分の頭に入れて，かみ砕いて，口で話していてうまくできなかったので，頭のなかでかみ砕いて事前準備して，発表するというのは生かしたいです」

　これらからも分かるように，日本語教育の場で求められる「越境の説明」の実践および相手に対して「越境の説明」を求める「他者パフォーマンス力」は日本語教育のコミュニケーションにおいて重要であるばかりではない。むしろ，実習生自身が見出したように日常のあらゆる場面，とくに異なった文脈に属する者がともに生きる多文化共生社会において求められる実践であると考えられる。国際化した社会では，言語や文化が異なる人々による関わり合いのなかで社会が（再）形成されていく。このような場で自らの意図を他者に対して伝えることができなければ自由な自己表現はかなわない。また，対話の相手に対しても自分に伝わるような説明を求めなければ豊かな関係性の形成は望めない。つまり，日本語教育実習での「越境の説明」の実践にたずさわる経験は，国際化する大学および地

域における異文化間コミュニケーションに求められる教育実践だと考えることができる。

4．異文化間コミュニケーションのための日本語教師教育の提案

4.1. 日本語教育実習の効果と課題

　前節では，大学の日本語教師教育での日本語教育実習を通した実習生の学びを分析した実践研究を紹介した。ここではその実践研究の結果をもとに，国際化する大学および地域の異文化間コミュニケーションの実践と促進に貢献する人材育成に対する，日本語教育実習の効果と課題について考察する。

　本章で取り上げた実践研究の対象である日本語教育実習では，テキストの項目を実習生が学習者に教えるという一般的な日本語教育方法による実習が行われていた。実習生は事前に自分が担当する学習項目の教え方とそこで用いる説明のためのことばを検討したり，その項目を使って学習者が日本語を話すための活動を考えたものを教案にまとめ，実習担当講師にアドバイスをもらったうえで実習に臨んでいた。実習生と実習担当講師との間で教案を検討する段階においては，実習で行う活動の方法や各活動で用いることばなどが具体的に検討されていた。その結果，3.2.節（1）分析結果の①でも示したように，実習生全員が事前に自らの用いる日本語を理解しないはずの架空の学習者（他者）を想定し，その架空の他者に理解可能な日本語を用いた実習を行うべきであるという自覚をもって実習に望んでいた。

　自らとは文脈を共有しない「他者」に対して自分の意図を伝える場面は，実習生全員が実習を通して学んだコミュニケーションの方法が他文脈でも応用可能なことであると考えることができた（分析結果④）ように，とくに多文化共生社会においては，あらゆる場面で求められるものである。そのため，実習を通して架空の他者を想定し，その架空の他者に対することばを模索する経験は，異文化間コミュニケーションの実践と促進に貢献する人材に必要な経験であり，それが日本語教育実習を通して提供可能であるという点で，日本語教育実習の教育効果を示すものであると考えられる。

　課題として挙げられるのは，3.2.節（1）の分析結果③に示したように日本語教育実習を通して相手に「越境の説明」を求める「他者パフォーマンス力」をいかに育成できるかという点である。本章で取り上げた実践研究では，「越境の説明」の実践ができたと実感する実習生も，学習者に「話させる」ことには課題が残ることが報告されており，相手に「越境の説明」を求める実践，すなわち，日本語教育実習を通した「他者パフォーマンス力」の育成に関しては課題が残ることが明らかになった。

　相手に「越境の説明」を求める能力は，本章で設定した国際化する大学および地域の日本語教育にたずさわる人材に求められる能力の1つである。これは教室型の日本語教育実習が「教える」という行為に力点を置くことにより，学習者の参加を求めるような教育実践に十分に目が向けられなくなってしまうという課題を示していると考えられる。

　実習生の島田さん（グループA）は，実習を振り返り次のようなコメントをしている。

事例11　島田さんの振り返り（3）

| 終わった後に，すごく分かりましたみたいなことを言われてそれがすごくうれしかった。|

　このコメントから島田さんの実習に対する達成感が垣間みられる。確かに，教育活動に

おいて学習者が自らのことばを「理解」してくれたということは1つの教育の達成であると考えられる。しかし，地域日本語教育で行われるような交流活動を中心とした日本語習得支援の場では，日本語を「教える」ことよりも，日本語で「語ってもらう」ことを重視する傾向にあり，そのような場では，自らが相手に意図を伝えることを越え，相手に「越境の説明」を求める実践にこそ日本語習得支援の重要な機会があると考えられる。そうした能力が継続して地域日本語教育に参加している日本人ボランティアにとっても十分とはいえない能力の1つであることは，菊岡・今井（2010）で指摘されている。つまり，大学における日本語教師教育が，異文化間コミュニケーションを実践，促進する人材を育成するためには，とくに相手に「越境の説明」を求める「他者パフォーマンス力」を育成するための教育活動に力点を置く必要があると考えられる。

次項では，「他者パフォーマンス力」の育成を視野に入れた日本語教師教育のために，ファシリテーターとしての日本語教師の役割について検討する。

4.2. ファシリテーターとしての日本語教師の役割

近年，日本語教師や地域日本語教室コーディネータのファシリテーターとしての役割が注目されている（梅田，2005；新庄・服部・西口，2005）。堀（2004）は，ファシリテーターを集団による知的相互作用を促進する働きを示す「ファシリテーション」の実践者であるとし，会議やイベント等のさまざまな活動で人々の動きと相互作用をコーディネートすることが求められると述べている。このファシリテーションは近年，従来のトップダウン型のリーダーとは異なったボトムアップの支援型リーダーに必要な方略としても注目されている（堀，2004；森，2009）。

日本語教師や地域日本語教育のコーディネータがファシリテーターの役割を担うということは，日本語学習にたずさわる日本語教師やコーディネータが，学習者や参加者に対して，教室活動や言語活動への主体的な参加を促し，そこでの対話を通した知的相互作用を引き起こすような教室運営が求められていること示している。つまり，日本語教師や地域日本語教育のコーディネータは，従来の教師やコーディネータがトップダウンで教室を運営するような教師・コーディネータ主体の活動に止まらず，学習者や教室参加者自身が活動を動かすような学習者主体の活動をコーディネートすることが求められているといえる。さらに言い替えれば，「越境の説明」の実践を越えて，学習者や教室参加者に対して「越境の説明」を求める「他者パフォーマンス」の実践が重視されていると考えられる。

日本語教育におけるファシリテーターとしての役割を実践するためには，地域の日本語教室にみられるような対話的な日本語教育活動にたずさわることを1つの方法として提案することができる。本書第10章では，学校インターンシップを通して数学の個別指導を行う大学生の成長について論じている。インターンシップに参加した大学生A君が生徒との対話を通してA君の側から説明を行うだけではなく，生徒自身の考えを引き出すために「待つ」という姿勢が重要であるという気づきに至ったことを報告している。本章で取り上げた教育実習のような教室での一斉授業に比べ，対話的教育が可能な個別指導の機会は指導する側もされる側も柔軟な対応ができる。そうした可変性をもつ対応が可能な対話的教育環境だからこそ，「待つ」ことによって生徒自身の考えを引き出すに至ることが可能であったと考えられる。

日本語教育においても，すでに述べたようにお茶の水女子大学，愛知県立大学では対話的教育環境における教育実習が実施されている。対話的な日本語教育実践現場にたずさわることにより，実習生も相手との対話における柔軟な対応が可能となり，その結果，自分が「越境する」ことにより積極的に学習を前に進めようとする姿勢とは異なる，相手への

「越境」を求める他者パフォーマンス力の育成につながるのではないかと考えられる。

5．おわりに

　大学および地域の国際化が重視されている現在，私たちはつねに異文化間コミュニケーションの必要性にさらされるようになっているといえる。本章では，外国人に日本語を教える日本語教師教育をフィールドとし異文化間コミュニケーションについて論じたが，異なった文脈に属する「他者」と「他者」が関わり合う異文化間コミュニケーションは，単に「母語が異なる者同士のコミュニケーション」を指すのではなく，異なった文化，異なった習慣により異なった考えをもち，異なった日常を生きるさまざまな人とのコミュニケーション場面において生起するものだと考えられる。このような状況において，他者に自分の意図を伝えるための「越境の説明」，そして，相手に対しても「越境の説明」を求める他者パフォーマンス力は，日本語教育に携わる人に限らず広く国際化する社会に活躍する人材に求められる能力である。

　このような点で「越境の説明」育成をその基盤に据えた教育実践は，国際化する社会に生きる人材育成のための大学教育に貢献しうる可能性を包含した教育実践であると考えられる。

■ 引用文献

外国人労働者問題関係省庁連絡会議（2006）．「生活者としての外国人」に関する総合的対応策　〈http://www.cas.go.jp/jp/seisaku/gaikokujin/honbun 2.pdf〉（2013年7月3日）

春原憲一郎（2009）．日本の言語政策と日本語教育の現在　春原憲一郎（編）　移動労働者とその家族のための言語政策：生活者のための日本語教育　ひつじ書房　pp.1-40.

堀　公俊（2004）．ファシリテーション入門　日本経済新聞社

池田広子（2007）．日本語教師教育の方法：生涯発達を支えるデザイン　鳳書房

企業日本語カリキュラム開発検討委員会（2008）．地域と企業の連携による外国人労働者のための企業内日本語教室における日本語教育カリキュラムについて　平成19年度文化庁委嘱事業「生活者としての外国人」のための日本語教育事業（外国人に対する実践的な日本語教育の研究開発）財団法人浜松国際交流協会・企業日本語カリキュラム開発検討委員会

菊岡由夏（2011）．「一次的ことばと二次的ことばの往還」としての第二言語習得過程：就労現場と日本語教室の言語活動分析から　大阪大学大学院言語文化研究科提出博士論文

菊岡由夏・今井多衣子（2011）．「生活者のための日本語教育」を担う地域日本語教育実践に関する分析：「他者パフォーマンス力」による日本語習得への貢献　高知大学総合教育センター修学・留学生支援部門紀要，5，83-92.

菊岡由夏・神吉宇一（2010）．就労現場の言語活動を通した第二言語習得過程の研究：「一次的ことばと二次的ことば」の観点による言語発達の限界と可能性　日本語教育，146，129-142.

小林浩明（2010）．日本語教師を志望しない実習生を視野に入れた日本語教育実習とは何か　北九州市立大学国際論集，8，45-52.

森　雅浩（2009）．会議のファシリテーション　中野民夫・森　雅浩・鈴木まり子・冨岡　武・大枝奈美（著）ファシリテーション：実践から学ぶスキルとこころ　岩波書店　pp.101-116.

日本語教育学会（2008）．平成19年度文化庁日本語教育研究委嘱　外国人に対する実践的な日本語教育の研究開発（「生活者としての外国人」に対する日本語教育事業）報告書　日本語教育学会

日本語教育学会（2009）．平成20年度文化庁日本語教育研究委託　外国人に対する実践的な日本語教育の研究開発（「生活者としての外国人」のための日本語教育事業）報告書　日本語教育学会

野山　広（2006）．国内のボランティア研修のストラテジー　春原憲一郎・横溝紳一郎（編著）日本語教師の成長と自己研修：新たな教師研修ストラテジーの可能性をめざして　凡人社　pp.70-105.

岡本夏木（1985）．ことばと発達　岩波書店

岡崎　眸（2002）．内容重視の日本語教育　細川英雄（編）ことばと文化を結ぶ日本語教育　凡人社　pp.49-66.

岡崎　眸（2007）．共生日本語教育とはどんな日本語教育か　岡崎　眸（監修）野々口ちとせ・岩田夏穂・張　瑜珊・半原芳子（編）共生日本語教育学：多言語多文化共生社会のために　雄松堂出版　pp.273-308.

新庄あいみ・服部圭子・西口光一（2005）．共生日本語空間としての地域日本語教室　言語内共生を促進する新

しい日本語活動とコーディネータの役割 「言語の接触と混交 共生を生きる日本社会」大阪大学21世紀COEプログラム インターフェイスの人文学 報告書 大阪大学大学院文学研究科・人間科学研究科・言語文化研究科, 57-86.
総務省（2006）．多文化共生の推進に関する研究会報告書：地域における多文化共生の推進に向けて 〈http://www.soumu.go.jp/kokusai/pdf/sonota_b5.pdf〉（2013年7月3日）
田島充士（2009）．ヴィゴツキーと子育て支援 繁多 進（編）子育て支援に活きる心理学：実践のための基礎知識 新曜社 pp.97-108.
土屋千尋（編著）（2005）．つたえあう日本語教育実習：外国人集住地域でのこころみ 明石書店
梅田康子（2005）．学習者の自律性を重視した日本語教育コースにおける教師の役割：学部留学生に対する自律学習コース展開の可能性を探る 愛知大学語学教育研究室紀要 言語と文化, 12, 59-77.
ヴィゴツキー, L. S. 柴田義松（訳）（2001）．思考と言語（新訳版） 新読書社
米勢治子（2010）．地域日本語教育における人材育成 日本語教育, 144, 61-72.

12 オンライン・コミュケーション
インタフェース改善とリテラシー育成

富田英司・鈴木栄幸・望月俊男

インターネットの普及により，大学におけるコミュニケーションは大きく変わった。英語の授業で顔も定かでない友人と会話したり，留学に際してSNSで現地の友人を事前につくったり，といったことが特別なコストや技術力をともなうことなく実現している。このように現在のオンライン環境は，物理的時間的制約を越えて大学教育の可能性を急速に広げつつある。しかし，越境的な環境が用意されているだけでは，越境的説明は必ずしも十分に展開しない。オンライン環境では，ユーザ同士のコミュニケーション・モードがデバイスによって大きく制約されることがその理由の1つである。そこで大学教育においてとくに積極的に検討を進める必要があるのが，**①技術的ツールによるオンラインの越境支援**，**②心理的ツールによるオンラインの越境支援**，**③オンライン・コミュニティ構築のための越境支援**の3点である。本章ではこの3つのテーマに関する理論的枠組みや実践研究の探索を通して，オンラインでの越境の説明力育成の方針を提案する。

1．オンラインにおける越境の説明とは

1.1. 越境のインフラ・ストラクチャーとしてのオンライン環境

Aさんは，原発事故をきっかけに地元の原発に関して議論する仲間を作りたいと思った。そのためのベストな手段はキャンパスに立て看板を立てて仲間を募集することだろうか。Bさんは，台風による洪水で大きな被害を受けた東南アジアの国を支援するため，現地のことを詳しく知りたい。そのためにはまず現地に行ってみることがよいだろうか。Cさんは，いまの初等教育のあり方に疑問を感じている。教育委員会レベルではなく，国政レベルから議論したい。彼の主張を国政に届けるには地元の国会議員に託すべきだろうか。

インターネットの普及以前，上のような状況に置かれた学生は，非常に強い動機づけをもち，それなりの時間と金銭的出費，あるいは周囲の人間の説得ができて初めて必要な情報を得ることができた。しかし，今ではAさんであれば，ツイッターで呼びかければ5分以内に同志をみつけることができるかもしれない。BさんであればSNSで現地の大学生をみつければ，詳しい情報が手に入るだろう。C君には文部科学省の「熟議カケアイ」[1]を紹介してあげるといいだろう。

以上のような現状は，私たちが越境のためのツールをすでに手にしていることを示している。物理的には，情報を得るために長い距離をかけて移動する必要がなく，時間的にも相手と自分の時間を調整しなくともコミュニケーションをとることが可能である。しかも

1）2013年7月現在，運用は休止中。

このような環境が特別なコストや技術力をともなうことなく実現している。

1.2. デバイスによるコミュニケーション・モードの制約

このように学びの可能性を大きく開いたオンライン・コミュニケーションであるが、そこには限界もある。オンライン環境におけるコミュニケーション・モードの制約である。モードとは、テキスト、音声、動画など、コミュニケーション内容を伝達する様式のことを指す。オンラインでのコミュニケーションは通常テキストを用いることが多い。もちろん、没入型と呼ばれるあたかも同じ部屋にいるように感じられるほど臨場感をもった会議システムも商用化されている。しかし、そのようなデバイスを利用できる機会はきわめて限られており、多くの場合、小さな画面をもったパソコンやスマートフォンを通じてコミュニケーションがなされる。そのため、これらデバイスのインタフェースがもっている制約に私たちのコミュニケーションも大きく規定される。たとえば、ゼミにおいて教師が「あの、発表原稿のこの部分なんだけどね」と文書を指さしつつ特定の学生に体を向けて話しかけたとすれば、誰が話しかけられたのか、これから何が行われようとしているのか、何について指摘しようとしているのか、本人も周囲の人間もすぐ理解できる。他方、オンラインでは、そのような文脈情報が乏しいことが多く、動画を使ったとしても現実場面のようにはやりとりできない。ここに越境の説明力が必要となる。この越境へのアプローチには大きく分けて2種類ある。1つは越境の説明をツール開発によって補おうとするインタフェース開発である。もう1つはそれを学習者それぞれの高次リテラシー強化によって補おうとするリテラシー育成である。ヴィゴツキーの用語を使うならば、前者は技術的ツールによる越境支援、後者は心理的ツールの習得を通した越境の説明力支援ということができる。まず次節では、技術的ツールによるオンラインの越境支援を取り上げ、同期型・非同期型のオンライン協同学習を支援するインタフェースデザインの考え方について論じる。

2. 技術的ツールによるオンラインの越境支援

2.1. オンライン協同学習のためのインタフェース開発

オンライン環境は、私たちを他者とのつながりへと強烈に動機づけてくれる。自分たちからさまざまな意味で遠い所にいる他者と、容易に、しかも時空間を共有しないでコミュニケーションできる環境があるおかげで、私たちは他者とつながりをつくってみようと勇気づけられ、越境的な説明の実践へと巻き込まれていく可能性が高くなる。しかし、背景情報が欠落しやすいオンライン・コミュニケーションには難しさもある。それを技術的に支えるのがインタフェース開発である。

教育現場に導入されるオンライン協同学習は、同期型と非同期型に分類できる。ここでは、それぞれの形態について、インタフェース開発の考え方について論じたい。

2.2. 同期型協同学習のためのインタフェース

同期型協同学習の形態とは、複数の学習者が対面で同空間において行う学習活動（話し合いや資料作りなど）を、地理的に分散した場所から行うものである。電話やチャットなど、音声もしくはテキストのみのメディアを使った学習活動も含まれるが、ここでは、ビデオ遠隔会議システムにおける遠隔指示の支援を例として取り上げながら、同期型オンライン・コミュニケーションのためのインタフェース開発の基本的な考え方について述べ

る。

（1）同期型オンライン環境における遠隔指示の成立

　壁で隔てられている2つの部屋があるとする。一方にインストラクター，他方に生徒を入室させ，生徒の前に操作対象（機械でも道具でも何でもよい）を置く。双方の部屋にマイクやビデオカメラ，テレビ画面を置き，部屋の間をケーブルでつなげば簡易的なビデオ遠隔会議システムができあがる。ここで，どのように情報を送り合えば，教師は，操作対象の使い方を別の部屋にいる生徒にうまく教えることができるだろうか。山崎・三樹・山崎・鈴木・加藤・葛岡（1998）は，カメラや画面のさまざまな配置を試した末に，図12-1のような配置に到達した。

　図12-1の配置について簡単に説明しておく。ここでは，生徒側の作業台カメラが上から作業台上の操作対象を撮影し，教師側の作業台画面に映像を送るようになっている。その画面に映っている操作対象に対して教師が指差しを行うと，それが手振りカメラで撮影され，生徒側の指差し画面に表示される。手振りカメラは，教師の指と作業台画面をあわせて撮影することになるので，生徒側には，操作対象に教師の指が重なった映像が映し出される。全体カメラは，生徒を含む作業場全体の風景を撮影し，その映像は教師側の全体画面に映し出される。これらのカメラやモニターは闇雲に配置すればよいというものではない。とくに，全体カメラの位置は遠隔指示の成立において非常に重要である。

　第一に，教師は全体画面から自分の指差しが生徒側にどのように見えているかを確認することができる。このフィードバックがないと，教師は自分の指示がどのように見えているのか確信できず，余計な言語的やりとりによってそれを確認しなくてはならない。

　第二に，教師は全体画面から，自分の指示が生徒によってどのように見られているかを確認できる。実験では，「これを」もしくは「ここを」と操作対象を指差しながら説明を行うことがあったが，そのとき，教師は，全体画面を見ながら，生徒の顔が指差し画面の方に向くのを確認しながら説明を開始していた。このように，自分の指示がどのように見られているかが分かることは，指示成立のための必須条件である。

　ところで，この部屋の顔画面の配置に違和感を覚える読者がいるかもしれない。指差しも顔も教師からの情報であるので，一カ所に，たとえば，指差し画面の上や横に顔画面を配置した方が自然であるし，視線移動が少なくて済んでよいと考えるかもしれない。しかし，図12-1の配置においては，生徒が教師の顔（顔画面）を見るときには，必然的に頭

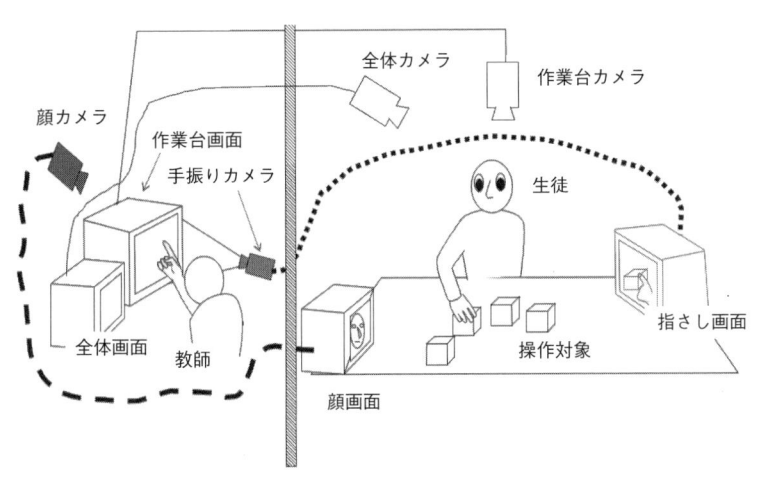

図12-1　ビデオカメラとモニターで構成した遠隔指示環境（山崎ら，1998）

もしくは上体を捻って画面の方に向けることになる。その動きによって,「生徒が教師の顔を見た」ことが,教師にとって明確に示される。このことによって,「今,生徒が教師に注意を向けた」という事態が構成されるのである。

(2) 身体メタファー

上の実験におけるカメラや画面の配置をもとに,山崎らは,遠隔指示のためのメディア配置ガイドラインとして「身体メタファー」を提案している。

図12-2(a)は,教師が生徒の肩越しに機器の操作を指導するような場面である。このような身体配置を取るとき,生徒と教師はともに教師の機器への指差しを見ることができ,教師は生徒が自分の指示をどのように見ているかをモニターすることができる。さらに,生徒が振り返って教師を見ることで,教師は,生徒が教師に何らかの対処や回答を求めていることを知ることができる。これらのことによって指示が可能となっている。これを遠隔指示に拡張するときに,(a)において利用できていた相互行為リソースが遠隔環境であっても利用可能となるようなかたちでメディアを配置するというのが身体メタファーの基本アイデアである。(b)の図は身体メタファーの考え方にしたがったメディア配置の例である。ここでは,教師の目はカメラに,顔はモニターに,そして指は指差し画面内の像に置き換わっている。しかし,その配置関係は(a)と同型になっている。そのことで,(b)においても,(a)と同様の相互行為が可能となる。この(b)を具体的な環境に構築したのが先の図12-1なのである。図12-1の環境において教師と生徒の遠隔指示がスムーズに行えたのは,(a)の身体配置と同様の相互行為リソースが利用可能となっていたからで,それを彼らが自然に利用したからである。

(3) コンピュータを利用した協同学習支援への応用

身体配置をもとに遠隔環境を構築するという考え方は,インターネットやコンピュータを使った遠隔指示環境のインタフェース構築に活かすことが可能である。ここでは,インターネットに接続した複数のパソコンによって画面を共有し,それを生徒らが別の場所から同時操作することでKJ法を行うような遠隔協同学習システムを例にとって,そのインタフェース設計の考え方を示す。

このシステム上で行われる作業を対面場面に置き換えるならば,壁に模造紙を貼り,複数人がこれを取り囲んで付箋紙を貼りながら議論するという状況である。この協同作業はどのようにして可能となっているのだろうか。まず,大前提として,模造紙と,その上の付箋紙は,すべての生徒から見ることができる必要がある。そのうえで,互いの身体の動

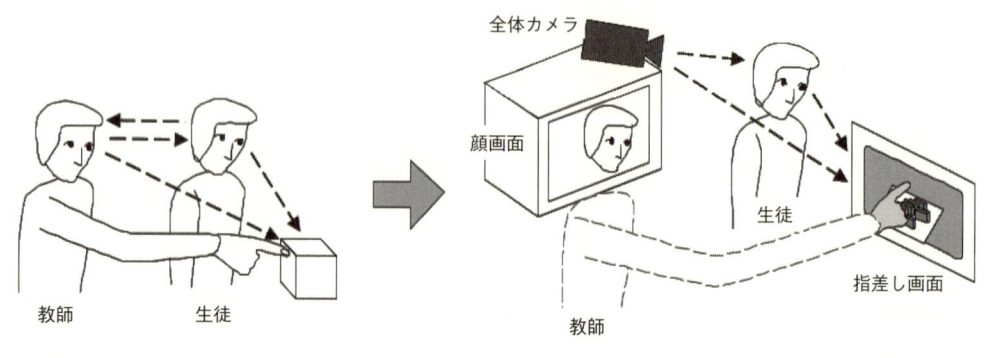

(a) 対面における身体配置　　　　(b) 身体メタファによるメディアの配置

図12-2　身体メタファー

きを互いにモニターできることが，協同作業の成立に決定的に重要である。たとえば，ある生徒が一枚の付箋紙に注意を向けたとき，その生徒は必然的に付箋紙に向かって乗り出すような態勢をとるだろう。もし，このとき，別の生徒が同じ付箋紙の方向に身体を向けるならば，2人は付箋を中心に身体を向け合う身体配置をとることになる。ケンドン（Kendon, 1990）によれば，人の身体の前方には作業のために利用できる空間が広がっており，複数の人の作業空間が重なり合ったところに協同作業のための空間が生成されるという。2人が身体を付箋に向け合うこと，そして，両者が互いにそれを観察可能なことから，その付箋を巡る協同作業空間が作り出させるといえる。

　一方，このときに，片方の生徒が模造紙の別の場所へ身体の向きを変えたならば，2人の協同作業は解除され，個別の作業が開始される。これも，互いの身体の動きが見えていることによって可能となっている。

　では，上記のような作業を，共有された画面を各人が自分のマウスで操作するような複数マウスシステム上で実現するとしたら，インタフェースはどのようにデザインしたらよいのだろうか。身体メタファーの考え方に基づくのであれば，マウスを拡張された身体だと考えて，先述の模造紙を使った協同作業において身体が果たしていた役割を代替するようにデザインすることが求められるだろう。

　このような考え方から導き出されるデザイン指針として下の3点が挙げられる。

　第一に，カーソルの持ち主が誰かを何らかの方法で常時表示する必要がある。マウスを身体の動きとして捉え，相互行為のために利用するためには，それは匿名のポインターであってはならない。第二に，カーソルは参加者全員のものが絶えず全員から見えている必要がある。カーソルの動きだけでなく，動いていないという情報も伝えられるべきである。このことで，参加者各人の志向がマウスによって示されることになる。これによって，作業空間の協同構成が可能となる。第三に，カーソルの移動の過程を連続的に示す必要がある。私たちの身体は空間のなかを連続的に移動する。このことで作業の焦点の移り変わりや，時として，作業の躊躇等が可視化される。このことは協同作業を行う際の重要な情報となる。

（4）事例：Kneading Board

　上のガイドラインに基づいて設計されたのが Kneading Board（舟生・鈴木・加藤，

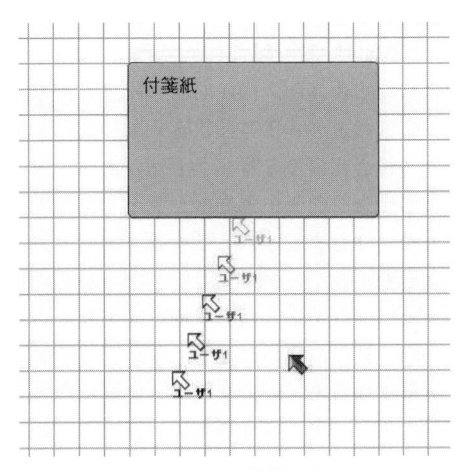

図12-3　Kneading Board の複数マウスインタフェース
（舟生・鈴木・加藤，2003）

2003)の複数マウスインタフェースである（図12-3参照）。図中，右のマウスカーソルは，操作者本人のものである。自分と他者を区別するために違う色で表示されている。他者カーソルには，その生徒の名前が表示されている。また，他者のカーソルが移動する際，移動の軌跡を連続的に表示するようになっている（この例は，付箋紙から下の方に向かって移動した軌跡が示されている）。このシステムを利用した実験では，学生らは，自分のカーソルを付箋紙の上もしくは近傍に停止させることで，その付箋紙に対する意識の方向づけを示していた。そして，複数の参加者らのカーソルが1つの付箋の近傍に集まることで，そこに共同作業の空間（ここでは話し合いの空間）を作り出していた。また，そこからカーソルを外して別の場所に置くことで話し合い空間から離脱が可視化され，また，別の場所からカーソルをその付箋に近づけることで話し合い空間への参画が可視化される様子が観察された。このように，このシステムにおけるマウスは，単なるポインティングデバイスではなく，参加者らが共同作業空間を相互的に構成するための身体リソースの代替として機能していたといえる。

2.3. 非同期型協同学習のためのインタフェース

　前節では，同期型の遠隔共同作業のためのインタフェースデザインを，相互行為としての身体の再編という視点から考えた。ここでは，非同期型協同学習のためのインタフェースデザインについて考える。非同期型協同学習とは，参加者が異なる時間に作業するような協同学習を指す。オンライン上の作業としては，電子メールや電子掲示板を使った議論による学習がこれにあたる。また，個人の作業結果をネット上で共有しながらプロジェクト型の学習を行うような形態も非同期型協同学習に分類される。

　このような協同学習においては活動レベルのアウェアネスの確保が課題となる。アウェアネスとは，他者が何をしているかを知ることである。同期型の活動では，相手の視線や身体の動きや表情等のリアルタイムなアウェアネスが重要となるが，非同期型の活動の場合には，現時点の課題遂行状況や，これまでの流れ，各人の作業進捗等の，活動に関するアウェアネスが重要となる。なぜなら，これらの把握が，協同学習に主体的に参加し，自分を共有の課題に結びつけていくための基盤となるからである。

　以下で，非同期型協同学習のもっとも基本的な実現形態である電子掲示板による議論に注目し，活動レベルのアウェアネス確保のための手法と事例を示す。

（1）電子掲示板上での議論の支援

　電子掲示板を使った議論は，教育場面に広く取り入れられている。多くの場合，それは，授業時間の外で学生同士が情報を交換し合ったり，授業テーマについて話し合ったりするために利用され，対面の講義をより深める効果が期待されている。しかしながら，電子掲示板を教育に用いる場合には注意すべき問題がある。

　第一の問題は，議論の衰退である。最初はポツポツあった書き込みが次第に減少し，最後には誰も閲覧しなくなってしまうということを，実践者の多くが経験していると思われる。この問題には，非同期型のツールである電子掲示板の特性が深く関係している。電子掲示板は，学生が意図的にアクセスしないと閲覧ができないようなシステムである。よって，掲示板上の自分の書き込みに誰かが反応していたり，議論が盛り上がっていたとしても，何もしなければそれを知ることができない。定期的にアクセスすればこの問題は解決できるが，授業の外で利用した場合，学生は別の授業や他の活動に気を取られるなかで，掲示板へアクセスすることを忘れてしまう可能性が高い。

　第二の問題は，議論全体の把握が困難だということである。これは，電子掲示板におけ

る議論が基本的にはテキストの時系列的集積として記録されていくという特徴によっている。そのことにより，電子掲示板では，議論の過程や，議論における自分や他者の立ち位置，その変化といった情報を把握するのが難しい。このことは，電子掲示板を用いた議論の活性や深まりを阻害する可能性がある。

このような問題に対する技術的なアプローチとしては，可視化の手法がある。以下に，可視化の手法によって，電子掲示板を利用した学習における問題に取り組んだ開発事例を2つ挙げる。1つは第一の問題に，もう1つは第二の問題の解消を目指したものである。

(2) 事例：iTree

電子掲示板を用いた学習における第一の問題に取り組んだ研究事例として，ここでは中原・八重樫・久松・山内 (2003) の iTree というシステムを紹介する。このシステムでは，電子掲示板上の議論の様子を一本の「樹木」のメタファーで表現し，議論参加者らの携帯電話の待ち受け画面に表示するようになっている。樹木は，たとえば，次のようなルールで表現される。投稿数が増えると木の枝が分岐し，幹が太くなる。学習者本人の書いたメッセージの閲覧者が増えると木の葉が新緑になり量も増える。学習者本人の書き込みに他の学習者から返信があると赤い実がなる。このように表現することで，学習者は樹木の絵をみただけで，議論の盛り上がりや，自分のメッセージへの注目の度合いを簡単に把握できる。これを日常生活のなかで何度も見ることになる携帯電話の待ち受け画面として表示することで，学生が電子掲示板での議論から離脱してしまうことを防止できるのである。

(3) 事例：i-Bee

望月・久松・八重樫・永田・藤谷・中原・西森・鈴木・加藤 (2005) による i-Bee は，電子掲示板を用いた学習における第二の課題に取り組んだものである（図12-4）。i-Bee は，「花とハチ」のメタファーによって，議論参加者らのコミュニティの状態を表示する。この世界において花はキーワード，ハチは学習者である。システムは，議論の記録からキーワードを抽出し，その共起性から距離を計算し，フィールドに配置する。これをみれば，花が密集した部分に何らかのテーマがあることが分かる。学習者が，キーワードを含む発言をすると，ハチは次第に花（そのキーワード）の方向に近づいていく。また，学習者の発言量が増えれば，ハチは元気に飛ぶようになる。議論全体のなかであるキーワードが頻繁に言及されると，その花は満開に近づき，頻度が低くなるとつぼみに戻ってしまう。このような表現により，議論における話題（テーマ）と，それに対する注目度，各学習者の議論における立ち位置の把握が容易となる。ここから，学習者は，自分がどのように議論に関わっていけばいいのかを考えることができる。結果として，掲示板上の議論が深まるとともに，活性化される。

以上，電子掲示板を利用した議論を支援するためのインタフェース開発の事例を示した。これらの考え方は，SNS 等の最新技術を利用した協同学習の支援においても活かすことが可能である。近年では，グループによる継続的な調査・制作活動を通した学習，すなわちプロジェクト学習（PBL: Project-based Learning あるいは Problem-based Learning）が注目されている（たとえば，Gijbels, Dochy, van den Bossche, & Segers, 2005）。このような学習においても電子掲示板や類似の機能をもつシステムがコミュニケーションツールとして利用されることが多いが，PBL では電子掲示板の外で行われる各個人の活動状況の把握や中間成果物の共有支援が要請される。PBL を支援するインタフェースの開発については，第4節で詳述する。

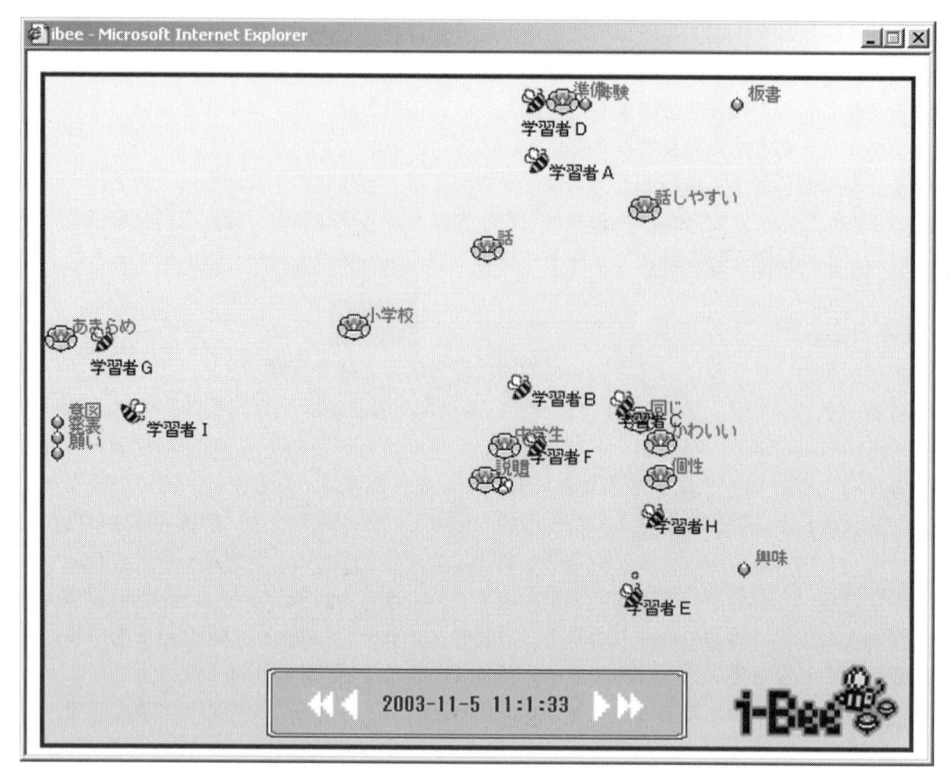

図12-4　学習者とキーワードの関係を表現する i-Bee のインタフェース

3．心理的ツールによるオンラインの越境支援

3.1．オンライン・リテラシー育成の重要性

　越境の説明を支えるのはシステムの面だけではない。システムを使う学生のリテラシーも重要である。いま，たいていのオンライン環境では，テキストによるコミュニケーションが中心である。対面環境とオンライン環境を比較した研究では，対面に比べてオンラインではやりとりの頻度が減ること（McGrath & Hollingshead, 1994），ノンバーバル情報が把握できないために誤解が起こりやすいこと（Warkentin, Sayeed, & Hightower, 1997）などが報告されている。

　そこで必要となってくるのは，オンライン環境に必要なリテラシーを大学生が身につけることである。このリテラシーは2つに分類される。1つは，電子機器やソフトウェアの使い方に関するスキルや知識である。もう1つは，これらの運用方法やそこでの表現技術に関するスキルや知識である。本節で主に扱うのは後者である。本節では，テキストでのコミュニケーションを中心としたオンラインの協調学習を対象にして，オンライン・リテラシーの獲得支援や効果的なコミュニケーションが実現するプロセスに関する主なモデルや実証研究を紹介することを目的としている。

3.2．Eモデレーティング

　オンライン協調学習を進める際に，学習者を効果的に新しい環境に馴染ませる手法は，教師にとって重要な教授スキルの1つである。この手法として最も体系的な知見を提供し

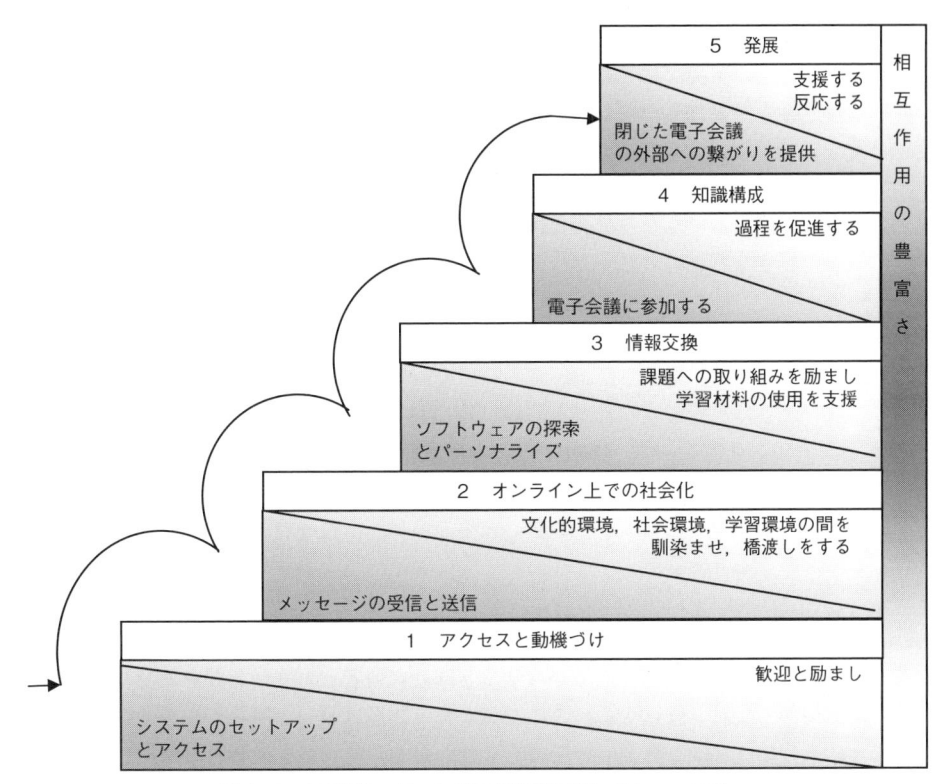

図12-5　Eモデレーティングの5段階モデル（Salmon, 2000）

ているのがサーモン（Salmon, 2000）のEモデレーティングである。Eモデレーティングとはオンライン上の議論等を促し，方向づけるプロセスのことを指し，それを担当する者のことをEモデレータと呼ぶ。サーモンは，このEモデレーティングによる学習者の参与過程を説明するために，5段階モデルを提案している。図12-5はこれを日本語に訳したものである。図12-5の下部より上方に向けて議論が発展していくように段階が構成されており，各段階の左下には必要な学生の技術力や学生に提供すべき技術的サポートを，右上にはEモデレータによるモデレーティング内容が示されている。図右部分の縦のバーは段階ごとの適切な相互作用の豊富さを示している。つまり，最初は1対1の相互作用で事足りるが，段階が進むについてやりとりが盛んになり，その後，学習がさらに進むと理解等を深めるために活動は再度個別になっていく。これら5つの段階を追って支援すれば，学習者はより快適にオンラインでの学習に馴染むことができるとサーモンは述べている。

①アクセスと動機づけ

　この段階ではオンライン環境への慣れと動機づけが鍵になる。オンライン環境に不慣れな者にはEメールや電話によるサポートが必要になるケースもある。Eモデレータは参加者を歓迎し，十分なサポートを提供し，電子会議に参加することの意義，今の活動とコースの今後の展開との関係，評価の観点，参加者に求められるおおよその参加時間などを知らせる。参加者全員が最初のメッセージを投稿した時点でこの段階は終了する。

②社 会 化

　オンライン上でのEモデレータはオンライン環境における参加者間の関係性作りや雰

囲気作りに専念する。最初はログインしているにもかかわらず，発言しない者も多い。しかし，慣れない環境ではそれが当然であると認識し，寛容に待つことが重要である。具体的には，誰もが参加しやすいおしゃべりの話題を提供する。もし参加者の間で論争が起こりそうになれば，その当事者にEメールで議論を続けるよう促したり，やりとりで気分を害された者のカウンセリングを行ったりと，全体の雰囲気を保つことに専念する。参加者が会話に馴染んできたら社会化段階は終了であるが，自由に発言してもよいフォーラムは残し，好きなときにおしゃべりしてもらう。

③情報交換

　Eモデレータは，電子会議が答えの探索や問題に関連したことに集中するように注意を払う。参加者は学習内容の理解と同時に他の参加者とのやりとりに取り組むが，情報量の多さにうまく対処できず，離脱する者も現れる。このような参加者に助言することがEモデレータの役割である。この段階ではさまざまな質問がなされ，FAQをつくって自動的に対応したくなるだろう。しかし，大事なのは，学習者自身がやりとりの方法を楽しみながら学ぶことである。

④知識構築

　参加者は教材やその他の情報から学ぶと同時に他者とのやりとりを通じて自らの考えや理解を提案・検討・修正する。ここで扱われる問題は唯一の明らかな答えがない問題である。Eモデレータはこれまでの発言をまとめたり，それらを教科書の概念や理論と関連づけたり，異なる見方同士を繋げたり，停滞時に新しいトピックを導入したりすることが期待される。Eモデレータは場を取り仕切るのではなく，参加者と同じ立ち位置で参加する。この段階から学習者は情報の伝達者ではなく，書き込まれたテキストの著者としての振る舞いが期待される。

⑤発　　展

　最後の段階で学習者に新しく求められるのは批判的思考である。学習者が互いの書いたものにコメントし合うことを通して，批判的思考は鍛えられる。この段階で学習者は会議やシステム自体に疑問をもつようになる。システムにより高い性能を求めたり，効果的でないEモデレータに対立したりする。しかし，構成主義の学習観から見れば，これらの行為は学習者が自らの思考や活動を振り返ることのできる高次の思考を身につけた印であるので歓迎すべきことである。また，経験を積んだ学習者はしばしば新しい学習者に対して援助的である。

3.3. オンライン環境における学習者の越境に関する実証研究

　5段階モデルは授業設計と運用において，授業者に具体的な処方を提供している一方，その科学的検証やモデル間の比較は十分進んでいない。そこで，他のモデルにも範囲を広げて，オンライン環境におけるリテラシー育成やコミュニケーション促進の実証研究についてここでは検討を進める。オンライン・コミュニケーション促進の実証研究は，①効果的なEモデレーティング手法の探索，②グループ形成過程，③対面コミュニケーションのブレンド，④スクリプティングによるアーギュメント・スキル育成，に関するものに分けられる。

（1）効果的なEモデレーティング手法の探索

　Eモデレーティングの手法を用いればつねに同様の効果が得られるわけではない。どのようなことがEモデレーティングの効果性を決定するのだろうか。小柳ら（Oyanagi, Horita, Yamauchi, & Kihara, 2005）は，教育実習期間の実習生支援をオンラインで行った。この実践研究ではA～Cの3つのグループをそれぞれ担当したEモデレータを比較し，もっとも活発なやりとりが行われたBグループのEモデレータM2の特徴を描き出した。主な特徴は次のとおりである。

- 実習生に対して，問題の答えや具体的な援助を提供するのではなく，実習生と状況を共有し，一緒に考えることを重視した。
- どのEモデレータも実習生による報告書のよい点を指摘したが，M2だけがEモデレータに返答する必要のある質問を実習生に投げかけていた。
- 誤解が生じた際にはすぐに謝るなど，Eモデレータと学生の関係が良好になるようにとくに配慮していた。
- 学生にコメントする際には，別の学生のコメントを引用したり，グループメンバー全員に共通の問いを投げかけたりして，学習者コミュニティが生まれるように試みていた。

　この知見は，教育実習に関するたった1つの事例研究によって得られたものであるため，これらがどの程度信頼性のある結果であるのか現時点で判断することは難しい。このような詳細な分析を多数積み重ねることで，Eモデレーティングのあり方を明らかにしていくことが求められる。

（2）オンライン上のグループ形成過程

　オンラインで効果的にコミュニケーションするスキルはこれまでの研究において個人レベルではなく，小集団レベルで捉えられており，チーム開発（team development）やグループ開発（group development），チーム作り（team building）という用語で括られている。オンラインにおけるチーム作りについては大きく2つのモデルが存在する。これらはマネジメントの分野でよく知られたモデルをオンライン協調学習に援用したものである。

　1つは逐次モデルと呼ばれるものである。逐次モデルとして著名なものの1つはタックマン・モデルである。タックマン・モデル（Tuckman, 1965; Tuckman & Jensen, 1977）は，①形成（forming），②混乱（storming），③確立（norming），④機能（performing），⑤休止（adjourning）という5段階から成る。①形成段階では，メンバーはグループ内の位置づけや活動ルールを模索する。②混乱段階では，メンバーがグループの影響に抗し，課題の達成に反発することでメンバー間に葛藤が生じる。③確立段階では，グループの結束や課題への関与が確立され，課題を達成するために協力する方法が見出され，行動規範が設定される。④機能段階では，目的達成のための協同がうまく機能し，より柔軟に対応することができる。最後の⑤休止は，後の研究において付け加えられた段階であり，課題を終え，グループが散会する段階である。この逐次モデルは，グループ形成が順を追って逐次に展開し，前の段階がうまくいかなかったときには後続の段階もうまくいかないと想定している。

　もう1つの逐次モデルは，ガーシックによる断絶平衡モデルである（Gersick, 1988, 1989）。ガーシックは活動期間を大きく2つに分類している。前半は暗黙の枠組みが無批

判に採用される。しかし，残り時間が半分以下になり，時間やペースに対して成員が意識し始めると，その枠組みは破棄され，新しい枠組みが採用され，課題達成に向けて適切な行動が組織される。これは突如に変化するという特徴から，非線形モデルとも呼ばれている。

それに対して，マクグラスの TIP モデル（Time, Interaction, and Performance）は，グループ開発過程は逐次的ではなく，多機能的であるというべきだと主張している（McGrath, 1991）。このモデルによると，グループのメンバーは①開始，②問題解決，③葛藤解決，④実行という4つの機能的モードに同時に従事している。

ミシノフとミシノフ（Michinov & Michinov, 2007）はタックマン・モデルと断絶平衡モデルのいずれが妥当か検証を行った。彼らは，15週間のオンライン・コースにおいて，第10週を過ぎた頃に，困難さの壁があったことを報告している。この時点からオンラインへのアクセス数が如実に減り，活動へのネガティブな感情が高まった。また，対面でのコミュニケーションへのニーズが高まると同時に，チャットのような同期型メディアの使用が増えるという現象がみられた。同様に，ライスリーンら（Reisslein, Seeling, & Reisslein, 2005）は，60日間のオンライン活動のちょうど真ん中あたりで一度活動量が急激に減った事例を報告している。ニコルら（Nicol, Minty, & Sinclair, 2003）も，学習の途中で自分たちがテキストベースのオンライン議論に対応できるだけの十分な準備ができていないと学生から報告を受けたと述べている。

以上の知見は，断絶平衡モデルの妥当性を示すものである。しかし，それに対して，ジョンソンら（Johnson, Suriya, Yoon, Berrett, & La Fleur, 2002）は，断絶平衡モデルや TIP モデルよりも，タックマンの逐次モデルを支持している。ただし，ジョンソンらのデータでは，1つの課題につき2週間しか確保しなかったこともあって，混乱のフェーズは観察されなかった。また，ジョンソンらは厳密な仮説検証アプローチを取っておらず，質的分析のみに頼っていた。そのため，この論争についてはまだ決着のために十分な根拠がそろっているとは言い難い。今後もミシノフらやジョンソンらのような丁寧な分析を数多く積み重ねたうえでメタ分析を行うことが待たれる。

（3）対面コミュニケーションのブレンド

近年，徹頭徹尾オンラインで行うよりも，必要に応じて対面での協調学習を組み込むブレンディッド・ラーニングの手法が効果的であることが指摘されるようになっている。たとえば，ライスリーンら（Reisslein, Seeling, & Reisslein, 2005）はオンラインで実施されたプロジェクト学習において，とくにプロジェクトの開始段階では，対面場面の設定が必要であることを報告している。また，ジョンソンら（Johnson, Suriya, Yoon, Berrett, & La Fleur, 2002）は，対面場面ではノンバーバル行動からメンバーのやる気のなさやメンバー間の意見の不一致が推し量られるが，オンラインではそれができないためにグループ形成が難しいことを指摘している。ミシノフとミシノフは（Michinov & Michinov, 2008）は，ブレンディッド・ラーニング環境における対面環境導入の効果を事例検討した。主に，全体的発言，課題関連発言（意見，方向性の提案，意見の要求等），社会情動的発言（メンバーへの励まし，自己開示，団結を示す発言等），グループ管理発言（メンバー間の調整，残り時間への言及，メンバーの役割の特化等）等の頻度を対面環境導入の前後で比較したところ，対面環境導入後において活動量と社会情動的発言の量が有意に増加したのに対し，課題関連発言やグループ管理発言については大きな変化がみられなかった。今後，このような検討がさらに積み重ねられることで，対面環境の効果的な導入方法が徐々に明らかになっていくことが期待される。

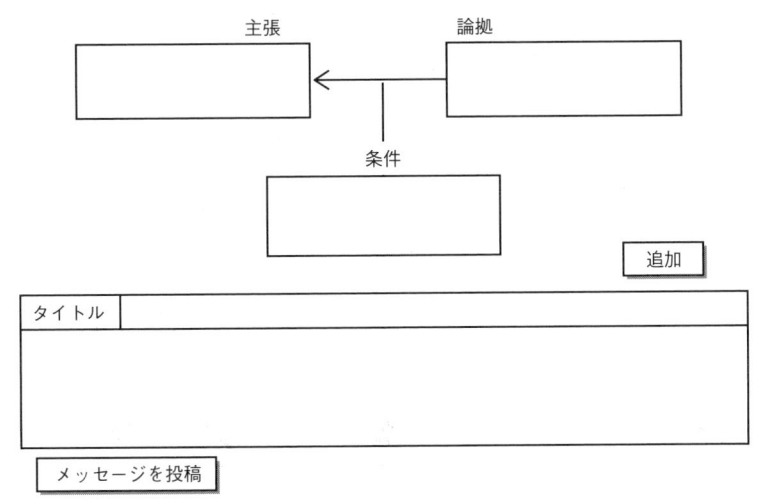

図12-6 スクリプティッド・ディスカッション・ボードのインタフェース
（ワインバーガーら（Weinberger, Stegmann, & Fischer, 2010）のものを日本語で再構成したもの）

（4）スクリプティングによるアーギュメント・スキル育成

　ワインバーガーら（Weinberger, Stegmann, & Fischer, 2010）は，オンライン議論の利点を，①発言において時間や空間の制限がないために基本的に誰もが平等に参加の機会を与えられること，②論を組み立てる際にオンライン内外のさまざまな情報源を参照できると同時にさまざまなツールを活用できるため，精緻な議論を構築することが可能であること，そして，これらの過程が③自己ペースで行われることを挙げている。しかしながら，他方では，対面での議論と同様に，議論へのただ乗りも起こる。この問題を防ぐために近年注目されているのが，スクリプティングあるいはスクリプティッド・コラボレーションと呼ばれる技法である（Fischer, Kollar, Mandl, & Haake, 2007）。

　上のワインバーガーらは，ワイナーの帰属理論について学ぶ心理学の授業で実施されたオンライン議論において，アーギュメントの型を枠組みとして図12-6のようなインタフェースを用意した。この画面では，自分の意見を述べる際に，あらかじめ「主張」「論拠」「条件」といったトゥールミン（Toulmin, 1958）のアーギュメント・スキーマを簡易にしたスロットが用意されている。これらスロットに入力して，追加ボタンを押すと下部にその内容が移される。このように発言の枠組みがスクリプトとして学習者に提供されたオンライン協調学習の仕組みがスクリプティングあるいはスクリプティッド・コラボレーションである。

　この実験授業では，スクリプティングの有無と協同学習の有無の効果が検討された。従属変数には，議論のプロセス変数を測定するものとして，「アーギュメントの質」「理論的概念の適切な利用」「理論的概念と具体事例の関連づけの回数」が用意された。ポストテストでは，授業中とは別の事例に帰属理論を当てはめて説明する「領域依存知識理解」とアーギュメントを構成する要素についての知識を問う「アーギュメントの知識」が測定された。

　分析の結果，プロセス変数のうち，アーギュメントの質については，スクリプトありで協同学習した場合がもっとも高い成績を収めたのに対し，スクリプトなしで協同学習した場合はもっとも低い成績であった。ポストテストについては，「領域依存知識理解」はスクリプトありかつ協同条件の学習者がもっとも高い成績を収め，「アーギュメントの知識」はスクリプト条件の学習が高い成績を収めた。これらのことから，とくに協同条件に

おいてスクリプトを導入することが，学習者のアーギュメントの知識ならびに運用能力を高めることが示唆されたといえる。

本節ではこれまで1つの授業における時間的にも役割的にも限られた範囲のグループ形成やそのグループにおける個人のリテラシー獲得について論じてきた。しかし，オンライン環境が本領を発揮するのはそのような限られた範囲の活動だけではない。大学内でのより長期的な関係や大学外の組織やコミュニティとの継続的な関係を構築するためにも，オンライン環境は力を発揮する。このコミュニティ構築は近年その意義が主張されている真正の文脈における学びを実現するためにも避けては通れない道である。そこで次節では，大学内外におけるオンライン・コミュニティ構築のための教育的支援をもう1つの重要な柱として検討を進める。

4．オンライン・コミュニティ構築のための越境支援

ロヴァイ（Rovai, 2002）は，大学におけるインターネットを活用したクラスの学習集団をクラスルームコミュニティ（classroom community）と呼び，"メンバー各人が共通の学習目標に向けてコミットメントすることを通して，自らの教育ニーズを満たそうと相互に確信している集団"であると定義した。とくにオンラインでは，参加メンバーが異なるメディアのコミュニケーションを越境して共同体意識をもつ必要がある。本節では「同じ大学のメンバー間の越境」「大学と学外の間の越境」「複数の大学間の越境」という3つの切り口から，先駆的な実践を取り上げて，どのような学習環境デザインが必要なのかを検討する。

4.1. 同じ大学のメンバー間で越境するオンライン・コミュニティ

2.3.節で述べたプロジェクト学習は，学習者をグループに編成し，ある目標に向かって協力して調査，議論，制作を行う課題に取り組み，最終的な成果発表を目指す学習活動である。自分が担当する部分の作業をメンバーが持ち帰り，期日を決めて成果を持ち寄る，といった分業がなされることも多い。課題解決のために，多様な背景や能力をもつ学生が主体的に議論を行って協同的に考えつつ，メンバー間で分業とコラボレーションをしながらプロジェクトを進めるという経験にも意義がある。

とくに，グループのメンバーが相互に何をしているかをモニターしながら，臨機応変に自分の作業を調整したり，分業の境界を越えて相手の作業に介入できるような柔軟な分業は，プロジェクトワークを効果的に行ううえではきわめて重要であり（Hutchins, 1990；加藤, 2004），そうした協調のあり方を学ぶことは，実社会で必要な柔軟な状況判断と行動力をはぐくむことにもつながる。また，一人ではできないことを他のメンバーの助けを得て達成したり（足場かけ（scaffolding; Wood, Bruner, & Ross, 1976）），ある分野で能力の高いメンバーから他のメンバーが教えを受けてスキルを獲得したり，そればかりでなくその優秀な学生も他の学生に説明することで学びが深まる自己説明効果（Chi, Bassok, Lewis, Reimann, & Glaser, 1989）がある等，学習上のメリットも大きい。

ところが，PBLの授業はキャンパスの教室で行われるものの，大学生が議論や協同作業を行って問題解決学習を行うためには，授業時間外にも不断にコミュニケーションを行いながらPBLを推進する必要がある。しかし大学では一般的に，授業によってクラスの構成メンバーが異なるうえ，授業外の学生生活も多様なことから，対面で協調学習できる時間は限られている。共有する時間と場所が少ないと，いわゆる社会的手抜き（Latané, Williams, & Harkins, 1979）が起こったり，メンバー間の相互調整が失敗するなどして，

結果的に分業の非効率化をもたらすプロセス損失（Steiner, 1972）が起こってしまい，協調学習が期待どおりに展開しないおそれも出てくる。

そこで，電子メールやチャット・電子掲示板などを活用したPBLが行われるようになった。たとえば，妹尾・藤本・橋爪（1998）は，社会調査法の授業でPBLを行った際に，Webページや電子メールを使って逐次企画書・活動経過・調査成果などを報告させる実践を行った。この結果，メールを使って学生間のコミュニケーションの密度が増した他，グループ間の状況を共有することで刺激を与えあったり，教員や授業補助員が助言をするなど，授業時間外にオンライン学習コミュニティの活動が活発になり，学習の質も飛躍的に向上したと報告されている。ただ，こうした場合でも，時空間の制約を越えて円滑に活動を進めるには，対面の機会に行った議論の内容をメンバー間で議事録などで共有したうえで，オンラインの議論に進んでいくといった工夫が重要である（望月・江木・尾澤・柴原・田部井・井下・加藤，2004；Oshima & Oshima 2002）。

このようにオンラインの学習コミュニティを構築することで，より豊かな学習機会を提供できると考えられるが，一方，コンピュータに媒介されたコミュニケーションでは，相互の社会的存在感（social presence）が低下したり（Short, Williams, & Christie, 1976），相互に分業状況を把握することに困難がともなうため（Gutwin, Stark, & Greenberg, 1995），分業などのグループ活動の調整が難しくなることが指摘されている（Rummel & Spada, 2005）。

そこで，グループウェアを活用する取り組みが行われている（たとえば，中尾・綿井・安達，2003；西森・加藤・望月・八重樫・久松・尾澤，2005）。西森他（2005）は，放送大学が無償公開しているWebグループウェアProBo（図12-7）を利用して，学生が調査・発表を行う短期のPBL学習を実践している。ProBoでは，学習者が課題を小さなタスクに分割・分担して，お互いに進捗度を報告し合うための「TODOリスト」や，「スケジュール」の機能がある。「スケジュール」を見るとガントチャート形式でプロジェクトの見通しや進捗が分かるようになっている。成果物は「ファイルボックス」を用いて共有したり，編集することができる。また，他のプロジェクトの様子も垣間見ることができるようになっている。ProBoは，プロジェクトにおける個人の作業状況が表示されるため，作業の停滞や負荷集中への対処が期待できる。また，作業の全体の流れが見通せるので，学生主体の役割分担再編成やスケジュール調整も可能となる。さらに，他者の作業状況を見ること，自分の作業状況が他者から見られているという意識が与えられることによって，相互に活動が促進されることが期待できる。

図12-7　ProBo

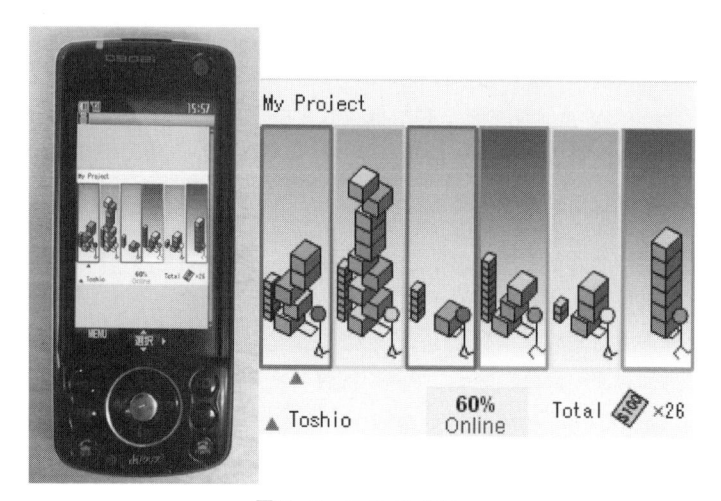

図12−8　ProBoPortable

　また，望月・加藤・八重樫・永盛・西森・藤田（2007）は，ProBoと連携して，携帯電話を開くたびに画面にプロジェクトの分業状況を可視化するソフトウェアProBoPortable（図12-8）をPBL型の授業に導入することで，互いの分業状況をいつでも調整できるようにした。この事例では，メンバー間でお互いに進行状況を意識したり，必要があれば直接連絡を取って，相互に助け合いをしようという気持ちが高まり，結果としてグループの学習共同体意識が高まったことが確認された。
　このように，大学メンバー間でPBLを行うなかで，互恵的な学習活動を実現するオンライン・コミュニティを構築するには，対面の場の成果と分散環境での活動状況を十分に共有し，常時確認できるようにするなど，オンラインとオフラインの十分な連続性を確保して対話やコラボレーションができる学習環境デザインが重要である。

4.2. 学内と学外を越境したオンライン・コミュニティ

　学外の人的・組織的リソースとのコミュニケーションチャネルをもったオンライン・コミュニティを構築することで，実社会の活動と授業とリンクしたり，プロフェッショナルからの助言を受けることができ，学生は，より実感をもってその専門性に関する興味や関心，知識を深められる。
　教師教育の文脈では，鈴木・永田（2007）が，電子掲示板のなかで，教師を目指す学生と，先輩教師や，教える教科領域の専門家との交流を行う授業実践を展開している。先輩教師との交流をともなう授業では，学部3・4年生，現職教員を含む大学院生それぞれが学ぶ別々のクラスを連動させるかたちで授業実践を展開し，3年生が教科指導上参考になる資料集や学習指導案を作成する過程で，上級生との意見交換を行う授業実践を行った。とくに，現職教員を含む大学院生からのコメントが経験に基づいた本質的なものとなり，3年生の学習指導案の内容の改善につながった。そればかりでなく，コメントをした大学院生も助言したり意見交換するなかで，教科指導に対するリフレクションが促されたという。一方，教科領域の専門家との交流では，微生物学を専攻する大学院生に理科教育の実験演習の授業に参加してもらい，学生の実験計画や結果の考察に関する意見交換を行う授業を実施した。科学者との対話を通して，学生たちは，理科実験が結果をもとに仮説を立てて試行錯誤しながら行うものであることを実感し，理科の授業設計に対する考え方に変容がみられたことが報告されている。
　学外の専門家と関わる学習環境デザインだけでなく，学外の学び手と関わり，対話する

ことを通して教師としての成長を目指す授業実践も行われている。中西・村上・上田 (2011) は，日本語教師を目指す日本人の教育実習生が，香港で日本語を学ぶ第二言語学習者の小論文を何度も推敲しながら協同的に完成させていく過程をソーシャルネットワーキングサービス（SNS）を活用して支援する授業実践を行っている。ここでは，SNS上で学習者＝教育実習生間だけでなく，学習者間，教育実習生間でも十全なコミュニケーションが行われるように工夫することで，学習者・教育実習生双方にとって多様な視点の気づきが得られることが報告されている。

このように，学外の人的・組織的リソースと越境することによって，大学の教室の学びだけでは得られない多様な視座をはぐくむことができる可能性がある。

ただし，何でも学外と越境したオンライン・コミュニティを構築すればよいというわけではない。第一に，レイヴとウェンガー（Lave & Wenger, 1991）の状況論的学習観からみれば，学習者からみて本当に実社会の共同体との連続性が保たれた共同体への参画たりうる授業のデザインになりうるかという問題がある（福島，1998）。医師や教員，法曹，会計士などの専門職業教育の場合には，学生の職業選択と直接的・間接的に結びついており，学外とつなぐことに正統性も根拠も保証される。だが，学部教育を受けて巣立っていく学生の進路は多岐にわたり，もしそれらのニーズあるいは結果に対応するような学習環境を準備しようとすれば，あたかもキャリア教育の「デパート」のようになってしまうと指摘している。第二に，教室の外の専門家等と越境するなかで，専門家が「お答え自動販売機」となってしまい，学び合いのコミュニティにならないおそれもある。相互の立場の違いを超えて，お互いに知識を探究し，学び合うことが目指されるべきであろう（佐伯，1997）。そのためには，学外の参加者もその活動に参加するうえで探究したいと思えるような学習課題のデザインが不可欠である。中西他（2011）の授業実践では，複数の教育実習生が協同してアドバイスを行ったり，成果物を参加者の誰からも見えるようにしたり，学習者・教育実習生双方の担当教員が適切なファシリテーションを行ったりすることが，円滑な越境コミュニケーションを生むうえで重要であったことを指摘している。第三に，学外のプロフェッショナル等が意欲をもって参加できるように，過度な負担とならないような配慮も不可欠であろう。類似の教育実践では，何らかのかたちで大学に関わるプロフェッショナル（たとえば，有職者の大学院生など）や学び手など，比較的参加しやすい人に依頼するようなデザインを行っている。

4.3. 大学間を越境したオンライン・コミュニティ

異なる大学の学生同士が交流しながら学ぶオンライン・コミュニティを構築する教育実践も行われている。距離の離れた大学で学ぶ学生同士が学び合うことは，たとえ国際連携でなくとも，校風や地域文化など，参加者のバックグラウンドの差を感じとりながら学び合うことができる点で有意義である。

その一例として，京都大学と慶應義塾大学の間で行われた遠隔合同ゼミKKJ（Kyoto-Keio Joint seminar）実践を挙げてみよう。KKJ実践では3年間にわたって，毎年前期の期間中に，①各大学で行われるゼミ（授業），②静岡県で行われる合同合宿，③時間的・空間的距離を埋めるためのコミュニケーション場としての電子掲示板を介した合同ゼミ活動が展開された（田口・村上，1999）。もともと両大学は地域（関西と関東），設立主体（国立と私立），学風の伝統（高度な教養教育重視と実学教育重視／バンカラとスマート），授業の形式（一学期完結のゼミと複数年をともにするゼミ）を異にする，広義の異文化集団である（小林，2000）。学生は，対面の場で自分の大学のゼミのコミュニティ，オンラインで文化的・社会的背景を異にする2大学の合同コミュニティを構築しながら，合同合

宿のプログラムの開発に協同で取り組んだ。具体的には，①のゼミの時間での討論と，それ以外の時間（いわゆるサブゼミ）での討論を踏まえて，③の電子掲示板において内外の学生との議論や対話を行いながら，②の合宿につなげるという設計であった。こうした異文化間の多様な学び合いの機会を作り出すことで，異文化接触による自己理解および視野の拡大が目指された。

この教育実践の評価をみると，学生たちは異なる他者との対話と学び合いを通じて，自己や他者とのコミュニケーションのあり方を考えたようである（溝上・田口，1999；小林，2000；田部井，2000）。一方で，電子掲示板で２つのゼミをつなぐというだけでは，十分なオンライン学習コミュニティを構築できなかった（田口・村上・神藤・溝上，2000；望月・柴原，2000）。これには，①内集団における役割形成などの集団アイデンティティが高まることで，個人としてのコミュニケーションへの関わりが低減すること，②内集団への偏向性が高まることで外集団としての相手への関心が低減すること，③何らかの共通体験や共通関心を明確にできないとコミュニケーションしにくいこと，などが原因として指摘されており，遠隔での集団間学習における越境的な対話の場をデザインするうえでは重要な示唆となっている。

ところで，京都大学では，この後鳴門教育大学の現職教員の大学院生ゼミとの間で，２大学の学生が小集団を組んで，協同して教育に関する調査と議論を行い，成果を発表する合同ゼミ KNV（Kyoto Naruto Virtual University）実践を行っている。この実践では，授業時間中からビデオ会議を導入して小集団のミーティングを実施するなどして，オンライン・コミュニティを構築することを主眼に展開された。しかし，学生と現職教員といった立場の相違が不可避的な上下関係を生み出してしまい，円滑な学び合いを阻害するといった事態も起きており，たとえ映像のようなチャネルが付加されたとしても，集団同士の越境に際しては，集団の特性や凝集に十分配慮した学習環境設計が不可欠となってくることが分かってきている（神藤，2011）。

このように，複数の大学間で越境したオンライン・コミュニティをデザインするうえでは，電子メディアでつなぐだけでなく，双方の集団の相違点や，集団間コミュニケーションの特性を十分に考慮することが重要である。

5．まとめ

本章ではオンライン学習空間において越境的な説明を支援する介入の観点として大きく次の３つを想定した：①インタフェースの改善による越境支援，②オンライン・リテラシーと運用方法の改善による越境支援，③オンライン・コミュニティ構築のための越境支援。

インタフェースについて考える場合にはオンライン学習環境を同期型協同学習環境と非同期型協同学習環境に分けて考える必要がある。同期型の場合，インタフェース設計に重要なのは現実世界の身体性を帯びたコミュニケーションと類似した構造をシステムに備えさせておくことである。非同期型の場合，活動レベルのアウェアネスを確保することが鍵となる。つまり，協同作業のパートナーたちの現況や進捗，これまでの活動履歴などを明確に把握することを支援するようなインタフェースの設計が重要となる。

学習者がオンライン議論空間に適応し，越境的なコミュニケーションに従事することを支援するには，Ｅモデーティング，対面コミュニケーションの導入，スクリプティングという３つの側面から介入することができる。学習者のオンラインでのリテラシーを高めるためには，学習者を支援するＥモデレータによる介入を学習段階モデルにしたがって

システマティックに行うこと，オンライン環境のみに頼らないで対面コミュニケーションを効果的に導入すること，学習者があらかじめ決められた役割や行為の枠組みにしたがってオンライン活動に参加すること等が重要であることが指摘された。いずれの側面についても，グループ発展過程のモデル化が重要であるが，教師の教育的介入の目的に応じて，適切なモデルを選択する，もしくは自らオリジナルなモデルを構築し，教育実践を通して修正していくことが重要である。

コミュニティ構築のための越境支援については，3つの領域に分けて論じることができる。1つめの領域は同じ大学内で展開されるコミュニティ活動である。この大学内での活動において重要になるのは，対面コミュニケーションからオンラインでの協同へと連続性をもって展開させることやメンバー相互に社会的存在感を維持することである。社会的存在感を維持させるためには，グループウェアを効果的に運用することや学習者が自然にグループの進捗を示すインタフェースに誘導されるようなシステムの設計が求められる。もう1つは大学と実社会とをつなぐコミュニティの構築である。学外に越境したコミュニティを構築する際には，学習者からみて大学と実社会との連続性が保たれているかどうかを検討すべきである。そのための1つの鍵は大学生と学外のパートナーがともに取り組む価値のある学習課題を設定することである。最後に大学間の越境については，大学の内集団の結束が強くなり集団間の越境に結びつかないという問題が起きやすい。そのため，各集団の特性や状態に十分に配慮することが望ましい。

オンライン環境の導入に関して，人と人が直接触れ合わないために人間的でないという印象をもつ向きもある。しかし，効果的なオンライン学習環境の設計は，具体的な身体をもった個人個人の学習者をつぶさに観察し，小さな声を捉え，それらにしたがって学習環境を改善するという非常に人間的な過程に支えられている。さらに，今後はリアルとオンラインの境界は不明確になっていくだろうと考えられる。これからその可能性を探っていくべき1つ方向性は，ブレンディッド・ラーニングのなかでもとくに対面場面とオンライン学習が同時に進行する「ハイブリッド型授業」である。スマートフォンやウェアラブル・コンピュータ等の普及により，学生は参加中の授業で展開される諸活動を妨害することなく，他の受講生と交流したり，教員に質問したりすることが可能になっている。このようにオンライン環境における越境支援はこれからの新しい大学教育のあり方を探索する実験のアリーナとして，その重要性をますます増していくと考えられる。

■ 引用文献

Chi, M. T. H., Bassok, M., Lewis, M., Reimann, P., & Glaser, R.（1989）. Self-explanations: How students study and use examples in learning to solve problems. *Cognitive Science*, 13, 145-182.

Fischer, F., Kollar, I., Mandl, H., & Haake, J. M.（2007）. *Scripting computer-supported collaborative learning: Cognitive, computational and educational perspectives*. New York: Springer.

福島真人（1998）．モラトリアムとしての学校と教師　佐伯　胖・佐藤　学・浜田寿美男・黒崎　勲・田中孝彦・藤田英典（編）岩波講座現代の教育—危機と改革6 教師像の再構築　岩波書店　pp.191-211.

舟生日出男・鈴木栄幸・加藤　浩（2003）．協調学習における創発的分業を支援するシステムの機能的要件　日本教育工学会第19回大会講演論文集，599-602.

Gersick, C. J.（1988）. Time and transition in work teams: Toward a new model of group development. *Academy of Management Journal*, 31, 1-41.

Gersick, C. J.（1989）. Marking time: Predictable transitions in task groups. *Academy of Management Journal*, 32, 274-309.

Gijbels, D., Dochy, F., van den Bossche, P., & Segers, M.（2005）. Effects of problem-based learning: A meta analysis from the angle of assessment. *Review of Educational Research*, 75（1）, 27-61.

Gutwin, C., Stark, G., & Greenberg, S.（1995）. Support for workspace awareness in educational groupware. Proceedings of CSCL'95 conference. pp.147-156.

Hutchins, E. (1990). The technology of team navigation. In J. Galegher, R. E. Kraut, & C. Egido (Eds.), *Intellectual teamwork: Social and technological foundation of cooperative work*. Hillsdale, NJ: Lawrence Erlbaum Associates. pp.191-220.

Johnson, S. D., Suriya, C., Yoon, S. W., Berrett, J. V., & La Fleur, J. (2002). Team development and group processes of virtual learning teams. *Computers & Education*, **39**, 379-393.

加藤　浩（2004）．協調学習環境における創発的分業の分析とデザイン　ヒューマンインタフェース学会論文誌，**6**（2），161-168．

Kendon, A. (1990). *Conducting interaction: Patterns of behavior in focused encounters*. Cambridge, UK: Cambridge University Press.

小林　亮（2000）．KKJ実践における京都大学と慶應大学の相互イメージとその変化　京都大学高等教育研究，**6**，93-110．

Latané, B., Williams, K., & Harkins, S. (1979). Many hands make light the work: The causes and consequences of social loafing. *Journal of Personality and Social Psychology*, **37**, 343-356.

Lave, J., & Wenger, E. (1991). *Situated learning: Legitimate peripheral participation*. New York: Cambridge University Press.

McGrath, J. E. (1991). Time, interaction, and performance (TIP): A theory of groups. *Small Group Research*, **22**（2），147-174.

McGrath, J. E., & Hollingshead, A. E. (1994). *Group interacting with technologies: Ideas, evidence, issues, and agenda*. Thousand Oaks, CA: Sage.

Michinov, E., & Michinov, N. (2007). Identifying a transition period at the midpoint of an online collaborative activity: A study among adult learners. *Computers in Human Behavior*, **23**（3），1355-1371.

Michinov, N., & Michinov, E. (2008). Face-to-face contact at the midpoint of an online collaboration: Its impact on the patterns of participation, interaction, affect, and behavior over time. *Computers & Education*, **50**, 1540-1557.

溝上慎一・田口真奈（1999）学生主体の授業KKJ実践における学生たちの学び　京都大学高等教育研究，**5**，57-84．

望月俊男・江木啓訓・尾澤重知・柴原宜幸・田部井潤・井下　理・加藤　浩（2004）．協調学習における対面コミュニケーションとCMCの接続に関する研究　日本教育工学雑誌，**27**，405-415．

望月俊男・久松慎一・八重樫文・永田智子・藤谷　哲・中原　淳・西森年寿・鈴木真理子・加藤　浩（2005）．電子会議室における議論内容とプロセスを可視化するソフトウェアの開発と評価　日本教育工学会論文誌，**29**，23-33．

望月俊男・加藤　浩・八重樫文・永盛祐介・西森年寿・藤田　忍（2007）．ProBoPortable：プロジェクト学習における分業状態を可視化する携帯電話ソフトウェアの開発と評価　日本教育工学会論文誌，**31**，199-209．

望月俊男・柴原宜幸（2000）．遠隔間合同ゼミナールにおけるCSCLを利用したインタラクションに関する考察　京都大学高等教育研究，**6**，123-136．

中原　淳・八重樫文・久松慎一・山内祐平（2003）．iTree：電子掲示板における相互作用の状況を可視化する携帯電話ソフトウェアの開発と評価　日本教育工学会論文誌，**27**，437-445．

中西久実子・村上正行・上田早苗（2011）．SNSを活用した日本語教育実習生と日本語学習者の協働学習―SNS上での交流を活発にする要因とは　教育システム情報学会誌，**28**（1），61-70．

中尾茂子・綿井雅康・安達一寿（2003）．グループウェアを利用した総合的な課題演習でのリーダーシップ認識に関する分析　日本教育工学雑誌，**27**，207-216．

Nicol, D. J., Minty, I., & Sinclair, C. (2003). The social dimensions of online learning. *Innovations in Education and Teaching International*, **40**, 270-280.

西森年寿・加藤　浩・望月俊男・八重樫文・久松慎一・尾澤重知（2005）．高等教育におけるグループ課題探究型学習活動を支援するシステムの開発と実践　日本教育工学会論文誌，**29**，289-297．

Oshima, J., & Oshima, R. (2002). Coordination of asynchronous and synchronous communication: Differences in qualities of knowledge advancement discourse between experts and novices. In T. Koschmann, R. Hall, & N. Miyake (Eds.), *CSCL 2: Carrying forward the conversation*. Mahwah, NJ: Laurence Erlbaum Associates. pp.55-84.

Oyanagi, W., Horita, T., Yamauchi, Y., & Kihara, T. (2005). A study on modeling of e-facilitating behavior in moderation method. *Educational Techology Research*, **28**, 1-10.

Reisslein, J., Seeling, P., & Reisslein, M. (2005). Integrating emerging topics through online team design in a hybrid communication networks course: Interaction patterns and impact of prior knowledge. *(The) Internet and Higher Education*, **8**, 145-165.

Rovai, A. P. (2002). Development of an instrument to measure classroom community. *Internet and Higher Education*, **5**, 197-211.

Rummel, N., & Spada, H. (2005). Learning to collaborate: An instructional approach to promoting collaborative problem solving in computer-mediated settings. *The Journal of the Learning Sciences*, **14**（2），201-241.

佐伯　胖（1997）．新・コンピュータと教育　岩波書店
Salmon, G.（2000）．*E-moderating: The key to teaching and learning online*. London: Kogan Page.
妹尾堅一郎・藤本　徹・橋爪良治（1998）．メディアを活用したプロジェクト型学習環境の構築と運用：慶應SFC「社会調査法」の試み　コンピュータ＆エデュケーション，**4**，64-74.
神藤貴昭（2011）．大学教育における相互行為の教育臨床心理学的研究―「フレーム」とその変容に着目して―　学術出版会
Short, J., Williams, E., & Christie, B.（1976）．*The social psychology of telecommunications*. London: John Willey & Sons.
Steiner, L. D.（1972）．*Group process and productivity*. New York: Academic Press.
鈴木真理子・永田智子（編）（2007）．明日の教師を育てる―インターネットを活用した新しい教員養成―　ナカニシヤ出版
田部井潤（2000）．学生・教育スタッフの満足度から見た授業の評価に関する一考察―授業のTQMをめざして―　京都大学高等教育研究，**6**，111-121.
田口真奈・村上正行（1999）．KKJ実践におけるインターネットの位置づけ―インターネットを用いた高等教育実践研究の動向をふまえて―　京都大学高等教育研究，**5**，41-55.
田口真奈・村上正行・神藤貴昭・溝上慎一（2000）．大学間合同ゼミにおけるインターネットの役割　日本教育工学雑誌，**24**（Suppl.），59-64.
Toulmin, S.（1958）．*The uses of argument*. Cambridge, UK: Cambridge University Press.
Tuckman, B. W.（1965）．Development sequence in small groups. *Psychological Bulletin*, **63**, 348-399.
Tuckman, B. W., & Jensen, M.（1977）．Stages of small-group development. *Group and Organizational Studies*, **2**, 419-427.
Warkentin, M. F., Sayeed, L., & Hightower, R.（1997）．Virtual teams versus face-to-face teams: An exploratory study of a web-based conference system. *Decision Science*, **28**, 975-996.
Weinberger, A., Stegmann, K., & Fischer, F.（2010）．Learning to argue online: Scripted groups surpass individuals (unscripted groups do not). *Computers in Human Behavior*, **26**（4），506-515.
Wood, D., Bruner, J. S., & Ross, G.（1976）．The role of tutoring in problem solving. *Journal of Child Psychology and Psychiatry*, **17**, 89-100.
山崎敬一・三樹弘之・山崎晶子・鈴木栄幸・加藤　浩・葛岡英明（1998）．指示・道具・相互性―遠隔共同作業システムの設計とそのシステムを用いた人々の共同作業の分析　認知科学，**5**（1），51-63.

13 セルフ・リフレクション
振り返りを共同の環のなかで捉える

山崎史郎

　セルフ・リフレクションとは，自己の学習過程を振り返ること，省察すること，自己の認知過程を対象として認知すること（メタ認知）をいう。「越境の説明力」を構築していくのに，セルフ・リフレクションがどのように関係しているのかを明らかにしていくのが本章の課題である。

　近年，学習過程におけるセルフ・リフレクションに関心が向けられている。その背景には，たとえばアクティブラーニングのような「能動的な学習」が強調されるようになってきたことがある。教師が学生に一方向的に知識を伝達するのではなく，学習主体が自ら情報を取り入れ，能動的に知識体系を構築していく過程が重視され，プロジェクト研究，ディスカッション，フィールドワーク，サービスラーニングなど，能動的な学習，体験型の学習が取り入れられるようになってきている。そうすると，その体験が生の体験のままにとどまり，いつしか薄れていってしまうといったことがないように，また体験が真に意義ある学習経験になるように，これを振り返り，整理，定着させ，新たな気づきを得ていくプロセスが重要になってくる。これがセルフ・リフレクションとして研究されているのである。

　一般に研究者にあっては，セルフ・リフレクションは全体の認知過程に組み入れられた不可分のファクターであり，格別に意識されることもなく日常，繰り返されているものであるが，大学教育においても研究者の活動をそのままなぞるのではないにせよ，学生が自らリフレクションの意義を理解し，これを能動的に活用していくような学習態度といくらかの学習スキルを体得していく必要がある。また，そのような機会と仕掛けが提供されていく必要がある。

　本章では，越境の説明力の構築におけるセルフ・リフレクションの意義を明らかにし，それを授業デザインに取り入れようとする際に参考となる実践研究，およびその基礎研究を紹介して，越境の説明力をはぐくんでいく方法について考える。ここではセルフ・リフレクションを個に閉じられた過程ではなく，他者との共同の環のなかで捉える見方を強調する。

　筆者は大学の幼稚園教諭・保育士養成課程で発達心理学，臨床心理学他の授業を担当するとともに，学外では臨床心理士としてスクールカウンセラー，子ども虐待防止コンサルテーションチーム・メンバー，犯罪被害少年カウンセラーなどの仕事を通して，人格形成期にある若い人たちの心理的支援の仕事をしている。カウンセリングはクライエントとカウンセラーの共同での振り返り作業という面から考えられるが，「学び」との基本的同型性がある（山崎，2005）。これらの知見と経験をもとに，本章の論考を進めたい。

1. 学習過程におけるセルフ・リフレクション研究

学習過程におけるリフレクションの重要性を最初に指摘したのはデューイ（Dewey, J.）である。彼は「為すことによって学ぶ」ことを説いたが，単なる直接の体験ではなくリフレクションによって得られる学習経験を重視した。コルブ（Kolb, D.）は学習の一連の流れを考え，そのなかにリフレクションを位置づけている（図13-1）。

大学教育におけるセルフ・リフレクション研究には，次のような流れがある。一つはデューイの流れを汲むショーン（Schön, D. A.）の研究に触発された，看護教育，教師教育を中心とする実践過程のリフレクション研究である。これは看護教育，学校教育の場における複雑で統制しがたい，他者（患者，児童生徒）との現実の関わりにおいて，その場で，あるいは事後的に振り返りを進めるものである。さまざまな支援方法，促進ツールの開発が行われ，学生の実習を通した学習・成長が研究されている。

次に教育評価に焦点を当てたものがある。自己の学習過程を振り返るセルフ・リフレクションは自己評価の過程に深く組み込まれており，大学における学習の自己評価の視点からセルフ・リフレクションが研究されている。今日では伝統的な筆記試験だけでなく，レポート，プレゼンテーション，作品，フィールドワーク記録など，多様な資料が評価対象とされてきていることから，ポートフォリオおよびその電子化の研究が進められている。また，学生相互に評価をし合うピア・アセスメントも研究されている。

もう1つの大きなグループはコンピュータを使って協同学習環境を創ろうとするもので（CSCL：Computer Supported Collaborative Learning），その一部としてリフレクションのプロセスが組み込まれているものである。以下に，

①「不確定な状況のなかで実践する専門職の知」の研究と養成教育，大学教育
②学習活動，成果の自己評価と相互評価
③CSCLにおけるセルフ・リフレクション支援

に関する研究を展望する。

1.1.「不確定な状況のなかで実践する専門職の知」の研究と養成教育，大学教育

大学における看護教育，教師教育などは，人に関わり，その場で生起する不確実であらかじめ把握できない状況のもとで専門性を発揮する専門職の養成にあたるものである。専門職業人は実践の場の一連の流れのなかで，および事後的に，振り返りの作業をしている。ショーンはこのような「不確定な状況のなかで実践する専門職の知」に光を当て，従来の技術的合理性に基づく技術的熟達者（technical expert：たとえば医師，法律家，エ

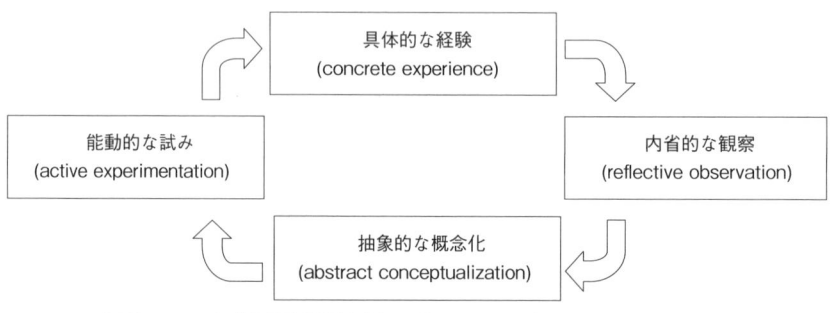

図13-1　コルブの経験学習サイクル（Kolb, 1984をもとに和栗, 2010が作成）

ンジニアら）とは区別される，反省的実践家（reflective practitioner）という概念を提起した。ショーンの考察は「理論と実践」「基礎と応用・臨床」の捉え直しといった大学教育の根幹に関わる議論にまでつながっているものであるが，とくに行為のなかの省察（reflection-in-action）と呼ばれるものが重視されている。この過程のなかで，「瞬時に生じては消えてゆく束の間の探究としての思考」に臨床分野での専門家としての特質を見出している。

コルトハーヘン（Korthagen, 2001）は教師教育の分野で，コルブの学習サイクルと似た，しかし独自のALACTモデルを考え，理論と実践をつなぐ教師のスキルアップの各段階でのセルフ・リフレクションの意義を明らかにした。ここで，ALACTとは，省察の理想的なプロセスの各ステップの頭文字であり，それぞれ，① Action（行為），② Looking back on the action（行為の振り返り），③ Awareness of essential aspects（本質的な諸相への気づき），④ Creating alternative methods of action（行為の選択肢の拡大），⑤ Trial（試み）を意味している。⑤のTrialは，次のステップの① Actionに相当し，新たなサイクルが始まっていく。また，このモデルに基づき，教育実習生の，専門家への成長に資するセルフ・リフレクションを促す方法を数多く提案している。

教職大学院での教育のあり方とも関連するが，専門職の実践能力の向上のためのプログラムにおいて，セルフ・リフレクションに焦点を当てた研究が行われている。これらの研究はすでに専門職として仕事をしている人を対象としているので，より一層実践的であり，社会文脈的である。水野（2006）は，教師が授業記録に基づいてリフレクションを行い実践能力を向上させようとする取り組みを研究し，そこから授業中に行われる教師の不断の思考のありようを明らかにしている。

ムーン（Moon, 2005）は，より広く大学教育におけるセルフ・リフレクションの導入と意義を考察している。リフレクションは日常用語でもあるが，大学教育でのリフレクションはより組織化されたものであり，目的，期待される成果を達成するために行われる。リフレクションには，「気にとめる」「それとして分かる」などの比較的浅いレベルのものから，意味をつむぎだし，それに取り組むことで「現在の考えが変容していく学習」のような深いレベルのものまである。学生に対しては，リフレクションとはどういうものかを知らせる第一段階でなぜこの方法が用いられるのか考えさせ，また例を与えるなどして，リフレクションの概念についての議論を起こしていく。第2段階（リフレクション作業を深める段階）では，リフレクションの水準を記述する枠組みを導入し，例を与え，さらに異なる立場からの視点で同じ課題を振り返るエクササイズなどに取り組ませる。ムーンは，すでに学んだものを反芻し，更新していくものとして，リフレクションを考えている。

和栗（2010）は米国，日本，イギリスの大学教育政策のなかで，振り返る力の育成への注目が高まっていることを示したうえで，大学教員として振り返りの促しをどう支援しうるかを提案している。それによると，振り返り支援は，「ミクロ・レベル（授業・教授法）」「ミドル・レベル（カリキュラム・プログラム）」「マクロ・レベル（組織の教育環境・教育制度）」に分けて考えられるが，そのうち，ミクロ・レベルでは先行条件，個別条件，プロセス，方法の4つの要素について，それぞれ検討事項を挙げている。そのうえで，授業で振り返りを用いるデザインについて述べ，当該科目の学習到達目標とそれに基づく学習成果（～ができるようになること）を考えて，振り返りの方法やタイミング，課題の達成度評価の方法（振り返り課題の達成度基準と評価方法）を考慮することを提案している（表13-1）。

表13-1　ふりかえりの深度（和栗，2010）

描写的な書き方	ふりかえりをしていない。描写にとどまる。
描写的なふりかえり	描写しつつふりかえるが，2つ以上の視点からのふりかえりがない
対話的ふりかえり	多様な見方から俯瞰できており，分析的かつ統合的。
クリティカルなふりかえり	多様な見方，かつ批判理論（critical theory）的見方ができる，ということ。つまり，視点というのは歴史的，政治社会的な文脈によっても形成されることを認識していること。

1.2. 学習活動，成果の自己評価と相互評価

（1）ポートフォリオ

　学習の歩みをテストでの評価だけでなく，具体的な活動やその成果を含めて総合的に評価するようになってきた。これらを蓄積してまとめたものがポートフォリオである。ポートフォリオは紙ばさみの意味であるが，レポート，作品，記録写真など学生の多様な活動成果が含まれる。これら資料は，英国では大学が公式に発行する成績証明書と合わせて，学生が在学期間に何を学んだかを示す資料になっている。わが国において教職課程で開講される「教職実践演習」では，4年間の教職関係科目の学習についての振り返りが求められており，その資料として1年次からの学習の記録を保管するよう求められている。学生の学習成果を示すこれら資料は4年間の在学期間で考えると量も多くなり，積極的に利用するには扱いが面倒になる。教師および学生自身の検索，参照を容易にするため，e-ポートフォリオという名称で，電子化システムの開発が行われている（森本，2011）。これは単にデータの電子化，保存にとどまらず，「多量のポートフォリオを有効かつ効率的にマネジメントしながらコンピュータにより継続的な学習・評価を支援する仕組み」であるとされている。

（2）ピア・アセスメント

　協同して学習してきた学生同士が，相互に評価し合うものである。その根底には，通常の教師が行うテストが社会的文脈を欠いた知識を問うものになっているのに対して，現実社会における評価のように「同じコミュニティに属するメンバーからの評価」が必要であるとする考えがある。学生同士の評価となると基準が一貫しているのか，甘い評価に偏らないか（お互い様効果）など，当然の疑問が出てくる。藤原・西久保・永岡（2008）は，大学の人間科学部における「実験調査研究法」の授業で相互評価を取り入れたが，これには評価の観点を明確にし，また誰が誰の評価者になるのかを公開しないなどの工夫もなされている。

　仲間からの評価を受けることに加えて，仲間の評価にあたることによる学習効果も期待されている。たとえば石橋（2010）はレポート相互評価法により，学生がレポートを書く，他者の評価をする，自己の評価を受け取る，という3つの役割を経験するとしている。同じく後藤（2009）は，記述問題の回答（「教科専門科目『理科』」の前回講義内容に関する設問に400字程度で回答させるもの）に関して学生同士の相互評価を実施した。評価結果を学生それぞれにフィードバックし，評価特性や評価基準のズレを意識させる試みを通して，学生相互評価と教師による評価の相関の上昇を明らかにしている。

（3）セルフ・リフレクションのためのツール開発

　セルフ・リフレクションはその過程を自覚するのが難しく，また，内容は具体的な文脈に依存するため，汎用のスキルとして獲得していくことが難しい。そのため，振り返りシートを用意し，それに沿ってセルフ・リフレクションを進めることでまずその機会自体を提供し，また文書化，視覚化することで認知的負荷を軽減するという試みが行われている。

　セルフ・リフレクションを有意義に進めるためのプロセスレコードも，看護教育，教師教育のなかで活用されている。教師教育では，授業や学校生活場面で児童生徒－教師関係で生起した事象（児童生徒の発言・行動，対応する実習生の発言・行動，その際の実習生の理解や感情）を事後的に記録する。レコード作成の過程自体がドキュメンテーション（文書化）と振り返りの機会となり，この資料をもとに実習生間で意見交換したり，教師からコメントを受けたりすることで，より深いリフレクションが起こることが目指されている。

　学習した内容を学習者自身がコンセプトマップとしてパソコン上で視覚化し，またその構成作業の全過程を再生することでリフレクションを支援する試みも行われている。再構成型コンセプトマップ作成ソフトウェア「Reflective Mapper あんどう君」（稲垣・舟生・山口）は科学教育の分野で利用されている。出口・稲垣・山口・丹生（2007）は，理科教育の分野における「テクノロジを利用したリフレクション支援」の研究動向（1981-2006）をまとめている。リフレクションを支援するテクノロジのタイプとしてリンら（Lin et al.）を参考に4つのタイプに分類し，それぞれの代表機能，効果，課題を明らかにしている（表13-2）。

表13-2　理科教育におけるテクノロジを利用したリフレクション支援の研究動向 （出口他，2007）

タイプ	定　義	代表的な機能	評価方法	効　果	課　題
Process Display	科学的な探求活動や思考のプロセスを記録・可視化する	調べた情報やそれに基づいた考えを記録したデータの蓄積 学習プロセスの可視化 学習サイクルの提示	内容理解の調査 事例調査	内容理解の促進 対話やリフレクションの促進	他の内容領域への導入 授業デザインの検討 探求活動のデザイン指針の発見
Process Prompting	科学的な探求活動や思考のプロセスについての説明を求めるプロンプトを提示する	アドバイザによるプロンプト提示 プロンプトの選択，組み合わせ提示	内容理解の調査 学習スキルの調査 事例調査 ログデータ分析	内容理解の促進 学習スキルの向上 対話，リフレクションの促進	授業の文脈に即したプロンプトの種類やタイミングの検討 授業におけるプロンプトの効果的な利用法 授業モデルの開発
Process Modeling	理想的な科学的探求活動や思考のプロセスをモデルとして提示する	図表によるモデル化	事例調査 ログデータ分析	内容理解の促進 対話やリフレクションの促進	授業におけるテクノロジの効果的利用のガイドライン設定
Reflective Social Discourse	科学的な探求活動や思考のプロセスについての学習者同士の対話を促す	情報共有 Webやデータベース上での対話	内容理解の調査 ログデータ分析	内容理解の促進 対話やリフレクションの促進	他の内容領域への導入 授業デザインの検討
複数の組み合わせ	一連の科学的な探求活動を総合的に支援する	学習プロセスの可視化やプロンプト提示，モデル提示，Webやデータベース上での対話等の機能の統合	内容理解の調査 事例調査	内容理解の促進 対話やリフレクションの促進	他の内容領域への導入 授業デザインの検討

1.3. CSCLにおけるセルフ・リフレクション支援

　CSCLは，コンピュータを使ってメディア上で学習コミュニティを構成し，学生が自由に意見交換したり課題提出したりしながら協同学習を進めるものである。そのバリエーションは多数ある。CSCLは社会構成主義の考えに基づく協同学習をコンピュータ上で実現するもので，学生－学生，学生－教師の相互作用を支援する試みが行われている（稲葉・豊田，1999）。ここで社会構成主義に基づく学習観とは，心理学者ピアジェ（Piaget, J.）の知性の発達観にみられるような，個が独立して環境と関わり知識体系を構築していくという構想とは異なって，知識は具体的な文脈のなかにこそ埋め込まれているものであり，人々が活動し協同するなかで社会的に構築されていくものであるとする考え方を指す。そして，このCSCLプログラムのなかに必ずといってよいほど，リフレクション支援のツールが組み込まれている。

　たとえば張・櫨山（2011）は認知的徒弟制理論に基づいて協同学習を支援するシステムを提案している。このシステムで取り上げられた学習内容はソフトウェア工学教育に関するものであるが，モデリング，コーチング，スキャフォールディング，アーティキュレーション，エクスプロージョンの機能と並んでリフレクション支援機能が組み込まれており，講義資料を振り返ること，モデルを閲覧すること，行った課題を再度検討すること，学んだことや感想を登録することで，学習者のリフレクションを支援しようとしている。柏原・平良・新谷・沢崎（2007）も同じく認知的徒弟制の考え方に基づき，メタ認知の活性化とスキルアップを実現する認知ツールを開発している。そこでは知識構築プロセスの見直し・再構成をリフレクション活動として，Interactive Historyというツールにより，ページごとに割り当てられた知識内容の学習，複数ページ間の関連づけプロセスが視覚化される仕組み他が組み込まれている。また徐々にこのツールの操作機能を減じて通常のWebブラウザでこのプロセスを行えるようにすることで，スキャフォールディングされた状態からのフェーディングが行われるようになっている。

　CSCLは学生にとって授業時間中にその場でも（同期），あるいは授業時間外の自由な時間にでも（非同期），端末から書き込むことができ，他の学生の書き込みや教師のサジェスチョンも簡単に読むことができる。書き込みを保存してポートフォリオとして蓄積していくことも容易にできる。教師としても特定の学生の学習進度を把握したり全体傾向を知ったりするなど，学生の学習過程の管理がより容易にできるものである。CSCLは実感的により現実場面に近づくように工夫されてきている他，特定の欄に書き込むときにその理由を求めるプロンプトを即座に出すなど，コンピュータならではの機能が発揮できるよう，日々革新され続けている。

　より本格的な知的生産の場に近い大学院の授業では受講生も限られていることから，直接に場を共有した集団内で発表，意見交換，講評が行われている。しかし，受講生の多い学部の授業では文献を講読したり，発表を踏まえながら意見交換を進めていったりなどは実際的ではなく，仮に小グループに分けても教師が全体を管理することには困難をともなう。CSCLはそのような困難を解消し，かつ学生本人がやりとりを介して考え，必要なときにはそのプロセス，成果に速やかに立ち戻ることができる方法である。

2．授業におけるセルフ・リフレクションを活かした取り組み

2.1. 教育実習・保育実習における巡回時指導やフィールドワーク時のセルフ・リフレクション

　授業で学ぶ知識が学習者にリアリティをもって受けとめられず，それを活用しづらいことが指摘されている（守屋，2000）。筆者も幼稚園教諭・保育士の養成課程で心理学など，幼児教育，保育に必要な知識を伝える仕事をしているが，やはりその感が強い。乳幼児については，学生のこれまでの生活経験でまったく知らないということはなく，それぞれに多様な知識，イメージをもっている。しかし，それらは自覚的に学習されたものではなく，内容において学問的に検証されているものでも，互いに関連づけられているものでもない。これはいわゆる「生活的概念」と考えられる。他方，大学の授業では多くの知識を学ぶ。こちらは学問的に裏打ちされたものであり，生活的概念と対比して「科学的概念」と呼ぶことができる（Vygotsky, 1934）。両者は重なっているが，当然に違っており，「科学的概念」を学ぶ意義もそこにある。大学で学ぶ知識（科学的概念）は個別の保育事例ではなく一般化されているので，実際にどのように保育を進めるかについて，そのまま答えが書かれているわけではない。「理論」と「現場」をつなぐのは学生の仕事とされてきた。

　ところで，学生が実習中，大学教員が巡回に行くことになっている。学生の実習状況をチェックし，実習指導者と協議するのだが，その際，合わせて学生に助言指導を行う。実習中，学生の関心を惹いた具体的エピソードが選び出されて紹介され，子どもの遊び，コミュニケーション，トラブルなど，授業で扱ってきた知識と照らしてその解釈を会話のなかで学生とともに行う。ここで学生には話したい話題が具体的にあり，面白かったこと，困っていることなど分かりたいという切実さ，動機づけがしっかりとある。教師も正解を即答できるわけではないが，学生のことばを専門のことばで言い換えたり（再声化：Forman, Larreamendy-Joerns, Steinm & Brown., 1998），ヒント，助言となるような内容を話したりする。学生にとっては具体的文脈で発見した問題をすでに知識としては知っている内容でどう理解していくかを教師のヒント，助言をもとに進めていく作業であり，「分かった感」につながる可能性が高い経験となる。リフレクションの視点からは，自己の体験をその場にいなかった教師に伝えることで，それを言語化，対象化する作業である。いくつかはすでに実習日誌において文書化されている。これを素材に教師とともに考え合う。第1章に書かれている田島の「ヤクビンスキーによる言語形式の分析」では，③の「直接的形式」における「統覚の共通性」を十分にともなわないケースと考えられる。教師の説明は，聞いたことはあるがまだ十分に知識情報ネットワークに組み込まれていない知識情報を学生なりに自分のものとしていく機会になる。巡回時は時間の制約があり限界はあるが，学びを深めるよい機会であると考えられる。

　次に表13-3に示したものは，大学社会福祉学部の幼稚園教諭・保育士養成課程を核とする学科の1年生向け授業「子ども家庭福祉入門」での振り返り例である。この授業では約80名の学生が7～8名のグループに分かれて，地域（各中学校区）での子育て支援の状況を半期かけて調べ，報告する。学生は地域の幼稚園や保育園，児童館，児童公園，産科・小児科医院，買物・交通事情など，地域のそれぞれの場所を巡って写真で記録し，また児童委員や子育て支援グループメンバーへのインタビューを行う。調べたことがらはまとめて，プレゼンテーション・ソフトを使って全体の受講生に発表し，意見交換する。

表13-3　フィールドワークの振り返りシート例

子ども家庭福祉学科
1年　　組　学籍番号　　　　氏名

子ども家庭福祉入門の「フィールドワーク」について，答えてください．
1．フィールドワークの計画を立てる際，どの点でグループの話し合いが多く必要でしたか．
　校区に出かける前にもっと「道が狭い，ぼこぼこ」など，質問となるものを考えていった方が，地域を見回せたと感じます．スライドショーを作って発表する際にスライドと文章の速さを決めていなかったので，一度発表を一回通していった方が良かったと思いました．
2．フィールドワークの最中，どんなことが印象的でしたか．
　インタビューのアポをとる際に，私が担当していたのですが，保育園，幼稚園は受付の方がいらっしゃらないことに驚きました．もっと，5時過ぎに TEL をするなど，考えていたら良かったと思います．
　写真を撮る際にカメラが一つで，皆があまり自分の気づきを出せていなかったので，カメラは複数あると，もっと自分の力が出せていたと思います．
3．発表原稿をまとめる際に，どのような内容についてグループで意見が分かれましたか．
　地域についてまとめたいときにあまりしっかり見られていなかったことで，その地域に住んでいる人に再び聞いてまとめることをしました．質問を考えて見回りに行きたいと感じました．
4．今回のフィールドワークについて，内容の点で一番強く印象に残ったことは何ですか．またこのテーマに関連して，今後機会があれば調べてみたいことはどんなことですか．
　子どもたちがいつも私たちの通い，使うところはどんなふうに見えているのかを考える機会をもてて良かったです．強く印象に残ったのは，皆が質問を発表時にしていなかったことです．もしかするとなかったのかも知れませんが，子どもたちに関心がある人たちが集まって，あの発表で質問が出なかったのは変だと感じました．私は質問があったのですが，クラスの雰囲気でできず，悔しい気持ちで終わりました．次に自分が発表しやすい出発点になります．
5．フィールドワーク全体（計画から発表まで）は楽しく進められましたか．自由に感想を書いてください．
　計画の段階では，皆フィールドワークの主な目的がよく分かっていませんでした．いま，発表した後に思うのですが，もっとなぜフィールドワークをするのかを皆で考える時間があったら（時間を作っていたら），楽しくできたと思います．すこし「やらされるがまま」という状況が多いと感じて残念だったと思いました．

　このような体験型の学習では，事前の問題意識の醸成，企画に関するメンバーの意見交換，全体発表と質疑が重要なファクターとなっている．表は最終授業での，全体としてフィールドワークの感想を書くシートで，ある学生の振り返り例である（表13-3）．この例では，フィールドワークの目的をもっと時間をかけてはっきりさせておく，地域の方への質問をあらかじめ十分用意しておく，意欲的に質疑応答を行うなど，教師が指導してきたにもかかわらず「教師と学生の，それぞれ不十分であった点」が指摘されている．おそらく，「何のために調べるか」「誰に伝えて共有しようとするか」「伝えた人たち（受講生，教員）から今度は何を受け取るか」についての理解に関して教員側の踏み込みが足りず，それが『すこし「やらされるがまま」という状況が多いと感じて残念だったと思いました．』という，率直な表現につながっているのではないかと推測される．

　他方，「校区に出かける前にもっと『道が狭い，ぼこぼこ』など，質問となるものを考えていった方が，地域を見回せたと感じます」「インタビューのアポをとる際に，私が担当していたのですが，保育園，幼稚園は受付の方がいらっしゃらないことに驚きました」「写真を撮る際にカメラが一つで，皆があまり自分の気づきを出せていなかったので，カメラは複数あると，もっと自分の力が出せていたと思います」など，まずは体験してみたからこそ生まれた気づきと，「地域についてまとめたいときにあまりしっかりみられていなかったことで，その地域に住んでいる人に再び聞いてまとめることをしました」といった，理解の深まりも表現されている．こうして，他の授業も合わせて学生たちがこれから「地域における子育て支援」を考えていく際に手がかりとなる情報やいくらかの体験をそれぞれに得たものと期待される．

2.2. カウンセリング実習におけるロールプレイの振り返り

　幼稚園教諭・保育士の養成では保護者への対応が重要になってきているので，カリキュ

ラムにカウンセリングの初歩を学ぶ科目が置かれている場合がある。そこでは，受容，傾聴，共感的理解など，どのカウンセリング理論でも共通して重視されている知識，技術，態度が体験的に学ばれている。授業には，講義による知識伝達と体験的なロールプレイ（実習）が含まれている。ロールプレイ（実習）では，知識として学んだことがうまくできたかどうか，振り返りを行う必要がある。学生はカウンセリングについて漠然としたイメージをもっているが（生活的概念），相談事などは日常生活のなかで行われているものであるから，カウンセリングがどのような考え方に基づいてどのような方法で行われていくのかをきちんと知らせる必要がある（科学的概念）。そのうえで，実際にそれを体験してみることが大切である。筆者は授業で「日常生活でのおしゃべりもカウンセリングも，どちらもことば，表情，仕草などを通してコミュニケーションすることでは共通だけれど，おしゃべりとカウンセリングは別物です。カウンセリングは勉強しなければできるようにはなりません」と伝えている。

　ロールプレイで体験してみると，抽象的なことばで語られている「傾聴」「共感」「積極的関心」などの意味を少しずつ考えることができ始める。ことばでは伝わりきらない手ごたえを味わうことができる。その感想を簡潔にシートに書きとめて振り返りをする。筆者は授業でこれを繰り返し，別に，途中で教師によるモデルの供覧などを挟んでいる。こうして，知識－体験－振り返りのサイクルを繰り返すなかで，最初は友達同士で行われるような「日常的な相談」と区別できなかった学生が，カウンセリングの初歩的知識を学び，技術を体感的に学習し修得することができるようになる。その際，ロールプレイングでペアになる話し手役割の学生からのフィードバックが考える契機となると思われるので，振り返りシートに話し手の学生からの感想を書き込む欄を用意している（表13－4）。

　この例では，聴き手役割の学生が「（聴き手としての）表情やしぐさはよかったと思い

表13－4　カウンセリング実習におけるロールプレイの振り返り例

　カウンセリング授業の1コマで「自分の好きなところ，良いところ」について自由に話してもらうロールプレイの振り返り例である。2人1組となり聴き手，話し手に分かれる。交代して，それぞれ10分ずつ話をする。ロールプレイでの聴き手としての振り返りを書き，話し手にも同じプリントに書いてもらう。

感想　分かったことを書きましょう。たった10分話しただけで，いろいろなことが分かります。話し手は自分自身のどんなところが好きだと話していましたか，どんなところがよいところだと話していましたか。まとめて書きましょう。
　困っていたり，弱っていたりすると放っておけなくて，優しい一面があり，自分自身がつらくなっても相手（他の人）のためなら何でもできる頑張り屋で，探究心もあって，活発な部分もあり，そんなところが好きでよいところだと話していました。また相手を思いやることができるところもよいところだと話してくれました。

この話をすることで，話し手はどんな体験をしてくれたでしょう。
　自分のよいところに気づくだけでなく，過去の体験を思い出したり，悪いところ，嫌いなところならすぐ出てくるけれど，よいところを考えることで恥ずかしい反面，自分自身，明るい気持ちになり，自信がもてたのではないかと思います。

カウンセラーとして，十分配慮しながら聴けましたか。
　表情やしぐさはよかったと思いますが，ことばの背景にある意味をしっかり感じ取ることはあまりできていなかったと思います。

プリントを交換して，話し手の感想を書いてもらってください。
（話し手から）　穏やかな表情でしっかり相槌を打ちながら聴いてくれたので，とても話しやすかったです。私が何を言っても受け止めてくれるという安心感があり，自由に自分の思っていることを話すことができました。また，私が話をそらしてしまったときも，質問をして話を戻してくれて，自分の好きなところについてしっかり見つめることができました。

簡単に助言を書いてもらってください。
（話し手から）　しっかり話に耳を傾けてくれて，とてもよかったです。

ますが，言葉の背景にある意味をしっかり感じ取ることはあまりできていなかったと思います」と振り返っているが，これが次回以降の努力目標になる。なお，臨床心理士養成など，より本格的なカウンセリング教育では，逐語録や録音・録画による資料をもとに，個人での振り返り，グループ・スーパービジョン，スーパーバイザーによるスーパービジョンなどが行われる。

3．越境の説明力とセルフ・リフレクション

3.1. セルフ・リフレクションはどのように起こるのか，それをどのように支援するのか

　リフレクションは自己の認知過程を認知するという，メタ認知の働きとされている。その過程は複雑で，日常の認知過程では半ば非自覚的に行われているものであり，それを単独で取り出して研究するには困難がともなう。図13-2は親の子ども認知という文脈であるが，リフレクションの対象となる情報の範囲を考慮して，「気づき」「個別的認識」「一般的認識」という三層モデルとして表されているものである（朴・杉村，2006）。日常的に行われているセルフ・リフレクションが非常に複雑な構造をなしていることが示されている。有効なメタ認知が行われるには，メタ認知的知識とメタ認知的活動に関する若干の

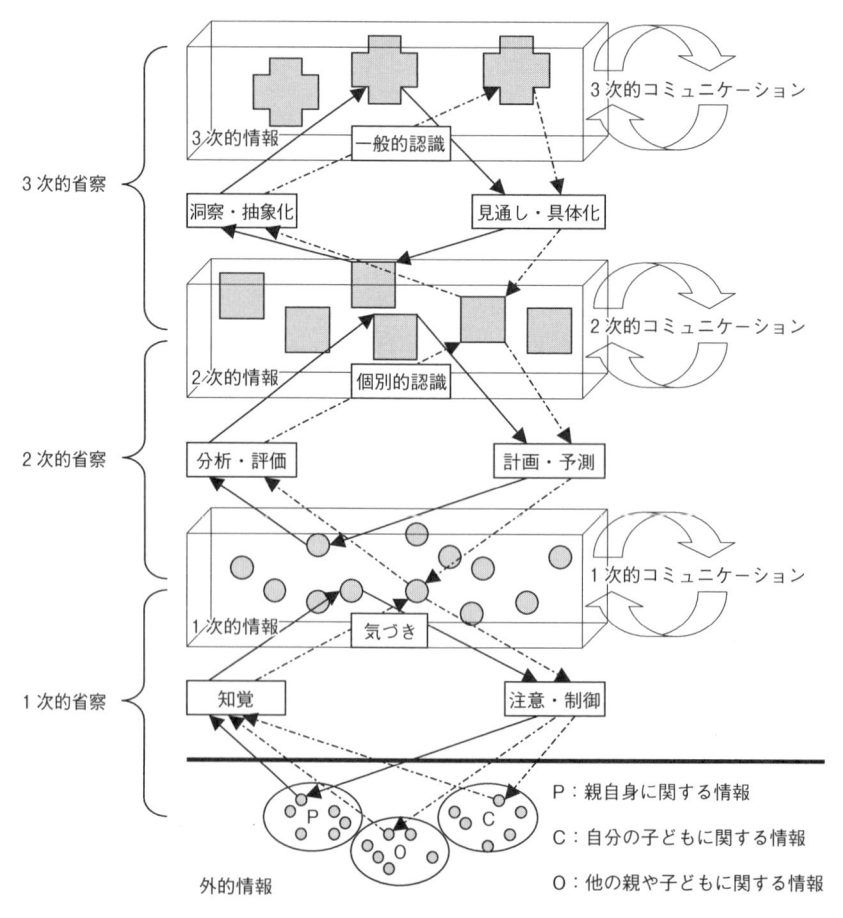

図13-2　省察の三層モデル（朴ら，2006）

スキルが必要であるとされている。

　授業の一環として行われる，より組織化されたセルフ・リフレクションは，通常，第1段階である「ドキュメンテーション」と，第2段階としての「説明」の過程に分けて考えられている（澤本，2003）。ドキュメンテーション（記述，文書化）は半ば非自覚的に行われている認知過程を明瞭にするのに有効である。授業中，あるいは授業外で疑問や気づきが生まれても放置するといつしか薄れ蒸発してしまうので，ドキュメンテーションはそれをかたちあるものとして保存し，いつでもそこに立ち戻れるようにするのに役立つ。

　それでは，授業においてセルフ・リフレクションを促進するにはどのようにすればよいだろうか。授業デザインにリフレクションを取り入れるには，学生にリフレクションの意義，リフレクション自体についての知識，若干のスキルを提供していく必要がある。表13-1は先に引用した和栗によるものであるが，「ふりかえりの深度」について，学生に知識を提供するものである。また，教師からの働きかけとして，リフレクションの一連の流れのなかで，そのステップに応じて，"What?"（何が問題か）"So what?"（それで，何が問題か）"Now what?"（いまや，何が問題か）の問いを順次投げかけていくことが行われている。授業中，授業後に振り返りシートを利用して記入する他，メディア環境のもとでパソコンを利用して行われていることは，先に述べたとおりである。リフレクションの作業にはかなりの認知的負荷がともなうため，その軽減が図られる必要があるが，メディア利用はその点で有利である。

　なお，学生はレポートや振り返りシートを教師に提出するのは当然だと考えているが，それを授業で紹介することには抵抗を感じていることがあるので，事前に意義をきちんと知らせ，適切な学習態度を形成しておく必要がある。また，内容によっては失敗体験，誤りなど，振り返ることに苦痛がともなうことがあるので，事前のオリエンテーションとフォローが必要な場合もある。

　看護教育，学校教育分野で行われているメンターとともに行う振り返りでは，個人の体験，感情過程がそのまま扱われる。メンターとの対話は，他者との共同のなかでのリフレクションであり，具体的な体験のプロセスを共通の対象としている。このメンターとの共同でのリフレクションは望ましいが，通常の授業形式では困難である。そこで学生ペアの，あるいは小グループでのリフレクションが考えられる。学生グループによる相互共同振り返りが研究されている。

　リフレクションを支援するには，このように，その機会自体を提供する，認知的負荷を軽減するツールを提供する，若干のスキルを教える，内容を伝えてコメント・評価が得られるような，ピア・グループ，メンター，教員といった「学習者以外の，協同する学習者・他者」とやりとりできる場を用意するなどが考えられる。

3.2. 越境の説明力とセルフ・リフレクションはどう関係するのか

　本書のいう「越境の説明力」とセルフ・リフレクションはどう関係しているのか。これについては，「越境の説明力を獲得していくには，自己とは異なる考えをもち，しかも生活文脈が異なって統覚の共通性が十分期待できない他者に対して，やりとりのなかでその説明を理解し，自己の説明についてはそれを振り返りながら相互に調整していく能力が必要である」という点でセルフ・リフレクションが重要な役割を果たしていると考えられる。それは「域外の他者」の考えを理解し，それと意味交渉しながら，自己にとっては自明であって意識されていなくとも他者には理解されないことがらについて，自己の説明を工夫しより一層鮮明にすることである。つまり，越境の相互交渉には自他の認知についての認知と自覚・随意の調整が不可欠であり，それを担うのがここでいうセルフ・リフレク

ションであるといえる。

　筆者は臨床心理士として，学外ではスクールカウンセラー，被害少年カウンセラー，子ども虐待防止コンサルテーションチームなどの仕事をしている。たとえば子どもの虐待問題で困難な事例があると，児童相談所他の公的機関，医師，弁護士，保健師，児童養護施設長ら関係者が集まり，問題を協議して解決法を探る。このような場面は特定の事例に関して異なる専門職種の者が集まって対等に意見を交わし，課題解決を進めるノットワーキング（knot working：山住・エンゲストローム，2008）の場であり，職種を越えた人々との対話が求められる，まさしく越境の説明の現場である。たとえば児童相談所での受理会議では，児童福祉法，児童虐待防止法，その他，厚生労働省通達，諸々の統計資料，膨大な事例・先行経験をもとに方針が打ち出されるが，そこで議論されることは児童福祉の世界で共有されている前提のうえに乗っかっており，当然，細々とした条件は話されない。これは域内の説明であると考えられる。しかし他専門家と連携した事例検討会議の場では，児童福祉界での常識，判断の前提を的確にことばで補いつつ，また他領域の参加者の考えを確認しながら説明を図らなければ，医師や教師ら他領域の専門家の理解は得られない。それを欠くと往々にして，「取り組みの姿勢に積極性が感じられない」など，児童相談所という組織や担当者のありように問題を帰するような誤った解釈がなされてしまう。同様のことは親の精神障害がネグレクトの重大なネックになっているときに，たとえば教育関係者から精神科医に対して，「保護者本人に病識が欠けているが，病院側から何とか治療につなげられないか」といった，現行の精神保健福祉政策を十分に顧慮することなしに，直接の期待が向けられてしまう。現代において専門職間の連携を否定する人はいないが，それを唱えるだけではスローガンの域を出ない。専門家が互いにそれぞれの学問背景，蓄積された経験をリスペクトし，異なるディシプリンの初歩の理解に努めるとともに，このようなノットワーキングの場で起こること，その問題の性質を理解して，越境の説明力を磨いていく姿勢を養っていくことが求められる。そのことにより，それぞれの専門性（知識と技術）とそれによって可能となる支援への期待が共有されていく。

　こうした場に幼稚園教諭・保育士が参加することもある。子ども虐待問題に限らず，幼稚園教諭・保育士も保育室のなかでの保育に従事するだけでなく，園外の多様な人々，専門家と関わる働きが求められてきており，学生時代から越境の説明力をはぐくんでいくことは切実な課題である。授業で学生に対して，「そのような立場に立ったら，君たちが発言しないと全体の事例運営のなかに幼児教育，保育の視点が入らないのだよ」「事例検討の場では，さまざまな職種の専門家に対して，臆せず対等に話し合い，互いに柔軟に修正し合いながら，ともに考え合っていくのだよ」と励ましているが，姿勢を強調するだけではこの力を身につけていくことはできない。これに資するよう，現在のところ，授業ではオムニバス形式で，法医学者，小児科医，ソーシャルワーカー，臨床心理士らを招いてそれぞれの専門から具体的な話をしてもらい，内容に加えて着眼点，発想，用語法などに親しめるよう工夫している。ここで述べたような異なる職種間のコミュニケーションは，かたちは異なっていても他の専門分野でも共通しているものと思われる。

3.3. セルフ・リフレクションを共同の環のなかで捉える

（1）セルフ・リフレクションの元型としての共同でのリフレクション

　リフレクションはコンピュータ分野では，入力された情報を処理し出力する通常のプロセスに対して，そのプロセス自体を対象として行われる高次の情報処理をいう。人間に置き換えて考えると，純粋に自己の内部のみを対象とした認知ということであり，それがセルフ・リフレクションの本来の意味である。さまざまな認知活動を行うだけでなく，その

こと自体を省察し自己の知識構造を組み換えていく作業は知性の中核をなすものであり，個人内過程としてそれぞれの力で行われていくと考えられてきた。

　他方，これまで見てきたとおり，社会構成主義の立場では協同の取り組みが重視されてきた。そこでは，リフレクションも個に閉じられた過程ではなく，学習コミュニティでの他者とのやりとりのなかで達成されていく。本来，認知過程は状況に埋め込まれたものであり，社会場面であっても教育場面であっても，具体的文脈のなかで他者との共同のなかで進められていくことが強調されている。こうして，セルフ・リフレクションの原型として，協同でのリフレクションを考えることができる。

　たとえば，板倉聖宣の仮説実験授業（1966）では，子どもたちが授業書に示された実験の結果をそれぞれ予想し，その後，討論する。最後にもう一度予想の変更を認め，そして実際に実験を供覧する。守屋（2000）によると，討論の過程で子どもたちがときに表現する「なんとなくそう思う」「～の気がする」などの表現は，理解の一歩手前ということである。そして他児の説明を聞き，また，他児に対して説明するなかで，考えがより明瞭になったり，自分の最初の考えに疑問が生じたり，あるいは新しい気づきが生まれたりという認識の発達がみられる。子どもたちの最初の予想は「生活的概念」に基づくものであり，討論のなかでそれが明確化されたり揺さぶられたりしながら，相対的な「科学的概念」に変化していく可能性が拓かれる。守屋は他児の意見がちょうどヴィゴツキーのいう「発達の最近接領域」にある子どもたちにとってのモデルになり，ともに考え合うという共同のなかで認識が進んでいくという。

　大学の授業においても他者（他の学生）との共同によるリフレクションの機会，仕組みが重視されてきている。これまで，優秀な学生は講義で得られた知識を自分なりに消化していくことが期待されてきた。そこでは分からないこと，他の知識との関係で疑問に思うことが次々と生まれては解決され，学習が進んでいく。一般にその過程は学生個人や学生同士の学習会などの機会に担われていて教師からはみえづらく，問題解決の発想法としても教えられることがない。そのようなことは「独力でできて当たり前」「それこそが学ぶということ，考えるということ」という教師の期待，認知観があったものと思われる。しかしながら，ここでいう個に閉じない「セルフ・リフレクション」を考えていくことで，授業デザインも性質が変わってくるのではなかろうかと思われる。

（2）カウンセリングを通してみた，セルフ・リフレクション

　ところで，カウンセリングのなかではこれまでのこと，現在のこと，これからのことなど，クライエント自身のさまざまな思いが語られる。カウンセリングは誰にも話せないような親密な世界での思いが語られるように思われているが，実はそうではない。カウンセラーはクライエントの悩みや苦しみが生まれる親密圏の外にいる存在である。それゆえ，クライエントが現在の心情を伝えようとしても，ただ「苦しい，辛い」ということばだけを繰り返しても伝わることはない。よりよく伝えるためにはその「思い」のよってきたる文脈や背景を語らなければならない。関連する情報を伝えながら，カウンセラーのなかに理解の枠組みをうまく作り出し，あるいはすでにあると思われる枠組みを駆動させてそのことを確認しながら，これに沿って自らの思いを伝えていく必要がある（山崎，2005）。カウンセリングの意味の1つは，このような心の作業を自発的に行う場所に身を置いてもらうこと，クライエントにこのような場を提供することそのものにある。

　また岡本（1985）は「一次的ことば」「二次的ことば」という概念を用い，幼児期から児童期にかけて具体的場面を文脈として表現する一次的ことばから，そのような文脈を欠いた，ことばだけで相手に理解できるように伝える二次的ことばの世界へと発達していく

ことを明らかにしている。さらに，聴き手が大人である場合の方が，子どもが豊かに筋道立てて話せることを指摘し，それは大人がうまく話を聴いて子どもが豊かに話せるようにしているからだとしている。カウンセリングでは自己の内面に深く根差すがゆえにうまくことばにならないクライエントの思いを受け止め，共感的に丁寧に聴いていく。しかし，カウンセラーはクライエントの話で「分からないこと」は分からないとして扱い，さらに思いを語れるよう支えていく。つまり，カウンセラーは心の特定の問題では一次的ことばの世界の住人，あるいはことば以前の世界の住人ですらあるクライエントの，二次的ことばの世界への往還をともに歩むのである。このことでクライエントは自己の思いを対象化し，随意に扱える可能性が拓かれていく。カウンセリングの場はクライエントがカウンセラーに分かってもらえるように思いをことばで表現し，そうすることでカウンセラーのクライエント理解も進んでいく，またカウンセラーがうまく理解できればできるほど，クライエントは話しやすくなる，という二重の理解過程という構造になっているのである。カウンセリング場面はカウンセラーとクライエントの関係性の現在，「いま・ここで」を扱うものの他は，カウンセラーとともに振り返り，展望したりするものであって，新しい気づき，捉え直しなどをカウンセラーとの共同のなかで成し遂げていくものである。すなわち，カウンセリングとは，クライエント自身のセルフ・リフレクションを支援する過程とみることができるものである。また，先に述べたようにクライエントにとって切実な思いも，その場を共有していないカウンセラーには伝わらないものなのであって，これは本書でいう「越境の説明」に該当するものである。こうして，クライエントは苦闘しながらも越境の説明に向かい，その過程でカウンセラーとの思いの共有，共感と自己に対する気づきを得られる可能性が拓かれるものと思われる。

（3）心的対話としてのセルフ・リフレクション

上記のことを大学教育に敷き移して考えてみると，学生は個々にそれぞれの「生活概念」をもちながら新たな「科学的概念」と出会い，他者との協同のなかでそれぞれ知識ネットワークを構築していく。そこでは仮説実験授業の討論過程でみられたような他者の考えとの出会いがあり，あるいは他者に説明するなかでの認識の明確化が起こる。リフレクションはそのプロセスで自己の考えを振り返り，他者の考えをもう一度反芻するなどの重要な枠割を果たしている。さらに授業を離れて個として行うセルフ・リフレクションにおいても，他者との仮構の対話が働いていると考えられる。すなわち，心的対話（内言）として，仮構の他者を媒介したリフレクションとして捉えていくことができる。このように，個人内心理過程としてのセルフ・リフレクションも「自問自答」として展開していくと考えれば，対話の内化，共同性という大きな視点から考えることができよう。カウンセリングと大学教育での学びは異なる点も多いが，そこに基本的な同型性をみることができるのではないだろうか。

4．今後の課題

今後の課題として，この分野の専門の研究者が取り組むべき課題と，広く大学の授業改善，教育効果の向上のために担当教員が取り組んでいく課題とがある。

まず，この分野の専門研究においては，①「有意義なセルフ・リフレクションが起こる諸条件を一層明らかにしていくこと」が必要である。認知過程が順調に進んでいるとき，課題解決が比較的簡単なときには自発的なリフレクションは起こりにくく，反対に問題が複雑で解決が見通せないといった認知過程において何らかの困難を覚えるとき，立ち止ま

り振り返るリフレクションが必要となり，起こりやすくなる。このような認知の深化に寄与する，意義深いリフレクションが起きる条件を具体的，実証的に明らかにしていくことが必要である。

次の課題は，②「90分授業のような短時間の学習での振り返りと，数年といった長期にわたる学習の振り返りとの中身の差について明らかにすること」である。教職課程の教職実践演習など，4年間の学びを対象とするものでは，短時間の学習の場合とおそらくメタ認知の知識，活動が異なるので，それを明らかにしていかなければならない。

さらに，③「リフレクションと感情の過程について考察を進めること」が挙げられる。リフレクションには感情過程が結びついているが，学習過程の研究ということで従来，十分に光が当たっていなかった。リフレクションへの動機づけ，知的好奇心，退屈さや面倒さ，失敗と向き合う苦痛，抵抗など，学習者の感情過程を合わせて考慮することで，よりリアルに学習過程を考えていくことができるはずである。

一方，大学教員として取り組んでいきたいことは，「越境の説明力の育成」についての研究や実践を参照しながら，①「自身の教育分野，授業で，具体的な工夫をしていくこと」である。本章で取り上げた「セルフ・リフレクション」を授業に取り入れてみることをはじめ，域外の他者とよいコミュニケーションを打ち立てていく意欲や態度をどのように育てていくかを念頭に置きながら，「越境の説明の場で起こる問題についての初歩的知識・理解」「説明力に関わる若干のスキル」などを学生が体得できるように注意を向けていきたい。すでに3.1.節で触れたとおりであるが，リフレクションを支援するには，

・リフレクションの機会自体を提供する
・認知的負荷を軽減するツール（振り返りシートなど）を提供する
・リフレクションに関する若干のスキルを教える
・ピア・グループ，メンター，教員といった「学習者以外の，協同する学習者・他者」とやりとりできる場を用意する

などが考えられる。

これからの時代に活躍する若い人たちが備えるべき説明力を考えながら，それぞれの授業，教育分野でこれを整理し，積み上げていきたい。そのような視点で取り組まれた授業は，授業内容を効果的に習得させていくというだけにとどまらず，ひいては学生自身の「学び観」にも影響を与えていく可能性があるように思われるのである。

■ 引用文献

張　龍明・楠山淳雄（2011）．認知的徒弟制理論に基くソフトウェア工学教育における協調学習支援システムの提案　情報処理学会第73回全国大会講演論文集

出口明子・稲垣成哲・山口悦司・舟生日出男（2007）．理科教育におけるテクノロジを利用したリフレクション支援の研究動向　科学教育研究，31（2），71-85．

Forman, E. A., Larreamendy-Joerns, J. Stein, M. K., & Brown, C. A. (1998). "You're going to want to find out which and prove it": Collective argumentation in a mathematics classroom. *Learning and Instruction*, 8, 527-548.

藤原康宏・西久保健太・永岡慶三（2008）．ピア・アセスメント支援システムを利用した紙媒体レポートの相互評価の実践　電子情報通信学会　信学技報　ET2008-17

後藤善友（2009）．学生による記述課題の相互評価と教師評価との相関　別府大学短期大学部紀要，28，67-70．

稲葉晶子・豊田順一（1999）．CSCLの背景と研究動向　教育システム情報学会誌，16（3），111-120．

稲垣成哲・舟生日出男・山口悦司　再構成型コンセプトマップ作成ソフトウェア Reflective Mapper「あんどう君」ユーザーズマニュアル <http://www.isl.hiroshima-u.ac.jp/~funaoi/undo/manual.pdf>

石橋　潔（2010）．レポート相互評価法：大学における授業実践の試み　久留米大学紀要　情報社会学科編，5，17-33．
板倉聖宣（1966）．未来の科学教育　国土社
柏原昭博・平良一朗・新谷真之・沢崎和郎（2007）．教育システム情報学会第32回全国大会講演論文集，136-137．
Kolb, D.（1984）．*Experiential learning as the science of learning and development.* Englewood Cliffs, NJ: Prentice Hall.
Korthagen, F.（2001）．*Linking practice and theory.* Mahwah, NJ: Lawrence Erlbaum Associates.（武田信子（監訳）（2010）．教師教育学　学文社）
水野正朗（2006）．授業場面における教師の瞬時の判断と反省的思考　名古屋大学大学院教育発達科学研究科教育科学専攻『教育論叢』，49，61-71．
Moon, J.（2005）．*Reflection in higher education learning.* PDP Working Paper 4 LTSN Generic Centre.
森本康彦（2011）．e-ポートフォリオ　電子情報通信学会知識ベース，S3群11編3-3-2，17-21．
守屋慶子（2000）．知識から理解へ：新しい「学び」と授業のために　新曜社
岡本夏木（1985）．ことばと発達　岩波書店
朴　信永・杉村伸一郎（2006）．子育てにおける親の省察モデルの検討　広島大学大学院教育学研究科紀要　第三部，55，373-381．
Schön, D. A.（1983）．*The reflective practitioner.* New York: Basic Books.（ショーン，D. A.（著）佐藤　学・秋田喜代美（訳）（2001）．専門家の知恵　ゆみる出版）
澤本和子（2003）．教師の成長としての実践知の形成：気づいて直す授業リフレクション入門　東京学芸大学実践総合センター
Vygotsky, L. S.（1934）．（柴田義松（訳）（1973）思考と言語　上・下　明治図書）
和栗百恵（2010）．「ふりかえり」と学習：大学教育におけるふりかえり支援のために　国立教育政策研究所紀要，133，85-100．
山崎史郎（2005）．児童青年期カウンセリング：ヴィゴツキー発達理論の視点から　ミネルヴァ書房
山住勝広・エンゲストローム，Y.（2008）．ノットワーキング：結びあう人間活動の創造へ　新曜社

第3部
エピローグ

14 自己−他者の構図からみた越境の説明
アクティブラーニングの潮流に位置づけて

溝上慎一

1. アクティブラーニングの潮流に位置づけて

　知識基盤社会の到来，社会の情報化・グローバル化を受けて，学生は与えられる知識を習得するだけでなく，変化の激しい身のまわりの世界を自ら経験し，理解し，概念化する。そして，それらを自分のことばで他者に伝える，発表する。異なる考えをもつ他者がいれば理解をすり合わせ，足りない知識，必要な情報が出てくればそれらを調べる。学生は，そのような技能や態度（能力）を身につける，発展させるための学習を求められるようになっている（溝上，2012a も参照）。

　このような学習は，従来の教員から学生への一方向的な授業での受動的な学習に対して能動的であり，「アクティブラーニング（active learning）」と最広義で総称されている（河合塾，2011，あるいは中央教育審議会『新たな未来を築くための大学教育の質的転換に向けて──生涯学び続け，主体的に考える力を育成する大学へ──（答申）』[2012年8月28日] を参照）。アクティブラーニング（型授業）は，「参加型授業」「協調学習」「協同学習」「PBL（Problem-Based Learning）」「PBL（Project-Based Learning）」「ピアラーニング」「ピアインストラクション」等，教育目的や専門分野によってさまざまな呼称，特徴があるが，多くは表14−1に示す活動のいくつかを組み合わせて授業がデザインされている。

　説明は他者が介在してこそ，その必然性をともなう。他者が介在するからこそ，伝えるための活動（書く，話す）の意義が生まれる。「域内の説明」を「越境の説明」にしていくためには，他者の介在が必要である。それゆえに，本書でテーマとしている「越境の説明」は，表14−1でいえば，（1）書く，話すといったアウトプット（表現）の活動をさせる，（2）さまざまな他者を取り入れ，自己の理解を相対化させる，に焦点を当てたものとなる。

表14−1　アクティブラーニングを創り出すための授業デザインの要素 (溝上，2007をもとに作成)

(1) 書く・話すといったアウトプット（表現）の活動をさせる
　　（コメント，レポート，ディスカッション，ディベート，プレゼンテーションなど）
(2) さまざまな他者を取り入れ，自己の理解を相対化させる
　　（学生同士，教員，専門家・地域住民など外部者など）
(3) 問題や課題を与える（問題解決学習）
(4) 授業外学習をさせる（宿題・レポート，課題，eラーニングを課す）
(5) 新たな知識・情報・体験へアクセスさせる
　　（調べ学習，体験学習，フィールドワークなど）
(6) リフレクションをさせる（形成的・総括的評価，ポートフォリオなど）

2. 学習におけるコミュニケーションの特異性

　アクティブラーニングが育成する技能・態度（能力）の1つにコミュニケーションがある。表14-1では（1）（2）を通して育成される技能・態度（能力）であり，学士力（中央教育審議会答申『学士課程教育の構築に向けて』［2008年12月24日］）の構成要素のなかでは「汎用的技能（generic skill）」の1つとして位置づけられている。

　「コミュニケーション（communication）」は「伝える」「通じ合う」という意味のことばであるが，ラテン語のcommūnicāre（他者と共有する）を語源にもつように，本質的には，言語的・非言語的，明示的・暗示的な知識・情報の伝達を通じて他者と知識を共有しようとする行為を指すことばだと考えられる。このように理解されるコミュニケーションであるが，親密な関係性（たとえば家族や友人等）におけるそれと大学教育の学習（アクティブラーニング）におけるそれとではずいぶんと性質が異なるようにみえる。その差異を作り出すと考えられる原因の1つはコミュニケーターと他者との共有知の量であり，もう1つはコミュニケーターにとっての伝達内容の親和性の程度である。なお，「共有知（shared knowledge）」は，過去の相互行為の積み重ねの結果組織化された知識のことであり，当事者同士で明示的に語られなくとも理解されるものであると定義しておく。第1章で扱われる「共有経験」と近いが，ここでは関連する知識を支える生活・社会・文化的な暗黙の知識，ポラニー（Polanyi, 1966）のいう暗黙知（tacit knowledge）のようなものまで含めて考えている。

　親密な関係性におけるコミュニケーションの多くは，共有知を前提としたコミュニケーションである。あることを1つずつ順を追って論理的に，適切なことばや表現をもって説明をしなくても，極端なことをいえば，「あれ！」「ああ，あれね」といった指示語だけで理解される場合も珍しくない。なぜ「あれ！」だけで理解されるかといえば，それは指示語が指す対象（知）の具体的な事柄を，過去の経験などから互いに見知って共有しているからであり（共有知），その対象を互いに内面で表象することができるからである。「統覚」（過去経験が現在の話者の情報処理の方向性に影響を与える認知作用，第1章参照）が働いている状態ともいえる。そのような場合には，たとえ対象を表す適切なことばがみつからなくとも，両者は対象を表象レベルで共有することができる。コミュニケーションは成立する。それに対して大学教育の学習におけるコミュニケーションは，共有知の少ない他者とのものであることが多いため，伝達内容を1つずつ順を追って言語化し，論理的に，より適切なことばで説明をしなければならない。場合によっては他者の理解や表象内容を確認しながらの説明ともなる。親密な関係性におけるコミュニケーションと比べると，格段に難易度が高い。このような共有知の量の違いは，コミュニケーションの質を変えるものと考えられる。

　また，親密な関係性におけるコミュニケーションの多くは，日常的・経験的なテーマや内容のものであるため，当然のことながら伝達内容はコミュニケーターにとってよく知った，イメージもしやすい親和性の高いものである。「スキーマ（schema）」（構造化・組織化された知識単位：戸田・阿部・桃内・往住，1986）がより発達している状態ともいえるし，第1章で述べた統覚が働いている状態ともいえる。対象を表現する適切な言葉も容易にみつかることが多い。それに対して大学教育の学習におけるコミュニケーションの多くは，伝達内容が学習内容であることから，コミュニケーターにとって親和性の低い，スキーマがあまり発達していないテーマや内容に関してのものである。伝達内容は親和性が低いだけでなく，抽象的で体系だったものであることも多いので，コミュニケーターは伝

達内容を適切に表現するためのことばを容易にみつけられないことがあるし，説明するために必要な知識を知らないという事態に直面することもある。他者の理解や表象内容を確認したりしながらの説明ともなることは，先と同様である。やはり日常会話でのコミュニケーションに比べると，格段に難易度は高い。このような伝達内容の親和性の程度もまた，コミュニケーションの質を変えるものと考えられる。

3．越境の説明が問題とするもの

　それでは，第1章の冒頭で示された事例——日本人技術者がタイ人労働者に技術指導を行う際に，日本人技術者は自らの技術を説明することばを十分にもっていなかった。その結果，日本人技術者は「教え方が下手だ」「文書やモデル図で説明してほしい」という不満を抱かれてしまった——を通して，越境の説明が何を問題にするのかをまとめておこう。

　越境の説明が問題にするのは，基本的に大学教育の学習にみられるような共有知の少ない他者とのコミュニケーションである。日本人技術者は自身の習熟している専門性を伝えようとしているわけであるから，伝達内容の親和性の程度については問題がない。しかし，共有知の少ないタイ人労働者に技術指導を行おうとするときに，説明が十分に伝わらないという問題が出てくる。共有知の多い親密な関係性におけるコミュニケーションであれば，「あれ」「それ」の指示語だけで通じるかもしれないが，共有知の少ない他者とのコミュニケーションでは伝達内容を1つずつ順を追って言語化し，論理的に，より適切なことばで説明をしなければならない。日本人技術者が問題とした「ことば」が，このなかのどれにあたるかはわからない。日本語－タイ語に関わる問題はなかったと仮定すれば，問題は技術の言語化にあったかもしれないし，基礎知識が十分にないタイ人労働者に伝わることばを日本人技術者がもっていなかったことにあったのかもしれない。たとえば日本人同士でも，理科系の授業科目で往々にみられるように，受講学生がどのような基礎知識をもっているかを知らないで，あるいは受講学生のある知識に対する親和性の程度を踏まえないで教えられる授業には，学生はまるで動機づけられないし，内容にもついていけないことが多い。このような授業では，教員は教える「ことば」を専門的にもっているかもしれないが，受講学生に伝わる「ことば」はもっていなかったと理解される。いずれにしても，ここで問題となっているのは，共有知が少ない他者とのコミュニケーションである。

　さて，日本人技術者の事例からみえてくる越境の説明は，上述のとおり，共有知の少ない他者とのコミュニケーションを問題としているが，本章では越境の説明を大学教育の学習（アクティブラーニング）で求められるコミュニケーションであると理解して，前節で述べた伝達内容の親和性の程度も含めて拡張して捉えたい。というのも，大学教育の学習におけるコミュニケーション状況下で，越境の説明が問題としていく状況を考えていくとき，そこでは共有知の量だけでなく伝達内容の親和性の程度が問題となることがかなりあるからである。それは大学教育の学習を問題状況としているからである。コミュニケーターが学習者である以上，伝達内容に対する親和性はどちらかといえば低い場合が圧倒的に多いし，それこそがコミュニケーションの質を変える一条件ともなるのである。

　以上を踏まえて，共有知の量と伝達内容の親和性の程度の観点から親密な関係性・大学教育の学習におけるコミュニケーションを特徴づけると，図14-1のようになる。

　親密な関係性におけるコミュニケーションは，両者の間に共有知が多く伝達内容の親和性が高いという特徴をもっているから，図14-1では第Ⅰ象限に位置づけられる。それに対して大学教育の学習におけるコミュニケーションは，両者の間で共有知の量が必ずしも

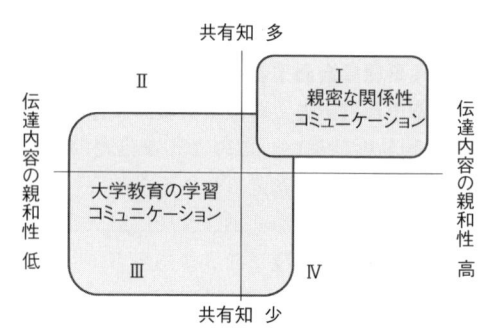

```
         共有知 多
           │
    Ⅱ     │    Ⅰ
           │  ┌──────────┐
伝          │  │ 親密な関係性 │         伝
達          │  │コミュニケーション│         達
内  ┌──────┴──┤          │         内
容  │         │          │         容
の  │ 大学教育の学習 │          │         の
親  │ コミュニケーション│          │         親
和  │         │          │         和
性  │         │          │         性
低  │         │                    高
    └─────────┴─────┐
    Ⅲ     │     Ⅳ
           │
         共有知 少
```

図14-1 共有知の量・伝達内容の親和性の程度からみた親密な関係性，大学教育の学習におけるコミュニケーションの位置づけ

多くなく，伝達内容の親和性も必ずしも高いとは限らないから，第Ⅲ象限を中心に第Ⅰ，Ⅱ，Ⅳ象限に拡がるかたちで位置づけられる。共有知の量がやや多い状況（たとえば，同じ学部・学科の他者とのコミュニケーション），あるいは伝達内容の親和性がやや高い状況（たとえば，よく理解している教科書の知識を他の学生に説明する，あるいはプロジェクトで調べ学習をした内容をプレゼンテーションする），ひいては両者を組み合わせた状況に類するものは，各章でも越境の事例として挙げられている。日本人技術者のタイ人労働者への技術指導も，第Ⅳ象限に位置づけて理解される。

いうまでもなく，大学教育の学習（アクティブラーニング）を，卒業研究や研究室でのゼミや演習まで，あるいはTAとしての指導や上級生から下級生へのピアラーニングまで拡げて考えれば，そこでのコミュニケーションには第Ⅰ，Ⅱ，Ⅳに属するものがもっと出てくる。しかし，ここでは主に1～3年生のカリキュラムにおける一般的な講義・演習におけるアクティブラーニングをイメージとした大学教育の学習に焦点づけてコミュニケーションの質を考えているので，そのようなコミュニケーションは第Ⅲ象限を中心にして第Ⅰ，Ⅱ，Ⅳ象限に拡がるかたちで位置づけられるものと理解する。

4．親密圏・公共圏コミュニケーション

第3節での論を，「親密圏（intimate sphere）」「公共圏（public sphere）」の概念を追加して発展させよう。

親密圏・公共圏は主に社会学や政治学で使用されている概念である。齋藤（2000）の公約数的な定義によれば，親密圏は具体的な他者の生・生命への配慮・関心によって成り立つ人格的な関係領域であり，公共圏は人々の間にある共通の問題や関心によって成り立つ関係領域である（齋藤，2003も参照）。実際には，両者の指す対象は厳密に分別しうるものでないことが多いし，それこそが両概念を使用するうえでの醍醐味でもある。ここでは，親密圏・公共圏を上記の定義に基づく分析概念として使用する（図14-2）。

親密圏・公共圏は家族，介護・福祉，セクシュアリティ等さまざまなテーマのもと使用されているが，他者・コミュニケーションに直接関連するものとしては，浅野智彦の若者の友人関係論がある。高度経済成長期以後，学生運動や対抗文化，共同体志向の衰退，個人空間・私生活志向の発展等を社会的背景として，「やさしさ」「ふれあい恐怖症」「コミュニケーション不全」等，若者の対人関係が希薄化しているとさかんに論じられてきた（たとえば岩間，1995；小谷，1993；小此木，1985）。しかし，浅野（2006，2011）は親密圏・公共圏の概念を導入して，希薄化しているのは公共圏における対人関係であり，親密

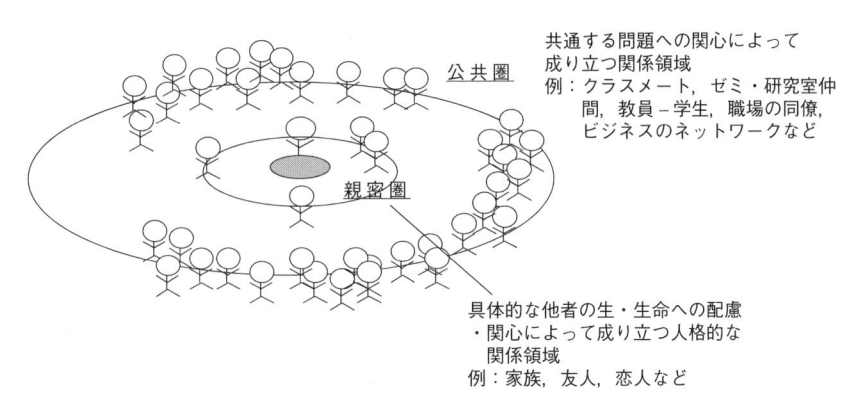

図14-2 親密圏と公共圏

共通する問題への関心によって成り立つ関係領域
例：クラスメート，ゼミ・研究室仲間，教員‒学生，職場の同僚，ビジネスのネットワークなど

具体的な他者の生・生命への配慮・関心によって成り立つ人格的な関係領域
例：家族，友人，恋人など

圏における対人関係（友人関係）は希薄化しているどころか，むしろ濃密化していると論じた（土井，2004も参照）。

　親密圏・公共圏の概念を援用すると，親密な関係性（家族や友人等）におけるコミュニケーションは親密圏コミュニケーションのことである。これは問題ないだろう。他方で，第2節および第3節で議論した大学教育の学習におけるコミュニケーションは，学習という共通する問題を介して成り立つ関係領域（授業や演習，プロジェクト，ゼミ等）でのコミュニケーションなので，公共圏コミュニケーションであると考えられる（図14-3参照）。

　大学教育の学習におけるコミュニケーションを理解するのに，とりわけ公共圏（それとの対比で親密圏）の概念を導入する理由は，その特徴の一つである共有知が，きわめて社会的な，つまり公共圏的な性質を併せもつと考えられるからである。それは図14-1の二軸から成る座標平面では表現できないものである。

　公共圏は共通する問題への関心によって成り立つ関係領域であるから，親密圏では出会わない他者との関係性のなかでの問題を扱うのに最適の概念である。共有知が多い・少ない，伝達内容の親和性が高い・低いということはもちろん大学教育の学習におけるコミュニケーションを説明する重要な要因であるが，それが仮に親密圏のみで扱われてしまうものであるならば，話は極端に矮小化してしまう。越境の説明は，そもそもここでいうところの親密圏コミュニケーションから脱して公共圏コミュニケーションを目指すものであったから，この点を図14-1に加えてはっきり示しておく必要がある。その結果が図14-3である。

　大学教育での学習に親密圏がまったく絡まないわけではない。しかしながら，学習内容

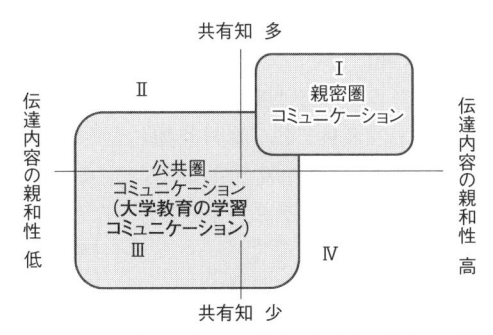

図14-3　共有知の量・伝達内容の親和性の程度から見た大学での親密圏・公共圏コミュニケーションの位置づけ

は親密圏に関するものというよりはむしろ公共圏に関するものである。また，学習におけるコミュニケーションの育成は，社会の進展（知識基盤社会の到来，社会の情報化，グローバル化）に呼応して唱えられ始めたものでもある。若者の親密圏コミュニケーションが濃密化していること，他方で公共圏コミュニケーションが希薄化しているという指摘も踏まえて，大学教育の学習（アクティブラーニング）におけるコミュニケーションは，より公共圏コミュニケーションの育成を目指して掲げられているものだと理解したい。

5．自己－他者の構図から「境界」を理解する

　本章の後半では，越境の説明のなかで起こっていることを，自己－他者の構図から考えてみよう。自己－他者の構図は，筆者の考えでは，かなり抽象度の高いところでの議論となる。自己－他者の構図の多くは人称に絡めて人の主体や人格を論じるときに扱われるものだが，それは免疫学――たとえば，免疫細胞は侵入する異物を排除する機能をもつが，異物だけを排除するためには，自己と非自己（他者）を区別する認識能力が免疫細胞に備わっていなければならない（Janeway Jr., 1992；Medzhitov & Janeway Jr., 2002）――，あるいは以下に紹介する活動理論など，非人称的な問題に対しても扱っていくことができるものである。もちろん，越境の説明でも扱える。なぜなら，自己－他者の構図は境界の設定を問題とするものだからである。

　越境の説明が提起する本質的に重要なポイントは，知識を有する主体に他者を導入すること，すなわち自己－他者の構図を作り出すことにある。自己は他者から区別され，一個存在をクローズアップすることで生起する概念である。他者と関係しないところで自己は存在しないし（飯島，1992；溝上，2008；大庭，1989も参照），自己が他者から区別されてクローズアップされれば，その間の「境界」（boundary）が問題ともなる。自己－他者の構図は，基本的には自己と他者との一致・関連・交錯・賛成・葛藤・矛盾・対立・反対等，自己と他者との境界設定を問題とするものである。したがって，「越境」（boundary crossing）というときの「境界」（boundary）がどこで引かれるかは，なにが自己でなにが他者であるかを明らかにしていくことで自ずとみえてくるし，これが明らかにされなければ，そもそも「越境」を議論していく必然性はみえてこない。

　越境の説明の事例として出された日本人技術者のタイ人労働者への技術指導は，自己－他者の構図では，日本人技術者としての私（自己）[1]にタイ人労働者が他者として立ちはだかったもの，対峙したものとして理解することができる。境界は，日本人技術者としての私とタイ人労働者との間で引かれている。両者はそれ自体単独で存在しているわけではなく，過去の経験，伝統，慣習，文化等の背景要因と結びついて埋め込まれ，独自の存在として結晶化している。「技術者」「労働者」というカテゴリー以上のさまざまな意味を包含して，両者は対立している。

　さて，他者と対峙するとき，自己は新たな特質（自己像や自己概念）を得る。日本人技術者としての私は，自身の文化内では「私は熟練した技術者である」「私はいろいろ困難にもぶつかり克服してきた」「私は経験を積んできた」という自己概念をもっていたかもしれない。そのような自己概念も，それができなかった人たち（他者：他の技術者たち）

1）本章では，「自己」「私」を次のように分別して使用している。「自己」（self）は，他者と対峙してクローズアップされる一個存在であり，「私」は原則としてジェームズ（James, 1890）の指すところのMeである。あるいは，Mes（より個別水準のさまざまな私）である。この分別に関する理論的説明は溝上（2008, 2012b）を参照のこと。

と比べて相対的に解釈されてきた自己の特質である。しかしその自己概念が，今度はタイ人労働者という他者を迎えて，新たに相対化されることになった。つまり，それまでの技術者としての私の自己概念に「私は教え方が下手だ」「私は教えることばをもっていない」という新たな特質が加わったのである。日本人技術者は，他者と対峙して揺らいだ自己概念をそのままにしておくのか，問題を克服して（技術者としての）私を再構築するのか，選択を迫られる。これらはあくまで想像した架空のものだが，自己－他者の構図からみて，日本人技術者がタイ人労働者への技術指導のなかで何が起こったかを理解することはできよう。そして，問題を克服して私を再構築し，技術者としての私を一段上に成長させることができれば，それまでの自己－他者の境界を越えたということになり，本書では越境の説明ができたと理解される。これが自己－他者の構図からみた越境の説明の理解である。

ちなみに，「越境」は，エンゲストロームの「活動理論」（activity theory）（Engeström, 1987；山住・エンゲストローム，2008）でも用いられる（「境界横断」とも訳される）。そこでは，複数の活動システム間の矛盾が実践的に問題とされる。そして，複数の活動システムが対象1から対話を通じて対象2へと拡張し，その拡張によって対象同士が近づき部分的に重なり合えば，その重なり合った部分に対象3が立ち現れてくる。対象3は変革の種子としてそれぞれの活動システムにフィードバックされ，もとの活動システムを変革していく原動力となる。活動理論における越境とは，対象1，2を経てクロスオーバーした対象3を生み出す過程を指す（山住，2008）。

このような活動理論における越境を自己－他者の構図で理解すると，衝突する2つの活動システムA，Bがあるとして，活動システムAを自己とするとき，もう1つの活動システムBは他者とみなされる。もちろん，活動システムBを自己として活動システムAを他者とみなしてもよい[2]。いずれにしても，一方（自己）に他方（他者）が対峙している，衝突しているという事実こそが，活動システムA（自己）にとって活動システムBが他者として対峙していること，両者の境界が作り出されていることを表している。そして，この衝突を解決していく営みこそが越境であると理解される。

6．他者は実在他者であるとは限らない：他者性の統合

自己は他者と対峙して区別され，一個存在をクローズアップすることで生起する概念であると述べた。しかし，そこでの他者は必ずしも実在他者であるとは限らない（溝上，2008）。むしろ，免疫学で理解されるような非自己としての他者だと広く理解されるべきものである。そうでなければ，ある私が他の私と葛藤を起こし，両者の葛藤を解決・統合

---

[2] ここでは，あるモノ（事象や人も含む）の他のモノに対する相対的位置を取ることと定義される「ポジショニング（positioning）」（溝上，2008）の操作が行われた結果，活動システムAは自己，活動システムBは他者だとみなされている。通常は，日本人技術者が話の中心になっていること，それとの関係性でタイ人労働者が配置されていることを暗に読み取り，日本人技術者を自己，タイ人労働者を他者だと理解する。つまり，ポジショニングが文脈から日本人技術者に固定してなされている。しかし，活動理論や後に扱う対話的自己論では，複数の活動システム，複数の私が並置され，はじめから日本人技術者のような固定したポジショニングがなされているわけではないことが多くある。そのような場合には，ある活動システムからみたときに他の活動システムがどういう状況になっているのか，ある私からみたときに他の私がどういうふうにみえるのかといったように，ある活動システム，ある私にポジショニングを行い，その結果自己や他者が同定されることになる。なお，ポジショニングはライス・トラウト（Ries & Trout, 1981）のマーケティング戦略で用いられ始めた概念で，ほかバンバーグ（Bamberg, 1997）のナラティブ論でも使用されている。また，自己内におけるポジショニングの性質・機能についてはハーマンス（Hermans, 2004）でまとめられている（ただし，ハーマンスはポジショニングではなく，「ポジション」という用語を使用している）。

することで自己が発展していくというハーマンスら（Hermans & Kempen, 1993；Hermans, Kempen, & van Loon, 1992）の「対話的自己（the dialogical self）」を理解することができなくなる。

対話的自己の詳細は紙幅の関係で省略するが（溝上，2008，2012b を参照のこと），この理論は，2つ以上の私が対立して自己が否定的になっている葛藤状況から，自己の発展を考えるときに理論的効力を発揮する。たとえば，研究者としての私と家族のなかでの私とが一人の自己世界のなかでうまく共存できず，結果として自己が否定的になっているという状況を想像してみよう。家族を顧みずひたすら研究をやればたしかに研究は進むかもしれないが，夫として，父親としての役割は疎かになるだろう。逆に，夫として，父親としての役割を充実させれば，今度は研究が疎かになるだろう。家族のなかでの私が存在しなければ，研究者としての私のことだけを考えていればいいわけだが，そうはいかないのが人の人生である。

この事例で起こっていることを図示すると図14-4のようになる。そこでは，研究者としての私に家族のなかでの私が対峙して葛藤を引き起こしている。この葛藤を解決し両者を統合することができれば，それが自己の発展となると考えるのが対話的自己の基本的考え方である（Hermans & Kempen, 1993；溝上，2008）。

さて，対話的自己の事例を通して理解したいポイントは，家族のなかでの私が他者として対峙して，研究者としての私がその対峙においてクローズアップされ問題化しているということである。家族のなかでの私は決して実在他者ではないが，研究者としての私には他者として機能しており，その結果研究者としての私は問題化している。これは，タイ人労働者が他者として対峙して，日本人技術者としての私がその対峙においてクローズアップされ問題化しているとみた，先の自己－他者の構図とまったく同じものである。すなわち，家族のなかでの私は他者となり，他者として対峙し，研究者としての私が自己として問題化していると理解されるのである。このように，自己－他者の構図における他者は実在他者に限定されるものではなく，非自己として対峙する異物，すなわち「他者性（otherness）」として理解されるべきものである。

このように理解すると，第8章（ディスカッション）の表8-4で，ディスカッションにおける越境対象のレベル0になぜ「自分」（複数の視点，過去・現在・未来の自分・ポートフォリオ）が設定されるのか，第6章（ライティング）の図6-1のライティングにおける越境で，なぜ現在の自己から過去の自己，未来の自己との対話を通しての自己の拡大・変形が想定されるのかの理由が分かるだろう。それは，（現在・過去・未来の）自己であろうと実在他者であろうと，それらが他者性として対峙するならば，そこには自己と他者の構図，ひいては越境の構図が生起するからである。

第6章（ライティング）の図6-1の「遠心的越境」「求心的越境」としてのライティングについてもう少しいえば，それも上述してきた自己と他者の構図でまったく同じように理解することができる。遠心的越境とは，現在の自己から過去の自己，未来の自己，特定の他者，不特定の他者，歴史・文化と対話を行い，自己を拡大したり変形したりすることである。他方で求心的越境とは，歴史・文化，不特定の他者，特定の他者が自己へと迫る

研究者としての私　←　家族のなかでの私

図14-4　対話的自己論の構図

ことで，自己が拡大したり変形したりすることである。教育的営みのなかには，このような遠心的な方向と求心的な方向とがあるのだろうが，いずれの方向においても，自己が拡大したり変形したりする，すなわち越境をする手前には必ず他者性が対峙すること，それによって生起した自己と他者性との葛藤を解決する営みがある。

それにしても，自己と他者の構図で越境を抽象的に理解すると，越境というのは他者性（異物）を自己内に統合して発展させていく上昇運動であることがよく分かる。それは，ある対象を多くの矛盾する諸関係のなかで理解するというヘーゲルの弁証法的思考に近いものである。活動理論でも，対立する複数の活動システムを統合（第3の対象を抽出すること，それをフィードバックしてそれぞれの活動システムを変革すること）していくことが越境であり，実践的な発展であるとみなされる[3]。越境という用語は用いられないが，対話的自己でも葛藤する複数の私の解決・統合こそが自己の発展だとみなされる。いずれも弁証法的な上昇運動で理解されるものである。

しかしながら，大学教育の学習（アクティブラーニング）に位置づけた越境の説明が何たるかを理解するうえでは，それが弁証法的な越境を意味するという形式的理解だけでは不十分であろう。越境の説明は弁証法的な上昇運動でありつつも，同時に公共圏の他者・コミュニケーションへと向けられなければならないものである。なぜなら，本章では大学教育の学習（アクティブラーニング）に位置づけた越境の説明を検討してきたからである。

7．まとめ

本章では，まず第1節で，越境の説明を大学教育の学習（アクティブラーニング）に位置づけ，第2節，第3節では，そこで求められるコミュニケーションの特徴が，主として他者との共有知が少なく伝達内容の親和性が低い状況下でなされるものと理解した。第4節では，親密圏・公共圏の概念を援用して，大学教育の学習におけるコミュニケーションがより公共圏を目指すものであることと理解した。第5節では，越境の説明を，境界の設定を問題化する自己−他者の構図より検討した。そして，越境の説明が提起する本質的に重要なポイントは，知識を有する主体に他者を導入すること，すなわち，自己−他者の構図を作り出すことにあると考えられた。第6節では，自己を生起させる他者は実在他者である必要は必ずしもなく，それは非自己としての他者性であればよいという説明がなされた。そのように理解すると，越境の説明で問題になる他者の1つとして，自己内の他の私（過去の自己，未来の自己）が理論的に問題なく扱えることが示された。最後に，自己−他者の構図で越境を理解すると，それは形式的には，他者性（異物）を自己内に統合して発展させていく弁証法的な上昇運動として理解されるものだと論じられた。しかし，大学教育の学習（アクティブラーニング）に位置づけた越境の説明は，そのような形式的理解だけでは十分でなく，公共圏の他者とのコミュニケーションへと向けられなければならないものとまとめられた。

---

[3] エンゲストローム（Engeström, 1987）は，拡張による学習（learning by expanding）が形式的には弁証法的な思考形式をもつとしながらも，その社会的拡張の特質（バフチン（Bakhtin, M.）により提示された異種混交あるいはオーケストレーションとしてのポリフォニー）ゆえに，ヘーゲル（Hegel, G.W.F.）を始めとする弁証法論者とは一線を画している。

■ 引用文献

浅野智彦（2006）．若者の現在　浅野智彦（編）検証・若者の変貌—失われた10年の後に—　勁草書房　pp.233-260.

浅野智彦（2011）．若者の気分—趣味縁からはじまる社会参加—　岩波書店

Bamberg, M. G. (1997). Positioning between structure and performance. *Journal of Narrative and Life History*, **7**（1-4）, 335-342.

土井隆義（2004）．「個性」を煽られる子どもたち—親密圏の変容を考える—　岩波書店

Engeström, Y. (1987). *Learning by expanding: An activity-theoretical approach to developmental research*. Helsinki: Orienta-Konsultit.（山住勝広・松下佳代・百合草禎二・保坂裕子・庄井良信・手取義宏・高橋　登（訳）(1999)．拡張による学習—活動理論からのアプローチ—　新曜社）

Hermans, H. J. M. (2004). The dialogical self: Between exchange and power. In H. J. M. Hermans, & G. Dimaggio (Eds.), *The dialogical self in psychotherapy*. Hove, East Sussex: Brunner-Routledge. pp.14-28.

Hermans, H. J. M., & Kempen, H. J. G. (1993). *The dialogical self: Meaning as movement*. San Diego, CA: Academic Press.

Hermans, H. J. M., Kempen, H. J. G., & van Loon, R. J. P. (1992). The dialogical self: Beyond individualism and rationalism. *American Psychologist*, **47**, 23-33.

飯島宗享（1992）．自己について　未知谷

岩間夏樹（1995）．戦後若者文化の光芒　日本経済新聞社

James, W. (1890). *The principles of psychology*. Vol. I and II. New York: Henry Holt.

Janeway Jr., C. A. (1992). The immune system evolved to discriminate infectious nonself from noninfectious self. *Immunology Today*, **13**（1）, 11-16.

河合塾（編）(2011)．アクティブラーニングでなぜ学生が成長するのか—経済系・工学系の全国大学調査からみえてきたこと—　東信堂

小谷　敏（編）(1993)．若者論を読む　世界思想社

Medzhitov, R., & Janeway Jr., C. A. (2002). Decoding the patterns of self and nonself by the innate immune system. *Science*, **296**, 298-300.

溝上慎一（2007）．アクティブ・ラーニング導入の実践的課題　名古屋高等教育研究，**7**，269-287.

溝上慎一（2008）．自己形成の心理学—他者の森をかけ抜けて自己になる—　世界思想社

溝上慎一（2012a）．学習の学びと成長　京都大学高等教育研究開発推進センター（編）　生成する大学教育学　ナカニシヤ出版　pp.119-145.

溝上慎一（2012b）．学校教育で「幸福」をどのように捉えればよいか—自己の分権的力学からの示唆—　心理学評論，**55**（1），156-173.

大庭　健（1989）．他者とは誰のことか—自己組織システムの倫理学—　勁草書房

小此木啓吾（1985）．モラトリアム人間を考える　中央公論社

Polanyi, M. (1966). *The tacit dimension*. London: Routledge and Kegan Paul.（佐藤敬三（訳）伊東俊太郎（序）(1980)．暗黙知の次元—言語から非言語へ—　紀伊國屋書店）

Ries, A., & Trout, J. (1981). *Positioning: The battle for your mind*. New York: McGraw-Hill.

齋藤純一（2000）．公共性（思考のフロンティア）　岩波書店

齋藤純一（2003）．まえがき　齋藤純一（編）　親密圏のポリティクス　ナカニシヤ出版　pp.i-viii.

戸田正直・阿部純一・桃内佳雄・往住彰文（1986）．認知科学入門—「知」の構造へのアプローチ—　サイエンス社

山住勝広（2008）．ネットワークからノットワーキングへ　山住勝広・エンゲストローム，Y.（編）　ノットワーキング—結び合う人間活動の創造へノットワーキング—　新曜社

山住勝広・エンゲストローム，Y.（編）(2008)．ノットワーキング—結び合う人間活動の創造へノットワーキング—　新曜社

15 越境の説明をはぐくむ教授学習の原理を求めて

富田英司

1. はじめに

　本書の各章では，大学のさまざまな教育的過程を想定して越境の説明を概念化し，実証・実践研究を通して得られた教育的支援の方法を具体化し，越境の説明をはぐくむ教授学習の理論や仮説を発展させてきた。本章は，各章で得られた知見を教育心理学の理論的系譜に位置づけ，大学における越境の説明をはぐくむ教授学習に関する研究の達成状況と今後の課題を明らかにすることを目的としている。

　この試みの過程で，筆者は，越境の説明力を育成するうえでの1つの鍵概念が「学習者中心の教育」やそれに類似する名前で呼ばれる諸アプローチであると考えるに至った。本章では，はじめに越境の説明という概念と学習者中心の教育との関連性について議論する。学習者中心の教育に関連する理論的系譜を概観して学習者の積極性を引き出す教授学習過程の特徴を洗い出した後，洗い出された各要素と本書の各章との関係を検討することを通して，越境の説明力を育成するための理論的・実践的課題を明らかにする。

2. 学習者中心の教育アプローチと越境

2.1. 越境の説明へのアプローチとしての「学習者中心の教育」

　教授学習に関する学問的系譜においては，教育が本来的に教えによって成り立つのか，学びによって成り立つのかという2つの捉え方が存在してきた。教えを教育の中心的過程として捉えるアプローチは，典型的には次のような理論的前提をもっている。①学習者が教師から学ぶべきものがあらかじめ決まっている，②もっとも効果的な「教え方」が世の中に一般的に存在する，③効果的な教え方を特定するうえで前提となる学習者の認知過程が一般的に想定できる，④学習者の多様性は教師が把握可能なものであり，その多様性に対応した最適な教授法を教師が用意することが可能である。

　これら教えを中心とする教育の前提はいずれも越境の説明力を育成しようとするならば，成立させることが難しい。越境の説明では，さまざまな前提を共有しない他者へと越境しなければならないからである。この「前提を共有しない」ということが，越境の説明という行為を不確かなものにしている。何をどのように越境するにしても，それが越境である以上，学習者本人や教師にとって学習内容／方法は常にある程度不確定なものにならざるをえない。学習内容／方法が不確定であるとすれば，学習者の心理学的過程も一義的に決定することはできないため，その多様性のすべてを前もって特定することは難しい。

　他方，学習者自身による学びが教育の本質であると捉える，すなわち学習者中心の教育

を支持する理論家や実践家は，学習者の取り組む学習内容／方法そして心理学的過程をあらかじめ想定されたものに限定しない。学習内容／方法があらかじめ想定されない以上，学習者は教師とともに主体的に学んでいくことが期待されている。この不確定さのなかで新しい意味を探索する活動に取り組むという点において，越境の説明をなんとか成立させようとする話者と，学習者中心の教育における学習者は共通している。したがって，本章は，越境の説明力をはぐくむ教授学習アプローチを探索するうえで，学習者中心の教育に関連する諸アプローチがそのたたき台となると考えた。そこで次節では，学習者中心の教育におけるいくつかの主要アプローチの特徴をつかむこととする。これらのいくつかは概に第2章で紹介したものであるが，再度，教授アプローチの内容に特化させてここでもまとめなおすこととした。

2.2. 問題解決としての学び

　ジョン・デューイ（Dewey, J. 1859～1952）は人間の学びの本来的特性を理論的に考察し，それらの特性にしたがった学習環境を社会制度や教育制度，カリキュラムや学校の物理的構造等の側面から具体的に提案したアメリカ合衆国の哲学者・心理学者・教育学者である。彼は人間の生活（＝生命，ライフ）の本質にしたがって，知識・技能・思考を分断させない教育方法がもっとも効果的であるという理論的前提に立っている。
　この前提はさらに次の4つの下位前提に分けることができる。①思考が始まる最初の段階は現実の具体的な経験にある。学習者が自発的に思考し始めるためには，できるだけ日常生活において熟慮が必要となるような情況に近い環境を用意することが求められる。②人が効果的に考えるためには，直面している問題の解決に役立つ経験をすでにしているか，現在していなければならない。学習者の問題と関係なく獲得された知識や技能はむしろ学習自身を困惑させる。③いかなる思想や観念も，思想や観念としてある人から別の人へと伝達することはけっしてできない。すべての学びは学習者本人による新たな発見である。④現実世界をより豊かにするような真の学習内容は問題場面への適用によって初めて完成する。
　デューイによると，以上4点に対応した学習環境設計の方針は次のとおりである。①学習者が自分にとって本当になすべきことであると実感できる意味のある問題を設定する，②学習者に（解決方法自体を呈示するのではなく）問題解決のために利用できる資源を十分に用意する，③学習者の思考を刺激する情況を設定し，教師は学習者とともに協同活動に参加することによって学習者の行為に共感的な態度をもって支援する，④重要な社会的情況の典型となるような活動的なプロジェクトにおいて，獲得した観念や情報を検証する機会を設定する。

2.3. 人間中心主義アプローチ

　カール・ロジャース（Rogers, C. 1902～1987）はアメリカ合衆国の臨床心理学者であり，来談者中心療法の開祖として遍く知られている。ロジャースはカウンセラーが来談者の言動を受容し，直面する現実について意味構築するのを助けることで，来談者自ら問題解決に至るというアプローチを開発した。その後，彼は同様のアプローチを教育活動にも一般化し，学習者中心の教育という概念を広めた（Burnard, 1999）。ロジャースによると，教育は学習者をほとんどすべての教育的過程の側面を選ぶことにアクティブに関与している状況に巻き込まなければならない。つまり，学習者は何を学ぶかだけではなく，なぜそしてどのように学ぶのかということまで選ぶことが期待される。来談者同様に，学習者もまた客観的な知識の獲得ではなく，交渉や議論の過程として知識を構築していくのが

本来的な学びである。

　コーネリアスホワイトは，学習者中心の教授学習環境の教育的効果に関して1948年から2004年までの約千本の論文をレビューし，そのうちの119本を対象にメタ分析を行った（Cornelius-White, 2007）。人間中心アプローチにおいて実践者が備えるべき特徴として，教師の共感性（理解），無条件の肯定的関心（温かさ），真実性（自己知覚），非指示性（学生によって始められた活動や学生によって制御された活動），批判的思考（高次の思考），学習や調整の促進，および個人差や社会的多様性への対応，の7要素を挙げている。このような数多くの要素から構成されている学習者中心の教育において，ロジャース自身がもっとも重要であると指摘しているのが教師の真実性である（Rogers & Freiberg／邦訳, 2006）。真実性とは，教師という社会的役割に付随する建前や体裁を取り払って，学習者にただ1人の人間として接するということである。これらは教科や場面に依存しない，教師が学習者との関係において備えておくべき資質である。

2.4. 構成主義アプローチ

　1950年代～70年代において北米を席巻した学習者中心の教育へのアプローチは，その後1990年代から現在に至る第2波の時代を迎える。それにもっとも大きな影響を与えた研究者の1人はスイスの発達心理学者ジャン・ピアジェ（Piaget, J. 1896～1980）である。彼は乳児から小学校高学年程度までの認知発達段階を理論化した研究者として広く知られているが，教授学習理論の系譜のなかでは，構成主義という理論的立場を打ち立てたことがより高く評価されている。構成主義は，学習を学習者の自発的な環境探索と環境との相互作用を通して進められる心的表象の形成過程として捉える。既存の心的表象の枠組みに合わせて環境を理解することは同化，既存の心的表象を現実に合わせて変化させることは調節と呼ばれる。マーチャンド（Marchand, 2012）によると①知識は学んだことと学ぶべきことの間の弁証法的相互作用によって構成される，②新しい知識は学習者の考え方と知るべき世界の両方を変える，③弁証法的相互作用において調節と経験の抽象化が重要な役割を果たす，という3点がとくに重要である。

　以上のことから，教育者の役割は学習者に知識や技術を教え込むことではなく，学習者が自ら知識や技術を主体的に構成していくことを促進するための糸口の提供や環境構成に求められる。ただし，知識構成は学習者が自ら取り組む活動や発明においてのみならず，椅子に座って教師の話を聞く講義のような場面でも起こりうる。学習者が能動的に活動する場合でも，表面上は受動的に話を聞いている場合でも，知識構成を促進するためには①学習者の思考に葛藤や違和感をもたらすこと，②証拠の評価，批判的思考，アーギュメントの構成，矛盾したアイデアの統合などのような高次の思考を促進する学習環境の用意が鍵となる（Marchand, 2012）。

2.5. 社会構成主義アプローチ

　構成主義が学習者の活動を主に個人の活動として捉えて支援しようとするのに対し，社会構成主義は学習を，個人を取り囲む他者や人類がこれまで築いてきた文化的遺産の創造的継承として捉えている。社会構成主義を代表する理論家は，ロシアの教育心理学者ヴィゴツキー（1896～1934）である。彼は言語をはじめとする高次思考のための文化的道具にとくに注目した。人間の思考は言語によって媒介されることによって人類が歴史的に築いてきた認識能力を自らのものとすることができる。ヴィゴツキーは文化的道具が他者との相互作用を通して心的に獲得されると考えている。子どもにとって言語は，学習者が環境の探索を通して個人的に発見するというよりも周囲の熟達者たちがすでに獲得し，利用し

ているものである．最初，個人は言語使用の実践の環に巻き込まれる．学習者はそれらを他者との間でコミュニケーションの道具として使うことを学ぶ．その後，学習者はその道具を心的過程の制御のための道具として利用するようになる（Vygotsky, 1981）．ヴィゴツキーはすべての高次思考能力が以上のような社会的構成を通して獲得されると主張している．

　社会構成主義に基づく教育では，熟達者との間主観的な相互作用に学習者を巻き込むことが重視されるが，この発達的メカニズムを援用した具体的な教育方法については本来ヴィゴツキー理論の範疇外である（中村, 2004）．そのため，具体的な学習へのアプローチはその理論的後継者らによる研究から抽出する必要がある．そのアプローチは多岐にわたるため，ここではその一部しか紹介できないが，その1つのアプローチは足場作りと呼ばれるものである（Wood, Bruner, & Ross, 1976）．足場作りは学習者と教師が少人数のグループとして関わっている場面で行われる教育的支援であり，たとえば，教師が課題を単純化することによって問題解決に必要なステップの数を減らして，学習者の現在の理解水準に合ったものへと再定義したり，学習者の求めた解と理想的な解との違いを学習者に分かるように示したり，問題解決におけるフラストレーションを抑制したりすることが含まれる．再声化（O'Connor & Michaels, 1993）という教師の言語活動も，足場作りと同様に，学習者を相互作用に巻き込む社会構成主義的な学びの過程を具体化したものである．

　もう1つのアプローチは思考のための適切な会話のスタイルを思考の道具として学習者に導入し，それらを活用して学習活動を進めることによって思考過程を洗練させるという手続きを取っている．マーサー（Mercer, 1996）は教室での話し合い場面をスポーツのために使う共用のグラウンドとみなし，学習者同士で話し合い場面に必要なルールを教師と学習者で話し合って設定し，それにしたがった協同問題解決活動を導入してきた．グラウンド・ルールとしてはたとえば，「主張を述べるときには理由を述べる」「グループ全員で問題に取り組み，結論に対して責任を共有する」「反対意見を受け入れる」などが挙げられる．これらのルールにしたがって協同活動を積み重ねた結果，議論中の推論過程が第三者にも分かりやすくなり，個人で行われる推論のスキルをも洗練させることができたという知見が世界各国で報告されている．

2.6. 自己決定理論

　いま現在，学習者中心主義を唱える理論の代表的なものは，ライアンとデシ（Ryan & Deci, 2000）による自己決定理論である．自己決定理論は，人間の学びは本来的に内発的動機づけに支えられていると主張する．内発的動機づけとは，学習者が取り組もうとする課題や活動そのものが誘因であるという動機づけである．発達心理学がしばしば示すように，人は健康な状態においては，とくに報酬がなくても，生まれつき能動的，探求的，好奇心旺盛で，遊び心がある（Harter, 1978）．他方，外発的動機づけ，つまり学習を達成した結果得られる外的報酬による動機づけは，もともと学習者に備わる内発的動機づけをも失わせ，それ以降，学習者は外的報酬なしにはその課題や活動に取り組もうとしなくなることが厳密な実験によって繰り返し証明されてきた．

　内発的動機づけはいかなる方法によっても学習者本人以外が高めることはできないが，学習者が本来もつ課題への内発的動機づけを発揮できるよう教師は学習環境を構成することができる．デシとライアンは有能性（competence：環境に働きかけることを通して得られる有能感），自律性（autonomy：行動の原因が自分にあること），関連性（relatedness：他者とのつながりや安心感の確保）の3つをその条件として挙げている．すなわち，教師

は学習者が自らの取り組みの結果についてフィードバックが得られ，自らの学習内容や学習方法について選択することができ，人間的な温かさを学習者との間でもつことが学習者の内発的動機づけを促進する。

2.7. 自己制御学習

　自己制御学習（あるいは自己調整学習）とは，これまでの動機づけやメタ認知，社会的学習理論の知見を集約して，効果的な学習者の特徴を解明したり，学習者を支援する手法を開発したりすることをねらった理論的／実践的試みの総称である。このテーマのもとで研究を進めているグループの主要な研究者たちは，少し複雑な理論的前提に立っている（これらの広範なレビューとしては自己調整学習研究会（2012）を参照されたい）。自己制御学習に関する研究では，その名のとおり，学習者が自ら学びの過程を制御することが企図されている。しかし，その取り組みの多くでは自己制御の方法そのものを学習者が構成していくことをねらっていることはあまりなく，自己制御の方法は教師から与えられている。つまり，一般的には学習内容を教えるのが教師であるという従来の教師役割を，学習方法をも教える役割へと範疇を増大させようという試みであるとも捉えることができる。もしそうであるとすれば，自己制御学習はその看板をみて多くの者が期待するものとはまったく反対に，学習者が自ら学ぶ余地をさらに縮小させる試みですらありうる。したがって，自己制御学習は，学習者が自ら学習方略を改善あるいは発見することを支援する場合にのみ，学習者中心の教育の系譜に位置づけることが可能である。

　筆者は自己制御学習という概念を本来的な意味における評価という営みを動機づけや学習方略，観察学習の諸理論に位置づけたものであると考えている。続（1969）は，評価は目標追求活動における自己調整機能の一環であり，追求活動の結果と目標との関係をチェックし，調整活動のためにフィードバック情報を提供するものであると述べている。したがって，より広い意味において，評価という営みは，最終的には学習者自身が自分を評価する能力を身につける過程の一部であるといえる。したがって，教師や学習者仲間らがモデルを示したり，教材が学習活動の枠組みを提供したりするだけでなく，たとえば自己決定理論等が提案しているような意味で学習者自身が中心に位置づけられることによって，自己制御学習という名のもとで行われた実践は学習者中心の教育と呼ぶことができるようになるといえる。

2.8. APAによる学習者中心の心理学的原則

　アメリカ心理学会は1990年に『学習者中心の心理学的原則』という文書を発表した。これは1世紀以上かけて培われた効果的な教授学習の法則を，教育改革のために枠組みを提供するために集約したものである。これらの原則はアメリカ合衆国の学校だけでなく，幅広い社会の生涯学習や生産性の向上に役立つことが企図されているため，子どもから大人まですべての学習者に当てはまるものがそろえられている。表15-1は1997年に改訂された学習者中心の心理学的原則の概要をリスト化したものである。法則は14項目にわたり，認知的・メタ認知的要因，動機的・情緒的要因，発達的・社会的要因，個人差要因の領域に分類される。

　この諸原則の一覧は非常に広い範囲の知見に基づいてまとめられているため，これらの原則がどのように具体的な教授方法に結びつくのかすぐに特定することが難しい項目も散見される。しかし，越境の説明をはぐくむ大学教育を含め，さまざまな研究を通して得られた知見を全体的に俯瞰するためのガイドとして活用することができる。

表15-1 学習者中心の心理学的原則 (APA Presidential Task Force on Psychology in Education, 1997)

認知的・メタ認知的要因	
1. 学習過程の特性	情報と経験から意味を構築する意図的過程として行われる複雑なテーマ内容の学習はもっとも効果的である。
2. 学習過程のゴール	時間をかけた支援と学習指導をともなった学習の成功者は意味ある一貫した知識表象を形成する。
3. 知識の構成	学習の成功者は新しい情報を既存知識と意味のあるかたちで結びつけることができる。
4. 方略的思考	学習の成功者は複雑な学習目標を達成するための思考と推論方略のレパートリーを創り，使用することができる。
5. 思考についての思考	心的操作の選択とモニタリングのための高次方略は創造的で批判的な思考を促進する。
6. 学習の文脈	学習は文化，技術，教授実践を含む環境的要因によって影響を受ける。
動機的・情緒的要因	
7. 学習への動機的・情緒的影響	動機づけによって学習が影響をうける内容と程度。学習への動機づけは個人の情動状態，信念，興味と目標，思考習慣によって影響を受ける。
8. 学習への内発的動機づけ	学習者の創造性，高次思考，本来の興味はすべて学習への動機づけに影響する。内発的動機づけは最適な新規性，困難さ，個人的関心との関連性，そして個人的選択とコントロールが可能な状況が提供されることによって促される。
9. 努力への動機づけの影響	複雑な知識とスキルの獲得には，学習者の継続的な努力と指導をともなった練習が必要である。学習者の動機づけがないとすれば，強要したりしないかぎり努力は続かない。
発達的・社会的要因	
10. 学習への発達的影響	個人が発達するにつれ，異なる機会と学習制約が現れる。身体的，知的，情動的および社会的領域のなかで間でみられる発達的差違を考慮に入れるとき，学習はもっとも効果的になる。
11. 学習への社会的影響	学習は社会的相互作用，対人関係，他者とのコミュニケーションによって影響を受ける。
個人差要因	
12. 学習における個人差	学習者は異なる学習への方略，アプローチ，能力をもっている。これらは先行経験や遺伝によって規定されている。
13. 学習と多様性	学習は学習者の言語的，文化的および社会的背景を考慮することによってもっとも効果的なものとなる。
14. 基準と診断	適切な水準で高度かつ困難な基準の設定と学習および学習進捗のアセスメント（診断的，形成的および総括的なアセスメントを含む）は学習過程の欠くことのできない一部である。

3. 越境の説明をはぐくむ「学習者中心の教育」の方法

3.1. 本書は学習者中心の教育の系譜に何を加えるか

　本節では，以上の理論的観点に照らし合わせて，本書が越境の説明をはぐくむ方法としてどのようなアプローチを提案してきたか集約するとともに，これまでの学習者中心の教育という理論的積み重ねに何を加えることができるのか明らかにすることとする。本節で取り上げる項目は前節2.2.～2.8.に厳密に対応しているわけではない。むしろ，前節と本節の内容を関連づけることにより，本書各章のアプローチがこれまで概に確立された知見に何を付け加えているかを浮かびあがらせることをここではねらいとしている。

3.2. 認知的方略

　主に認知心理学において研究が進められてきた認知方略の習得は，越境の説明においても重要な役割をもっている。認知方略とは，特定の目的を達成する際に用いることのできる特定の心的過程や心的手続きのことである。この内容は2.7.節の自己制御学習の一部や2.8.節の「学習者中心の心理学的原則」に項目4として含まれている。

　第3章（清河・犬塚）では，越境的な読解を促進するためには越境的な読解の方略を直接学習者に教えることが必要であるとされている。この第3章（清河・犬塚）では，方略教授の方法として明示的練習と分析的学習を区別している。明示的練習では方略の意味やルールを抽象的に教授し，学習者に方略の意識的練習を求める。分析的学習では，教師が思考過程を声に出して説明することで，読解プロセスのモデルを具体的な問題に即して学習者に示すことができる。学習者はこのモデルと自らの思考過程とを比較してより適切な読解方法を身につけることができる。第4章（穐田）でも効果的なリスニングのためにさまざまな方略が提案された。

　これらのアプローチが方略獲得に効果的であることはすでに各章で報告されているとおりである。しかし，ブラウン（Brown, 1978）が1970年代に苦しんだように，方略を直接教えて学習者が使用するようになったとしても，それが教えられた文脈以外で自発的に使用されるようにはなりにくい。第3章（清河・犬塚）で述べられたように，それを解決するために，ブラウンとその共同研究者（Palincsar & Brown, 1984）が採用したのが，他者と協同で方略を使用し，その後に個人でも方略を使用することが期待される相互教授法である。この社会的相互作用に訴えるアプローチについては3.5.節にて再度取り上げる。

3.3. 文化的道具としての認知的スキーマ

　越境の説明をはぐくむうえで，本書でもっとも頻繁に指摘されたポイントの1つが文化的道具である。文化的道具は道具や機器などの技術的道具と言語・記号などの心的道具に分けることができるが，本節ではまず後者の心的道具について検討し，前者については後の節で議論する。なお，認知的方略も心的道具の1つとしてみなすことも可能ではあるが，本章では文化歴史的な実践を通して形成された高次思考過程に関わるもののみをとくに心的道具として言及する。これに対応する教授・学習アプローチは，主には2.5.節の社会構成主義であり，2.4.節の構成主義も深く関連している。

　心的道具としてもっとも広範なものが人間の用いる言語・記号の体系である。これらを下部構造としながら，知識を特定の順序や配置で組み合わせて特定の機能をもたせるような認知的構造は認知的スキーマと呼ばれており，心的道具の1つとして位置づけることができる。たとえば，第2章（富田），第6章（鈴木宏昭），第8章（中野），第12章（富田・鈴木・望月）で紹介された議論の枠組みや第13章（山崎）で紹介されたリフレクションの枠組みがこれに対応する。認知的スキーマのもつ内的知識構造には，他者への説明にあたっていつ何を盛り込むべきかその道筋が示されている。認知的スキーマのもつ知識構造にしたがうことで，学習者は認知的負荷を低減しつつ，ある程度洗練された説明を自ら発明することなく生成することができる。これらの認知的スキーマを身につけるには，認知的方略と同様に，直接教授するという方法（第6章：鈴木宏昭）や認知的スキーマを利用する意義を学生と共有してから教える方法（第13章：山崎），他者との協同場面で共通の道具として認知的スキーマを利用する方法（第8章：中野，第13章：山崎）があるが，認知方略に関する研究知見（Brown, 1978）から考えると，直接教授による学習ではやはり認知的スキーマの般化は困難であることが予想される。協同活動を通した認知的スキー

マの習得については3.5.節で検討したい。

また，第6章（鈴木宏昭）でピアレビューを通して議論スキーマが創発する可能性が指摘されたように，認知的スキーマは他者から教授される場合だけではなく，特定の説明活動に従事する習慣を通じて，ある程度機能的に必要な要素が特定され，それらの要素を利用する習慣が身につくこともある。むしろ授業等で特定の認知的スキーマが教授される場合であっても，その認知的スキーマはもともと人間の実践に埋め込まれた心的枠組みを改めて取り出したものである。このことから，認知的スキーマは本来的に日常的実践と切り離せないものであるといえる。第12章（富田・鈴木・望月）でアーギュメント・スキル育成の手法として紹介されたスクリプティングも，役割等をあらかじめ割り当てておくことでスキーマ的な構造が社会的相互作用を通して形成される手法であるといえる。

3.4. 技術的道具による説明の支援

技術的道具を用いて思考内容を表現することには，自らの思考を外在化し，客観的な見直しを促進するという機能がある。学習者を支援する技術的道具を用意することは，2.2.節の学習環境設計の方針②に対応している。

第6章（鈴木宏昭）では，文章読解で得られたさまざまな気づきをまとめるためには図示化することで認知的負荷を制御することの重要性が指摘された。さらに，第7章（鈴木栄幸）で紹介されたマンガ製作支援アプリケーションのように，より複雑な構造をもった技術的道具においては，マンガを描くことに含まれる「場面設定」「説明者の想定」「オーディエンスの想定」という現実の説明過程に含まれる要素をシミュレーションしやすくすることができる。

第12章（富田・鈴木・望月）で指摘されたようにオンラインの環境はそれ自体，説明活動を物理的に越境させるが，さらに同期環境においてはインターフェースを現実の身体性に即したものにすること，非同期環境においては，他者の存在感や動きを知覚させるようなインターフェースの設計が重要であることが指摘された。

3.5. 社会的相互作用による内化

ヴィゴツキーのいう文化的発達の一般発生的法則で示されるように，越境の説明を含む人間の高次認知能力は，まず他者との間にみられる社会的過程として成立し，そこで用いられた外言による認知的制御の能力が内言として個人内認知過程を制御するようになる過程として獲得される。この方法は2.5.節の社会構成主義にもっとも関係している。本章3.2.節の認知的方略や3.3.節の認知的スキーマも，このメカニズムにしたがって獲得される。

このように個人間過程が個人内過程へと内化するというメカニズムに基づく教授学習の手立ては，読解方略の習得が社会的過程を通して内化されること（第3章：清河・犬塚），他者との理解共有や協同活動の媒介としてノートを利用することでノートテイキングが越境的説明の道具となりうること（第5章：小林），議論の型を共通言語として議論活動に参加すること（第8章：中野）等，本書の各章で指摘された。

3.6. 内化以外のメカニズムを想定する社会的促進

他者との相互作用に期待できる学習促進の効果は，個人間過程が個人内過程へと内化されることだけではない。他者の役割としては学習モデルの提供や社会的動機づけがある。これらは2.7.節の自己制御学習の領域で主に検討されてきた手法である。

上述のように第3章（清河・犬塚）では，学習者が読解方略を使いこなすには方略とそ

の使用過程について教師がそのモデルを示す分析的学習というアプローチが紹介された。もう1つの社会的動機づけの機能は，第6章（鈴木宏昭）において認知過程を他者と分散的に処理し，認知的負荷を低減させること，さらにジグソー法を援用して伝えるべき他者を設定し，プランニングへの動機づけを高めることができることが指摘されている。

3.7. 目標設定

　学習者が教師と学習目標を共有しているとは限らない。そのため，学習目標を暗黙の前提であると考えてしまうと，学習者の努力は教師の期待とは異なる方向に払われてしまうことも多い。したがって，教師が越境することに期待していることを学習者に伝えることが説明を越境的なものにすることにつながる。学習自身の学習目標の設定とその達成については，2.7.節の自己制御学習が対応している。また，現実社会との関係に基づいて学習者の目標を明確化する手法は2.2.節のデューイが提案している。

　第5章（小林）ではノートテイキングにおいてテキスト同士の関連を理解しながら読むことを目標として示すことがノートテイキングを通じたテキスト理解を促進することが指摘された。第6章（鈴木宏昭）では，伝えるべき他者を想定し，相手を説得するという状況で意見文を書くという状況において一貫性の高い論の構成につながることが示されたが，これも目標設定が越境の説明を促進する例であるといえる。

　特定の学習状況を越えて，より広い文脈で機能する目標もある。第5章（小林）において「越境の説明に価値を置きそれを奨励する教育体制」の重要性が指摘されたように，域内での相互理解に満足せず，越境の説明をより高い価値をもつものとして共同体のメンバーが認識しなければ，学習者を自然なかたちで越境の説明へと動機づけることは難しくなるだろう。そのための手立ての1つとして，第8（中野）では議論実践を進める教員同士の交流の重要性や異なる大学の学生同士の交流の重要さが指摘された。本書の企画や編纂に至るまでの過程においても，本書に関連した研究会や学会において公式および非公式の数え切れない意見交流が行われてきた。このような交流も，そしてその結果として読者の方に今まさに手に取っていただいている本書の存在も，越境の説明をはぐくむ教育的価値の醸成に貢献するものである。

3.8. 感情をともなう認知過程を促進する学習環境

　2.6.節の自己決定理論や2.2.節のデューイの理論に関する説明では，しばしば人間が生まれつき本来的にもっている学びの姿がベースになっている。それに倣って考えるならば，幼い子どもが新しいことを学ぶときには驚きや喜びといった比較的瞬発的な感情がともなっていることが想像できる。生まれて初めて出会うものに知的興奮を覚えて声を上げない子どもは想像しにくい。しかし，学校教育では，多くの場合，学習対象や教室内での出来事に対して個別に驚きの声をあげたり，立ち上がったりすることは低学年であってさえも抑制される。その結果，学習者は長年の抑圧を通して，学びの過程から感情の側面を剥がし，ごく親しい者だけに感情的反応を開示すると同時に，活き活きとした興奮をともなった本来の学びの体験そのものを忘れる。そして，今度は感情を学びの敵とみなすようになるのである。

　しかし，第6章（鈴木宏昭）で提案されたように，学びは感情的な反応をともなうものである。さらに感情とは本来的に他者と価値を共有するための人間の重要な機能であるという指摘から考えると，学習者が学習対象に対して感情的に反応したり，その反応を他者と共有したりすることを支援することは，学習者がこれまでの自分たちの想定を越えた新しい説明を生み出すためのもっとも重要な手立てであることが重要である。近年，高等教

育の文脈でもチクセントミハイ（Csikszentmihalyi／邦訳，1996）のいうフローをもたらすような学習環境の重要性が指摘されるが（Tynjälas, 2012），この動向も学習者の感情を学びの源動力としてみなすことの意義を支持するものといえる。上述，第7章（鈴木栄幸）で紹介されたマンガ製作支援ツールでも，マンガという対象自体が感情を自由に表出することを支援する記号や表現上の慣習を備えていることが，説明の相手や状況をより活き活きと想像することを促していると考えられる。

3.9. 学習共同体の内外を結びつける

越境の説明をはぐくむための自然な文脈作りのためには，学内と学外の学習共同体とを人間関係において結びつけることが重要であるということも今回多くの章で指摘された。第12章（富田・鈴木・望月）では，オンライン・ツールによる学外コミュニティへの越境的コミュニケーションにおいて，学生にとって学外コミュニティが自己の将来に深い関わりのある他者として認識されていることが重要であることが指摘されている。これはまさに2.2.節の「問題解決としての学び」で提案されていることである。

このことは第13章（山崎）で紹介された，将来の職業活動で連携しうるさまざまな専門家との接点を授業のなかで設ける試みとも関係が深い。上の第12章（富田・鈴木・望月）の指摘を敷衍すると，この試みにおいてもっとも重要であるのは学生と信頼関係をもった教員が，学外の共同体との結節点となっている点である。学生は自分を延長した仮想的な自己として教員を捉えることで，学外のさまざまな専門家を将来の越境的説明の相手として認識することにつながり，越境の説明への動機づけをはぐくむことができる。

第9章（比留間）において指摘された，学生にとって本物の問題に取り組むことも学習共同体の越境的結びつきと関係が深い。解決されていない本物の問題は学内よりも学外，学生関係よりもより広い社会関係のなかに見出される可能性が高い。その際，実際に大学とその外を結びつけているのは教員である。第8章（中野）でも同様に，課外活動における教員の物理的心理的支援の重要性が指摘されると同時に，大学教員が社会との関係に開かれ，その関係のなかでダイナミックに主体性を発揮するべきであると指摘されている。

3.10. 再帰的な対話過程

前提を共有しない域外の他者に説明するためには，その他者についてあらかじめ深く理解し，その理解に基づいて入念に伝達の方法を計画し，その計画に基づいてコミュニケーションに取り組むといった直接的過程を想定することは無理がある。もしも他者についてあらかじめある程度深く理解できるとすれば，それは域内の他者である可能性が高い。そもそも人は他者について理解し尽くすことなどできない。理解に到達したと思った瞬間はあるにしても，自己も他者も変わりゆく存在である。そのため，説明が越境的であるとすれば，それは再帰的な対話過程にならざるをえない。これは他者との相互作用を通して人は学ぶという2.5.節の社会構成主義的アプローチに含まれることを拡張したものである。

第10章（田島）は，実際に説明の相手と対峙し，終わりのない対話過程に自らを投じることが真の越境の条件であると指摘している。インターンシップ先の生徒に説明を試みてはその反応に基づいて説明の仕方や使用語彙を修正しながら域外へ越境しようとする学生のように，再帰的な対話の機会を設定することが越境の説明を促進する学習環境には必要である。第11章（菊岡）も同様に再帰的な説明の再構成過程を越境の手立てとして提案している。第2外国語を教える教育実習において，指導案を作成してアドバイザーのコメントに基づいて修正するという手続きを2度以上繰り返すことが重要であると指摘された。

4. 越境の説明を促進する学習環境のさらなる研究に向けた提案

　前節では，越境の説明を促進する要因が，これまでの学習者中心の教育の原理や理論とどのように関連するか検討してきた。しかし，これまでその重要性が指摘されていながらも，本書で十分に扱ってきていないプロセスがいくつか指摘できる。加えて，これまでの学習者中心の教育の系譜においても，本書の各章においてもとくに言及されていないが，今後の検討が待たれる方向性も存在する。以下では，これらを整理することで，今後さらに探究を進めるべき論点のいくつかを示したい。

4.1. 学習を促進する評価環境

　2.7.節で述べたように，教育評価とは特定の学習者の能力を品定めするための手法ではなく，教育効果を高めるための情報収集とそれに基づく学習方法や内容の改善のプロセスである。したがって，教育評価の方法を設計することは学習環境の設計と表裏一体である。

　学習目標の設定については3.7.節でも指摘されたが，学習目標は本来，教師が一方的に設定するものではない。続（1969）の提案するような自律的な評価観にしたがって考えれば，学習目標を共有する，さらには学習目標を学習者と協同構成するという方向性をさらに推し進めることが，越境の説明をはぐくむうえで必須になるだろう。学習目標の達成状況を学生のパフォーマンスに基づいて評価し，学習者とともに学習環境のあり方をその都度修正するような形成的評価をともなった越境の説明力育成のプログラム開発も今後の課題である。

4.2. 内発的動機づけを支える人間関係

　自己決定理論が論じるように，越境の説明のためには対人関係上の安全確保が必須である。大学内外の対人関係で安定的な関係性をすでに確保している学生もいれば，授業担当者による脅しによって授業中においてすら安心感を抱けない学生もいる。大人の学習者においては見逃されがちであるが，成長してなお人間関係は越境の説明を含むあらゆる自発的行為のベースとなっている。大学における教師・学生間あるいは学生同士の人間関係をどのように築き，越境の説明に自発的に取り組む学習者をサポートする方法に関する実証研究が求められる。

4.3. 学習者の心理学的モデル

　越境の説明を行う学習者の心理学的モデルはまだその展開が不十分である。第6章（鈴木宏昭）では求心的越境と遠心的越境という越境の方向性がモデル化され，第8章（中野）では説明者と被説明者の間の説明の共通基盤がモデル化されている。これらをさらに発展させて，学習者自身の個人内過程（認知および情動の両側面），ピアとの相互作用，学習者と教師との相互作用を含む心理学的モデルの発展は学習者の特徴を理解するために役立つだろう。

4.4. エビデンスに基づくカリキュラムの設計

　第6章（鈴木宏昭）や第8章（中野）で指摘されたように，越境の説明を支える諸能力は一朝一夕に身につけられるものではない。さまざまな教育的手立てや学習環境の設計を組み合わせた結果，長い期間を通して成果は得られる。そのため，長い目でみてどのよう

な手立てや環境が越境の説明に貢献したのかを明らかにすることが求められる。さらに，学習者の属性によって越境の説明を促進するための適した教授学習の方法は異なるはずである。第8章（中野）で学年段階の違いに基づいて設定された越境のレベルのように2年間あるいは4年間といった長きにわたるカリキュラムの設計を実証研究に基づいて行うためには長期的なデータ収集と分析が必要である。

筆者が奉職する愛媛大学では，長期的な観点をもった分析を行えるよう，学部を中心としたIR（インスティチューショナル・リサーチ）のためのデータ収集を進めている。IRとは，もっとも一般的な定義によると「機関の計画立案，政策形成，意思決定を支援するための情報を提供する目的で，高等教育機関の内部で行われる研究」である（Saupe, 1990）。筆者らの試みは，教員養成学部における教育実習や学生の履修状況等が教職志望にどのように影響するか検討するものである。学生の教職への動機づけを入学時から卒業時にかけて縦断的に調査し，その変化に影響する要因を多面的に検討している。これまで，①実習に関する認識についての項目（3年生：教育実習，2年生：ふるさと実習・プレ教育実習），②子ども観についての項目，③学習観，④教師活動観についての項目，⑤職業意思決定，という5つの領域に関するデータを集めている（富田・吉村・山本・田中・川岡・原田・竹永・隅田，2012；富田・吉村・山本・田中・原田・熊谷・川岡，2013；原田・池田・富田・吉村・田中・山本・熊谷・山田，2012）。越境の説明力は質問紙による自己評定尺度等では測定できない能力であるため，このように長期的な観点で検討することは挑戦的な課題であるが，それと同時にもっとも重要な教育研究課題の1つである。

4.5. キャンパスの設計

地域におけるキャンパスの位置，キャンパス内の構造物配置，教室の設計，図書館，カフェテリアといった物理的環境の設計もまた学習環境のデザインとして重要である。第8章（中野）では，授業時間外に学習者が集まって課外活動を支援するための物理的支援の重要性が指摘された。授業時間においても，越境の説明を効果的にはぐくむためにはさまざまなニーズに柔軟に対応できる教室の設計と同時に，既存の施設をうまく利用するためのノウハウの共有が重要であろう。これらについて実践上の知恵が蓄積されるだけではなく，実証的な検証が待たれる。

5．大学教育の本質へ向けて

教育の理論や実践は他のあらゆる営みと同様に，1つのアプローチや概念がどれほど新しい潮流として人口に膾炙しようとも，歴史的な潮流の一部として位置づけることが可能である。また，そうしないかぎり同じような議論を何度も繰り返すことになり，本質的な教育研究の発展にはなりえない。本章では，これまで学習者中心の教育を支援するプロセスや要因に関する先行研究に本書で議論された内容を関連づけることを通して，本質的な発展が何であるかを特定しようと試みた。

第9章（比留間）で指摘されたように，大学の大学たる所以は，研究と一体となった教育である。とくに教育心理学や認知科学，教育工学といった実証研究に取り組む領域に関与する大学教員は，自らの教育もまた実証研究の対象とすることで初めてその大学らしさを発揮することができる。日本の多くの大学はヨーロッパの伝統的な大学と異なり，教師の同業者集団が発展したというよりも，国家の近代化や国土の均衡的発展を実現するための行政執行機関としての位置づけが強い。昨今の大綱化や法人化の流れのなかでも，大学

には独立した運営と経営が国から求められながら，それと同時にいまも予算執行や教育内容において国によって事細かく指示を受けるということによって，日本には本来的な意味での大学がいまだ定着していないことが暗示されているようにさえ感じられる。しかし，このような時代であるからこそ，本来的な大学のあり方を追究し，内発的な大学の発展を実現させたいという強い意思を，大学関係者を含む私たち市民がもっているかどうかが問われている。

<付記>
　本章を執筆するにあたって日本学術振興会，平成24年度科学技術研究費補助金（基盤研究C）「教員養成のための協同的パブリック・トークの力量形成」（代表：富田英司，24530826）の支援を受けた。

■ 引用文献

American Psychological Association Presidential Task Force on Psychology in Education. (1997). *Learner-centered psychological principles：A framework for school redesign and reform.* Washington, DC：American Psychological Association.

Brown, A. L. (1978). Knowing when, where, and how to remember: A problem of metacognition. In R. Glaser (Ed.), *Advances in Instructional Psychology*, 1. Hillsdale, NJ: Lawrence Erlbaum Associates. pp.77-165.

Burnard, P. (1999). Carl Rogers and postmodernism: Challenges in nursing and health sciences. *Nursing and Health Sciences*, 1, 241-247.

Csikszentmihalyi, M. (1990). *Flow: The psychology of optimal experience.* New York: Harper and Row. （チクセントミハイ，M.（著）　今村浩明（訳）（1996）．フロー体験：喜びの現象学　世界思想社）

Cornelius-White, J. (2007). Learner-centered teacher-student relationships are effective：A meta-analysis. *Review of Educational Research*, 77（1）, 113-143.

Dewey, J. (1916). *Democracy and education.* New York: The Macmillan. （デューイ，J.（著）　松野安男（訳）（1975）．民主主義と教育（上巻）　岩波書店）

原田義明・池田あかり・富田英司・吉村直道・田中雅人・山本久雄・熊谷隆至・山田剛史（2012）．愛媛大学教育学部における教員養成IRのデータベース運用　愛媛大学教育学部紀要，59，99-104.

Harter, S. (1978). Effectance motivation reconsidered: Towards a developmental model. *Human Development*, 21, 34-64.

自己調整学習研究会（2012）．自己調整学習：理論と実践の新たな展開へ　北大路書房

Marchand, H. (2012). Contributions of Piagetian and post-Piagetian theories to education. *Educational Research Review*, 7, 165-176.

Mercer, N. (1996). The quality of talk in children's collaborative activity in the classroom. *Learning and Instruction*, 6, 359-377.

中村和夫（2004）．ヴィゴーツキー心理学　完全読本　新読書社

O'Connor, M. C., & Michaels, S. (1993). Aligning academic task and participation status through revoicing：Analysis of a classroom discourse strategy. *Anthropology and Education Quarterly*, 24, 318-335.

Palincsar, A. S., & Brown, A. L. (1984). Reciprocal teaching of comprehension -monitoring activities. *Cognition and Instruction*, 1, 117-175.

Rogers, C. R., & Freiberg, H. J. (1994). *Freedom to learn.* 3rd ed. Columbus: Chaeles E. Merrill Puclishing. （ロジャース，C.・フライバーグ，J.（著）　畠瀬　稔・村田　進（訳）（2006）．学習する自由（第3版）コスモス・ライブラリー）

Ryan, R. M., & Deci, E. L. (2000). Self-determination theory and the facilitation of intrinsic motivation, social development, and well-being. *American Psychologist*, 55, 68-78.

Saupe, J. L. (1990). *The Function of institutional research.* 2nd ed. AIR（ASHE Reader on Planning and Institutional Research）. pp.211-258.

富田英司・吉村直道・山本久雄・田中雅人・川岡　勉・原田義明・竹永雄二・隅田　学（2012）．教職への動機づけを規定する要因の探索　大学教育実践ジャーナル，10，23-31.

富田英司・吉村直道・山本久雄・田中雅人・原田義明・熊谷隆至・川岡　勉（2013）．教員養成課程における教授学習観と教職動機づけの変化　大学教育実践ジャーナル，11，23-27.

続　有恒（1969）．教育評価　教育学叢書　第21巻　第一法規出版

Tynjäläs, P. (2012). *Towards creative and innovative learning.* A plenary session in the EARLI SIG 4 Higher

Education Conference, 14-17 August 2012 in Tallinn, Estonia.
Vygotsky, L. S. (1981). The instrumental method in psychology. In J. V. Wertsch (Ed.), *The concept of activity in Soviet psychology*. pp.134-143.
Wood, D. J., Bruner, J. S., & Ross, G. (1976). The role of tutoring in problem solving. *Journal of Child Psychiatry and Psychology*, **17**(2), 89-100.

16 「越境の説明」再検証
大学教育の未来へ

田島充士

　本書では第1章において筆者が提案した「越境の説明」をキー概念として，各章の執筆者が教育実践のさまざまな側面について具体的なデータ分析を行い，それぞれの視点から大学教育のあり方について論じてきた。本章では，本概念を提案した筆者の立場から，改めてその内容について考えていきたい。また本書の多くの執筆者が言及した，話者らの言語的思考（内言）における越境についても論じる。具体的には，聞き手における統覚の共通性を予測（期待）するという話し手の内言に着目し，その観点から，越境の説明に際して生じる心理現象について考察していく。また越境の説明力を大学教育において促進する教育支援のあり方について，各章の執筆者が紹介した実践事例およびその分析を概観し，総括的に検証を進めていく。そしてこれらの作業を通し，大学教育の未来像について提言を行う。なお本書では各章において優れた分析がなされてきたが，論の構成上，そのすべてを紹介できなかったことをお断りしておく。

1. 越境・社会集団・内言

1.1. 越境というフィクション

　第1章「大学における説明の教育とは」において筆者は，説明にたずさわる話し手と聞き手の背景とする文脈の違いによって生じる言語構造の違いに着目し，説明形態のモデルとして「越境の説明」「域内の説明」を提唱した。本節では，その言語構造を生みだす，話者らの言語的思考（内言）に焦点を合わせ，改めてこのテーマについて論じてみたい。
　「越境の説明」および「域内の説明」とは，話者らが「空間を共有しているかどうか」，および「過去経験を共有しているかどうか」により，情報交換にともなう言語化の程度が異なることを示す概念であった。このうち，眼にみえる空間の共有の有無については，説明に関わる当事者にとって，比較的容易に判断できる要因といえるだろう。しかし過去経験の共有については，その判断はかなり曖昧なものになる。たとえ実際に同じ出来事を経験した話者同士であっても，そこから引き出された個人的な情報処理の結果が，同じものになるという保証はないからである。ましてや，そういった具体的な経験の共有がない話者同士に至っては，相手との統覚の共通性の程度を，交流を開始する以前に予測することすら困難をともなうだろう。第1章・註2においても，統覚の共通性とは「期待」にすぎないと言及したが，それは，相手の頭をこじ開けて内部の情報処理を確認するわけにはいかない以上，それは話し手と聞き手それぞれがお互いに抱え合う主観的な「仮説」にとどまるという意味であった。
　以上のように考えると「越境の説明」および「域内の説明」とは，説明行為に参加する話者それぞれの内言において抱える主観的なフィクションであるようにも思われる。

1.2. 越境は二度生じる

　ただしこのフィクションは，話者らが説明を続ける限り，単なる主観的幻想には終わらない。話者間で行われる説明行為を通じ，話し手の，聞き手との統覚の共通性の程度に関する内的な仮説は更新され，またこの更新された仮説が説明行為に影響を与えていくと考えられるからである。

　ヴィゴツキー（邦訳，2005a）は，人間は他の動物とは異なり，実際の行為を行う前に自らの内言においても行為を行うのだと指摘している。さらにヴィゴツキー（邦訳，2005b）は，内言が形成する高次精神機能を，外的な社会関係が内化された疑似社会と捉えており，この内的な関係から，新たな外的関係が生まれるとも指摘している。このように考えるならば，話者は実際の交流に至る前に，彼の内言のなかで仮想化した他者に対して，相手が背景とする社会的文脈の予測をともなった説明を行うのであり，その内的交流が外的交流に影響を与えるという点では，話者の主観的仮説としての「越境」もしくは「域内」の判断も，もはや単なるフィクションとはいえなくなる。

　　人間のする建設が，ミツバチの場合と異なる点は，人間は二回，建築するように見えるだけのことです。すなわち，はじめは思考において，そして次には実際に建築するのです。……人間の行為はまるで二重の性格——はじめはそうしたいと思い，次にはそうするという——を持っているかのような印象が生じます（ヴィゴツキー／邦訳，2005a, pp.150-151）。

　　高次精神機能の基礎に横たわるメカニズム自体，社会的な性格を帯びているということができる。すべての高次精神機能は，社会的規律の心内化された関係であり，人格の社会的構造の基礎である。……マルクスの有名な命題を変えて私たちは，人間の心理学的本性は，社会的諸関係の総体であり，内面に移され，人格の機能とかその構造の形式となった社会的諸関係の総体であるということができよう（ヴィゴツキー／邦訳，2005b, p.183）。

　以上の論をまとめるならば，話者は，自分が行う説明が「越境」もしくは「域内」の性質を帯びるかという判断（統覚の共通性の程度）を，話し手の内言内に仮想した聞き手との心的社会交渉（内言）において，そして次には，聞き手との外的社会交渉（外言）において二回行うということになるだろう。実際，本書の幾人かの執筆者は越境を，話者間において実際にみられた説明場面だけではなく，それぞれの話者の内言においても生じるものとして分析していた（ただしこれらの内言は，話者らが説明を行う際に残したノート・レポート類，および観察者が残した対話記録などから類推されたものである）。

　たとえば鈴木（第6章「ライティング」）は，学生のレポートライティングを対象とし，学生の意識内における越境の存在可能性について言及した。すなわち，統覚の共通性が期待できない「口うるさい他者」の視点を学生の思考内に想定させ，その視点との仮想的交流としての内的な越境を豊かに行わせることにより，実際の他者に向けたレポートの文章などに表れる，外的な説明における越境性を高める可能性を指摘したのである。そして学習者同士のピアレビューやディスカッションを通じたレポート内容の見直しにより，その説明の質を上げ，結果として「口うるさい他者」の視点を学習者に定着させることが可能になることを明らかにした。

　以上の論を統合して考えるならば，他者に対する説明を開始する以前に，聞き手の統覚

の共通性の程度を話し手の内言内において予測することは，程度の差こそあれ，あらゆる説明を行う際にみられる作用といえる。すなわち話し手の内言において聞き手の反応と仮想的に交流を行いながら，自分が行おうとする説明について，どのような内容をどの程度まで言語化すべきなのかという統覚の共通性の予測を行う。そのうえで，外的交流として実際に相手に対して説明を行い，その反応を実際にみてみる。この実際の聞き手への説明の結果，うまく説明が伝わったと思われる反応，まったく伝わらなかったと思われる反応，もしくはその中間の反応などが得られるだろう。その後，さらに内言において修正を加える越境（統覚の共通性の予測修正）を行い，再度，実在の他者に向けた越境に臨むのだと考えられる。

また第 1 章では，ヴィゴツキー（邦訳，2001）のいう内言の自覚性と随意性を，越境の説明を可能にする精神機能として紹介したが，これも以上のような内的越境として解釈可能と思われる。つまり，統覚の共通性が期待できないと予測した相手との内的交流が，結果として自覚性・随意性を帯びる内言となり，これが外的交流の次元においても越境を可能とする心的資源になるということである。

以上のように，本書において論じた説明における越境とは，想定上の聞き手との内言および，実在の聞き手との外言を絶え間なく行き来する現象として捉えられるのである。

1.3. 社会集団とは

また以上のように考えれば，「越境する」という場合の前提となる「社会集団（同じ文脈を背景とする人々の集合体）」についても，もはや，話者らの意識外に独立して実在する「モノ」とはいえないことになる。

社会集団といって素朴に思いつくのは，学校の教室・職場・家庭，もしくは同じ国や文化集団など，制度化された枠組みとしての，観察可能な物理的環境だろう。しかし同じ集団にいる人々が，同じ文脈を構成していると意識しているかどうかは断言できない。外側から観察して同じ文脈を共有しているようにみえる集団であっても，「この場所にいるけれど同じ仲間ではない」「自分はこの共同体のなかでは異質な存在である」など，異なる文脈の定義を行っている人物が存在する可能性を否定できないからである（朴，2011）。このような人々の意識を無視した，単に物質的な環境としての集合体を描き出したとしても，本書の視点からいえばほとんど意味はない。有元・岡部（2008）は，人間が働きかけるより以前の物質的な環境とは「空っぽな可能性」に過ぎないと指摘する。すなわち「この集団は○○という共同体だ」「この人たちは××という仲間だ」という個々人による意識的解釈が下されて初めて，「社会集団」は，その人にとって意味のある「文脈」になるということである。

実際，溝上（第14章「自己 - 他者の構図からみた越境の説明」）は，他集団へと移動を行うことによる学習者の越境的変化について論じたエンゲストロームの「活動システム論」（Engeström, 1987；山住・エンゲストローム，2008）を引用しつつ，越境は必ずしも実在する社会集団間で生じる交流である必要はなく，自己内に想定した異質な他者の見解を自らの見解と統合し，新たな意味を生じさせる自己内交流としても意味づけることができると指摘した。そして，このような自己内の矛盾を統合する心的成長が，外的な次元においてもなお，越境的交流を行うことができる主体としてのアイデンティティの構築につながると論じた。

また鈴木（第7章「プレゼンテーション」）は，プレゼンテーションの準備を行う学生たちの実践場面を分析し，彼らの意識において，プレゼンの聞き手が属する社会集団と自らが属する社会集団との間の「境界」の意味づけが，話し合いを通して変化していくプロ

セスを描いた。鈴木はプレゼンテーションを，自らが属する社会集団とは異なる集団に属する相手に，自説を受け入れてもらうよう説得を行うという越境の説明として捉え，複数の学生がプレゼンテーション資料を作成する準備段階のやりとりを分析した。その結果，当初は敵対的に聞き手およびその所属集団を扱っていた彼らが，議論を進めるうちに，聞き手が背景とする社会的・政治的事情を考慮した言語構成を行うようになったことが明らかになった。そして彼らが，むしろ説明相手を，ともに自分たちの問題について考えてもらう仲間として想定し直すことで，話し手と聞き手の両観点を統合しうる新たな文脈を，彼らの意識内において創出させていたことも明らかになった。鈴木は，このような仮想的言語交流を「社会的ネットワーキング」と呼んだ。

　説明に参与する学生たちは以上のように，想定された聞き手との間で展開される社会集団の定義を組み替え直すネットワーキングを行うことで，相手に受け入れ可能な説明を予測するという越境を，彼ら自身の内的交流の水準で行っていたと考えられる。そして鈴木が紹介した説明活動の内容を読む限り，このような交流を通し，固定的に捉えられていた言説を，話し手および聞き手の双方にとって価値のある，新たな意味をもつものとして創出したと判断できる。

　以上のように「社会集団」とは，話者らの心的社会環境と物理的社会環境との相互交流のなかで，その範囲や意味が流動的に変化していく観念・概念として捉えることができると考えられる。そしてその「境界」もまた，話し手の内言における仮想他者との内的交流の水準および，実在する聞き手との外的交流の水準の間で絶え間なく交渉され続ける概念であり観念でもあるといえるだろう。そしてときに葛藤・対立するこのような交流を通し，新たな説明を構築することができる文脈を創発することが，越境の説明の最終的な目標になるのだと思われる。

2．絶え間ない相互交渉としての越境の説明

2.1．なぜ越境の説明は困難なのか

　一方，越境の説明を通し，異文脈を背景とする他者との間で新たな文脈を創出することは，決して容易ではないことも，本書の著者らによって示された。この越境の説明の困難さは，たとえ話者の内的思考において相手に伝わるだろうと思われる説明を構成できたとしても，実際の交流においては，その仮説どおりにその内容が相手に伝わらないことが多々ある（すなわち，越境が達成されない）ことが原因と思われる。

　菊岡（第11章「異文化間コミュニケーション」）は，日本語教師を目指す大学生が留学生へ日本語を教えるという説明場面を対象として，たとえ事前に聞き手の反応を予想した教案を作成しても，実際の説明における越境に失敗した（言語化が不十分であり，相手に自分の説明内容が伝わらない）学生らの事例を示した。とくに，適切な説明ができなかったと報告した学生らには，説明ができたと報告した学生らと比較して，事前に想定した架空の生徒の反応と実際の授業で出会った生徒の反応とのギャップがより大きいという特徴があったとされる。また田島（第10章「インターンシップ」）も，自らの学習文脈と指導対象となる中学生の学習文脈の違いについて事前に認識できていた学生であっても，相手の既有知識を予測した十分な言語化をともなう越境ができない事態（「分かったつもり」）に陥っていた者がいたことを明らかにした。

　これらの事例における説明の困難さとは，話者の内言で想定していた説明内容や言語化の程度が，実際の越境的交流を達成するには，不十分であったことによって生じた事態と

思われる。これまでも論じたように，説明にともなう「越境」とは，実際に聞き手と話し手との間の外的交流のなかで確認され，互いの内言内の内的交流において修正され，さらに新たな外的交流のなかで確認していくという相互作用のなかで交渉・達成されるものなのだと考えられる。そのため，異文脈を背景とする人物との交流に不慣れな話者の場合，内言内の交流において越境の程度の評価を適切に行うことができず，結果として，外的交流の次元における説明に困難さを抱える者が多くなるのだと思われる。

2.2. 越境経験を提供することの効果と限界

この困難な越境の説明を学生らが行えるようにするための，もっともシンプルな教育支援は，実際に学生らに越境的交流を体験させる機会を提供することだろう。本書で紹介された多くの支援事例にも，この種の実践が含まれている。これらの実践では，教育プロジェクト，教育実習，インターンシップ，ITコミュニケーションなどを通し，学生たちが学外の他者と実際にコミュニケーションを行う機会を提供している。そしてこのような越境経験の機会を提供することだけでも，学生らの越境の説明を行う動機づけを高め，また実際にこの種の説明を行うことを促進する支援になると考えられる。たとえば田島（第10章「インターンシップ」）および菊岡（第11章「異文化間コミュニケーション」）では，大学外の実習先の学習者に対し学生が，教員見習いとして学習指導を行う越境経験を経ることにより，学生の説明形態が，より巧緻なものになっていくプロセスが明らかにされている。

しかし一方で，単に越境的交流を経験させるだけでは，学生の成長にはつながらないとする指摘もなされている。

たとえば富田・鈴木・望月（第12章「オンライン・コミュニケーション」）は，さまざまな場所・立場にいる人物との交流を可能とするweb環境を設定し，学生らに越境機会を提供しただけでは，必ずしも，彼らの説明力が促進されるとは限らないと指摘した。その上で富田らは，学生が自分自身と交流相手の立場の違いに自覚的となり，相互に行う説明に対して批判的に応答できる越境的言語能力（オンライン・リテラシー）の育成のためには，積極的な指導者の介入が必要と論じた。

また山口ら（山口・山口，2004；山口，2008）も，大学教育のなかで提供されているインターンシップ等の実践体験型教育の多くには，実践経験に対する学生自身による十分な自律的解釈（山口らはSchön (1983)にならい，これを「省察」と呼ぶ）を行わせる大学教員の指導・支援が不足していると指摘した。そのため，個別・具体的な事例的知識ばかりが積み上がり，結果として自律的な省察のできる職業人を十分に養成できない課題を抱えているという。山口らの論から判断すると，彼らが捉える省察とは，実践文脈を共有しない，メンターとなる指導者などの他者に対し，自らの実践経験を説明する能力を学生が身につけることで，このメンターの視点から，逆に実践行為を自律的に統制できるようになる思考力を身につける（ヴィゴツキーのいう自覚性・随意性をともなう内言とする）越境行為と解釈できる。

以上の指摘より，学生に対して越境的交流の機会を提供するだけでは説明教育の支援としては不十分であり，異なる文脈を背景とする相手との自覚的な交流を行うための説明能力の組織的育成を，大学側が積極的に組織することも必要になるのだといえる。

2.3. 学生の説明力を組織的に育成する支援のあり方

本書では，異文脈を背景とする者との接触経験について研修参加学生らに越境的な説明を求めることにより，非自覚的になりがちな研修先における実践経験を意識化させ，自覚的に統制可能な知恵にしていくことを目指した組織的な介入事例が多く報告されている。

小林（第5章「ノートテイキング」），山崎（第13章「セルフ・リフレクション」）らは，教育実習など教育現場での研修に参加する学生を対象とした支援事例を紹介した。両氏が分析対象とした支援では，学生らが研修現場で経験した内容についてまとめ，実践に参加しないメンター（教師やピアレビューを行う学生）を対象にレポートを行うよう求めていた。ただしそれだけではなく，そのレポートが越境的性質をもつよう，実践場面を共有しない聞き手との交流機会を設定し，説明内容の再検討を促す組織的な働きかけも行っていた。このような働きかけを通し，学生らの経験に関する越境の説明力を向上させ，また部外者である聞き手の視点から，自らの思考をも自覚的に統制させる（省察を可能とさせる）ことを目指していたと解釈できる。

また説明テーマに関する統覚の共通性が低い相手に対する，自覚的な説明能力の育成を目指すためには，実際に越境的交流を体験させるプログラムではなくとも（すなわち大学内にとどまる実践においてもなお），学生の越境の説明力を指導者が積極的に支援を行うことは可能と思われる。

鈴木（第7章「プレゼンテーション」）は，プレゼンテーションを行う学生の内言における，社会的ネットワーキングを促進するために開発した「マンガ表現法」と呼ぶ実践を紹介した。この実践ではマンガを学生に描かせることで説明内容を評価・検討させ，そこに指導者が介入を行うことでプレゼンテーションを完成させる介入が行われた。鈴木は，この取り組みにより，学生たちがプレゼンテーションに関わる人物の所属集団やそのテーマに対する他者の感情などをより深く理解し，自覚的な言語化をともなう越境的説明を行えるようになると論じた。

中野（第8章「ディスカッション」）は，意見の対立や衝突を乗り越えた交流を通して，話者それぞれの世界観を広げていく創造的な越境の説明としてディスカッションを捉え，その教育実践について論じた。本章では，相手の主張・推論を客観的な視点から評価できるための技法を教授するとともに，実際に対立意見をたたかわせるディスカッション訓練を行うことで，相手に対する説明内容および言語化の程度がより自覚的に豊かになったという実践が報告された。すなわち本実践を通し，多くの学生らが自他の意見の相違について自覚的に認識し，論争相手の視点も十分に考慮した，越境の説明を行えるようになったというのである。

さらに富田・鈴木・望月（第12章「オンライン・コミュニケーション」）も，先述のオンライン・リテラシーを育成するためのさまざまなオンライン環境のデザインを紹介し，また，越境の説明育成を目指した指導者の介入のあり方について提言を行った。

以上の実践事例の要諦をまとめれば，説明対象である聞き手が背景とする文脈について的確に予測し，自らが背景とする文脈との異同を自らの内言において意識しながら，説明内容およびその言語構造を調整するという，越境を行う主体としての学生の自覚的な言語意識を育てるということになると思われる。他者との交流機会を提供しながらも同時に，自分が伝えたい情報の内言を編集・再編集する，自覚性をともなう説明力の構築を支援する。そのような教育環境を提供することが，今後の大学教育実践では必要になるのではないだろうか。

2.4. 終わりなき越境としての説明

ところで，どのような説明を行えば，話し手と聞き手との間の境界は消失し，越境が終了したといえるのだろうか，という問いが生じることは自然であろう。しかしこの問いに対し，筆者は「越境に終わりはない」と答える。

たとえば，統覚の共通性が期待できない相手の観点を話し手が先取り的に予想・熟考し

たうえで，話し手にとって「パーフェクト」と感じる内容と言語化をともなう説明を聞き手に提示したとする。しかし，どれだけ話し手が聞き手の異質性を予測して精緻な説明を構築したとしても，聞き手がその説明を，話し手には想定しえなかった知見と関連づけ，話し手に新たな疑問を投げかける可能性は排除できない。もちろん，それで聞き手が納得して，話し手が「越境できた」と判断できるケースもありうる。しかしそれは単に聞き手が物理的に沈黙をしただけであって，相手の頭をこじ開けてその情報処理内容を確認することができない以上，話し手の説明に対して聞き手の新たな反論もしくは見解がもたらされる可能性を否定できる根拠はどこにもないのである。

　香川（2012）は，異文脈を背景とする者同士が越境的に交流を行うことを通して創出される新たな知の様態を「越境知」と呼んだが，同時に，この越境知の確立によって両者間の差異が消え去るわけではないことも指摘した。越境知により，一時的に差異が解消されるようにみえるとしても，それは表面的な解消であり，実際には創出された観点から新たな矛盾・対立が生じうる可能性を否定できないからである。香川は，むしろ話者間の矛盾が消失せず新たな緊張関係が創出されることによって交流が続くのであり，その結果として相互の文脈のあり方も変化・生成し続けることができるのだと主張する。

　また田島（第10章「インターンシップ」）も，越境の説明を，聞き手からその都度立ち現れる新たな疑問・関心に合わせ，柔軟に説明の言語構成や内容を変更して新たな視点・文脈を再創造することができる，フレイレ（Freire／邦訳，1982）のいう「対話」に参与し続ける能力として拡張的に解釈すべきであると論じた。さらに菊岡（第11章「異文化間コミュニケーション」）も，単に学生が適切な越境的説明を実習先の生徒らに対して行うだけではなく，聞き手である生徒らも，応答としての説明ができるように支援を行わなければならないと指摘した。菊岡はこのような能力を「他者パフォーマンス力」と呼び，生徒たちに対して知的相互作用を促進する「ファシリテーター」としての役割を学生らが果たせるよう支援を行うことにより，大学−臨地間の終わりなき相互作用としての越境的関係性を築くことができると主張した。

　その意味では，越境の説明力を育成する教育は，聞き手にとって非の打ち所がないと思われる言語化および内容をともなう説明を構築し，境界を消失させる学習者の能力養成を目指すというよりも，むしろ，もしくはそのうえでなお，交流パートナーの反応に対して働きかけ，新たな意味を創発し続けることができる相互交渉への高い感受性の促進を目標とすべきなのだろう。すなわち，当事者の多様な文脈の視点を盛り込みつつ変化し続ける，終わりなき意味生成行為としての説明に従事し続けることができる学習者の能力を育成するということである。

3．まとめ：大学教育の未来へ

　第1章「大学における説明の教育とは」の冒頭において，筆者は，高い技術力と専門知識を誇る日本人技術者が，自分たちとは異なる社会集団に生きるタイの労働者に対して説明を行うことができなかったという事例を紹介した。そして，このような状況においてもなお，自らの意志を相手に伝え，また相手の反応に応じることができる情報交換行為を，越境の説明と定義づけた。そのうえで，大学教育において，この能力を育成していくことが必要になると論じた。そして実際に各章において，さまざまな実践モデルが展開され，その効果が検証された。

　もちろん筆者は，同じ生活文脈を共有する仲間との域内の説明の重要性を無視しているわけではない。むしろ第1章でも述べたように，説明教育において目指されるべきは，学

生らが域内の説明と越境の説明との自由な往還を可能とすることであり，聞き手との間に展開される関係性により，適切な説明形態を自ら選択できるようになることと考えている。

しかしやはり筆者は，現代に生きる学生たちにとって越境の説明と域内の説明との往還は困難な課題であり，越境の説明力の向上に力点を置いた，大学による組織的な支援が必要になるとも考える。

溝上（第14章「自己－他者の構図からみた越境の説明」）は，親しい関係性を基盤とする「親密圏」で出会う人物との関係は比較的濃密だが，共通の目標・課題に取り組む「公共圏」で出会う人物との関係は希薄という現代青年の人間関係の構築傾向を指摘し，このことが彼らの説明活動に大きな影響を与えていると示唆した。また藤井（2009）は，自分の生活世界を離れた（公共圏における）幅広い人間関係づくりを避けようとする青年の傾向を，澄んだ水にしか住むことができないマリモになぞらえ，親密圏の狭い関係性に閉じこもるという意味で「マリモ化」と呼んだ。溝上の解説にしたがえば，公共圏で出会う人物とは，多くの場合，異文脈に住む他者であり，このような人物との交流は必然的に，越境の説明になる。すなわち，多くの学生にとって越境の説明が困難になるのは，単に，情報伝達を行ううえで複雑な言語操作を行わなければならないということだけではなく，このような越境的な人間関係を築くことへの関心が希薄化していることも大きな要因になっているということである。したがって，親密圏内のつきあいに閉じこもる，マリモ化傾向のある学生たちに，親密圏外の人物と関係を結ぶことへの関心を高め，説明教育と関連づけていくことは，溝上も指摘するように，現在の大学教育にとっての重要なミッションになるのだと思われる。

比留間（第9章「プロジェクト」）は，このような親密圏外の人物と関係を結ぶことを促進するためには，異文脈を背景とする人々との交流が必然的に重要となる，探求的な学習経験を学生らに提供する必要があると論じた。異なる背景をもつ専門家同士の越境的説明を可能とするよう学生たちを支援するためには，お仕着せのパッケージ化された知識を受動的に学ぶという学習スタイルだけではなく，学生自らが研究を実施し，その成果の生産者となる探求型の学習スタイルを促進していく必要があるということである。身近な仲間（親密圏の人物）との話し合いでは容易に解決できない探求型の課題に取り組ませることで，必然的に，異領域の専門家（公共圏の人物）との協働活動を行う動機づけを高める。比留間が捉えるその取り組みの1つがプロジェクトであり，このような探求的学習経験を経ることで学生たちは，越境の説明に必要となる，批判的・論理的言語能力の習得を可能にするのだと論じている。

さらに山崎（第13章「セルフ・リフレクション」）は，臨床心理学の観点から，説明教育を通して公共圏の他者とつながることへの学生の関心を高める可能性について論じた。山崎によると，カウンセリングとは，クライエントが生きる世界の中で体験する，言語化する機会の少ない悩みを，異世界に住むカウンセラーに対して説明する越境的実践であり，その点において，大学における学生への説明教育との間には同型性があるという。カウンセリングでは，カウンセラーとの交流を続けていくことでクライエント自らの悩み経験を自覚化する苦闘のプロセスを経て，他者から理解され自分自身も理解できる「気づき」が得られる。一方，説明教育では公共圏の他者との交流を通し，非自覚的な学習経験の自覚的な観点への「気づき」が得られる。両者の変化とも，他者と関わると同時に自分自身とも関わることで得られる自己成長といえる。この山崎の論からも，説明教育を通し，親密圏外の他者と関わり，自分自身の生きる親密圏内の世界・知識についても自覚化をはかり続けようとする，学習者の関心を高めることができる可能性が示唆される。

このような，越境的な人間関係の構築を促進するものとして大学教育の未来像を描くということは，今後，重要な分析の観点になると思われる。本章で紹介された学生の説明力を育成するためのさまざまな取り組みの多くにおいても，これらの実践を通した説明言語の充実化の背景に，以上のような，異文脈を背景とする人々への関心を高め，これらの人々と意志の交流を続けたいとする学生たちの動機の変化が生じていたのではないだろうか。このような学生たちの人間関係構築に関わる成長については，現状では十分に具体的な検証の対象となっているとは言い難いが，自律的・持続的に越境の説明と域内の説明を往還できる学生の養成を目指す大学教育にとっては，必須の養成観点になると思われる。

本書で紹介したさまざまな理論的検証や取り組み事例が，このような大学教育の未来に資することができれば，編者として望外の喜びである。

＜付記＞

本章の執筆に際し，独立行政法人日本学術振興会・科学研究費助成事業（学術研究助成基金助成金（若手研究（B）））「大学生の「分かったつもり」を解消する支援：学校インターンシップを中心に（代表者：田島充士・平成23年採択　課題番号：23730621）」の助成を受けた。

■ 引用文献

有元典文・岡部大介（2008）．デザインド・リアリティ：半径300メートルの文化心理学　北樹出版

フレイレ，P.　里見　実・楠原　彰・桧垣良子（訳）（1982）．伝達か対話か：関係変革の教育学　亜紀書房

Engeström, Y. (1987). *Learning by expanding: An activity theoretical approach to developmental research.* Helsinki: Orienta-Konsultit Oy.（山住勝広・松下佳代・百合草禎二・保坂裕子・庄井良信・手取義宏・高橋　登（訳）（1999）．拡張による学習：活動理論からのアプローチ　新曜社

藤井恭子（2009）．友人関係の発達　宮下一博（監修）松島公望・橋本広信（編）　ようこそ！　青年心理学：若者たちは何処から来て何処へ行くのか　ナカニシヤ出版　pp. 54-64.

香川秀太（2012）．看護学生の越境と葛藤に伴う教科書の「第三の意味」の発達：学内学習−臨地実習間の緊張関係への状況論的アプローチ　教育心理学研究，60，167-185.

朴　東燮（2011）．社会・文化・状況　茂呂雄二・田島充士・城間祥子（編）　社会と文化の心理学：ヴィゴツキーに学ぶ　世界思想社　pp. 55-73.

Schön, D. A. (1983). *The reflective practitioner: How professionals think in action.* New York: Basic Books.（柳沢昌一・三輪建二（監訳）（2007）．省察的実践とは何か：プロフェッショナルの行為と思考　鳳書房）

ヴィゴツキー，L. S.　柴田義松（訳）（2001）．思考と言語　新読書社

ヴィゴツキー，L. S.　柴田義松・宮坂琇子（訳）（2005a）．教育心理学講義　新読書社

ヴィゴツキー，L. S.　柴田義松（監訳）（2005b）．文化的−歴史的精神発達の理論　学文社

山口恒夫（2008）．問題ははじめから与えられているわけではない：「省察的実践（家）」をめぐって　教員養成学研究，4，1-10.

山口恒夫・山口美和（2004）．「体験」と「省察」の統合を目指す「臨床経験」：「プロセスレコード」を用いた「臨床経験」の研究の基本的視点　信州大学教育学部紀要，112，121-131.

山住勝広・エンゲストローム，Y.（編）（2008）．ノットワーキング：結び合う人間活動の創造へ　新曜社

事項索引

あ
アーギュメント 21, 193
　——・スキーマ 21, 193
IR（インスティチューショナル・リサーチ） 242
アイデンティティの形成 123
アウェアネス 186
アクション・プラン 60
アクターネットワーク理論 98
アクティブラーニング 221
足場（scaffold） 71
　——かけ（scaffolding） 194
　——作り 234
アロー・アプローチ 46
暗黙知 222
EMU（Emotional and Motivational Underliner） 74, 75
E モデレータ 189
E モデレーティング 189
　——の 5 段階モデル 189
域内の説明 3, 165
意識化 154
い・ち・ぎ・じっせん 58
一次的ことば 167, 215
異文脈 50
意味づけ 52
引用 119
Voicing Board 106
ALACT モデル 205
SQ 3 R 法 35
越境 96, 226
　——知 251
　——の手段 63, 71, 74
　　——としてのノートテイキング活動 63, 68, 75
　——の説明 3
　　——における土俵 119
　——力 63, 72, 75, 213
　——のための日本語 169
　遠心的—— 79
　求心的—— 79
　ディスカッションにおける——レベル 120
　非——性 96
遠隔指示 182

か
外化 42, 83
外言 9
階層的概念地図 83
外的貯蔵仮説 67
会話的トーク（conversational talk） 71
科学
　——的概念 10, 209
　——的表現 142
書き込み 70
確実性の幻想 13
学習
　——環境デザイン 194
　——環境のデザイン 115
　——コミュニティ 124
　——者中心の教育 231
　——者中心の心理学的原則 235
　——手段型プレゼンテーション教育 94
　——目標型プレゼンテーション教育 94
　——モデル 58
　協調—— 83
　自己制御—— 235
　自己調整—— 35
　探求型——（Inquiry-Based Learning） 128
　同期型協同—— 182
　非同期型協同—— 186
　プロジェクト—— 194
学士力 19
学問 115
化石化 8
価値のデザイン 115
学校インターンシップ 147, 178
活動理論 25, 226
カリキュラムのデザイン 115
感情 82
関心の翻訳 99, 101
間接的形式 4
間テキスト的メモ 69
関連性 234
キー・コンピテンシー 19
記憶 52
訊く 45
聴く 45
聞く 45
技術的熟達者（technical expert） 204
技術的ツール 24
義務通過点 99, 103
逆向き設計 19
キャリア 123
境界 226
　——づくり 80
境界的なモノ 65, 72
共感性 233
教授法的機能（pedagogical function） 71
共生言語としての日本語 169
共生日本語実践力 165
協働思考プログラム 133
共同体意識 194
共有知 222
議論
　——学 20
　——経験 114
　——志向性 114
Kneading Board 185
グラウンド・ルール 234
グループウェア 195
グローバル社会 17
KNV（Kyoto Naruto Virtual University）実践 198
KKJ（Kyoto-Keio Joint seminar）実践 197
研究 72
　学生——（Undergraduate Research） 127
　教育的介入—— 133
　——活動 73
　——過程志向（Research-oriented）カリキュラム 130
　——－教育ネクサス（Research-Teaching Nexus） 129
　——個別教授（Research-tutored）カリキュラム 130
　——実践（Research-based）カリキュラム 130
　——成果指導（Research-led）カリキュラム 130
　——を中心とした大学 130
　卒業—— 127
言語的攻撃性 114
行為 26
　——のなかの省察（reflection-in-action） 205
公共圏 224
　——コミュニケーション 225
高コンテクスト 7
高次精神機能 9
構成主義 233
行動主義 22

口論的談話　13
個人間思考　115
個人内思考　115
個別的要約　69
コミュニケーション　222
コラボレーション　194
根拠　78
コンテクスト　49
コンピュータに媒介されたコミュニケーション　195

さ
サービス・ラーニング　72
再声化　234
再文脈化　12
サピア=ウォーフ（Sapir-Whorf）の仮説　48
CSCL　208
ジェネリック・スキル　19
自覚性　10
　――と随意性　167
ジグソー　40
　――法　84
　ダイナミック――　40
自己説明効果　194
自己‐他者の構図　226
自己と非自己　226
自然発生的概念　10
実験・調査報告系レポート　80
実践参画　72
質問役　38
史的唯物論　24
社会
　――関係資本　18
　――構成主義　24, 208, 233
　――実践理論　27
　――的存在感　195
　――的手抜き　194
　――的ネットワーキング　99
　――的方言　8
　――的メタ認知　23
修辞機能　21
就職面接　111
集団間コミュニケーション　198
集中　52
主張　78, 116
　――型のレポート　80
受聴　52
述語主義　9
状況論的学習観　197
照合　47
省察　249
自律性　234
真実性　233
心像　47
身体メタファー　184
シンボリック・アナリスト　17

親密
　――圏　224
　――コミュニケーション　225
　――な関係性　222
心理的ツール　24
随意性　10
推敲の段階　81
垂直的熟達　9
水平的越境　9
スキーマ　222
　――理論　47
スクリプティッド・コラボレーション　193
スクリプティング　193
生活者としての外国人　166
生活者のための日本語教育　166
生活の概念　10, 209
生産　131
正統的周辺参加　124
説明役　38
セルフ・リフレクション　203
前提　49
総括　116
相互教授法（Reciprocal Teaching）　23, 38
相互行為リソース　184
相互作用的機能（interactional function）　71
相互作用の原理　28
相互質問（RQ: Reciprocal Questioning）　38
相互方略指導（transactional strategies instruction）　38
操作　26
創造　131
双方向型授業　111
ソーシャルネットワーキングサービス（SNS）　197
卒業論文　127

た
大学の国際化　165
第三の空間　160
対話　77, 156
　――（ダイアローグ）形式　5
　――的自己　228
　――的なノートテイキング　64, 68, 69, 74
　――理論　97
　内的――　98
多元的現実の交渉　135
他者　167
　域外の――　213
　架空の――　173
　――性　86, 228
　――パフォーマンス　170,
 251
多声性　98
多文化共生社会　165
探求的談話　12
断絶平衡モデル　191
地域日本語教育　166
逐次モデル　191
知識
　――獲得としての学習　131
　――自体の構築　131
　――陳述型　83
　――伝達型教育の授業観　114
　――変形型　83
　――を再生産する手段　63, 66, 68
調節　233
直接的形式　4
直観　82
追求　131
TWA　35
低コンテクスト　7
定住外国人　165
ディスカッションによる議論型授業観　114
電子掲示板　186, 195
伝達　155
　――内容の親和性　223
トゥールミンモデル　22, 86
同化　233
統覚　5
動機　25
同定　47
導入教育　123
ドキュメンテーション　213
独語（モノローグ）形式　5
特定　131
読解方略　34
土俵づくり　116
トポス　20

な
内言　9
内発的動機づけ　234
内容学習方略　35
二次的ことば　167, 215
日本語教育実習　165
日本語教師教育　165
人間中心主義　232
認知心理学　22
認知的徒弟制理論　208
認知方略　237
ネットワーク形成　124
ノートテイキング　63, 66, 67
　――活動　63, 65, 66, 68, 70, 71, 73-75
ノート見直し　63, 66, 67
ノットワーキング（knot working）

214

は

媒介されたトーク (mediated talk) 71
ハイブリッド型授業 199
発達の最近接領域 11, 215
反省的実践家 (reflective practitioner) 205
反応（内的反応，外的反応） 52
汎用的技能 19
反論 116, 118
ピア・アセスメント 206
ピアレビュー 86
非言語的反応 55
非指示性 233
筆記思考 41
ビデオ遠隔会議システム 183
ヒドゥンカリキュラム 36
批判的思考 82, 128, 233
批判的読み 82
評価 235
　　——役 38
ファシリテーター 178
フィールドワーク 171
プランニングの段階 81
振り返りシート 213
フロー 240
プロセス 49
　　——損失 195

——レコード 207
文化的道具 233
文化的発達の一般発生的法則 25
分業 194
文法的比喩 142
平均効果量 66
弁証術 20
弁証法的思考 229
弁論術 20
ポートフォリオ 206
ポジショニング 227
翻訳の段階 81

ま

学びあう風土 117
マリモ化 252
マルチモーダル 137
　　——・ラーニング・ノート 137
マンガ表現法 105
無条件の肯定的関心 233
名詞化 142
メタ認知 23
メタ分析 66, 67
モード1 132
モード2 132
目的 25
問題 78
　　——解決 232

——設定 81
——の相対化 85
——の普遍化 84
——の明確化 84

や

有能性 234
預金型教育 155

ら

来談者中心療法 232
理解進化方略 35
理解補償方略 35
リスニング・ジャーナル 59
リフレクション 72, 73, 89
　　——活動 73
累積的談話 13
ルーブリック 60
レポートの評価 89
連続性の原理 27
連盟関係の樹立 98
論争的な複数テキスト 68, 70
論理機能 20

わ

分かったつもり 13
ワトソン・パーカー・テスト 61

人名索引

A

阿部純一 222
安達一寿 195
赤堀侃司 89
秋田喜代美 35
穐田照子 46, 49, 57, 58, 237
Anderson, R. C. 22, 113
安西祐一郎 56
荒木晶子 46
荒木光彦 128
Archodidou, A. 22, 113
有元典文 145, 160, 247
Aristotle 20, 21
Aronson, E. 84
浅野智彦 224
芦原典子 147, 159, 160
麻生良太 159, 160

B

Bakhtin, M. 93, 97, 98, 229
Bamberg, M. G. 227
Barnlund, D. C. 112, 113
Bassok, M. 194
Baukus, R. A. 114
Beach, R. W. 35
Bencze, L. 13
Bereiter, C. 83
Berk, L. E. 10
Berkowitz, S. J. 35
Berrett, J. V. 192
Berson, S. 71
Bertau, M. C. 9
Blaney, N. 84
Boud, D. 130
Brew, A. 130
Briñol, P. 23
Broome, B. J. 51
Brown, A. L. 23–25, 35, 36, 38, 237
Brown, C. A. 209
Brown, K. J. 35
Brownell, J. 46, 52, 53, 55, 59
Bruner, J. S. 194, 234
Burnard, P. 232

C

Callon, M. 98, 99, 103
Campione, J. C. 23
Caverly, D. C. 63
Chemielewski, T. L. 35
Cheng, P. C. H. 83
Chi, M. T. H. 65, 194
千葉和義 94
Chiu, M. 65
Cho, K. 86, 87
張　龍明 208
Christie, B. 195

Clampitt, P. G.　55
Coakley, C. G.　48, 54, 56, 59
Condon, J. C.　49
Cooper, H.　66
Corey, S. M.　66
Cornelius-White, J.　233
Cox, R.　42
Crawford, C. C.　66
Creighton, J.　128
Csikszentmihalyi, M.　240

D
Damasio, A. R.　82
Dansereau, D. F.　35
Dawes, L.　12
de Leeuw, N.　65
Deane, F. P.　35
Deantoni, T.　128
Dearin, R. D.　46
Deci, E. L.　234
出口明子　207
DeMarree, K. G.　23
Dewey, J.　27, 28, 204, 232
Dochy, F.　187
土井隆義　225
Dole, J. A.　35
Donley, J.　35
Dostoyevsky, F. M.　5, 6, 10

E
江木啓訓　195
Eisenberg, E. M.　55
Elton, L.　130
江村潤朗　93
Engeström, R.　3, 9
Engeström, Y.　3, 9, 26, 160, 214, 227, 229, 247
Ennis, R. H.　82
Enyedy, N.　7
衛藤裕司　159, 160

F
Felton, M.　113
Fischer, F.　193
Flippo, R. F.　63
Flower, L.　81
Forman, E. A.　209
Freiberg, H. J.　233
Freire, P.　145, 154-156, 158, 251
Friedrich, J.　9
藤原康宏　206
藤本　徹　195
藤村裕一　94
藤沢しげ子　114
藤田　敦　159, 160

藤田和生　82
藤谷　哲　187
藤田　忍　196
藤田哲也　95
深川美帆　114
舟生日出男　185, 207

G
Gambrell, L. B.　35
Gaultney, J. F.　35
Gersick, C. J.　191
Gibbons, M.　132
Gigerenzer, G.　82
Gijbels, D.　187
Gilbert, L.　113
Glaser, R.　194
Glover, I.　70, 75
Goodall, H. L., Jr.　54
後藤善友　206
Graesser, A. C.　35
Greenberg, S.　195
Greene, E. B.　66
Griesemer, J. R.　65
Griffiths, R.　130
Gutierrez, K.　160
Gutwin, C.　195

H
Haake, J. M.　193
Haas, C.　64
Haiman, F. S.　112, 113
Hall, E. T.　7
Halliday, M. A. K.　142
濱名　篤　19
羽石寛志　94
原　清治　160
原田義明　242
Hardaker, G.　70
Harkins, S.　194
Harter, S.　234
春原憲一郎　166
橋爪良治　195
橋本恵子　95
橋本京子　128
橋本良明　58
畑山浩昭　46
服部圭子　178
早川芳敬　46
林　德治　94, 95
Hayes, J. R.　81
櫨山淳雄　208
Healey, M.　130, 131
Hedges, L. V.　66
Hegel, G. W. F.　229
Hermans, H. J. M.　227, 228
Hidi, S.　74

東野勝治　95
Hightower, R.　188
平林宏朗　95
平林幹郎　48
平塚　明　113
比留間太白　133, 134, 137, 139, 140, 240, 242, 252
久松慎一　187, 195
Hoadley, C. M.　7
Hobbes, T.　115
Hodson, D.　13
Holland, D.　27
Hollingshead, A. E.　188
Holquist, M.　98
堀　公俊　178
堀　浩一　83
Horita, T.　191
Hoskyn, M.　35
Humboldt, W, von　130
Hunter, A-B.　128, 130, 136
Hutchins, E.　194
Hwang, W. -Y.　70

I
市川伸一　82
飯島宗享　226
池田あかり　242
池田広子　167
池田謙一　14
池見　陽　57, 58
今井多衣子　165, 169, 178
Imhof, M.　49, 50, 57
稲葉晶子　208
稲垣成哲　207
Infante, D. A.　114
井下千以子　78, 87
井下　理　195
井上史子　95
井上智義　95
井上和歌子　35
犬塚美輪　35-40, 237, 238
乾　敏郎　56
石橋　潔　206
石田　潤　35, 42
Ishii, S.　114
石岡恒憲　89
伊藤　明　52
伊藤敦美　158
伊藤大輔　133, 135
伊東昌子　41, 42, 82
岩間夏樹　224
岩間　徹　95
岩男卓実　83
和泉育子　52

J

Jakubinskij, L. P.　3-11, 14
James, W.　226
Janeway Jr., C. A.　226
Janusik, L. A.　46, 49, 50
Jawitz, P. B.　35
Jensen, M.　191
John, J.　128
Johnson, S. D.　192
Joubert, J.　111

K

香川秀太　14, 251
甲斐謙介　159
海保博之　95
神吉宇一　167, 169, 170, 175
金子英俊　148
Kardash, C. M.　128
Kärkkäinen, M.　3, 9
笠原正洋　35
柏原昭博　208
片山章郎　94
加藤　浩　105, 106, 183, 185, 187, 194-196
加藤和生　23
河北隆子　52
川岡　勉　242
梶浦文夫　94
梶原寿了　117
Kempen, H. J. G.　228
Kendon, A.　185
Kiewra, K. A.　67
Kihara, T.　191
菊地　章　94
菊岡由夏　165, 167-170, 175, 178, 240, 248, 249, 251
Kilpatrick, W. H.　128
Kim, S.　22, 113
木村里美　154
Kinkead, J.　127
桐木建始　35, 42
北神慎司　95
北村光一　95
清河幸子　38, 39, 237, 238
Klaiman, R.　74
Klopf, D. W.　114
小林浩明　176
小林敬一　64-69, 71, 72, 74, 238, 239
小林　亮　197, 198
小林至道　81, 86
小林哲朗　14
Kolb, D.　204
Kollar, I.　193
Kolstø, S. D.　13
近藤明彦　85
Korthagen, F.　205

Kosberg, R. L.　114
小谷　敏　224
河野庸介　35, 36
Kress, G.　137
Kuhn, D.　22, 113
久間清喜　159, 160
熊谷隆至　242
楠見　孝　82
桑野　隆　4
葛岡英明　183

L

La Fleur, J.　192
La Vancher, C.　65
Larkin, J. H.　83
Larreamendy-Joernes, J.　209
Larson, J.　160
Latané, B.　194
Latour, B.　98, 99
Laursen, S.　130, 136
Lave, J.　27, 124, 197
Law, J.　99
Lee, C.　35
Leontiév, A. N.　25-27
Levin, J. R.　35
Levy, P.　131, 132
Lewis, M.　194
Limoges, C.　132
Lopatto, D.　128
Lursen, S. L.　128

M

Macagno, F.　20
MacArthur, C.　86, 87
真島秀行　94
牧野由香里　95
Mandl, H.　193
Manzo, A. V.　38
Marchand, H.　233
Martin, V. L.　35
丸野俊一　22, 23, 85, 86, 113, 114
Marx, K. H.　24, 27
真下知子　95
Mason, L. H.　35
増田信一　52
益川弘如（Masukawa, H.）　64, 75, 83
松田和典　94
松永秀俊　114
Mayer, R. E.　36
McBurney, J.　20, 21
McGrath, J. E.　188, 192
McNamara, D. S.　35
McNurlen, B.　22, 113
Medzhitov, R.　226
Meister, C.　38

Melton, G.　130
Mercer, N.　12, 13, 234
Michaels, S.　13, 234
Michinov, E.　192
Michinov, N.　192
道田泰司　132
三樹弘之　183
Minty, I.　192
満尾貞行　148
三浦香苗　114
三宅なほみ（Miyake, N.）　40, 83
宮田　仁　95
溝上慎一　198, 221, 226-228, 247, 252
水上悦雄　113
水野正朗　205
望月俊男　84, 187, 195, 196, 198, 237, 238, 240, 249, 250
桃内佳雄　222
Moon, J.　205
森　雅浩　178
森本郁代　113
森本康彦　206
森下　覚　145, 159, 160
守屋慶子　209, 215
茂呂雄二　12, 13
Morrow, L. M.　35
村上正行　197, 198
村松賢一　93

N

永盛祐介　196
永野和男　95
永岡慶三　206
永田智子　187, 196
永塚史孝　147
中原　淳　187
中井俊樹　127
中村和夫　10, 234
中村直人　148
中西久実子　197
中西　通　94
中野美香　95, 114, 117, 237-242, 250
中尾茂子　195
仲矢史雄　94
Naples, A. J.　81
Neary, M.　130
Nguyen-Jahiel, K.　22, 113
Nichols, R.　60
Nicol, D. J.　192
西口光一　178
西川　純　13
西久保健太　206
西森年寿　187, 195, 196
西岡加名恵　19

野村卓志　94	**R**	新庄あいみ　178
Norman, D. A.　111	Rancer, A. S.　114	新谷真之　208
Nowotny, H.　132	Rankin, P. T.　46	神藤貴昭　128, 198
野山　広　167	Reed, C.　20	潮木守一　130, 132
	Reich, R. B.　17	白石藍子　86
	Reimann, P.　194	白水　始（Shirouzu, H.）　40, 83, 84, 89
O	Reisslein, J.　192	Short, J.　195
大庭　健　226	Reisslein, M.　192	Sikes, J.　84
O'Connor, M. C.　234	Reznitskaya, A.　22, 113	Simon, H. A.　83
小田光宏　84	Ries, A.　227	Sinclair, C.　192
小笠原喜康　81	Rip, A.　99	Snapp, M.　84
大堀寿夫　47	Robinson, F. P.　35	Sohmer, R.　13
大井恭子　86	Rogers, C. R.　232, 233	曽根直人　94
大岩幸太郎　159, 160	Rosenshine, B.　38	Spada. H.　195
尾出由佳　145, 160	Ross, G.　194, 234	Spires, H. A.　35
岡部大介　247	Rovai, A. P.　194	Star, S. L.　65
Okada, T.　83	Rummel, N.　195	Stark, G.　195
岡本夏木　167, 215	Ryan, M. P.　71, 74	Stegmann, K.　193
岡本弥生　160	Ryan, R. M.　234	Stein, M. K.　209
大河内祐子　82	Rymes, B.　160	Steiner, L. D.　195
岡崎ちひろ　145		Stephin, C.　84
岡崎　眸　165, 167, 169		Sternberg, R. J.　81
沖　裕貴　95	**S**	Stevens, D. D.　60
沖林洋平　82, 113	佐伯　胖　197	Su, A. Y. S.　70, 75
小此木啓吾　224	齋藤正利　37	菅井勝雄　94
大倉孝昭　95	齋藤純一　224	杉原真晃　114
大西道夫　35, 36	斎藤美津子　45	杉本明子　84
大西慶一　95	酒井　朗　145, 146	杉村伸一郎　212
大野尚仁　113	酒井博之　128	杉谷祐美子　81, 84, 86, 89, 90
小野田博一　58	佐久間亜紀　145	杉山直子　154, 157
長田尚子　81, 84	Salmon, G.　189	隅田　学　242
Oshima, J.　195	Sams, C.　12	Suriya, C.　192
Oshima, R.　195	Sapir, E.　48, 49, 57	Suwa, M.　83
大島弥生　87	佐々木正道　72	鈴木栄幸　105, 106, 183, 185, 237, 238, 240, 247-249, 250
大塚裕子　113	笹津備規　113	鈴木宏昭　74, 81, 82, 84-86, 237-239, 241, 246, 250
Oyanagi, W.　191	里見　実　154	鈴木真理子　187, 196
尾澤重知　195	佐藤　望　85	鈴木　聡　74, 78, 82, 86
尾関桂子　46	Saupe, J. L.　242	鈴木孝夫　48, 49
大関健志　113	澤本和子　213	Swanson, H. L.　35
	沢崎和郎　208	
	Sawyer, R. K.　71	
P	Sayeed, L.　188	**T**
朴　東熒　247	Scardamalia, M.　83	田部井潤　195, 198
朴　信永　212	Schön, D. A.　204, 249	立花　隆　121
Palincsar, A. S.　23, 24, 35, 38, 237	Schwartzman, S.　132	田口真奈　197, 198
Pasteur, L.　98	Scott, P.　130, 132	平良一朗　208
Pereira-Laird, J. A.　35	Seeling, P.　192	田島充士　4, 8-10, 13, 14, 145, 148, 158, 162, 167, 240, 248, 249, 251, 253
Petrulis, R.　131, 132	Segers, M.　187	高原健爾　117
Piaget, J.　208, 233	清道亜都子　86	高橋俊三　52
Polanyi, M.　222	Selman, R. L.　10	高柳理早　113
Pressley, G. M.　35	妹尾堅一郎　195	武井昭也　94
Pressley, M.　35, 36, 38, 71	Seymour, E.　127-130, 136	竹永雄二　242
Pretz, J. E.　81	Shapiro, I.　27	竹中真希子　159, 160
Prunty, A. M.　114	柴原宜幸　195, 198	
Putnam, R. D.　18	柴田義松　9, 10	
	島原宣男　145, 146	
	島田博司　64, 71, 74	
	島村文男　35, 36	

為田英一郎　46
田村国昭　94
田中一義　128
田中耕治　19
田中雅人　242
谷川至孝　160
谷口由美子　94, 95
Tannen, D.　114
舘野泰一　84, 86
Taylor, B. M.　35
Thagard, P.　82
Trathen, W.　35
Thiry, H.　130
Tillmanns, M.　113
戸田正直　222
戸田山和久　81, 82
Todd, P. M.　82
藤平田英彦　148, 158-160
往住彰文　222
德舛克幸　146
富田英司　21, 22, 85, 86, 113, 237, 238, 240, 242, 249, 250
Toulmin, S. E.　21, 22, 77, 85, 86, 89, 193
豊田順一　208
Tracey, D. H.　35
Trout, J.　227
Trow, M.　132
椿本弥生　89
土屋千尋　167
続　有恒　235, 241
Tuckman, B. W.　191
Tynjäläs, P.　240

U
上田早苗　197
上野征洋　94
植阪友理　83
鵜木　毅　94

梅田康子　178
浦野啓子　52

V
van den Bossche, D.　187
van Loon, R. J. P.　228
Van Meter, P.　71, 74
van Oers, B.　12
Vargas, M.　49
Voss, J. F.　22
Vygotsky, L. A.　3, 4, 9-12, 14, 24, 25, 27, 55, 151, 158, 167, 168, 209, 215, 233, 234, 246, 247, 249

W
和栗百恵　204-206
Walton, D.　20
Wardekker, W. L.　10
Warkentin, M. F.　188
綿井雅康　195
渡辺哲司　81
Watson, J. B.　22
Wegerif, R.　12
Weinberger, A.　193
Wells, G.　132
Wenger, E.　124, 197
Wertsch, J. V.　4, 97
Wholf, B. L.　48, 49, 57
Wilchens, H　46
Wileman, R. E.　95
Williams, E.　195
Williams, K.　194
Winn, J.　130
Winsler, A.　10
Wolfe, J.　70
Wolvin, A. D.　54, 56, 59
Wood, D. J.　194, 234

X
Xu, Z.　70

Y
八重樫文　187, 195, 196
山田礼子　123
山田剛史　128, 242
山田安彦　113
山鳥　重　47
山口悦司　207
山口美和　159, 249
山口恒夫　159, 249
山本久雄　242
山本　薫　46
山城新吾　94
山内祐平　187, 191
山崎晶子　183
山崎敬一　183
山崎史郎　203, 215, 237, 240, 250, 252
山崎俊一　36
山住勝広　9, 214, 227, 247
Yang, S. J. H.　70
安　直哉　52
安田伸一　94
Yokoi, L.　71
横山千晶　85
横山晴子　113
Yoon, S. W.　192
米勢治子　166, 169
吉村直道　242
吉村匠平　64
吉澤隆志　114
湯川　武　85

Z
Zhang, J.　70

【執筆者一覧】（五十音順，＊は編者）

秋田照子（あきた・てるこ）
桜美林大学リベラルアーツ学群准教授
担当：第4章

犬塚美輪（いぬづか・みわ）
大正大学人間学部専任講師
担当：第3章（共著）

菊岡由夏（きくおか・ゆか）
国際交流基金日本語国際センター専任講師
担当：第11章

清河幸子（きよかわ・さちこ）
名古屋大学大学院教育発達科学研究科准教授
担当：第3章（共著）

小林敬一（こばやし・けいいち）
静岡大学教育学部教授
担当：第5章

鈴木栄幸（すずき・ひでゆき）
茨城大学人文学部教授
担当：第7章，第12章（共著）

鈴木宏昭（すずき・ひろあき）
青山学院大学教育人間科学部教授
担当：第6章

田島充士（たじま・あつし）＊
東京外国語大学大学院総合国際学研究院准教授
担当：第1章，第10章，第16章

富田英司（とみだ・えいじ）＊
愛媛大学教育学部准教授
担当：第2章，第12章（共著），第15章

中野美香（なかの・みか）
福岡工業大学工学部准教授
担当：第8章

比留間太白（ひるま・ふとし）
関西大学文学部教授
担当：第9章

溝上慎一（みぞかみ・しんいち）
京都大学高等教育研究開発推進センター准教授
担当：第14章

望月俊男（もちづき・としお）
専修大学ネットワーク情報学部准教授
担当：第12章（共著）

山崎史郎（やまざき・しろう）
熊本学園大学社会福祉学部教授
担当：第13章

大学教育
越境の説明をはぐくむ心理学

2014年3月30日　初版第1刷発行　（定価はカヴァーに表示してあります）

　　　　　　　編著者　富田英司
　　　　　　　　　　　田島充士
　　　　　　　発行者　中西健夫
　　　　　　　発行所　株式会社ナカニシヤ出版
　　〒606-8161　京都市左京区一乗寺木ノ本町15番地
　　　　　　　　　　Telephone　075-723-0111
　　　　　　　　　　Facsimile　075-723-0095
　　　　　　　　Website　http://www.nakanishiya.co.jp/
　　　　　　　　E-mail　iihon-ippai@nakanishiya.co.jp
　　　　　　　　　　郵便振替　01030-0-13128

装幀＝白沢　正／印刷・製本＝亜細亜印刷
Printed in Japan.
Copyright ©2014 by E. Tomida & A. Tajima
ISBN978-4-7795-0792-2

◎PowerPoint は米国 Microsoft Corporation の米国およびその他の国における登録商標です。なお，本文中では，基本的に TM マークおよび R マークは省略しました。
◎本書のコピー，スキャン，デジタル化等の無断複製は著作権法上での例外を除き禁じられています。本書を代行業者等の第三者に依頼してスキャンやデジタル化することはたとえ個人や家庭内の利用であっても著作権法上認められておりません。

日本の「学び」と大学教育

「学習」から「学び」への転換，「教え込み型の教育」から「しみ込み型の教育」への切り替えに目覚めることが日本の教育の閉塞状況に穴を開ける。日本の伝統芸能をも俎上に載せ，認知科学的な論拠をも示して提言。

渡部信一 著　　　　　　　　　四六判 152頁　本体1800円+税

大学教育アセスメント入門
学習成果を評価するための実践ガイド

シンプルで効率よく有益なアセスメントとはどのようなものか。ルーブリック作成の新しい例，授業方法の改善・学生の学びを向上させるのに役立つ授業アセスメント技法例などを様々な機関を想定して実践的に解説。

バーバラ・ウォルワード 著
山﨑めぐみ・安野舞子・関田一彦 訳　　B5判 152頁　本体2000円+税

大学教育アントレプレナーシップ
新時代のリーダーシップの涵養

最近ようやく認知されてきた「権限・役職・カリスマと関係のないリーダーシップ」を教育目標に，日本初の大学必修リーダーシッププログラムを立ちあげ，拡大してきた担当者の奮闘記。リーダーシップ開発に興味のある全ての大学・企業関係者に。

日向野幹也 著　　　　　　　　四六判 122頁　本体1200円+税

議論能力の熟達化プロセスに基づいた指導法の提案

なぜ日本人は議論に弱いのか？　高等教育での議論教育の導入とカリキュラム開発の可能性とは？　イギリス議会をモデルとするパーラメンタリー・ディベート（PD：Parliamentary Debate）の第一人者による議論教育への道を拓く貴重な提言！

中野美香 著　　　　　　　　　A5判 194頁　本体5800円+税

大学1年生からのコミュニケーション入門

充実した議論へと読者を誘う平易なテキストと豊富なグループワーク課題を通じて，企業が採用選考時に最も重視している「コミュニケーション能力」を磨く。キャリア教育に最適なコミュニケーションテキストの決定版。書き込み便利なワークシート付き。

中野美香 著　　　　　　　　　B5判 122頁　本体1900円+税

大学生からのプレゼンテーション入門

現代社会で欠かせないプレゼンテーション。本書では書き込みシートを使って，プレゼン能力とプレゼンをマネジメントする力をみがき，段階的にスキルを発展。大学生のみならず高校生・社会人にも絶好の入門書です！

中野美香 著　　　　　　　　　B5判 148頁　本体1900円+税

表示は本体価格です。

大学生のためのデザイニング・キャリア

渡辺三枝子・五十嵐浩也・田中勝男・高野澤勝美 著

大学生活と就活をガラっと変える32のワーク！ 就活生も新入生も，本書のワークにチャレンジすれば，大学生活の宝を活かして，自分の未来がきっと開ける。大学4年間に丁寧に寄り添うワークが導く，いつだって遅くない，自分の人生と向き合う思索のススメ。

B5判 132頁 本体2000円+税

大学生のキャリア発達
未来に向かって歩む

宮下一博 著

目先の就職でなく生涯キャリアを築く基礎。希望に満ちた人生を送るには，大学生のいま何をすればよいのか。進路・職業・人生に関するワークシートで自分の現状を知り，またキャリアに関する諸学者の理論を学び，一歩リードした就職活動をしよう。

A5変型判 144頁 本体1500円+税

大学生のリスク・マネジメント

吉川肇子・杉浦淳吉・西田公昭 編

大学は楽しいところだが，危ういところもある。ネットやカルト，健康，お金——リスクについての知識を得て，自分で考える力を身につけ存分に学べば，人生はこんなに楽しい！ 初年次教育演習用のエクササイズ付き。

A5変型判 160頁 本体1700円+税

大学生活を楽しむ護心術
初年次教育ガイドブック

宇田 光 著

簡単に騙されない大学生になるために！ クリティカルシンキングをみがきながらアカデミックリテラシーを身につけよう。大学での学び方と護心術としてのクリティカルシンキングを学ぶ，コンパクトな初年次教育ガイド！

A5判変型判 114頁 本体1600円+税

ワークショップ 大学生活の心理学

藤本忠明・東 正訓 編著

学生生活で直面する出来事を心理学の観点から考える力を培い，大学生としてのライフスタイルと社会性を育む。知識チェック問題やレポート・ディスカッションの課題も充実。心理学の平易な入門書であると同時に導入教育，初年次教育にも対応した新時代のテキストブック！

A5判 256頁 本体2000円+税

大学生の友人関係論
友だちづくりのヒント

吉岡和子・髙橋紀子 編

友だちなんていらない？ Q＆Aで考えよう。ネット上の仲間が何でも応えてくれる時代でも，いまいちどリアルな人間関係を見直そう！ 距離感が難しい？ 自分が出せない？ 一筋縄ではいかない友人関係を，距離・自分らしさ・居場所・役割・ひとりをキーワードに考える。

A5変型判 148頁 本体1500円+税

表示は本体価格です。